JN491892

명예훼손소송과
오신의 상당성

* 이 책은 방일영문화재단의 지원을 받아 저술 · 출판되었습니다.

명예훼손소송과
오신의 상당성

배병일

영남대학교출판부

머리말

과거에는 사람이 살고 있는 사회에서 이웃 간의 소식을 전하는 것은 사람의 입을 통해서 이루어졌다. 그러한 사람의 입을 통한 구전 방식의 전파는 한계가 있기 마련이고, 소식의 전파과정에서 소식의 내용이 잘못 와전되거나 왜곡되기가 일쑤였다. 구전 방식은 실제로 있었던 진실한 내용을 정확하게 전달한다는 것은 매우 힘들었다. 그래서 문서를 통한 전달방식을 사용하여 소식을 전하게 되었고, 여기에서 신문이 발생하였다. 이후 통신이 발명되면서 문서가 아닌 음향을 통한 전달 매체로서 방송이 생겼고, 뒤이어 영상을 통한 매체인 텔레비전방송이 나타났다. 초기 신문과 방송은 사실을 전달하는 데 그쳤지만, 점차 사실에 의견을 추가하여 전달하게 되었다. 이처럼 현대사회에서 신문과 방송 등 언론은 여론의 매개체로서 매우 중요한 역할과 기능을 하고 있다.

우리는 살고 있으면서도 공기의 고마움을 모르듯이, 언론의 중요함도 모르고 살아갈 뿐 아니라 어떤 경우에는 언론을 무시하거나 배척하기도 한다. 현대사회는 여론에 의해 움직여지는 정보화 사회이고, 여론을 조성하고 전파하는 언론은 사회조직체의 중요한 연결망이나 다름없다. 여론의 전달 매체인 신문과 방송 등 언론은 인체의 혈관이나 혈액과 같아서 언론이 막히면 사회가 마비가 되기도 하고, 심지어 사회가 붕괴되기도 한다. 혹자는 언론의 중요성을 강조하기 위하여 입법부, 행정부, 사법부에 이어 제4부라고도 한다. 제4부로서의 언론이라는 것은 우리 공동체 사회에서 언론이 그만큼 중요한 기관이라는 의미이기도 하지만, 다른 한편으로는 언론의 권력이 그만큼 강력하다는 의미일 수도 있다. 강력한 권력, 나아가 기자의 특권(reporter's privilege)을 가진 언론에게는 그만큼 무거운 책임이 따르는 것은 당연하다. 따라서 언론보도로 인하여 명예훼손의 피해를 입었다고 주장하는 사람은 언론을 상대로 하여 손해배상청구 등 권리구제를 할 수 있다.

자유민주주의 국가에서는 다중의 의사를 집약시켜 여론의 자유로운 형성과 전달을 통해서 민주적 정치 질서를 생성·유지시켜 나가야 하므로 표현의 자유는 중요한 헌법상 권리로서 최대한 보장되어야 한다. 신문, 방송 등 언론사와 기자가 언론 자유를 누리지만, 다른 한편으로 언론의 영향력이 사회적으로 중요하고 지대한 만큼 공공의 이익뿐만 아니라 개인의 명예 보호 등 타인의 기본권과 깊은 관련이 있는 경우에는 그에 따른 법적인 책임과 의무을 부담하지 않으면 안된다. 표현의 자유 보장과 개인의 명예 보호라는 두 법익이 충돌하였을 때에는 구체적인 경우에 있어서 표현의 자유로 얻어지는 가치와 명예 보호에 의하여 달성되는 가치를 비교형량하여 그 규제의 폭과 방법을 정하여야 할 것이다. 최근 신문에서는 일간지 이외에 인터넷신문 다양한 매체 등이 나타나고, TV 방송에서도 다수의 사람이 출연하여 방담을 나누는 등 프로그램의 변화 등이 있음에 따라 언론사 또는 기자가 취재하거나 보도를 하는 과정에서 다른 사람의 명예를 훼손하는 경우가 있다. 나아가 1인 방송, 유튜브 등 다양한 형태의 언론 매체의 등장으로 개인의 명예훼손이 점차 많아지고 있고, 이 경우 명예훼손의 피해자가 원고가 되어 명예훼손의 가해자인 언론사나 기자를 상대로 민사상 손해배상청구를 하거나 형사상 고소를 하는 건수가 증가하고 있다.

언론은 취재하거나 보도를 하는 과정에서 언론윤리 규범을 준수하여야 하지만, 여러 가지 사정으로 그렇지 못한 경우가 많다. 우리 사회에서 일어나는 모든 사안에 대하여 전방위적으로 취재하고 보도해야 하는 기자의 입장에서는 그 취재와 보도과정에서 그 특정 분야에 대한 전문적 지식의 부족으로 인하여 전문적인 용어나 어휘 선택 등을 잘못함으로써 그 진의와 의미를 제대로 전달할 수 없을 뿐 아니라 오히려 당사자의 명예를 훼손하는 경우도 있다. 이 경우에는 그 분야 전문가의 자문 등을 거쳐야 하지만, 언론사 내부의 열악한 사정이나 보도의 속보성 등으로 인하여 그렇지 못하고 심지어 악의적이고 고의적인 어휘를 사용하는 경우도 있다. 그러나 언론의 사정이 힘들다고 하여 또는 전문적인 지식의 부족이라는 이유로 개인의 명예훼손이 양해될 수는 없다.

언론이 전달하고자 하는 사건의 사실은 진실이지만, 그 진실이라는 것은 그 사건을 바로 보는 사람의 시각에 따라 다양하게 볼 수 있기 때문에 언론은 사실을 전달함에 있어서 가치중립적으로 취재하고 보도하지 않으면 안 된다. 사건의 당사자라고 하더라도 그 사건에서 자기가 한 언행의 의미는 자기가 의도한 것과는 다르게 해석될 수도 있다. 당사자가 한 언행이 사회규범과 불일치한 경우에는 사회규범에 따른 해석을 할 수밖에 없다. 이 경우 기자는 사회규범을 완전히 이해하고 그에 따른 기준에 따라 취재보도해야 하지만, 기자의 전문적 지식의 이해부족 등으로 기자 자신의 수준에서 그 사건을 취재보도하는 경우가 있다. 이로 인하여 명예훼손이 발생할 수도 있다. 그러나 언론사 기자는 언론 자유를 수행하는 매개자로서의 지위를 인정해 주어야 한다. 기자가 취재보도과정상에 가하는 명예훼손과 일반 시민이 다른 사람에게 가하는 명예훼손을 동일하게 취급해서는 아니되고 달리 취급되어야 한다. 그렇다고 하여 언론사 기자에게 무소불위의 특권을 주는 것도 있을 수 없다. 언론사 기자에게는 언론 자유를 위한 투쟁을 보장해주기 위해서, 부정과 불의에 대항해서 두려움 없이 정론을 펼 수 있도록 하기 위한 최소한의 지위를 인정해주기 위한 법리가 있어야 할 것이다. 우리나라 대법원은 성문법적 규정의 근거도 없이 타인의 명예를 훼손하는 행위를 한 경우에 그것이 공공의 이해에 관한 사항으로서 그 목적이 오로지 공공의 이익을 위한 것일 때에는 적시된 사실이 진실임이 증명이 되지 않더라도 행위자가 그것을 진실이라고 믿을 만한 상당한 이유가 있었던 경우에는 위법성이 없다고 하는 오신의 상당성 법리를 채택하고 있다. 이 책에서는 이러한 언론사와 기자들을 언론 자유의 주체로서의 자리매김하고, 제4장부터 제8장까지는 언론으로 인한 명예훼손에 대한 손해배상책임영역에서 언론의 입장을 대변하고 있는 법리인 오신의 상당성에 대하여 필자가 발표한 논문을 첨삭·가필한 결과를 서술하고자 한다. 이 책을 저술 출판하는 데 도움을 주신 방일영문화재단과 관계자에게 감사를 표하고, 이 책을 출간하는 데 도움을 주신 영남대학교 출판부와 관계자에게 감사를 표한다.

2019.10.

경산캠퍼스에서 배병일 識

차례

제6장 언론보도로 인한 명예훼손과 기사삭제청구권

제7장 언론기관의 범죄보도와 명예훼손

제8장 방송보도로 인한 명예훼손소송에서의 진실성 오신의 상당성 판단의 기준 - 방송의 입장에서

제1장 | 서론

1. 여론의 형성

사람은 법률상 권리의 주체이면서 사회적 동물이므로, 혼자서 고립되어 살 수는 없고 사회생활을 하면서 살아갈 수밖에 없다. 권리주체[1]로서의 사람은 자연인으로서 말과 언어를 통해서 의사를 전달하고 상대방과 교류를 한다. 사람, 즉 인간은 글자(언어)와 말을 통해서 의사를 표현하고 전달한다는 면에서 다른 동물과는 구별이 된다. 아울러 인간은 언어와 말을 통해서 집단적 사회생활을 영위하기 때문에 집단적 언어와 말의 집합체인 여론을 형성하면서 생활을 할 수밖에 없다. 또한 다른 권리주체로서의 법인도 단체로서, 스스로 단체 명의로 외부에 대하여 의사를 표시하고 상대방과 교류를 한다. 따라서 권리주체로서 자연인과 법인이 사회생활을 하면서 가장 관심을 가지는 것은 자신을 제외한 다른 사람이나 단체들의 의사표시(의견)로 형성되는 여론이고, 이 여론에 따라 자신의 행동을 결정하고 교류를 하게 되는 사회생활을 하게 된다. 그런 의미에서 현대 사회생활에서 사람과 단체의 입장에서 가장 중요하게 고려하는 것은 여론이라고 보아야 한다.

---

1 권리 주체로서의 人에는 자연인과 법인이 있고, 법인은 自然人인 사람과는 달리 무형체이다.

왕권 중심의 고대국가에서는 일인 지배체제로서 "짐이 곧 국가"[2]이기 때문에 지배자인 왕의 의사가 매우 중요하고, 피지배자인 일반 시민으로서의 개인의 의사는 존중될 수 없었다. 따라서 피지배자인 개인이 집합체로서 의사표시를 발현하는 것이라고 할 수 있는 여론도 지배자인 왕으로서는 귀담아들을 필요가 없으므로 여론은 왕권정치의 정책 결정에 핵심요소가 되지 않았을 뿐 아니라 왕권확립과 유지에도 큰 도움이 되지 않았다. 이것은 현대에 이르러서도 마찬가지로 전제군주체제나 1인 장기집권국가에 있어서 자유롭게 형성되는 여론이라는 것은 전제군주나 집권자로부터 환영을 받지 못하고 있다. 그런데 근대국가로 넘어오면서 시민의 권리의식이 고양됨에 따라 시민이 주도하는 여론에 의해서 발발하는 시민혁명이 가능하게 되었다. 전제군주체제하의 집권자가 반강제적으로 만드는 관제 여론과는 달리, 일반 시민이 스스로 만드는 여론은 1인 지배체제하의 군주나 집권자의 입장에서는 매우 두려운 존재였다. 서구에서는 1789년 프랑스혁명을 계기로 시민들은 스스로 자신의 힘을 자각하였고, 나아가 시민이 자유롭게 표현하는 의견의 집합체인 여론의 중요성을 알게 되었다. 우리나라도 해방 이후 역시 그러하였다.

2. 여론매개자로서의 언론

현대 사회생활에서 여론이 만들어지기 위해서는 어떤 매개자로서, 개인을 뛰어넘는 수단으로서의 매체가 필요하다. 여론이라는 것은 누구에 의하여 인위적으로 만들어지는 것이 아니라 사람이 모이게 되면 저절로 자생적으로 발생하는 것이다. 그러나 여론은 많은 사람이 모여서 각자의 의견을 말하고 표시함으로써 만들어지지만, 그것은 여러 사람이 중구난방식으로 표현되는 경우가 많다. 그래서 어느 정도 의사표시의 정리와 체계화가 필요

---

2 프랑스의 태양왕인 루이 14세(재위 1643년-1715년)의 말이다.

할 수도 있다. 언론은 이러한 여론을 인위적으로 만들어질 수 있도록, 또는 체계적으로 형성될 수 있도록 도움을 주는 매개자로서의 역할을 한다. 이러한 여론 형성의 매개자로서의 역할을 하는 것이 바로 신문, 방송과 같은 언론이다.

원래 신문의 목적은 소식을 전하고 정보를 전달하는, 즉 사실을 알리는 것이었다. 신문은 당초 첩보수준의 의혹에 대하여 취재하여 이를 정보와 소식으로 보도하면서 차츰 소식과 정보라는 사실에 기자나 신문사의 의견을 추가하여 보도하게 되었다. 이후 신문은 보도하고자 하는 사실에 취재한 기자 본인이나 기자가 소속한 언론사의 의견 뿐 아니라 취재한 사실에 관련된 전문가나 일반 시민의 의견까지 추가하여 전달하게 됨으로써 여론 형성의 매개자로서 역할을 하게 되었다. 그렇게 함으로써 근대자본주의 국가나 자유민주주의 국가에서는 여론의 자유, 언론의 자유가 국가 운영이나 사회생활에서 매우 중요한 위치를 차지하게 되었다.

최근 우리 사회가 인터넷 등 각종 첨단 정보통신수단이 주류를 이루고 있는 고도화사회로 변모되면서 일반 시민들은 자신들의 삶을 영위하는 것에도 힘겨워서 사회가 어떻게 돌아가는지 여부에 대해서 관심도 없고, 설령 관심이 있다고 하더라도 사회의 움직임이 얼마나 빠른지 여부와 그 변화 여부를 확인할 수 있는 사회변동과 현상예측을 이해하는 것이 점차 힘들어지고 있다. 더욱이 우리 사회가 자유민주주의 사회임에도 불구하고 시간과 공간 및 물질적 자산의 한계와 제약으로 인하여 일반 시민들이 구체적으로 정부와 개개 기업을 감시하거나 위법 또는 비정상적인 운영을 하고 있는지 여부를 확인한다는 것은 사실상 불가능하다. 따라서 정부와 기업에 대한 감시와 견제가 없다면 우리는 정부와 기업이 무슨 일을 하고 있는지는 알 수 없을 수도 있다. 정부와 기업에 대한 감시와 견제를 위해서 이미 사회에서 많은 시민단체 등이 활동하고 있다. 그러나 감시와 견제가 존재함에도 불구하고 정부와 기업은 여전히 행정편의, 기업 편의와 복잡한 과정의 생략을 통한 효율성 등을 운운하면서 공정성과 정당성을 무시하고 밀어붙이기식 업무처리를 해왔을 수도 있다. 따라서 이같은 비정상들을 감시 견제하면서 그 비정상 등 관련 사실을 모든 국민에게 알리는 것이 바로 언론이다.

언론은 신문이나 방송, 인터넷 등 매체를 통하여 우리 사회에서 일어나고 있거나 일어났던 그리고 앞으로 일어날 사실을 찾아내어 취재하고, 이를 알리기 위해 보도하면서 뉴스나 사회적 문제에 관한 여론을 만들어나가는 활동을 한다. 언론은 이러한 활동을 통하여 사회적 현안이나 쟁점에 대하여 견제와 균형의 역할을 하게 된다. 이러한 언론의 역할을 두고, 현대 국가에서는 국가기관의 3권분립에 추가하여 언론은 제4부에 해당한다고 하면서 언론의 중요성을 강조하기도 한다.

3. 언론의 자유와 명예의 보호

역사적으로 언론의 자유는 인쇄술의 발명과 18세기 근대국가의 성립과 발전과정에서 권력자에 대한 시민적 저항의 결과로서 쟁취된 기본권이다. 언론의 자유는 발생학적으로 연혁적 기간은 길지는 않지만, 역사적 산물로서의 기본권이다. 자유민주주의 국가에서 언론의 자유가 차지하는 비중의 중요성은 국가의 기본법인 헌법에 기본권으로 규정하고 있는 것을 보더라도 알 수 있다. 이에 우리 헌법에서도 모든 국민은 언론의 자유를 가진다(헌법 제21조 제1항)고 규정하고 있다. 나아가 헌법규정을 바탕으로 언론 자유를 보장하기 위하여 언론중재 및 피해구제 등에 관한 법률(이하 언론중재법), 신문 등의 진흥에 관한 법(이하 신문법), 방송법, 잡지 등 정기간행물의 진흥에 관한 법(이하 정기간행물법), 인터넷 멀티미디어 방송사업법(이하 인터넷방송법), 뉴스통신 진흥에 관한 법률(이하 뉴스통신법) 등 법률에서도 많은 규정을 두고 있다. 언론의 자유는 현대 사회에 와서도 자유민주적 기본질서의 형성에 매우 중요한 지표가 되는 것일 뿐 아니라, 일반 국민뿐 아니라 언론사와 기자에게도 가장 긴요한 헌법상 기본권이다. 언론의 자유는 시민들의 기본권인 동시에 기자 등을 포함하는 언론사의 기본권이다.

그런데 언론사와 기자 등은 사실을 찾기 위해 취재하거나 알리기 위해 보도하고, 취재와 보도를 통해서 여론을 형성하는 과정에서 입법부, 행정부, 사법부 등 국가권력 뿐 아니라 개인이나 시민단체 등 이해관계인으로부터 끊임없는 견제와 비판, 감시의 대상이 된다. 뿐만 아니라 언론사와 기자 등은 사실을 취재하거나 보도하는 과정에서 취재 대상과 관련된 개인이나 단체의 명예를 훼손하는 경우가 생길 수 있다.

명예의 보호는 18세기 이후 영국과 미국을 중심으로 발전된 privacy법리에서 성립된 또 다른 헌법상 기본권이다. 우리 헌법도 언론·출판은 타인의 명예나 권리 또는 공중도덕이나 사회윤리를 침해하여서는 아니된다(헌법 제21조 제4항)고 규정하여 명예보호에 대하여 헌법적 권리로 규정하고 있다. 그래서 언론이 취재나 보도과정에서 다른 사람이나 단체(법인, 국가, 지방자치단체 심지어 다른 언론기관)의 명예를 훼손한 경우에는 언론은 각종 제재(손해배상이나 보도금지, 삭제청구, 정정보도 등, 형사적 처벌 등)를 받게 된다. 이에 헌법에서도 언론·출판이 타인의 명예나 권리를 침해한 때에는 피해자는 이에 대한 피해의 배상을 청구할 수 있다(헌법 제21조 제4항)고 하면서 피해자의 권리구제에 대해 명시적으로 규정하고, 민법과 형법, 언론중재법 등에서도 이에 대한 법적 구제에 대하여 상세히 규정하고 있다. 근대 법학은 개인의 기본적 인권을 존중하면서 탄생하였고, 이에 따라 기본권으로서의 언론의 자유와 명예권은 개인의 입장에서는 매우 중요한 권리이다. 역사적으로 보면, 언론이 발생하고 난 이후에 개인 기본권으로서의 명예권이 발생하였다고 할 수 있다. 언론은 이미 아주 오래전부터 문자의 발명과 함께 나타났다고 할 수 있지만, 명예도 나름대로 그 역사는 매우 오래되었다고 할 수 있다. 그렇지만 언론으로부터의 명예의 보호라는 문제에 있어서는 언론이 먼저 발생하고, 명예보호는 그 이후에 발생하였다고 보아야 한다.

4. 명예훼손소송의 한계

최근에 이르러 신문, 방송, 인터넷 등 다양한 언론매체의 발달에 따라 언론의 자유와 명예보호는 서로 상충하고 충돌하는 경우가 많아지고 있다. 이 경우 언론자유와 명예보호는 기본권의 충돌로 이어져 서로간에는 제한적인 권리로 전락함으로써 언론의 자유는 명예보호의 범위 내에서는 제한을 받을 수밖에 없게 되었다. 그래서 명예훼손을 당한 피해자는 자신의 명예보호를 위하여 명예훼손을 한 가해자를 상대로 손해배상 등 권리구제를 할 수 있고, 나아가 그러한 권리구제를 청구하는 것은 당연하다고 할 수 있다. 그런데 명예훼손이 언론을 통해서 이루어질 때는 명예훼손 피해자는 명예훼손을 한 가해자로서의 취재 또는 보도기자 뿐 아니라 명예훼손 내용을 보도한 언론사에 대해서도 권리구제를 주장할 수 있다. 이 경우 언론사를 상대로 한 명예훼손소송은 피해자의 입장에서는 법적으로 합법적이고 정당한 것이라고 할 수 있다. 특히 헌법상 모든 국민은 인간으로서의 존엄과 가치를 가지므로(헌법 제10조 전단), 인간의 존엄과 가치를 해치는 명예훼손 보도에 대해서는 언론사라고 하더라도 용서될 수 없다. 그러나 명예훼손의 피해자가 합리적인 범위를 넘어서 무차별적으로 법적인 공격을 하는 경우 언론사나 기자의 입장에서는 그에 맞서서 보도하는 것을 멈칫거리지 않을 수 없고, 그렇게 됨으로써 언론을 상대로 한 명예훼손소송은 어느 정도 상당한 위축효과(chilling effect)를 가질 수밖에 없다. 이것은 명예보호라는 기본권을 보호하기 위하여 언론자유라는 기본권을 제한하는 것을 넘어서 언론에 대하여 공격적으로 침묵을 하게 하여 언론으로 하여금 ‘침묵의 카르텔’을 형성하도록 함으로써 언론 자유라는 기본권을 침해할 개연성이 매우 농후하다고 할 수도 있다. 또한 명예훼손의 피해자라고 자처하는 국가기관이나 공무원이 자신의 업무에 관한 언론 보도에 대하여 언론사를 상대로 명예보호라는 이름으로 명예훼손으로 인한 손해배상청구를 하는 경우에는 전략적 소송(strategic lawsuits)으로서의 성질이 없다고 할 수도 없는 점에서 언론의 입장에서는 매우 난감할 수밖에 없다. 그런 의미에서 언론사를 상대로 한 국가기관이나 공무원의 명예훼손으로 인한 손해배상청구는 스스로의 명예보호라는 목적을 넘어서는 것으로, 언론에 대한 비판이나 법적 구제라기보다는 언론에 대한 사실상 제재(de facto sanction)로도 볼 수 있고, 이는 헌법상 언론의 자유에 대한 심각한 침해로 이어질 개연성이 많다고 볼 수 있다.

5. 언론 자유의 주체로서의 언론사 및 기자

언론사나 기자에 대한 명예훼손소송은 언론사나 기자의 언론 자유와 피해자 개인의 명예보호라는 두 개의 기본권이 충돌하는 것이지만, 언론 자유는 우리 사회의 전체적인 공익과 관련이 있는 것인데 비하여, 피해자 개인의 명예보호는 개인적·단체적인 법익 보호라는 측면이 있다. 따라서 언론사에 대한 명예훼손으로 인한 손해배상청구소송은 언론 자유라는 측면에서의 고려도 심각하게 참작되어야 한다. 종전까지 우리나라에서는 모든 국민은 인간으로서의 존엄과 가치를 가지며, … 국가는 개인이 가지는 불가침의 기본적 인권을 확인하고 이를 보장할 의무를 진다(헌법 제10조)고 하는 헌법상 개인의 기본권 존중을 바탕으로 하여 언론의 명예훼손으로 인한 법적 구제는 피해자 입장에서의 손해배상책임법리를 천착하는 것을 중심으로 연구되어 왔다. 그러나 위와 같이 명예훼손소송은 개인의 명예보호라는 당초의 목적을 넘어서 언론에 대하여 상당한 위축효과를 가지거나 위협적인 전략적 소송으로 변질될 수 있는 가능성이 상당하다는 점을 고려해보면, 언론사에 대한 명예훼손소송을 개인의 기본적 인권으로서의 명예보호라는 측면만을 강조하는 법리로만 천착할 수 없다는 사실을 알 수 있다. 물론 개인의 명예는 개인이 가지는 불가침의 기본적 인권이고, 명예보호는 인간으로서의 존엄과 가치를 가지기 위해서라도 매우 중요한 국민적 기본권으로서 존중되지 않으면 안된다. 그럼에도 불구하고 언론의 자유도 역시 연혁적 의미와 현대사회에서의 여론형성의 중요성 등에 비추어 보아 계속적으로 충분히 보호되지 않으면 안된다. 그렇다면 언론은 명예훼손에서의 가해자나 명예훼손소송에서의 피고가 아니라 언론 자유의 주체로서 자리매김하면서 존중되고 파악되어야 할 필요가 있다.

6. 오신의 상당성 법리

피해자가 언론으로 인하여 명예훼손을 당했다고 주장하는 경우에 그 피해를 구제받을 수 있는 방법은 민사적으로 손해배상을 청구하거나 보도금지, 삭제청구를 청구할 수 있고(민법 제750조, 언론중재법 제30조), 형사적으로는 명예훼손죄로 고소하거나 고발할 수 있고(형법 제309조), 언론중재법에 의하여 정정보도청구(언론중재법 제14조), 반론보도청구(언론중재법 제16조), 추후보도청구(언론중재법 제17조)를 할 수 있다.

이 책에서는 종전까지의 명예훼손에 관한 연구와는 달리, 언론이 언론자유의 주체로서, 명예훼손으로 인한 손해배상청구소송에서 어떠한 보호를 받을 수 있는가? 라고 하는 관점에서 서술하고자 한다. 이 경우에 언론 자유의 주체로서의 언론은 명예훼손소송에서 어떠한 무기를 가지고 언론의 피해를 입었다고 주장하는 당사자인 원고에 대하여 방어하거나 대항할 수 있는지 여부에 대하여 서술하고자 한다.

민사상 언론보도로 인한 명예훼손으로 인한 손해배상청구소송에서 언론은 위법성조각사유라는 면책사유로서 명예훼손의 피해를 입었다고 주장하는 원고에게 대항하고 버틸 수 있다. 그런데 소송실무상 명예훼손의 가해자이면서 명예훼손소송에서의 피고의 위치에 있는 언론이 명예훼손이 아니라고 주장할 수 있는 면책사유로서 위법성조각사유가 있는데, 이것은 민법에는 아무런 규정이 없다. 다만, 형법에서는 제307조 제1항의 행위(명예훼손)가 진실한 사실로서 오로지 공공의 이익에 관한 때에는 처벌하지 아니한다(형법 제310조)고 규정하여 명예훼손죄의 위법성조각에 대하여 명시하고 있다. 형법 제310조에서 규정하고 있는 공공성 또는 공익성, 진실성 등의 위법성 조각사유는 형법상 구성요건으로 규정된 것이다. 이 형법상의 위법성조각사유법리가 민사상 손해배상법리에 유추적용되고 있는 것으로, 그 요건을 해석함에 있어서 매우 엄격하다고 할 수 있다. 그럼에도 불구하고 명예훼손에 있어서 좀더 완화된 면책사유가 필요하다고 하여 법원 판례에 의해 만들어진 법리가 오신의 상당성법리이다. 이 법리는 일본에서 먼저 만들어졌는데, 1966년 민사상 명예훼손으로 인한 손해배상청구소송 사례에서 창안되었고, 뒤이어 1969년 형법상 명예훼손죄 사안에서 인정되었다. 우리나라는 1988년에 민사상 명예훼손으로 인한 손해배상청구소송 사례에서 인정되었고, 뒤이어 1993년 형법상 명예훼손죄 사례에서 인정되었다. 계속하여 1999년 헌법재판소도 이 법리를 받아들였다. 오신의 상당성은 언론이 가지고 있는 언론 자유를 언론 스스로가 누릴 수 있도록 하고 있는 법리로서 언론 자유의 숨구멍(breathing hole, spiracle)이라고 할 수 있고, 다른 한편으로는 언론이 언론 자유의 주체로서의 역할을 할 수 있도록 언론이 가지고 있는 비장의 비수(dagger)라고도 할 수 있다.

7. 명예훼손소송에서의 손해배상청구

언론중재위원회에서 매년 발간하고 있는 언론관련판결 분석보고서에 따르면, 2009년부터 2018년까지 매체별로 명예훼손을 당한 원고가 청구한 권리구제방법을 통계수치를 확인한 결과, <표 - 1>에서 보는 바와 같이 손해배상청구가 가장 많고, 해를 거듭할수록 손해배상청구가 많아지고 있음을 알 수 있다. 이 책에서의 통계수치는 매년 언론중재위원회가 발간하는 언론관련판결 분석보고서를 근거로 하여 스스로 임의적으로 통계수치를 추출한 것이다. <표 -1>에서 손해배상청구는 손해배상청구만을 의미하고, 손해배상청구 + 정정, 반론은 정정/반론/손해배상과 정정/손해배상을 합산한 건수이다. 손해배상청구+기사삭제는 손해배상/기사삭제와 손해배상/기사삭제/보도금지를 합산한 건수이다.

<표-1> 원고가 청구한 연도별 피해구제방법

	2009	2010	2011	2012	2013	2014	2015	2016	2017	2018
손해배상청구	75	58	71	60	91	121	153	101	87	142
손해배상청구 + 정정, 반론	41	52	73	83	111	129	150	137	138	158
손해배상청구 + 기사 삭제	2	2	1	4	1	7	17	17	37	23

위 <표-1>을 그래프로 표현한 것이 <그림-1>과 <그림-2>이다. 이를 살펴보면, 손해배상청구건수는 증감이 복합적으로 작용하면서 증가하고 있지만, 정정보도청구와 반론보도청구 및 손해배상청구의 건수와 정정보도청구와 손해배상청구 건수가 해를 거듭할수록 계속하여 완만한 상승세를 보이면서 점차로 증가하고 있음을 알 수 있다.

<그림 -1> 원고가 청구한 연도별 피해구제방법

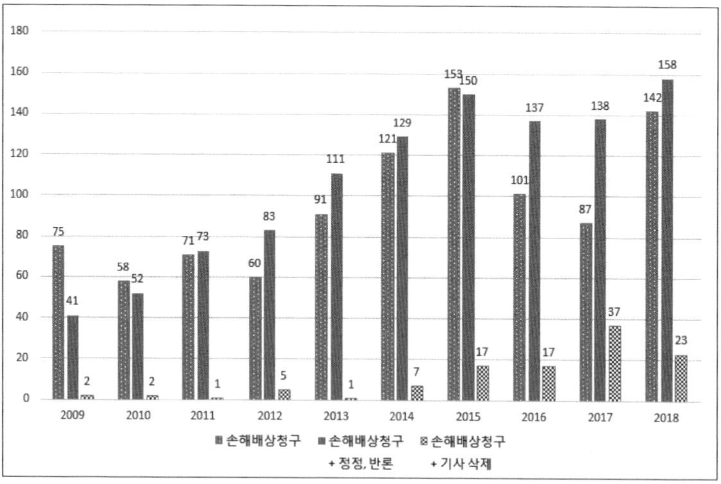

<그림 - 2> 원고가 청구한 연도별 피해구제방법의 변화추이

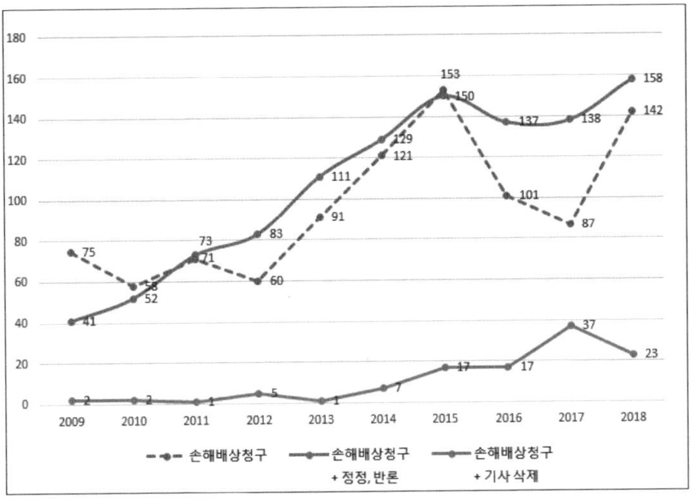

언론중재위원회에서 발간한 언론관련판결 분석보고서에 따르면, 언론관련소송의 한 사건에 여러 청구가 함께 제기된 사건을 청구권별로 나누어 재합산해서 살펴본 결과를 살펴보면, 2018년에 손해배상청구 건수가 335건(55.3%)으로 가장 많고, 정정보도청구가 182건(30%), 기사삭제청구가 40건(6.6.%), 반론보도청구가 38건(6.3%), 보도금지청구가 11건(1.8%)의 순으로 나타났다. 결국 언론보도로 인한 명예훼손에 대한 가장 많이 이용하는 구제방법이 손해배상청구이다.

언론중재위원회에서 발간한 언론관련판결 분석보고서를 중심으로 2009년부터 2018년까지 언론관련소송의 한 사건에 여러 청구가 함께 제기된 사건을 청구권별로 나누어 재합산해서 살펴본 결과를 살펴보면, <표-2>에서 보는 바와 같이 언론관련 소송 중 손해배상청구소송이 매년 급격하게 증가하고 있음을 알 수 있다.

<표 - 2 > 청구권별로 재합산한 결과

	2009	2010	2011	2012	2013	2014	2015	2016	2017	2018
손해배상	121	123	153	151	206	263	339	375	267	335
기사삭제	3	5	7	6	2	13	34	36	40	40
보도금지	2			4		1	5	7		11

청구권별로 재합산 결과를 그래프로 표시한 <그림-3>과 청구권별 재합산한 결과의 변화추이를 표시한 <그림-4>를 살펴보면, 해를 거듭할수록 손해배상청구건수가 매우 가파른 증가추세를 보이고 있음을 알 수 있다.

<그림 -3> 청구권별 재합산한 결과

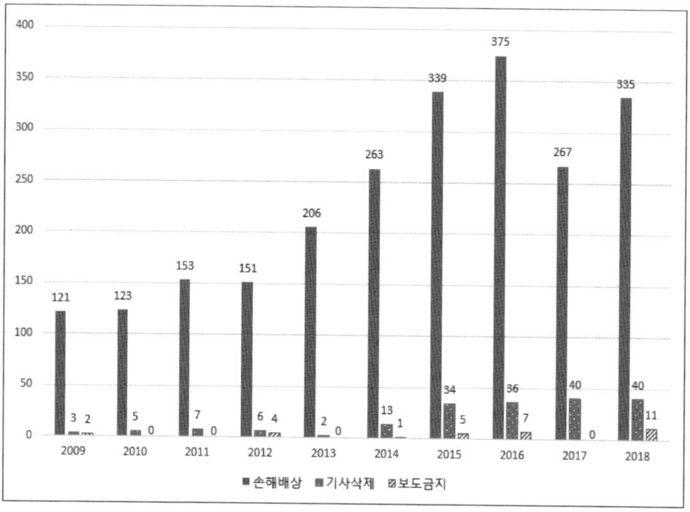

<그림 -4> 청구권별 재합산한 결과의 변화추이

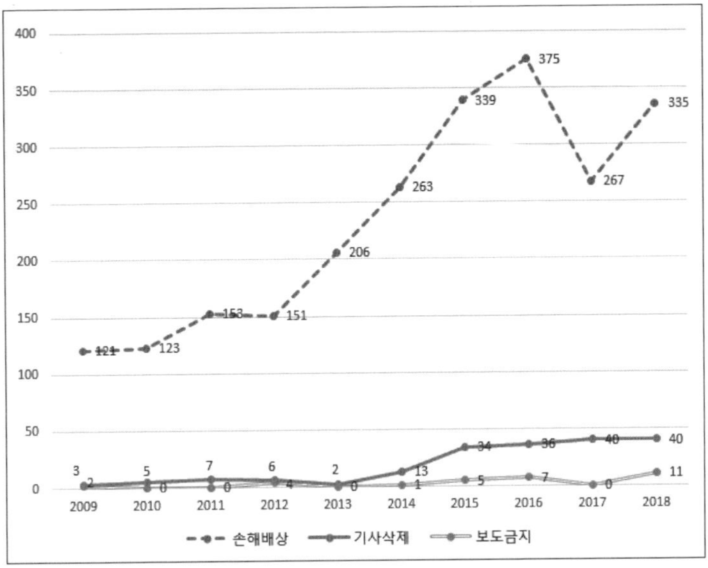

한편, 2018년에 명예훼손으로 인한 손해배상청구소송에서 기각 사유로서 공익성 또는 진실성은 전체 사건 194건 중 90건이고, 오신의 상당성은 73건(37.6%)이다.[3] 2017년에 명예훼손으로 인한 손해배상청구소송에서 기각 사유로서 공익성 또는 진실성은 전체 사건 143건 중 42건이고, 오신의 상당성은 71건(49.7%)이다.[4] 2016년에 명예훼손으로 인한 손해배상청구소송에서 기각 사유로서 공익성 또는 진실성은 전체 사건 167건 중 93건이고, 오신의 상당성은 56건(33.5%)이다.[5] 2015년에 명예훼손으로 인한 손해배상청구소송에서 기각 사유로서 공익성 또는 진실성은 전체 사건 177건 중 73건이고, 오신의 상당성은 52건(29.4%)이다.[6] 2014년에 명예훼손으로 인한 손해배상청

3 언론중재위원회,2018년도 언론관련판결 분석보고서,2019,35면.

4 언론중재위원회,2017년도 언론관련판결 분석보고서,2018,35면.

5 언론중재위원회,2016년도 언론관련판결 분석보고서,2017,35면.

6 언론중재위원회,2015년도 언론관련판결 분석보고서,2016,32면.

구소송에서 기각 사유로서 공익성 또는 진실성은 전체 사건 167건 중 34건이고, 오신의 상당성은 95건(56.9%)이다.[7] 위에서 보는 바와 같이 통계수치를 보더라도 오신의 상당성법리가 명예훼손으로 인한 손해배상청구소송에서 기각사유로서 상당한 기능을 하는 것으로 나타났고, 이는 언론 자유의 숨구멍 뿐 아니라 비수로서의 중요한 역할을 충분히 하고 있는 것으로 판단된다.

이러한 오신의 상당성에 대한 구체적인 사실관계와 법리에 대하여 서술하고자 하는 것이 이 책의 목적이다. 아울러 이 책에서는 언론보도로 인한 명예훼손에 있어서 형사적 처벌이 아닌 민사적 손해배상을 중심으로 서술하고자 한다. 이를 통하여 언론의 취재 및 보도를 자유롭게 할 수 있도록 그 범위를 넓힐 수 있는 제도적 장치를 강구하고자 한다. 그래서 이 책에서는 위법성조각사유 중에서도 공익성, 진실성 등 성문 법률상의 위법성 조각사유를 먼저 서술하고자 한다. 뿐만 아니라 대법원판례상 인정된 위법성조각사유로서 명예훼손에서 언론의 입장을 대변하면서 가장 유용한 도구로서 이용되고 있는 오신의 상당성에 대해서도 민사법적 측면에서 서술하고자 한다. 이 책은 언론이 언론취재의 현장에서 자유롭게 자신의 의지에 따라 취재하거나 보도할 수 있도록 하는 매우 유용한 지침서나 자료로 이용될 수 있다고 생각된다.

7 언론중재위원회,2014년도 언론관련판결 분석보고서,2015,30면.

제2장 | 언론과 명예훼손

Ⅰ. 언론의 개념

현대 사회에서 제4부로서의 언론은 종전에는 신문, 잡지, 방송 등의 매체가 있었지만, 최근에는 정보통신의 발달로 인하여 신문사 인터넷 지면이나 방송사의 인터넷 화면 등 인터넷 매체 등이 있다.

먼저 언론의 법적인 의미에 대하여 살펴보기로 한다. 언론에 대해서는 언론중재법에서 규정하고 있는데, "언론"이란 방송, 신문, 잡지 등 정기간행물, 뉴스통신 및 인터넷신문을 말한다고 정의한다(언론중재법 제2조 제1호). 그러나 일반적으로 언론은 방송, 신문, 잡지, 뉴스통신, 인터넷 매체 등을 의미한다고 보아야 한다. 언론중재위원회에서도 위와 같은 구분을 하고 있는데, 2009년부터 2018년까지 언론관련 소송사건을 위와 같은 매체 유형별로 소송건수를 살펴보면, <표 -3>과 같고, 매년 상당하게 증가하고 있음을 알 수 있다.

<표 -3> 매체유형별 소송건수

	2009	2010	2011	2012	2013	2014	2015	2016	2017	2018
인터넷 매체	24	36	57	79	107	131	207	166	161	204

	2009	2010	2011	2012	2013	2014	2015	2016	2017	2018
방송	35	35	21	28	41	44	62	70	70	59
일간신문	44	42	58	43	45	67	50	52	41	55
뉴스통신	5	3	5	3	5	13	22	7	5	18
주간신문	10	10	23	14	15	22	25	22	13	16
월간지	10	5	6	5	8	7	4	2	2	9

매체 유형별 소송건수를 그래프로 표현하여 각각 <그림-5>와 <그림-6>를 통해서 살펴보면, 해를 거듭할수록 각 매체별로 소송건수가 증가추세를 보이고 있고, 특히 인터넷매체의 경우에는 매우 가파른 증가추세를 보이고 있음을 알 수 있다.

<그림-5> 매체유형별 소송건수

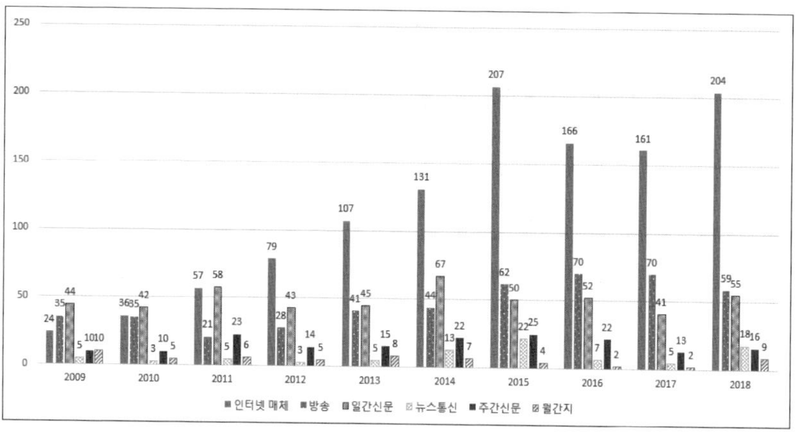

<그림 -6> 매체유형별 소송건수의 변화추이

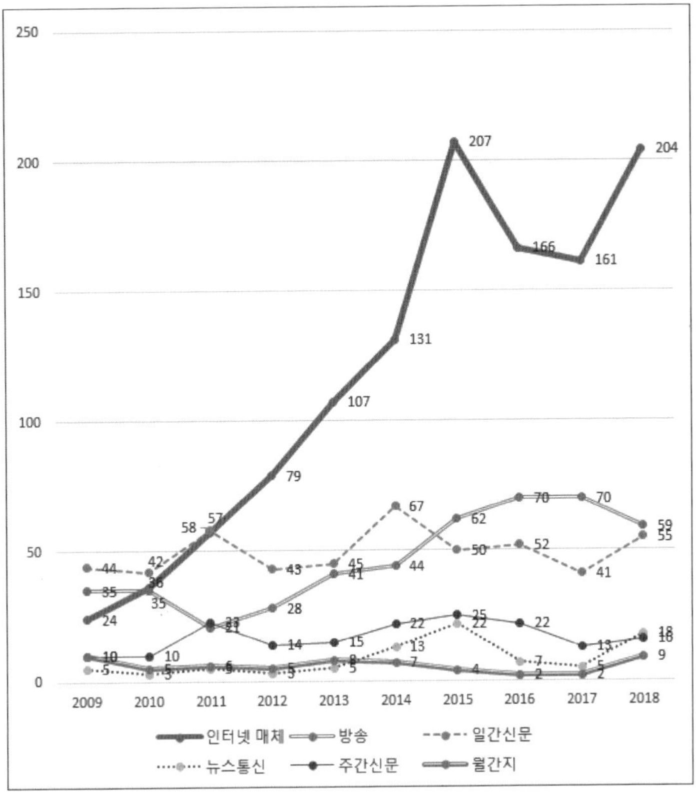

2009년부터 2018년까지 언론관련 소송사건을 위와 같은 매체 유형별로 원고 승소율을 살펴보면, <표 -4>과 같고, 각 매체마다 다소 상이한 비율을 보이고 있지만, 일반적으로 매년 상당하게 증가하고 있음을 알 수 있다.

<표 -4 > 매체 유형별 원고승소율

	2009	2010	2011	2012	2013	2014	2015	2016	2017	2018
인터넷 매체	70.8%	41.7%	47.4%	45.6%	38.3%	48.1%	50.2%	47%	52.2%	4.9%
방송	31.4%	28.6%	52.4%	46.4%	36.6%	50%	48.4%	42.9%	51.4%	40.7%
일간신문	65.9%	31%	32.8%	37.2%	40%	29.9%	68%	50%	53.7%	54.5%

	2009	2010	2011	2012	2013	2014	2015	2016	2017	2018
뉴스통신	40%	0%	80%	66.7%	20%	30.8%	40.9%	57.1%	60%	55.6%
주간신문	30%	60%	82.6%	35.7%	66.7%	50%	60%	31.8%	33.2%	50%
월간지	60%	100%	66.7%	60%	75%	71.4%	50%	50%	100%	0%

1. 방송

언론의 각 종류를 구체적으로 살펴보면, 먼저 방송의 법적인 의미에 대하여 살펴보기로 한다. 언론중재법에서는 "방송"이란 방송법 제2조제1호에 따른 텔레비전방송, 라디오방송, 데이터방송 및 이동멀티미디어방송을 말한다(언론중재법 제2조 제2호)고 정의하면서 다시 방송법을 근거로 내세우고 있다. 방송법에서는 "방송"이라 함은 방송프로그램을 기획·편성 또는 제작하여 이를 공중(개별계약에 의한 수신자를 포함하며, "시청자")에게 전기통신설비에 의하여 송신하는 것이라고 정의한다(방송법 제2조 제1호). 그 종류는 ① 텔레비전방송 : 정지 또는 이동하는 사물의 순간적 영상과 이에 따르는 음성·음향 등으로 이루어진 방송프로그램을 송신하는 방송, ② 라디오방송 : 음성·음향 등으로 이루어진 방송프로그램을 송신하는 방송, ③ 데이터방송 : 방송사업자의 채널을 이용하여 데이터(문자·숫자·도형·도표·이미지 그 밖의 정보체계를 말한다)를 위주로 하여 이에 따르는 영상·음성·음향 및 이들의 조합으로 이루어진 방송프로그램을 송신하는 방송(인터넷 등 통신망을 통하여 제공하거나 매개하는 경우를 제외한다.), ④ 이동멀티미디어방송 : 이동중 수신을 주목적으로 다채널을 이용하여 텔레비전방송·라디오방송 및 데이터방송을 복합적으로 송신하는 방송 등이 있다고 한다. 그런데 방송법에서 명시하지 않고 있는 방송이 있는데, 중계유선방송과 음악유선방송, 전광판방송이 있다. "중계유선방송"이란 지상파방송(방송을 목적으로 하는 지상의 무선국을 이용하여 하는 방송을 말한다. 이하 같다) 등을 수신하여 중계송신(방송편성을 변경하지 아니하는 녹음·녹화를 포함한다. 이하 같다)하는 것을 말한다(방송법 제2조 제4호). "음악유선방송"이라 함은 음악산업진흥에 관한 법률(이하 음악산업법)에 따라 판매·배포되는 음반에 수록된 음악을 송신하는 것을 말한다(방송법 제2조 제7호). "전광판방송"이라 함은 상시 또는 일정기간 계속하여 전광판에 보도를 포함하는 방송프로그램을 표출하는 것을 말한다(방송법 제2조 제10호).

결국 언론중재법과 방송법 등을 종합적으로 고려하면, 방송은 텔레비전방송, 라디오방송, 데이터방송, 이동멀티미디어방송, 중계유선방송, 음악유선방송, 전광판방송 등 7가지가 있다.

2009년부터 2018년까지 언론관련 소송사건 중 방송의 소송건수를 살펴보면, <그림 -7>과 <그림-8>과 같이 매년 상당하게 증가하고 있음을 알 수 있다. 또한 <그림-9>에서 보는 바와 같이, 방송을 상대로 한 원고의 승소율은 매년 상당한 정도로 높은 비율을 보이고 있다.

<그림 - 7> 매체유형 중 방송의 소송 건수

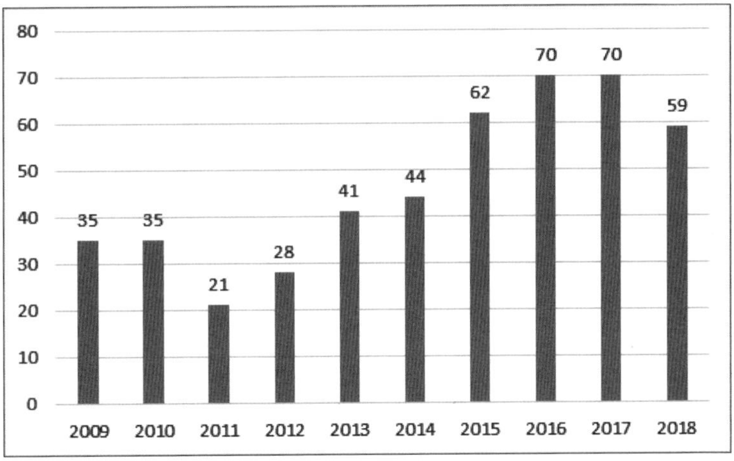

<그림 - 8> 매체유형별 원고(방송) 소송 건수 변화 추이

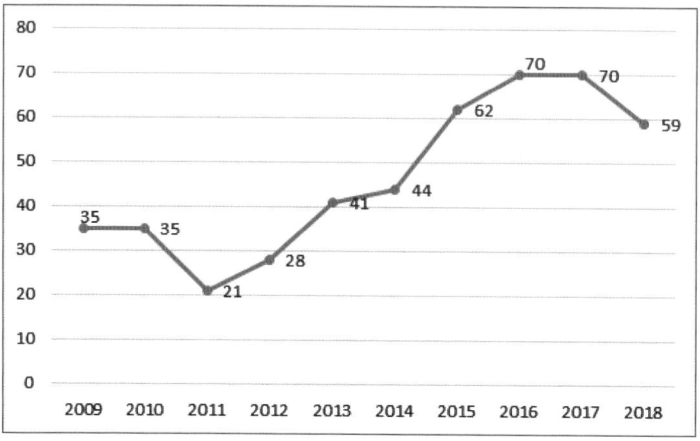

<그림 - 9> 매체유형별 원고(방송) 승소율

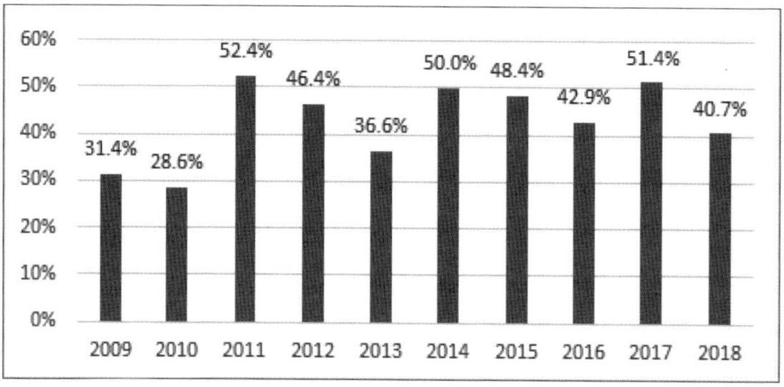

2. 신문

언론 중에서 신문의 법적인 의미에 대하여 살펴보기로 한다. 신문에 대해서는 언론중재법에서는 신문과 인터넷신문으로 구분하여 “신문”이란 신문법 제2조 제1호에 따른 신문을 말한다(언론중재법 제2조 제4호)고 하고, “인터넷신문”이란 신문법 제2조 제2호에 따른 인터넷신문을 말한다(언론중재법 제

2조 제10호)고 하여 다시 신문법을 근거로 내세우고 있다. 신문법에서는 다음과 같이 신문과 인터넷신문, 인터넷뉴스서비스를 구별하여 규율하고 있다. 신문법에서는 "신문"이란 정치·경제·사회·문화·산업·과학·종교·교육·체육 등 전체 분야 또는 특정 분야에 관한 보도·논평·여론 및 정보 등을 전파하기 위하여 같은 명칭으로 월 2회 이상 발행하는 간행물이라고 정의한다(신문법 제2조 제1호)고 규정하고 있다. 그 종류는 ① 일반일간신문: 정치·경제·사회·문화 등에 관한 보도·논평 및 여론 등을 전파하기 위하여 매일 발행하는 간행물, ② 특수일간신문: 산업·과학·종교·교육 또는 체육 등 특정 분야(정치를 제외한다)에 국한된 사항의 보도·논평 및 여론 등을 전파하기 위하여 매일 발행하는 간행물, ③ 일반주간신문: 정치·경제·사회·문화 등에 관한 보도·논평 및 여론 등을 전파하기 위하여 매주 1회 발행하는 간행물(주 2회 또는 월 2회 이상 발행하는 것을 포함한다), ④ 특수주간신문: 산업·과학·종교·교육 또는 체육 등 특정 분야(정치를 제외한다)에 국한된 사항의 보도·논평 및 여론 등을 전파하기 위하여 매주 1회 발행하는 간행물(주 2회 또는 월 2회 이상 발행하는 것을 포함한다) 등이 있다. 또한 "인터넷신문"이란 컴퓨터 등 정보처리능력을 가진 장치와 통신망을 이용하여 정치·경제·사회·문화 등에 관한 보도·논평 및 여론·정보 등을 전파하기 위하여 간행하는 전자간행물로서 독자적 기사 생산과 지속적인 발행 등 대통령령으로 정하는 기준을 충족하는 것을 말한다(신문법 제2조 제2호)고 한다.

결국 언론중재법과 신문법 등을 종합적으로 고려하면, 신문은 일반일간신문, 특수일간신문, 일반주간신문, 특수주간신문, 인터넷신문, 뉴스통신, 인터넷뉴스서비스 등 7가지가 있다.

2009년부터 2018년까지 언론관련 소송사건 중 일간신문의 소송건수를 살펴보면, <그림 -10>과 <그림-11>과 같이 매년 상당한 건수가 발생하고 있음을 알 수 있다. 또한 <그림-12>에서 보는 바와 같이, 일간신문을 상대로 한 원고의 승소율은 매년 상당한 정도로 높은 비율을 보이고 있다.

<그림 - 10> 매체유형별 원고(일간신문) 소송건수

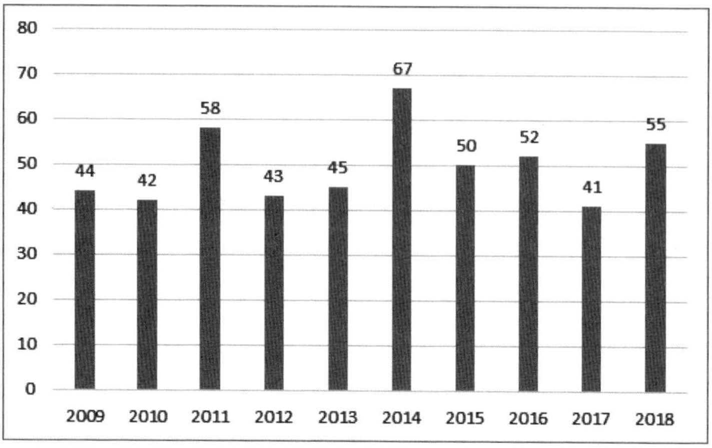

<그림 - 11> 매체유형별 원고(일간신문) 소송건수 변화추이

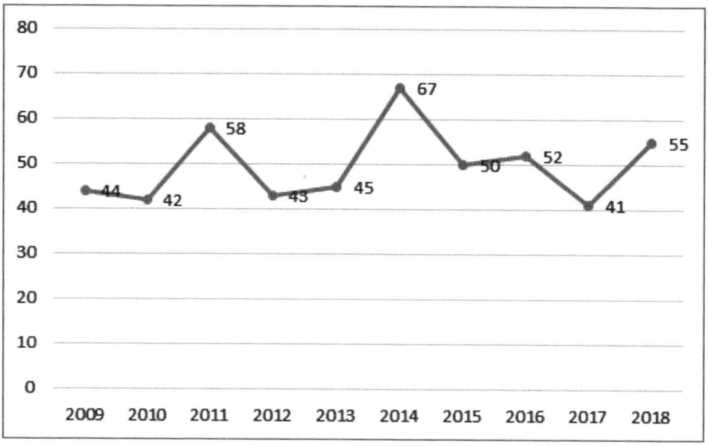

<그림 - 12> 매체유형별 원고(일간신문) 승소율

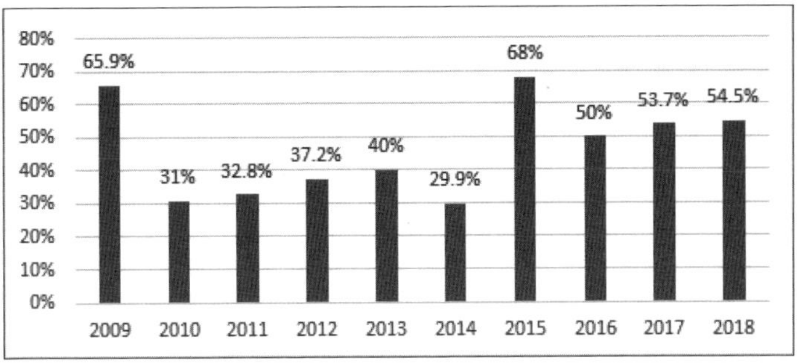

2009년부터 2018년까지 언론관련 소송사건 중 주간신문의 소송건수를 살펴보면, <그림 -13>과 <그림-14>과 같이 일간신문보다는 매우 적은 건수가 발생하고 있음을 알 수 있다. 또한 <그림-15>에서 보는 바와 같이, 주간신문을 상대로 한 원고의 승소율은 일간신문보다는 다소 높은 비율을 보이고 있다. 이것은 일간신문보다는 속보성이라는 점이 다소 약하다고 보아 기자의 취재 및 보도상 주의의무가 다소 엄격하기 때문에 승소율이 높은 것이라고 할 수 있다.

<그림 - 13> 매체유형별 원고(주간신문) 소송건수

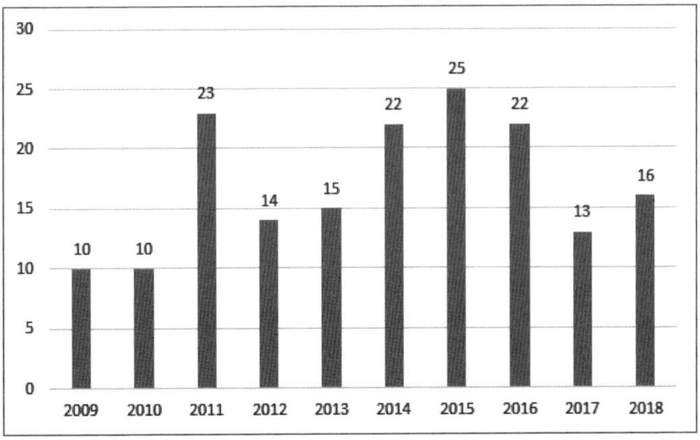

<그림 - 14> 매체유형별 원고(주간신문) 소송건수 변화추이

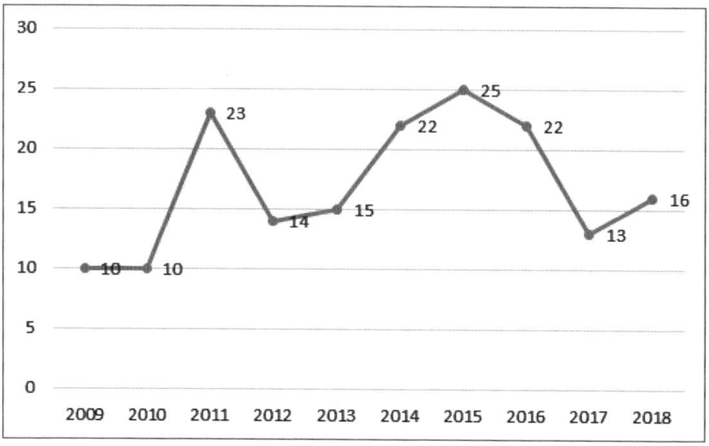

<그림 - 15> 매체유형별 원고(주간신문) 승소율

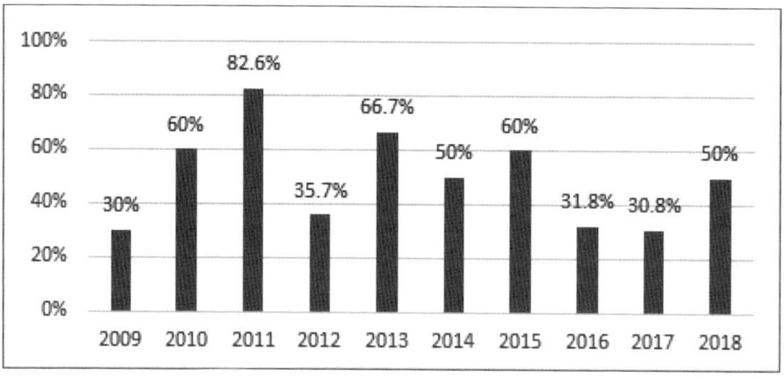

3. 잡지

언론 중에서 잡지의 법적 의미에 대하여 살펴보기로 한다. 잡지에 대해서는 언론중재법에서 "잡지 등 정기간행물"이란 정기간행물법 제2조제1호 가목 및 라목에 따른 잡지 및 기타 간행물을 말한다(언론중재법 제2조 제6호)고 하여 다시 정기간행물법을 근거로 내세우고 있다. 정기간행물법에서는 "정기간행물"이란 동일한 제호로 연 2회 이상 계속적으로 발행하는 간행물로서 「신문 등의 진흥에 관한 법률」 제2조에 따른 신문을 제외한 것이라고 정의한다(정기간행물법 제2조 제1호). 정기간행물의 종류로는 ① 잡지 : 정치·경제·사회·문화·시사·산업·과학·종교·교육·체육 등 전체분야 또는 특정분야에 관한 보도·논평·여론 및 정보 등을 전파하기 위하여 동일한 제호로 월 1회 이하 정기적으로 발행하는 책자 형태의 간행물, ② 정보간행물 : 보도·논평 또는 여론 형성의 목적 없이 일상생활 또는 특정사항에 대한 안내·고지 등 정보전달의 목적으로 발행되는 간행물, ③ 전자간행물 : 통신망을 이용하지 아니하고 컴퓨터 등의 정보처리장치를 이용하여 읽거나 보고 들을 수 있도록 전자적으로 발행한 간행물, ④ 기타 간행물 : 월 1회 이하 발행되는 간행물 중 책자 형태가 아닌 간행물 등이 있다. 결국 언론중재법과 정기간행물법 등을 종합적으로 고려하면, 잡지 등 정기간행물은 잡지, 정보간행물, 전자간행물, 기타 간행물 등 4가지가 있다.

2009년부터 2018년까지 언론관련 소송사건 중 잡지의 소송건수를 살펴보면, <그림 -16>과 <그림-17>과 같이 일간신문이나 주간신문보다는 더 적은 건수가 발생하고 있음을 알 수 있다. 또한 <그림-18>에서 보는 바와 같이, 잡지를 상대로 한 원고의 승소율은 일간신문이나 주간신문보다도 매우 높은 비율을 보이고 있다. 이것은 잡지가 일간신문이나 주간신문보다는 속보성이라는 점이 거의 없다고 보아 잡지 기자의 취재 및 보도상 주의의무가 일간신문 등의 기자보다는 더 엄격하다고 할 수 있기 때문이라고 할 것이다.

<그림 - 16> 매체유형별 원고(잡지) 소송건수

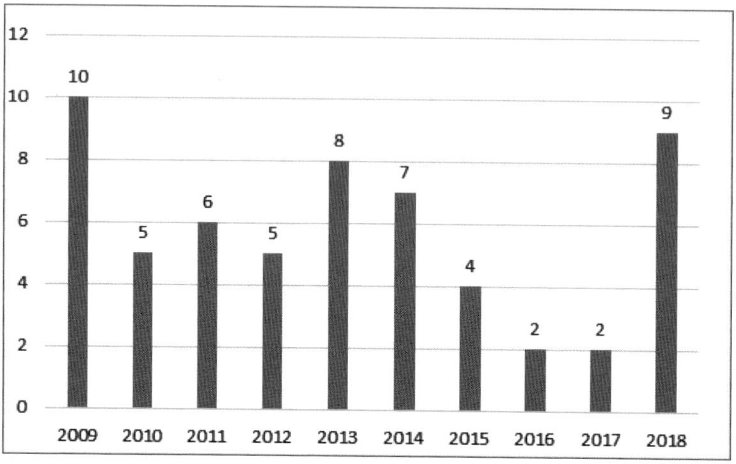

<그림 - 17> 매체유형별 원고(잡지) 소송건수 변화추이

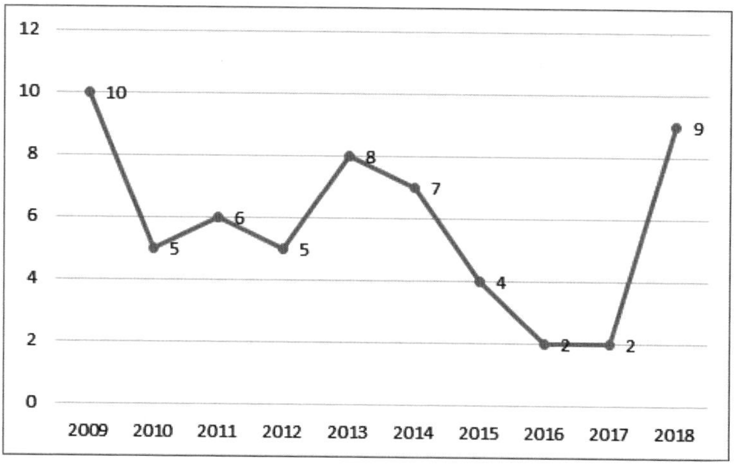

<그림 - 18> 매체유형별 원고(잡지) 승소율

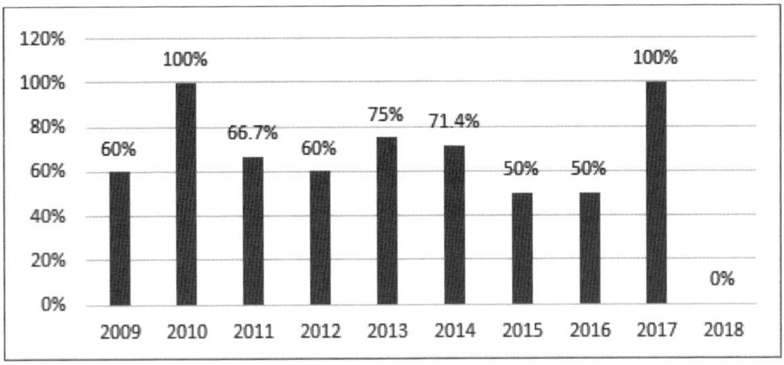

4. 뉴스통신

언론 중에서 뉴스통신의 법적 의미에 대하여 살펴보기로 한다. 뉴스통신에 대해서는 언론중재법에서 "뉴스통신"이란 뉴스통신법 제2조 제1호에 따른 뉴스통신을 말한다(언론중재법 제2조 제8호)고 정의한다. 뉴스통신법 제2조 제1호에서는 "뉴스통신"이란 「전파법」에 따라 무선국(無線局)의 허가를 받거나 그 밖의 정보통신기술을 이용하여 외국의 뉴스통신사와 뉴스통신계약을 체결하고 국내외의 정치·경제·사회·문화·시사 등에 관한 보도·논평 및 여론 등을 전파하는 것을 목적으로 하는 유무선을 포괄한 송수신 또는 이를 목적으로 발행하는 간행물이라고 정의한다.

2009년부터 2018년까지 언론관련 소송사건 중 뉴스통신의 소송건수를 살펴보면, <그림 -19>과 <그림-20>과 같이 일간신문이나 주간신문보다는 적지만 잡지와 비슷한 건수가 발생하고 있음을 알 수 있다. 또한 <그림-21>에서 보는 바와 같이, 뉴스통신을 상대로 한 원고의 승소율은 일간신문이나 주간신문과 비슷한 비율을 보이고 있지만, 잡지보다는 다소 낮은 비율을 보이고 있다.

<그림 - 19> 매체유형별 원고(뉴스통신) 소송건수

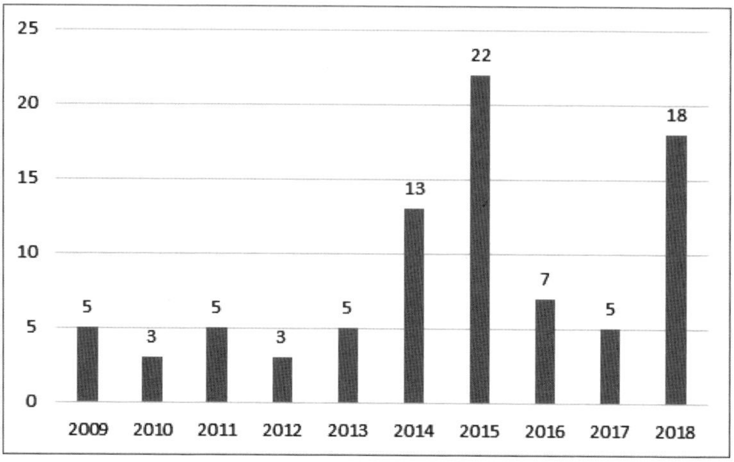

<그림 - 20> 매체유형별 원고(뉴스통신) 소송건수 변화추이

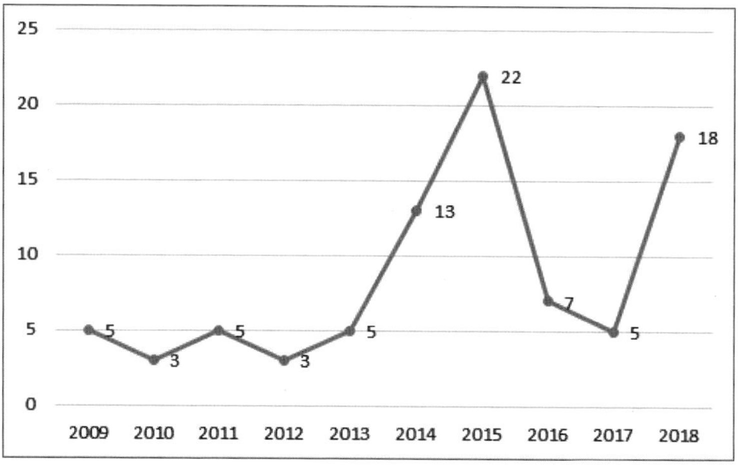

<그림 - 21> 매체유형별 원고(뉴스통신) 승소율

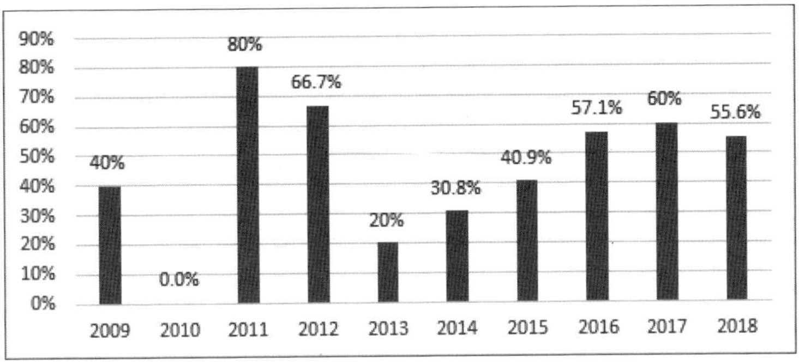

5. 인터넷매체

언론 중에서 인터넷매체는 인터넷뉴스서비스와 인터넷방송을 함께 말하는 것으로, “인터넷뉴스서비스”란 신문, 인터넷신문, 「뉴스통신진흥에 관한 법률」에 따른 뉴스통신, 「방송법」에 따른 방송 및 「잡지 등 정기간행물의 진흥에 관한 법률」에 따른 잡지 등의 기사를 인터넷을 통하여 계속적으로 제공하거나 매개하는 전자간행물을 말한다. 다만, 제2호의 인터넷신문 및 「인터넷 멀티미디어 방송사업법」제2조제1호에 따른 인터넷 멀티미디어 방송, 그 밖에 대통령령으로 정하는 것을 제외한다(신문법 제2조 제5호)고 규정하고 있다.

또한 인터넷방송의 의미에 대하여도 살펴보기로 한다. 언론중재법에서는 “인터넷 멀티미디어 방송”이란 「인터넷 멀티미디어 방송사업법」 제2조제1호에 따른 인터넷 멀티미디어 방송을 말한다(언론중재법 제2조 제20호)고 정의한다. 인터넷 멀티미디어 방송사업법(인터넷방송법) 제2조 제1호에서는 “인터넷 멀티미디어 방송”이란 광대역통합정보통신망등(자가 소유 또는 임차 여부를 불문하고, 「전파법」제10조제1항 제1호에 따라 기간통신사업을 영위하기 위하여 할당받은 주파수를 이용하는 서비스에 사용되는 전기통신회선설비는 제외한다)을 이용하여 양방향성을 가진 인터넷 프로토콜 방식으로 일정한 서비스 품질이 보장되는 가운데 텔레비전 수상기 등을 통하여 이용자에게 실시간 방송프로그램을 포함하여 데이터·영상·음성·음향 및 전자상거래 등의 콘텐츠를 복합적으로 제공하는 방송이라고 정의한다.

2009년부터 2018년까지 언론관련 소송사건 중 인터넷매체의 소송건수를 살펴보면, <그림 -22>과 <그림-23>과 같이 매우 많은 건수가 발생하고 있고, 매년 그 발생건수도 증가하고 있음을 알 수 있다. 또한 <그림-24>에서 보는 바와 같이, 인터넷매체를 상대로 한 원고의 승소율도 매우 높은 비율을 보이고 있다.

<그림 - 22> 매체유형별 원고(인터넷 매체) 소송건수

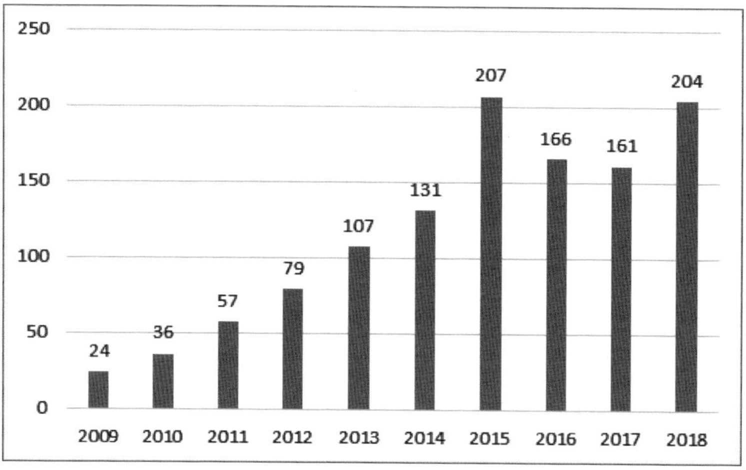

<그림 - 23> 매체유형별 원고(인터넷 매체) 소송건수 변화추이

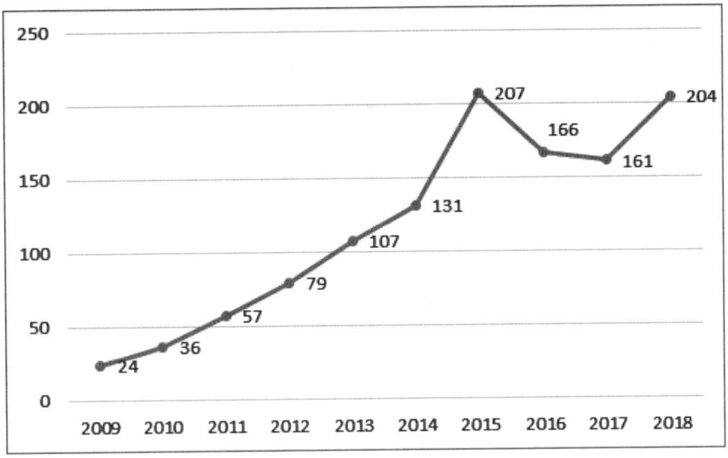

<그림 - 24> 매체유형별 원고(인터넷 매체) 승소율

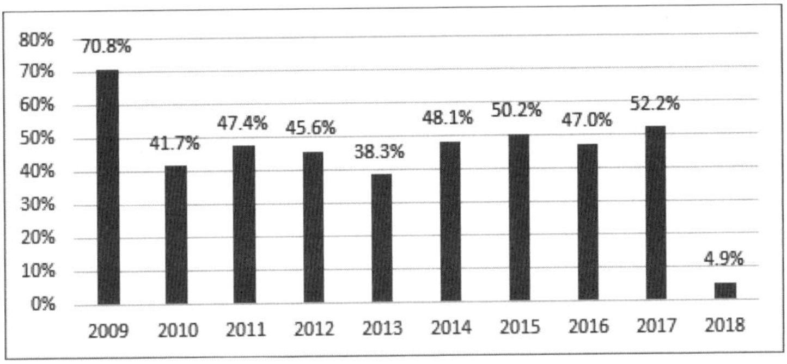

6. 언론개념의 확장

언론이라는 것은 종래의 신문, 방송 등의 매체뿐 아니라 월간지, 통신사, 인터넷 신문과 인터넷 방송 등 인터넷 매체 등을 모두 포함한다고 할 것이다. 또한 언론중재법상 "언론보도"란 언론의 사실적 주장에 관한 보도를 말한다(언론중재법 제2조 제15호)고 하고, "사실적 주장"이란 증거에 의하여 그 존재 여부를 판단할 수 있는 사실관계에 관한 주장을 말한다(언론중재법 제2조 제14호)고 한다. "보도"라 함은 국내외 정치·경제·사회·문화 등의 전반에 관하여 시사적인 취재보도·논평·해설 등의 방송프로그램을 편성하는 것을 말한다(방송법 제2조 제24호)고 한다. 따라서 언론보도로 인한 명예훼손은 신문, 방송 등 언론이 취재·보도과정에서 사실적시를 통하여 타인의 명예를 훼손하는 경우에 발생한다고 보아야 한다. 그런데 언론은 아무나 취재하고 보도할 수는 없고, 전문성과 윤리성을 갖춘 기자 등 언론인이 내부적인 검증체제에 거쳐서 공간되거나 방송되어야 할 것이다. 정치인이나 전문적 지식을 갖춘 일부가 단순히 자신의 일방적 주장만을 전달하는 1인 방송, 유튜버(YouTube) 등은 상당한 사회적 영향력을 발휘하고 있지만, 이를 언론에 포함시킬 수 있을 것인가 여부에 대해서는 약간의 논란이 있다. 1인 방송이나 유튜버 등은 확증편향[8], 부정성편향[9]으로 인하여 "공유지의 비극"이 발생할 수도 있다. 또한 1인 방송이나 유튜버 등은 필터버블[10], 가짜뉴스[11] 등에 쉽게 노출되어 사회적으로 부정적 영향을 미칠 수 있다. 특히 1인방송이나 유튜버는 전문성과 윤리성을 갖춘 기자 등 언론인과 내부적인 검증체제가 부족하다는 점에서 언론으로서 볼 수 있는지에 대한 논란의 여지는 있다.

어쨌든 인터넷, 스마트폰 등 새로운 통신기기의 등장과 함께 1인방송, 유튜버, 트위터, 페이스북 등 새로운 매체가 최근에 집중적으로 나타나고 있고, 그렇다면 이들까지 포섭할 수 있는 언론 개념의 외연 확장이 필요하다.

---

8 자신의 견해에 도움이 되는 정보만을 취하는 성향, 자기 중심적 왜곡(myside-bias).

9 긍정적인 정보보다는 부정적인 정보에 더 민감하게 반응하게 되는 편향, negativity bias

10 구글, 아마존, 페이스북 등의 인터넷 정보제공자가 이용자에 맞추어 필터링한 정보를 이용자에게 제공함으로써, 이용자가 이미 필터링된 정보만을 접하게 되고, 필터링을 거친 정보만을 받아보는 정보 이용자들은 자신도 모르는 사이에 정보 편식을 하게 되고 그로 인해 자신도 모르는 사이 타의에 의해 가치관 왜곡이 일어날 수 있는 것을 의미한다.

11 사실이 아닌 것을 사실인 것처럼 꾸민 뉴스, 허위보도(fake news).

II. 명예의 개념

명예훼손으로 인한 소송에서 명예의 개념이 문제되기도 한다. 명예훼손 소송에서 명예는 일반적으로 사람이나 단체의 외부적 객관적 명예를 말하고, 사람이나 단체 본인의 주관적인 명예감정은 문제 되지 않는다. 강학상 명예에는 외부적 명예, 내부적 명예, 명예감정의 3종류가 있다.

1. 외부적 명예

명예라는 것은 국어사전에서는 1. 세상에서 훌륭하다고 인정되는 이름이나 자랑 또는 그런 존엄이나 품위. 2. 어떤 사람의 공로나 권위를 높이 기리어 특별히 수여하는 칭호라고 정의한다. 그러나 법적으로는 명예에는 사회적 명예, 내부적 명예, 명예감정 등의 3가지 의미가 있다. 사회적 명예라는 것은 외부적 명예라고도 하는데, 사람이 품성, 덕행 등의 인격적 가치에 관하여 사회로부터 받는 객관적 평가와 명망을 말한다. 법률상 명예라고 할 경우에는 이 의미로 사용되는 경우가 많고, 엄밀한 의미에서 명예훼손에서의 명예는 이 의미를 말한다. 대법원도 민법 제764조에서 말하는 명예란 사람의 품성, 덕행, 명예, 신용 등 세상으로부터 받는 객관적인 평가를 말하는 것이고 특히 법인의 경우 그 사회적 명예, 신용을 가리키는데 다름없는 것으로 명예를 훼손한다는 것은 그 사회적 평가를 침해하는 것을 말한다[12]고 하였다. 또한 민법 제764조에서 말하는 명예라 함은 사람의 품성, 덕행, 명예, 신용 등 세상으로부터 받는 객관적인 평가를 말하는 것이고 특히 법인의 경우에는 그 사회적 명예, 신용을 가리키는 데 다름없는 것으로 명예를 훼손한다는 것은 그 사회적 평가를 침해하는 것을 말하고 이와 같은 법인의 명예가 훼손된 경우에 그 법인은 상대방에 대하여 불법행위로 인한 손

12 대법원 1988. 6. 14. 선고 87다카1450 판결.

해배상과 함께 명예 회복에 적당한 처분을 청구할 수 있고, 종중과 같이 소송상 당사자능력이 있는 비법인사단 역시 마찬가지이다[13]고 하였다.

2. 내부적 명예

내부적 명예라는 것은 자기 또는 다른 사람이 내리는 평가와는 관계없이 독립적이고 객관적으로 존재하는 그 사람의 진정한 가치를 말한다. 내부적 명예는 객관적으로 존재하는 사람의 진정한 내부적 가치 그 자체이고, 외부로부터 침해될 수 있는 성질의 것은 아니다. 내부적 명예는 인간이 스스로 가지고 있는 내면적 가치의 명예로서, 법률이 관여할 수도 없고 관여할 바도 아니다. 따라서 명예훼손소송에서는 내부적 명예를 거론할 필요가 없다.

3. 명예감정

명예감정이라는 것은 본인이 자기 자신에 대하여 가지고 있는 가치의식이나 감정을 말한다. 프라이드 또는 자존심이라고 한다. 명예감정은 사람의 가치에 관하여 본인 자신이 가지는 의식과 감정이다. 이에 대해서는 명예훼손으로서는 아니지만, 법적 보호를 받을 가치가 있는 이익의 침해로서 민법상 불법행위의 성립을 인정할 수 있다. 법인이나 단체의 경우에는 감정이 존재하지 않기 때문에 명예감정의 침해가 성립될 여지가 없다.[14] 명예훼손과는 달리, 명예감정의 침해는 대상자가 알게 되는 순간 막바로 침해결과가 발생하기 때문에 공연성은 필요하지 않다고 보아야 한다.[15]

명예감정은 마음 속의 문제이고, 개인차가 크고 다른 사람의 어떠한 언동에 의해 명예감정이 침해될 수 있는가, 어느 정도 침해될 수 있는지 등에 대

---

13 대법원 1997. 10. 24. 선고 96다17851 판결.

14 佃克彦,名誉毀損の法律実務 第2版,弘文堂,2008.

15 松尾剛行, 最新判例にみるインターネット上の名誉毀損の理論と実務(勁草法律実務シリーズ), 勁草書房,2016

하여 개인차가 현저하여 다른 사람으로서는 쉽게 알 수가 없다. 누구라도 명예감정이 침해될 수 있을 정도로 명확하고 정도가 심한 침해행위에 해당할 때는 불법행위가 성립한다[16]고 하였다.

명예감정 침해가 명예훼손이 되는지 여부에 대해서는 주로 족보 편찬과 관련하여 종중의 종원간에 다툼이 생겨 법적 문제로 되는 경우가 많았는데, 대법원은 중종에서 족보편찬을 한 것이 일부 종원들에게 명예훼손이 되는지 문제된 사안에서 민법 제764조에서 말하는 명예훼손이란 사람의 사회적 평가를 저하시키는 행위를 말하고, 단순히 주관적으로 명예감정이 침해되었다고 주장하는 것만으로는 명예훼손이 되지 않는다[17]고 하여 명예감정의 침해만으로는 명예훼손이 되지 않는다고 하였다. 또한 대법원은 민법 제764조에서 말하는 명예훼손이란 사람(종중의 경우에도 마찬가지이다)의 사회적 평가를 저하시키는 행위를 말하고 단순히 주관적으로 명예감정이 침해되었다고 주장하는 것만으로는 명예훼손이 되지 않는다고 할 것인바, 신청인 종중이 궁극적으로 자신들의 상급 대종중인 종회가 새로 만드는 대동보에 실제로는 신청인 종중의 시조가 계자(系子)이어서 그 시조의 부(父)에게 다른 친자가 있을 수 없음에도 불구하고 타 종중의 시조인 갑이 신청인 종중의 시조의 부(父)인 을의 친생 장남으로 등재되는 것을 문제삼고 있으나, 종회가 새로 만드는 대동보에 갑이 을의 친생 장남으로 등재된다 하더라도 그 결과 신청인 종중이 근본적으로 조상을 부정당하게 되어 종중으로서의 존립기반이 부인되거나 혈연관계 없는 남의 조상을 자기의 조상으로 모시는 종중이라는 비난을 받는 등으로 사회적 평가가 저하될 것으로 볼 수 없고, 단지 상대적으로 종중의 위상에 변화가 생기는 것과 같은 외양이 나타나게

---

16 일본 東京지방재판소 1996. 12. 24.

17 대법원 1992. 10. 27. 선고 92다756 판결.

되는 것에 불과하다[18]고 하여 명예훼손책임을 부정하였다. 아울러 대법원은 명예훼손이란 단순히 주관적인 명예감정을 침해하는 것만으로는 부족하고 그 사회적 평가를 저하시키는 행위를 뜻한다 할 것인바, 피고 종중의 (家乘譜)나 파세보(派世譜)에 원고 종중원들 선대의 대수를 낮추어 피고 종중원들 선대의 후손으로 각 등재하고 그와 같은 내용의 세계도(世系圖)를 실은 영명재지(永明齋誌)를 발행 배포하였다 하더라도 그로 인하여 원고 종중이 근본적으로 조상을 부정당하게 되어 종중으로서의 존립기반이 부인되거나 혈연관계 없는 남의 조상을 자기의 조상으로 모시는 종중이라는 비난을 받는 등으로 사회적 평가가 저하된다고 볼 수 없으므로, 그로 인하여 원고 종중의 명예감정이 침해받는 것은 별론으로 하고 원고 종중의 명예가 훼손되었다고 할 수 없다[19]고 하였다. 대법원은 민법 제764조에서 말하는 명예훼손이란 사람의 사회적 평가를 저하시키는 행위를 말하고 단순히 주관적으로 명예감정이 침해되었다고 주장하는 것만으로는 명예훼손이 되지 않는 것인바, 역사드라마에서 그 소재로 된 역사적 인물에 대한 묘사가 명예훼손에 해당하려면 이미 망인이 된 인물의 사회적·역사적 평가를 저하시킬 만한 구체적인 허위사실의 적시가 있어야 하고, 그와 같은 허위사실의 적시가 있었는지 여부는 그 드라마를 시청하는 통상의 건전한 상식을 가진 합리적인 시청자를 기준으로 판단하여야 한다[20]고 하였다.

저작권법에서의 명예훼손에서도 역시 명예감정과의 관계가 문제되고 있고, 이에 대법원에서는 구 저작권법 제95조에 의하면 저작자는 고의 또는 과실로 저작인격권을 침해한 자에 대하여 손해배상에 갈음하거나 손해배상과 함께 명예회복을 위하여 필요한 조치를 청구할 수 있는바, 위 법조에서 말하

---

18 대법원 1997. 7. 9. 자 97마634 결정.

19 대법원 1999. 7. 13. 선고 98다43632 판결.

20 대법원 2010. 6. 10. 선고 2010다8341,8358 판결.

는 명예라 함은 저작자가 그 품성·덕행·명성·신용 등의 인격적 가치에 관하여 사회로부터 받는 객관적 평가, 즉 사회적 명예를 가리키는 것이어서, 저작자가 자기 자신의 인격적 가치에 관하여 갖는 주관적 평가, 즉 명예감정은 이에 포함되지 않는다고 하였다.[21] 따라서 비록 피고가 이 사건 침해기사를 자신의 웹사이트에 게시하거나 다른 언론기관 등에 제공함에 있어 그 저작자인 원고의 성명을 기재하지 아니하였고, 또한 그 내용을 일부 변경하였다 하여도, 그러한 사정만으로는 원고의 명예가 훼손되었다고 보기 어렵다고 하였다. 그러므로 명예감정이 침해되었다고 주장하여 명예훼손을 이유로 법적 구제는 청구할 수는 없다고 하더라도 명예감정이라는 인격권을 침해당했다고 하는 이유로 손해배상을 청구하는 것은 가능하다고 보아야 할 것이다.

명예감정이 문제가 되는 또 다른 경우로는 일반적으로 국가인권위원회에 의하여 성희롱대상자로 결정되거나 친일반민족행위 진상규명위원회에 의하여 친일반민족행위자로 결정된 대상자의 후손 등은 그 국가기관에서 조사대상자의 행위를 성희롱행위나 친일반민족행위로 결정하는 경우 조사대상자나 그 후손의 명예감정은 물론 그에 대한 사회적 평가인 명예가 손상을 입어 그 인격권이 직접적으로 침해받게 될 가능성이 매우 크다고 하고 있다. 대법원은 성희롱행위자로 지목된 사람이 자신의 언동이 성희롱에 해당하지 않는다고 판단하고 있음에도 불구하고 국가인권위원회가 그 사람의 언동을 성희롱에 해당하는 것으로 결정한다면, 그와 같은 결정에 의하여 그 사람의 명예감정은 물론 그에 대한 사회적 평가인 명예가 손상을 입어 그의 인격권이 직접적으로 침해받게 될 가능성이 매우 크다고 할 것이다[22]고 하였다.

명예감정이 문제되는 것에는 예술작가가 예술작품의 전시 등으로 인한 경우가 있다. 대법원은 예술작품이 공공장소에 전시되어 일반 대중에게 상당한

---

21 대법원 2009. 5. 28. 선고 2007다354 판결.

22 대법원 2005. 7. 8. 선고 2005두487 판결.

인지도를 얻는 등 예술작품의 종류와 성격 등에 따라서는 저작자로서도 자신의 예술작품이 공공장소에 전시·보존될 것이라는 점에 대하여 정당한 이익을 가질 수 있으므로, 저작물의 종류와 성격, 이용의 목적 및 형태, 저작물 설치 장소의 개방성과 공공성의 정도, 국가가 이를 선정하여 설치하게 된 경위, 폐기의 이유와 폐기 결정에 이른 과정 및 폐기 방법 등을 종합적으로 고려하여 볼 때 국가 소속 공무원의 해당 저작물의 폐기 행위가 현저하게 합리성을 잃고 저작자로서의 명예감정 및 사회적 신용과 명성 등을 침해하는 방식으로 이루어진 경우에는 객관적 정당성을 결여한 행위로서 위법하다[23]고 하였다. 따라서 갑이 국가의 의뢰로 도라산역사 내 벽면 및 기둥들에 벽화를 제작·설치하였는데, 국가가 작품 설치일로부터 약 3년 만에 벽화를 철거하여 소각한 사안에서, 갑은 특별한 역사적, 시대적 의미를 가지고 있는 도라산역이라는 공공장소에 국가의 의뢰로 설치된 벽화가 상당 기간 전시되고 보존되리라고 기대하였고, 국가도 단기간에 이를 철거할 경우 갑이 예술창작자로서 갖는 명예감정 및 사회적 신용이나 명성 등이 침해될 것을 예상할 수 있었음에도, 국가가 벽화 설치 이전에 이미 알고 있었던 사유를 들어 적법한 절차를 거치지 아니한 채 철거를 결정하고 원형을 크게 손상시키는 방법으로 철거 후 소각한 행위는 현저하게 합리성을 잃은 행위로서 객관적 정당성을 결여하여 위법하므로, 국가는 국가배상법 제2조 제1항에 따라 갑에게 위자료를 지급할 의무가 있다고 하였다.

Ⅲ. 명예훼손

1. 언론소송에서의 명예훼손

언론소송이라는 것은 신문과 방송 등 언론이 원고가 되거나 피고가 되는

23 대법원 2015. 8. 27. 선고 2012다204587 판결.

소송을 말하고, 이러한 소송에서 다투어지는 쟁점은 일반적으로 명예, 신용, 사생활, 모욕 등 여러 법익 침해가 있을 수 있다. 그중에서도 가장 많이 다투어지는 법익이 명예라고 할 수 있다.

2009년부터 2018년까지 언론관련소송 사건 중에서 원고가 주장하는 유형별 침해법익을 살펴보면, <표 -5>에서 보는 바와 같이 명예훼손사건이 가장 많고, 해를 거듭할수록 그 사건수가 증가하고 있다. <그림-25>와 <그림-26>에서 보는 바와 같이 명예가 침해당했음을 이유로 한 건수가 해를 거듭할수록 가파른 증가세를 보이고 있다.

<표 - 5 >원고가 주장하는 유형별 침해 법익

	2009	2010	2011	2012	2013	2014	2015	2016	2017	2018
명예	82	89	104	78	123	122	152	164	151	183
명예+신용, 모욕, 성명, 사생활	6	4	9	12	9	34	53	42	27	37

<그림 - 25 > 원고가 주장하는 유형별 침해 법익

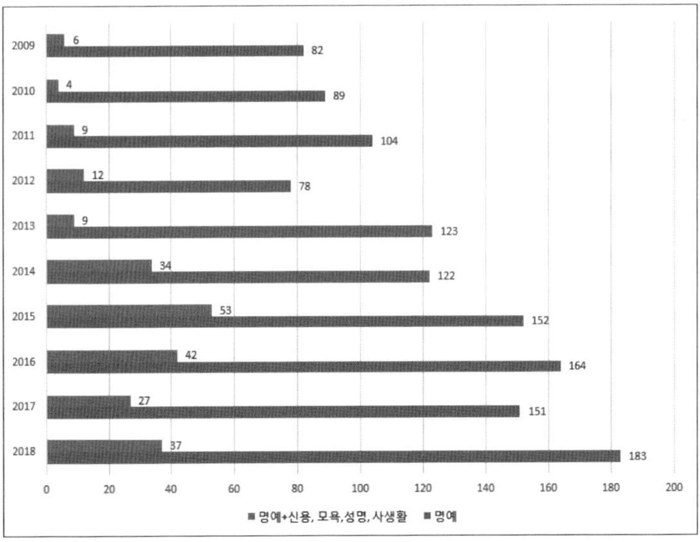

<그림 - 26 > 원고가 주장하는 유형별 침해 법익의 변화추이

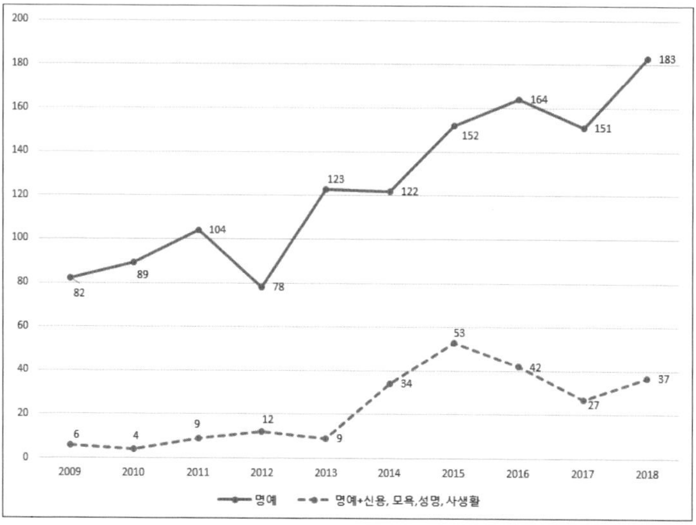

2009년부터 2018년까지 언론관련소송사건을 침해유형별로 원고의 승소율을 살펴보면, <표 -6>과 같고, 명예를 침해한 소송에서 원고가 상당히 높은 승소율을 보이고 있다.

<표 - 6 > 소송결과 침해유형별 원고승소율

	2009	2010	2011	2012	2013	2014	2015	2016	2017	2018
명예	48.8%	31.5%	53.4%	42.3%	47.2%	52.5%	60.5%	46.3%	49%	48.6%
명예,신용, 모욕,성명, 사생활	83.3%	100%	40%	50%	44.5%	14.8%	47.2%	47.6%	59.3%	32.4%

침해 유형별 원고 승소율을 <그림-27>과 <그림-28>을 살펴보면, 해를 거듭할수록 상당히 높은 승소율을 계속하여 보이고 있다.

<그림 - 27> 소송결과 침해유형별 원고 승소율

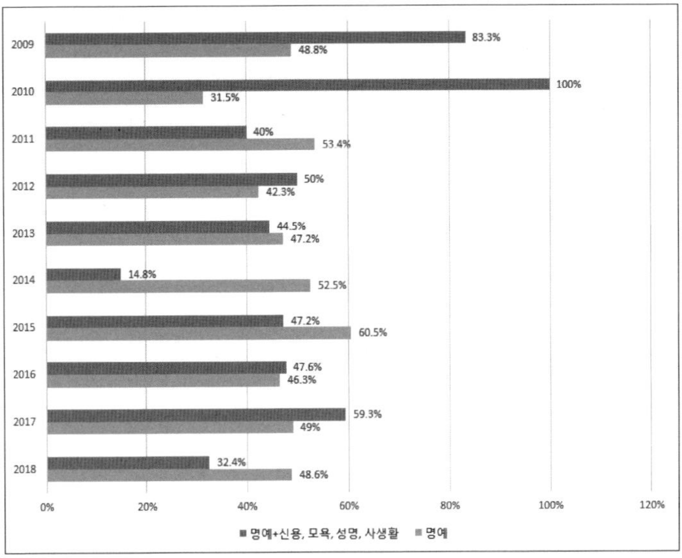

<그림 -28 > 소송결과 침해유형별 원고 승소율의 변화추이

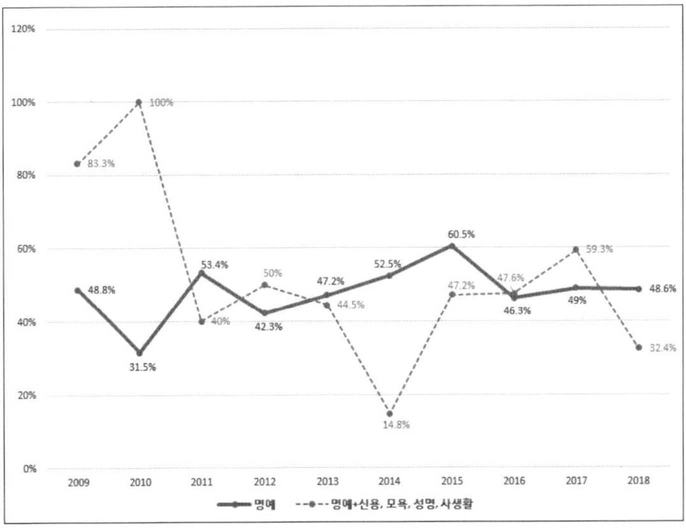

2. 명예훼손의 개념

명예훼손은 공연히 사실을 적시하여 타인의 객관적인 사회적 평가인 명예를 침해하는 행위이다. 객관적인 사회적 평가를 저하시키는 '사실'은 나쁘게 말하는 것에 한정되는 것은 아니고, 상대방의 사회적 평가를 저하시킬 만한 것이면 족하다. 따라서 그 사실이 진실이라고 하더라도 명예훼손이 될 수 있다. 예컨대 이혼한 사실을 말하는 경우에는 그 내용이 진실이라고 하더라고 명예훼손이 될 수 있다. 어떠한 사실의 적시가 명예훼손에 해당하는지는 그 사람이 어떠한 명예를 가지고 있느냐에 따라 다를 수 있다. 이러한 의미에서 명예훼손의 성립여부는 상대적인 것이라고 할 수 있지만, 어떤 표현이 명예훼손적인 사실에 해당하는지 여부는 표현행위자의 주관적인 의도나 그 상대방의 주관적 이해관계에 의하여 판단할 것이 아니라, 그 표현이 갖는 객관적 의미(즉, 적시된 사실에 대한 사회 통념에 따른 객관적 평가)에 의하여 판단하여야 하고, 거기에 비판적 의견이 부가되었는지 여부 등의 사정을 고려해서는 안된다.[24] 대법원은 명예훼손이란 명예주체에 대한 사회적 평가를 저하시키는 일체의 행위를 의미하고, 신문이나 잡지 등 언론매체가 특정인에 관한 기사를 게재한 경우 그 기사가 특정인의 명예를 훼손하는 내용인지의 여부는 기사의 객관적인 내용과 아울러 일반 독자가 기사를 접하는 통상의 방법을 전제로 기사의 전체적인 흐름, 사용된 어휘의 통상적인 의미, 문구의 연결 방법 등을 종합적으로 고려하여 그 기사가 독자에게 주는 전체적인 인상도 그 판단 기준으로 삼아야 한다[25]고 하여 내용 뿐 아니라 어구나 문구 등을 종합적으로 고려하고 그 인상도 판단기준이 된다고 하였다.

---

24 김시철,명예훼손·모욕·사실왜곡에 의한 인격권 침해의 성립요건 및 공통점과 차이점,대법원판례해설 79호,법원도서관,236면.

25 대법원 1997. 10. 28. 선고 96다38032 판결.

(1) 사실의 적시

명예훼손은 사실의 적시에 의하여 이루어져야 한다. 의견이나 논평을 표명하는 경우에는 명예훼손이 되지 않는다. 그렇지만 그 의견이나 논평의 전제가 되는 사실을 적시하고 있다면 명예훼손 여부가 문제될 수 있다. 대법원도 사실을 적시하는 표현행위뿐만 아니라 의견 또는 논평을 표명하는 표현행위도 그와 동시에 묵시적으로라도 그 전제가 되는 사실을 적시하고 있다면 그에 의하여 민사상의 명예훼손이 성립할 수 있다[26]고 하고, 따라서 피고는 이 사건 기사로 계엄이 불법이라는 자신의 의견을 표명하면서 그와 같이 보는 근거 즉, 그 의견의 기초가 되는 사실까지 따로 밝히고 있다고 할 것이므로, 피고가 표명한 의견 부분은 이른바 순수의견으로서 타인의 명예를 훼손하는 행위가 될 여지가 없다고 할 것이고, 한편 피고가 따로 밝히고 있는 의견의 기초가 되고 있는 사실, 즉 '계엄법이 1949. 11. 24.에 제정되었다는 사실'과 '이승만 정권이 1948. 11. 17.에 이 사건 계엄을 선포하였다는 사실'은 그 속에 타인의 사회적 평가를 저하시킬 만한 내용을 담고 있지 아니함이 명백하므로, 결국 이 사건 기사 중 계엄의 불법성에 관한 기사 부분은 그 전체가 명예훼손이 되지 아니한다고 하였다.

(2) 사실과 의견의 구별

의견 표명의 전제 사실은 어떤 기준으로 평가하여 명예훼손 여부로 판단할 것인지 여부가 문제된다. 대법원은 그 기준을 다음과 같이 선언하고 있다. 의견 또는 논평을 표명하는 표현행위로 인한 명예훼손에 있어서는 그 의견 또는 논평 자체가 진실인가 혹은 객관적으로 정당한 것인가 하는 것은 위법성 판단의 기준이 될 수 없고, 그 의견 또는 논평의 전제가 되는 사실이 중요한 부분에 있어서 진실이라는 증명이 있는가, 혹은 그러한 증명이 없다

---

26 대법원 2001. 1. 19. 선고 2000다10208 판결.

면 표현행위를 한 사람이 그 전제가 되는 사실이 중요한 부분에 있어서 진실이라고 믿을 만한 상당한 이유가 있는가 하는 것이 위법성 판단의 기준이 되는 것이므로, 어떠한 표현행위가 명예훼손과 관련하여 문제가 되는 경우 그 표현이 사실을 적시하는 것인가 아니면 의견 또는 논평을 표명하는 것인가, 또 의견 또는 논평을 표명하는 것이라면 그와 동시에 묵시적으로라도 그 전제가 되는 사실을 적시하고 있는 것인가 그렇지 아니한가를 구별할 필요가 있고, 신문 등 언론매체가 특정인에 대한 기사를 게재한 경우 그 기사가 특정인의 명예를 훼손하는 내용인지 여부는 당해 기사의 객관적인 내용과 아울러 일반의 독자가 보통의 주의로 기사를 접하는 방법을 전제로 기사에 사용된 어휘의 통상적인 의미, 기사의 전체적인 흐름, 문구의 연결 방법 등을 기준으로 하여 판단하여야 할 것인데, 이는 사실 적시와 의견 또는 논평 표명의 구별, 의견 또는 논평 표명의 경우에 전제되는 사실을 적시하고 있는 것인지 여부의 판별에 있어서도 타당한 기준이 될 것이고, 아울러 사실 적시와 의견 또는 논평 표명의 구별, 의견 또는 논평 표명의 경우에 전제되는 사실을 적시하고 있는 것인지 여부의 판별에 있어서는 당해 기사가 게재된 보다 넓은 문맥이나 배경이 되는 사회적 흐름 등도 함께 고려하여야 할 것이므로, 신문기사 가운데 그로 인한 명예훼손의 불법행위책임 인정 여부가 문제로 된 부분에 대하여 거기서 사용된 어휘만을 통상의 의미에 좇아 이해하는 경우에는 그것이 증거에 의하여 그 진위를 결정하는 것이 가능한 타인에 관한 특정의 사항을 주장하고 있는 것이라고 바로 해석되지 아니하는 경우라도 당해 부분 전후의 문맥과 기사가 게재될 당시에 일반의 독자가 가지고 있는 지식 내지 경험 등을 고려하여 볼 때에 그 부분이 간접적으로 증거에 의하여 그 진위를 결정하는 것이 가능한 타인에 관한 특정의 사항을 주장하는 것이라고 이해된다면 그 부분은 사실을 적시하는 것으로 보아야 할 것이고, 이를 묵시적으로 주장하는 것이라고 이해된다면 의견 또는 논평의 표명과 함께 그 전제되는 사실을 적시하는 것으로 보아야 한다[27]고 하여 의견 표명의 경우에도 그 전제되는 사실을 적시하는 경우에는 명예훼손이 된다고 하고 있다.

3. 사실의 적시의 유형

명예훼손은 사실의 적시에 의하여 이루어져야 하고, 그 경우 사실은 구체성이 있어야 한다. 사실의 구체성은 적어도 기사내용 중 특정문구에 의하여 사실이 곧바로 유추될 수 있을 정도의 표현이 있어야 한다. 나아가 사실을 암시하고 침해가능성이 있어도 명예훼손이 된다. 명예훼손의 가장 기본적인 기준은 사실의 적시와 구체성이고, 이에 대하여 대법원은 아래와 같이 사실의 적시 여부에 대하여 구별하고 있다.

(1) 사실의 적시가 있다고 한 사례

교수가 학생들 앞에서 피해자의 이성관계를 암시하는 발언을 한 사례에서 대법원은 명예훼손죄에 있어서의 사실의 적시는 사실을 직접적으로 표현한 경우에 한정될 것은 아니고, 간접적이고 우회적인 표현에 의하더라도 그 표현의 전취지에 비추어 그와 같은 사실의 존재를 암시하고, 또 이로써 특정인의 사회적 가치 내지 평가가 침해될 가능성이 있을 정도의 구체성이 있으면 족한 것이다[28]고 하면서 명예훼손죄의 성립을 인정하였다. 대법원은 객관적으로 피해자의 사회적 평가를 저하시키는 사실에 관한 보도가 소문이나 제3자의 말 등을 인용하여 기사화한 것이고 보도내용에 단정적 표현이 사용되지 아니하였다고 하더라도, 표현 전체의 취지가 사실의 존재를 암

27 대법원 1999. 2. 9. 선고 98다31356 판결.

28 대법원 1991. 5. 14. 선고 91도420 판결.

시한다면 '사실의 적시'가 있다고 볼 수 있다[29]고 하였다. 따라서 ① 이 사건 각 기사는 국회에 떠도는 소문을 인용한 형태이고 단정적 표현은 사용하지 않았지만 그 제목을 "국회 성추문, … 보좌관 비서 성폭행…"으로 기재하여 독자로 하여금 '성폭행' 부분에 이목을 집중하게 하였다. ② 이 사건 각 기사는 5건씩 성추문 소문에 관한 내용을 적시하고 있는데, '보좌관 여비서 폭행'이 가장 자극적이고 본문 내용의 구체성도 가장 강하다. ③ 이 사건 각 기사는 일시, 장소, 가해자, 피해자, 성폭행을 구체적으로 적시하고 있고 '여비서가 그만두었고, 보좌관이 관계를 가졌다고 해명하였으며, 국회의장의 사실확인 지시가 있었다'는 내용까지 추가하여 성폭행 사실이 존재할 수 있다는 것을 암시하는 방식으로 이루어졌다. ④ '합의하에 관계를 가졌다'는 보좌관의 해명을 적시하여 독자로 하여금 성적 관계가 있었다는 점은 분명하고 단지 합의하여 성적 관계를 가졌는지 여부만 문제 된다는 인상을 주고 있다. 위와 같은 사정 등을 종합하여, 이 사건 각 기사는 구체적 사실을 적시한 것으로 볼 수 있다고 판단하였다.

(2) 사실의 적시가 없다고 한 사례

대법원은 피고인이 1985. 8. 1.경부터 신리 어촌계 안흥동 임원인 피해자가 피고인의 각종 비행을 확인하여 진정서를 만들면서 그 진정서에 각 계원의 서명날인을 받으러 돌아다닌 것을 알아차리고 공소외 정충규 집에 설치된 주민계도 홍보용 앰프방송시설을 통하여 "아무것도 아닌 똥꼬다리 같은 놈이 들어와서 잘 운영되어 가는 어촌계를 파괴하려는데 주민들은 이에 동조 현혹되지 말라"는 방송을 실시하여 50여세대 어민에 청취케 하여 공연히 허위사실을 적시하여 피해자의 명예를 훼손한 사례에서 명예훼손죄에 있어서의 사실의 적시는 사람의 사회적 가치 내지 평가를 저하시키는 구체

29 대법원 2018. 4. 12. 선고 2015다45857 판결.

적 사실의 적시를 요하며 단지 모욕적 언사를 사용하는 것은 모욕죄에 해당할 뿐 명예훼손죄에 해당하지는 않는다[30]고 하면서, "아무것도 아닌 똘꼬다리 같은 놈"이라는 구절은 모욕적인 언사일뿐 구체적인 사실의 적시라고는 할 수 없고, "잘 운영되어 가는 어촌계를 파괴하려 한다"는 구절 또한 어느 구체적인 사실의 적시라고는 할 수가 없어서 결국 이는 명예훼손죄에 있어서의 사실의 적시에 해당한다고 볼 수 없다고 하였다. 또한 대법원은 피고인이 1992. 7. 8. 15:00경 피해자의 집앞에서 공소외 A, B등이 있는 자리에서 피해자에게 "○○눈, ○신"이라고 말하는 등 공연히 사실을 적시하여 피해자의 명예를 훼손한 사례에서 명예훼손죄가 성립하기 위하여는 사실의 적시가 있어야 하고 적시된 사실은 이로써 특정인의 사회적 가치 내지 평가가 침해될 가능성이 있을 정도로 구체성을 띠어야 한다[31]고 하면서, 피고인이 하였다는 "○○눈, ○신"이라는 발언 내용은 피고인이 피해자를 모욕하기 위하여 경멸적인 언사를 사용하면서 욕설을 한 것에 지나지 아니하고, 피해자의 사회적 가치나 평가를 저하시키기에 충분한 구체적 사실을 적시한 것이라고 보기는 어렵다고 하여 명예훼손죄를 부정하였다. 나아가 대법원은 피고인 1이 그 판시와 같이 허가 없이 직업소개를 한 일로 서울북부경찰서에 불려가서 조사받은 바 있었는데 이는 평소 사이가 좋지 않은 피해자와 공소외인의 밀고에 의한 것이라고 잘못 생각한 나머지 위 피해자는 참석하지 아니하고 공소외인 외 6명이 참석한 효도친목회 월례회의 석상에서 피해자와 공소외인을 지칭하면서 "고발당해서 경찰서에 갔다 왔다. 년놈이 신고해서 경찰서에 갔다 왔다. 년은 안 나오고 놈만 나왔다."라고 큰 소리로 말하여 공연히 허위의 사실을 적시하여 피해자의 명예를 훼손한 사례에서 명예훼손죄가 성립하기 위하여는 사실의 적시가 있어야 하고, 적시된 사

30 대법원 1989. 3. 14. 선고 88도1397 판결.

31 대법원 1994. 10. 25. 선고 94도1770 판결.

실은 이로써 특정인의 사회적 가치 내지 평가가 침해될 가능성이 있을 정도로 구체성을 띄어야 한다. 누구든지 범죄가 있다고 생각하는 때에는 고발할 수 있는 것이므로, 어떤 사람이 범죄를 고발하였다는 사실이 주위에 알려졌다고 하여 그 고발사실 자체만으로 고발인의 사회적 가치나 평가가 침해될 가능성이 있다고 볼 수는 없을 터이고, 다만 그 고발의 동기나 경위가 불순하다거나 온당하지 못하다는 등의 사정이 있고 이러한 사정이 함께 알려진 경우에 고발인의 명예가 침해될 가능성이 있다. 피고인이 다만 피해자가 피고인의 범죄를 고발하였다는 내용의 언사만을 하고 그 고발의 동기나 경위에 관하여는 전혀 언급을 하지 아니하였다면, 그와 같은 언사만으로는 피해자의 사회적 가치나 평가를 침해하기에 충분한 구체적인 사실이 적시되었다고 보기는 어렵다[32]고 하면서, 이 사건에서 피고인 1이 하였다는 위 발언내용은 그 자체가 피해자의 사회적 가치나 평가를 저하시킬 만한 구체적 사실의 적시라기보다는 그 자리에 있던 다른 친목회 회원들에게 자신이 경찰서에서 조사를 받고 왔다는 처지를 알리면서 이에 부수하여 피해자가 피고인을 고발한 것으로 오해한 나머지 피해자에 대하여 가지고 있던 분한 감정을 다소 과격하게 표현한 것에 불과한 것으로 보이고, 구체적인 사실적시가 있었다고 보기 어렵다고 하여 명예훼손죄의 죄책을 부정하였다. 대법원은 사실의 적시란 반드시 사실을 직접적으로 표현한 경우에 한정할 것은 아니고, 간접적이고 우회적인 표현에 의하더라도 그 표현의 전 취지에 비추어 그와 같은 사실의 존재를 암시하고, 또 이로써 특정인의 사회적 가치 내지 평가가 침해될 가능성이 있을 정도의 구체성이 있으면 족하다[33]고 하였다. 따라서 원고 등이 경제위기의 책임자로 지목되면서 검찰수사 등이 거론되고 새로 출범할 정부가 경제위기의 원인규명과 책임자 처벌에 강한 의지를 피력

32 대법원 1994. 6. 28. 선고 93도696 판결.

33 대법원 2000. 7. 28. 선고 99다6203 판결.

하고 있는 상황에서 원고 등이 항공권을 구입하거나 해외도피를 의논하고 있는 장면을 담고 있는 풍자만화를 기고하여 이를 일간지에 게재한 경우, 원고 등이 경제위기와 관련된 책임 추궁 등을 면하기 어려운 절박한 상황에 처해 있음을 희화적으로 묘사하거나 원고 등이 해외로 도피할 가능성이 없지 않음을 암시함과 아울러 이들에 대한 출국금지조치가 필요하다는 견해를 우회하여 표현한 것일 뿐 원고 등이 해외로 도피할 의사를 갖고 있다거나 해외 도피를 계획 또는 모의하고 있다는 구체적 사실을 적시하였다고는 볼 수 없다는 이유로 명예훼손의 성립을 부정한 원심판결을 수긍하였다. 나아가 대법원은 보도내용으로 인한 명예훼손죄의 성립 여부나 형법 제310조의 위법성조각사유의 존부 등을 판단할 때, 객관적으로 피해자의 명예를 훼손하는 보도내용에 해당하는지, 그 내용이 진실한지, 거기에 피해자를 비방할 목적이 있는지, 보도내용이 공공의 이익에 관한 것인지 여부 등은 원칙적으로 그 보도내용의 주된 부분인 암시된 사실 자체를 기준으로 살펴보아야 한다. 그 보도내용에 인용된 소문 등의 내용이나 표현방식, 그 신빙성 등에 비추어 암시된 사실이 무엇이고, 그것이 진실인지 여부 등에 대해 구체적으로 심리·판단하지 아니한 채 그러한 소문, 제3자의 말 등의 존부에 대한 심리·판단만으로 바로 이를 판단해서는 안된다[34]고 하였다. 한편 대법원은 구체적인 사실의 적시는 출판물의 내용 중에 직접적으로 명시되어 있을 필요까지는 없다 하더라도 적어도 출판물 내용 중의 특정 문구에 의하여 그러한 사실이 곧바로 유추될 수 있을 정도의 표현은 있어야 할 것인데, 이를 판단함에 있어서는 당해 출판물에 실린 글의 객관적인 내용과 아울러 일반의 독자가 보통의 주의로 글을 접하는 통상의 방법을 전제로 그 글에 사용된 어휘의 통상적인 의미, 문구의 연결 방법 등을 종합적으로 고려하여 그 글이 독자에게 주는 전체적인 인상을 기준으로 하되, 여기에다가 글의 배경이

34 대법원 2008. 11. 27. 선고 2007도5312 판결.

된 사회적 흐름 속에서 그 표현이 가지는 의미와 글의 주제 및 게재 경위 등을 함께 고려하여야 하고, 적시한 내용 중에 일부 사실과 다르거나 오해의 소지가 있는 부분이 있다 하더라도 글의 내용을 전체적·객관적으로 파악하여 그것이 허위사실의 적시에 해당하는지 여부를 가려야지 그 취지가 불분명한 일부 내용만을 따로 떼어내어 허위사실이라고 단정할 수는 없고, 나아가 비록 허위의 사실을 적시하였더라도 그 허위의 사실이 특정인의 사회적 가치 내지 평가를 침해할 수 있는 정도에 이르지 않는 한 명예훼손이 성립하는 것으로 단정하여서는 안 될 것이다[35]고 하였다.

한편 과거의 역사적 사실관계 등에 대하여 민사판결을 통하여 어떠한 사실인정이 있었다는 이유만으로, 이후 그와 반대되는 사실의 주장이나 견해의 개진 등을 형법상 명예훼손죄로 소추된 사례에서 대법원은 명예훼손죄가 성립하기 위해서는 사실의 적시가 있어야 하고, 적시된 사실은 이로써 특정인의 사회적 가치 내지 평가가 침해될 가능성이 있을 정도로 구체성을 띠어야 한다. 이때 사실의 적시란 가치판단이나 평가를 내용으로 하는 의견표현에 대치되는 개념으로서 시간과 공간적으로 구체적인 과거 또는 현재의 사실관계에 관한 보고 내지 진술을 의미하며, 그 표현내용이 증거에 의한 입증이 가능한 것을 말하고, 판단할 진술이 사실인가 또는 의견인가를 구별할 때에는 언어의 통상적 의미와 용법, 입증가능성, 문제 된 말이 사용된 문맥, 그 표현이 행하여진 사회적 상황 등 전체적 정황을 고려하여 판단하여야 한다. 다른 사람의 말이나 글을 비평하면서 사용한 표현이 겉으로 보기에 증거에 의해 입증 가능한 구체적인 사실관계를 서술하는 형태를 취하고 있더라도, 글의 집필의도, 논리적 흐름, 서술체계 및 전개방식, 해당 글과 비평의 대상이 된 말 또는 글의 전체적인 내용 등을 종합하여 볼 때, 평균적인 독자의 관점에서 문제 된 부분이 실제로는 비평자의 주관적 의견에 해당하

35 대법원 2009. 2. 26. 선고 2008다77771 판결.

고, 다만 비평자가 자신의 의견을 강조하기 위한 수단으로 그와 같은 표현을 사용한 것이라고 이해된다면 명예훼손죄에서 말하는 사실의 적시에 해당한다고 볼 수 없다. 그리고 이러한 법리는 어떠한 의견을 주장하기 위해 다른 사람의 견해나 그 근거를 비판하면서 사용한 표현의 경우에도 다를 바 없다. 한편 민사재판에서 법원은 당사자 사이에 다툼이 있는 사실관계에 대하여 처분권주의와 변론주의, 그리고 자유심증주의의 원칙에 따라 신빙성이 있다고 보이는 당사자의 주장과 증거를 받아들여 사실을 인정하는 것이어서, 민사판결의 사실인정이 항상 진실한 사실에 해당한다고 단정할 수는 없다. 따라서 다른 특별한 사정이 없는 한, 그 진실이 무엇인지 확인할 수 없는 과거의 역사적 사실관계 등에 대하여 민사판결을 통하여 어떠한 사실인정이 있었다는 이유만으로, 이후 그와 반대되는 사실의 주장이나 견해의 개진 등을 형법상 명예훼손죄 등에 있어서 '허위의 사실 적시'라는 구성요건에 해당한다고 쉽게 단정하여서는 아니 된다. 판결에 대한 자유로운 견해 개진과 비판, 토론 등 헌법이 보장한 표현의 자유를 침해하는 위헌적인 법률해석이 되어 허용될 수 없기 때문이다[36]고 하면서, 이 사건 책자에서 문제 된 표현은 결국 피고인의 주관적 의견이나 견해 또는 주장에 해당하고, 다만 이를 강조하거나 달리 표현하기 위해 구체적인 사실관계를 단정하는 형태로 서술한 것에 불과하다고 할 것이고, 평균적인 독자의 관점에서 그와 같은 사정을 충분히 알 수 있었을 것으로 보인다고 하여 문제된 표현이 형법 제309조 제2항의 출판물에 의한 명예훼손죄에서 말하는 사실의 적시에 해당한다고 보기 어렵다고 하였다.

36 대법원 2017. 12. 5. 선고 2017도15628 판결.

Ⅳ. 명예훼손과 구별되는 행위

형법상으로는 구체적 사실의 적시가 필요한 명예훼손죄와 그렇지 않은 모욕죄를 구별해야 하지만, 민사상으로는 명예훼손과 모욕을 반드시 구별할 것을 요하지 않는다. 그러나 대법원은 명예훼손에 의한 불법행위와 모욕적 표현행위에 의한 불법행위로 구분한다. 다소간의 과장을 넘어서서 고의적으로 사실을 왜곡하는 공표행위는 명예훼손과 구별되는 별개 유형의 인격권침해로 인한 불법행위이고, 명예감정이 침해된 경우도 인격권 침해로 인한 불법법위이다. 모욕적인 표현행위를 의견의 범주에 포함시키고, 그 의견표명의 한계를 일탈한 경우에는 불법행위가 성립한다고 한다.

1. 모욕행위로 인한 손해배상

사실의 적시가 없는 모욕적이거나 인신공격적인 표현에 의하여 사회적 평가를 저하시킨 경우에는 명예훼손을 인정할 수는 없지만, 민사상 불법행위책임을 인정할 수 있다. 공연하게 피해자에게 "늙은 화냥년의 간나, 너가 화냥질을 했잖아."라고 한 피고인의 발언내용을 명예훼손죄로 의률한 사례에서 대법원은 명예훼손죄와 모욕죄의 보호법익은 다같이 사람의 가치에 대한 사회적 평가인 이른바 외부적 명예인 점에서는 차이가 없으나 다만 명예훼손은 사람의 사회적 평가를 저하시킬 만한 구체적 사실의 적시를 하여 명예를 침해함을 요하는 것으로서 구체적 사실이 아닌 단순한 추상적 판단이나 경멸적 감정의 표현으로서 사회적 평가를 저하시키는 모욕죄와 다르다[37]고 하면서 "늙은 화냥년의 간나, 너가 화냥질을 했잖아."라고 한 피고인의 발언내용은 그 자체가 피해자의 사회적 평가를 저하시킬 만한 구체적 사실의 적시라기 보다는 피고인이 피해자의 도덕성에 관하여 경멸적인 감정표현을 과장되

37 대법원 1987. 5. 12. 선고 87도739 판결.

게 강조한 욕설에 불과한 것으로서 이를 막바로 명예훼손죄로 처벌할 수는 없다고 하였다. 그러나 사실의 적시가 없이 모욕적인 표현으로 사회적 평가를 저하시킨 경우에는 형사상 명예훼손죄로 처벌할 수 없지만, 민사상 인격권침해로 인한 불법행위책임을 인정할 수 있다고 보아야 한다. 형법 제311조의 모욕죄는 사람의 가치에 대한 사회적 평가를 의미하는 외부적 명예를 보호법익으로 하는 범죄로서, 모욕죄에서 말하는 모욕이란 사실을 적시하지 아니하고 사람의 사회적 평가를 저하시킬 만한 추상적 판단이나 경멸적 감정을 표현하는 것을 의미한다. 그런데 언어는 인간의 가장 기본적인 표현수단이고 사람마다 언어습관이 다를 수 있으므로 그 표현이 다소 무례하고 저속하다는 이유로 모두 형법상 모욕죄로 처벌할 수는 없다. 따라서 어떠한 표현이 상대방의 인격적 가치에 대한 사회적 평가를 저하시킬 만한 것이 아니라면 설령 그 표현이 다소 무례하고 저속한 방법으로 표시되었다 하더라도 이를 모욕죄의 구성요건에 해당한다고 볼 수 없다.[38] 형법 제311조의 모욕죄는 사람의 가치에 대한 사회적 평가를 의미하는 외부적 명예를 보호법익으로 하는 범죄로서, 모욕죄에서 말하는 모욕이란 사실을 적시하지 아니하고 사람의 사회적 평가를 저하시킬 만한 추상적 판단이나 경멸적 감정을 표현하는 것을 의미한다. 따라서 어떠한 표현이 상대방의 인격적 가치에 대한 사회적 평가를 저하시킬 만한 것이 아니라면 설령 그 표현이 다소 무례한 방법으로 표시되었다 하더라도 이를 두고 모욕죄의 구성요건에 해당한다고 볼 수 없다.[39]

2. 사실왜곡적 공표행위로 인한 손해배상

신문사가 대기업 노동조합의 노동쟁의 및 단체협약 등과 관련하여 보도한 수개의 기사 중 일부가 일반 독자의 기준에서 전체적인 인상과 맥락으로

---

38 대법원 2015. 12. 24. 선고 2015도6622 판결.

39 대법원 2018. 11. 29. 선고 2017도2661 판결.

보아 구체적인 사실전달보다는 의견표명 내지 논평을 주된 목적으로 하는 보도로서, 노동조합의 사회적 평가를 저하시키는 사실을 적시한 명예훼손에 해당한다고 보기 어렵지만, 그 의견표명의 전제로 적시한 사실관계 중 일부 보도 내용이 그 표현의 형식 등 제반 사정에 비추어 의도적으로 사실을 왜곡함으로써 노동조합 또는 그 조합원의 인격권을 침해하였다고 주장하면서 피해를 입었다고 주장하는 노동조합이 언론사를 상대로 손해배상을 청구한 사례에서 대법원은 표현행위자가 타인에 대하여 비판적인 의견을 표명하였다는 사유만으로 이를 위법하다고 볼 수는 없지만, 만일 표현행위의 형식 및 내용 등이 모욕적이고 경멸적인 인신공격에 해당하거나 혹은 타인의 신상에 관하여 다소간의 과장을 넘어서서 사실을 왜곡하는 공표행위를 함으로써 그 인격권을 침해한다면, 이는 명예훼손과는 별개 유형의 불법행위를 구성할 수 있다[40]고 하였다. 따라서 일간신문의 사설 및 오피니언의 형식으로 보도된 A기사는 "원고의 쟁의행위로 인하여 체결된 2003년도 단체협약에 따라 원고 조합원들이 연간 165일 내지 177일(또는 170일 내지 180일)의 휴일을 누리면서도 연봉 5,000만 원을 받게 되었다"고 하면서 현대자동차 노사협상에 나타난 원고 조합원들의 임금과 휴일의 수준, 위 노사협상의 배경과 결과 등에 관하여 개략적인 상황을 적시한 다음, 이러한 협상내용을 평가하면서 이를 비판하는 의견을 표명한 것임을 알 수 있다. 위 A기사 역시 일반 독자의 기준에서 볼 때 전체적인 인상과 맥락으로 보아 구체적인 사실전달보다는 의견표명 내지 논평을 주된 목적으로 하는 보도로서, 원고의 사회적 평가를 저하시키는 사실을 적시한 명예훼손에 해당한다고 보기는 어려우나, 그 의견표명의 전제로 적시한 사실관계 중 "원고의 쟁의행위로 인하여 체결된 2003년도 단체협약에 따라 원고 조합원들이 연간 165일 내지 177일(또는 170일 내지 180일)의 휴일을 누리면서도 연봉 5,000만 원을 받

---

40 대법원 2009. 4. 9. 선고 2005다65494 판결.

게 되었다"는 보도내용은, 피고가 휴일수와 연봉액을 병렬적으로 거시하는 표현을 사용한 점, A기사의 다른 부분에서도 원고의 조합원들이 실제로 위와 같은 휴일을 사용하는 것이 아니라 제도적으로 보장된 휴일수의 최대한도라는 것을 시사하는 단서나 표현이 전혀 없는 점 등 제반 사정을 고려하여 볼 때, 피고가 의도적으로 사실을 왜곡함으로써 원고 내지 그 조합원들의 인격권을 침해하였다 할 것이므로, 이는 원고에 대한 불법행위를 구성한다고 하였다. 그러므로 언론이 사실을 적시하여 보도함으로써 부담하게 되는 명예훼손책임은 아니라고 하더라도 고의적으로 사실을 왜곡하여 보도하면 인격권침해로 인한 불법행위책임을 부담한다고 할 것이다. 이 대법원판결은 명예훼손의 성립요건 등에 대하여 전반적으로 검토하면서, 이와 구별되는 모욕이나 사실왜곡에 의한 인격권 침해 등과의 공통점과 차이점 등을 정리한 것이다. 이 판결은 언론매체가 타인의 신상에 관하여 고의적으로 사실왜곡에 해당하는 허위보도를 하는 경우 명예훼손과 구별되는 별도의 인격권 침해가 된다는 점을 밝힌 최초의 대법원판결이다.

3. 명예감정침해로 인한 손해배상

주관적으로 명예감정이 침해된 경우에는 명예훼손이 성립될 수 없고, 나아가 모욕도 성립될 수 없다. 그러나 명예감정을 침해하여 사회적 평가를 저하시킨 경우에는 민사상 인격권침해를 이유로 한 불법행위로 인한 손해배상책임을 인정할 수 있다.

4. 모욕적 인신공격적인 표현에 해당하지 않은 단순한 의견표명에 의하여 사회적 평가가 저하된 경우

사실의 적시가 없으므로 명예훼손이라고 할 수 없고, 따라서 민사적 또는 형사적으로 명예훼손책임을 부정하여야 할 것이다. 그러나 이 경우에도 명예훼손은 아니라도 사회적 평가가 저하됨으로써 인격권이 침해당했다고 하는 이유로 민사적으로 정신적 손해에 대한 배상책임을 물을 수는 있을 것이다. 그러나 피해자인 원고가 그 손해에 대한 입증을 하여야 하므로, 그 손해의 입증에 어려움을 겪을 수 있을 것이다.

5. 적시된 구체적인 사실이 허위이지만, 그 사실 자체에 의해서는 사회적 평가가 저하되지 않는 경우

사회적 평가가 저하되지 않았으므로 명예훼손으로 인한 민사적 형사적 책임을 부정하여야 할 것이다. 그러나 이 경우에도 명예훼손은 아니라도 허위 사실의 공표로 인하여 민사상 인격권이 침해당했다고 하는 이유로 정신적 손해에 대한 배상책임을 물을 수는 있을 것이다. 역시 피해자인 원고가 그 손해에 대한 입증을 하여야 하는데, 허위 사실로 인한 정신적 손해의 입증에 어려움을 겪을 수 있을 것이다. 그러나 정신과 치료를 받았다는 등의 입증을 통해서 이를 극복할 수 있을 수 있다.

6. 사회적 평가의 저하가 사실의 적시에 의한 것인지 여부가 불분명한 경우

명예훼손이 되기 위해서는 사실 적시에 의한 사회적 평가의 저하가 있어야 하는데, 사회적 평가의 저하가 사실 적시에 의한 것이 불분명한 경우에는 명예훼손이 되지 않는다. 대법원은 설령 기자회견과 관련하여 배포된 보도자료 중 일부 내용의 진위가 분명하지 아니하여 오해의 소지가 있거나 거기에 특정인에 대한 비판이 부가되어 있다고 하더라도, 그 보도자료 중의 다른 기재 내용이나 구두설명 등을 전체적·객관적으로 파악하여 그것이 허위사실의 적시에 해당하는지 여부를 가려야 할 것이고, 그 취지가 불분명한 일부 내용만을 따로 떼어내어 허위사실이라고 단정하여서는 안 될 것이다[41]고 하였다. 또한 대법원은 보도내용 중에서 논란이 되는 표현의 객관적 의

41 대법원 2008. 5. 8. 선고 2006다45275 판결.

미는 그 언어적 문맥 및 그 표현이 이루어진 주변 상황에 의하여 결정되는 것이므로, 설령 보도내용 중 일부의 취지가 분명하지 아니하여 오해의 소지가 있거나 거기에 상대방에 대한 비판이 부가되어 있다고 하더라도, 그 보도내용 중의 다른 기재 부분과 함께 전체적·객관적으로 파악하지 아니하고 취지가 불분명한 일부 내용만을 따로 떼어내어 명예훼손적인 사실의 적시라고 단정하여서는 안 된다[42]고 하였다. 이 사례는 보도내용이 명예훼손적인 사실의 적시에 해당하는지 아니면 비판적 견해가 부가된 단순한 의견표명인지 여부가 객관적으로 분명하지 아니한 경우에는 이를 전자로 단정하여 명예훼손에 의한 불법행위 책임을 인정할 수 없다고 판단한 판단으로서 실무적으로 상당한 의미가 있다.

V. 언론자유와 명예훼손

현대사회에서는 텔레비전과 라디오 등 방송, 신문, 잡지 등 보도 매체가 비약적으로 발달하고 있고, 각 매체간에 시청률과 구독률을 놓고 사생결단의 각축을 벌이고 있다. 나아가 인터넷 등 새로운 정보통신수단의 발달에 따라 종전의 방송, 신문, 잡지 등의 매체에서도 인터넷을 통한 전달에 관심을 기울여 웹사이트를 운영하고 있다. 또한 인터넷 등은 매스 미디어에 한하지 않고 개인과 개인간(P2P)에 있어서도 GAFA[43], 카톡, 트위터 등 SNS를 통하여 자유롭게 의견을 손쉽게 제시할 수 있는 등 표현방식이 매우 용이해지고 있다.

---

42 대법원 2009. 4. 9. 선고 2005다65494 판결.

43 미국에 근거지를 두고 성장이 현저한 IT기업 4회사 Google, Amazon, Facebook, Apple의 4회사의 머리글자 딴 명칭으로 영어권에서는 The Big Four(4대기업), Gang of Four(사천왕), Four Horsemen(4기사)라고도 한다. 이 용어는 단순히 대규모 IT기업이 아니라 큰 사회적변혁을 추진하고 있는 기업을 지칭한다.

이러한 자유로운 의사표현 경향은 동시에 명예훼손의 발생 및 그 가능성도 경이적으로 증가할 수 있는 개연성을 가지고 있다. 헌법에서도 언론·출판은 타인의 명예나 권리 또는 공중도덕이나 사회윤리를 침해하여서는 아니된다(헌법 제21조 제4항)고 하면서, 나아가 모든 국민은 사생활의 비밀과 자유를 침해받지 아니한다(헌법 제17조)고 규정하고 있다. 현대사회에서는 매스컴에 의한 보도피해가 매우 빈번하게 일어나고 있고, 동시에 정보통신이나 SNS상의 표현행위까지도 자주 문제가 되고 있다.

1. 언론의 자유

언론 자유와 명예 보호에 대해서는 헌법과 민법에서 규정하고 있다. 헌법 제21조에서는 모든 국민은 언론·출판의 자유와 집회·결사의 자유를 가진다(헌법 제21조 제1항). 언론·출판에 대한 허가나 검열과 집회·결사에 대한 허가는 인정되지 아니한다(헌법 제21조 제2항). 통신·방송의 시설기준과 신문의 기능을 보장하기 위하여 필요한 사항은 법률로 정한다(헌법 제21조 제3항)고 규정하고 있다.

헌법상 언론의 자유는 보도의 자유를 의미하고, 그 보도의 자유는 신문과 방송의 자유로서 기사, 사실보도, 오락보도, 사진보도, 광고, 논평 등 모든 것의 보도에 미친다. 신문의 자유에는 신문발행의 자유, 신문배포의 자유 등이 포함된다.[44] 나아가 보도의 자유에는 언론기관설립의 자유, 편집·보도의 자유, 취재의 자유, 언론기관 내부의 자유를 그 내용으로 한다.[45] 언론기관 설립의 자유에는 언론기관이 권력이나 자본으로부터 자유롭고 독자적으로 존립할 수 있게 하여야 하고, 또한 언론자유의 실질적 보장을 위해서 언론기관이 건전하게 존립하고 운영될 수 있도록 조직과 형태를 갖추어야

---

44 김철수,헌법학신론,박영사,2013,863면.

45 정종섭,헌법학원론, 박영사, 2018,614면;성낙인,헌법학,법문사,2019,1163면.

한다. 헌법도 통신·방송의 시설기준과 신문의 기능을 보장하기 위하여 필요한 사항은 법률로 정한다(헌법 제21조 제3항)고 규정하여 언론기관시설법정주의를 명시하고 있다. 이에 따라 신문법, 방송법, 정기간행물법, 뉴스통신법에서는 언론기관의 설립에 일정한 제한을 두고 있다. 예를 들면 정기간행물의 등록, 방송의 허가, 대기업의 일반 일간신문 소유 제한, 뉴스통신의 허가 등이 이러한 제한에 속한다. 그렇지만, 최근 1인 방송, 인터넷 신문 등으로 인한 언론지형의 변화는 이러한 언론기관시설법정주의에 많은 의문을 제기하고 있다. 종전 헌법재판소는 정기간행물법상 해당시설을 자기 소유로 해석하는 것은 위헌이라고 하여(헌법재판소 1992. 6. 26. 90헌가 23.) 정기간행물의 물적 시설을 임대하는 것도 가능하다고 하였고, 신문법상 5인이상 상시 고용제도 위헌이라고 하여[46] 인터넷신문의 상시고용을 폐지하여 1인 인터넷신문도 가능하도록 함으로써 인터넷신문 등의 발간을 자유롭게 허용하고 있다.

방송법에서는 지상파방송사업을 하고자 하는 자는 방송통신위원회의 허가를 받아야 하고(제9조 제1항), 위성방송사업을 하고자 하는 자는「전파법」으로 정하는 바에 따라 과학기술정보통신부장관의 방송국 허가를 받아야 하고, 종합유선방송사업 또는 중계유선방송사업을 하고자 하는 자는 대통령령으로 정하는 기준에 적합하게 시설과 기술을 갖추어 과학기술정보통신부장관의 허가를 받아야 한다(제9조 제3항)고 규정하고 있다.

보도의 자유는 국가로부터 간섭을 받지 않고 자유롭게 취재하여 기사나 방송내용을 편집 편성하여 보도를 할 수 있는 자유를 말하고, 협의의 보도의 자유라고 한다. 편집 보도내용에 대해서는 사전검열은 금지되고(헌법 제22조 제2항), 사후 검열은 가능하다. 취재원비닉권(取材源秘匿權)은 헌법상 언론 자유의 내용으로서 인정되어야 한다. 일본 판례는 취재원보호는 원칙적으로 증언거부를 인정하는 민사소송법상의 직업의 비밀에 해당하고, 취재방법이

---

46 헌법재판소 2016. 10. 27, 2015헌마1206.

형법에 저촉되는 등의 사정이 없는 한 취재기자는 원칙적으로 취재원에 대한 법정 증언을 거부할 수 있다[47]고 하여 취재원비닉권을 인정하고 있다. 취재원비닉권을 인정하지 않으면 취재원의 협조를 얻지 못하여 언론의 진실보도 및 공정보도에 심각한 장애를 초래하므로 이를 인정하는 것이 합리적이다. 신문법에서는 신문 및 인터넷신문은 제1항의 언론 자유의 하나로서 정보원에 대하여 자유로이 접근할 권리와 그 취재한 정보를 자유로이 공표할 자유를 갖는다(제3조 제2항)고 규정하여 취재원비닉권에 대하여 인정하고 있다.

언론기관 내부의 자유는 언론사 내부에서 경영인과 편집인, 기자들 사이에 언론사 사주의 인사권, 경영권이 언론사 기자들의 편집권을 침해하지 않도록 경영권으로부터 편집 편성권이 제도적으로 보장되어야 한다는 자유이다. 이에 대하여 언론사 내부에서 경영인과 편집인 및 기자들의 상호관계는 사법상 계약관계이고, 따라서 경영자에 대한 편집자 및 기자의 편집권 편성권을 언론자유로 인정하기는 어렵다고 하는 부정설도 있다.[48]

대법원은 근로자가 자기의 신념을 실행하는 경우에 있어서의 고용계약이나 근무규정상의 제한에 해당하는지 여부가 문제된 사례에서, 신문기사의 편집행위가 사시(社是)에 반하는지의 여부나 어떤 사태가 언론의 자유와 근로자의 신분에 대한 부당한 침해가 되는지의 여부에 대한 판단은 신문기자 각자의 주관이나 정치적, 종교적 신념과 양심에 따라 결론을 달리할 수 있는 것이지만 그 의도하는 바를 행동으로 옮기는 경우에는 고용계약이나 근무규정 등의 범위내에서만 허용되는 것이므로 고용계약상의 노무제공을 거부하며 근무규정상의 의무에 반하여 기업체 내의 질서를 문란케 하는 행

---

47 일본 최고재판소 2006. 10. 3.

48 정종섭,전게서,618면.

동, 신문사 내의 질서를 문란케 하는 행동은 고용계약 위반행위이다[49]고 하여 편집권의 자유를 언론 자유의 한 유형으로서 인정할 수 있는지 여부에 대하여 간접적으로 부정하고 있다. 신문법에서는 제4조에서 편집의 자유와 독립을 규정하면서 신문 및 인터넷신문의 편집의 자유와 독립은 보장된다(제4조 제1항)고 하고, 신문사업자 및 인터넷신문사업자는 편집인의 자율적인 편집을 보장하여야 한다(제4조 제2항)고 규정하여 신문 편집인이나 기자들에게 편집권을 보장하고 있다. 방송법에서도 제4조에서 방송편성의 자유와 독립을 규정하면서 방송편성의 자유와 독립은 보장된다(제4조 제1항)고 하고, 누구든지 방송편성에 관하여 이 법 또는 다른 법률에 의하지 아니하고는 어떠한 규제나 간섭도 할 수 없다(제4조 제2항)고 규정하고 있다. 또한 방송사업자는 방송편성책임자를 선임하고, 그 성명을 방송시간 내에 매일 1회 이상 공표하여야 하며, 방송편성책임자의 자율적인 방송편성을 보장하여야 한다(제4조 제3항)고 하고, 종합편성 또는 보도에 관한 전문편성을 행하는 방송사업자는 방송프로그램제작의 자율성을 보장하기 위하여 취재 및 제작 종사자의 의견을 들어 방송편성규약을 제정하고 이를 공표하여야 한다(제4조 제4항)고 규정하여 방송 편집인이나 기자들에게 편집권을 보장하고 있다. 이러한 규정은 편집인이나 기자들에게 편집권을 부여한 것이 아니라 편집 활동에 관한 선언적 권고적 규정에 불과하다고 결정하였지만[50], 신문법이나 방송법상의 편집자유나 독립에 관한 규정은 장식적 규정이 아니라 실질적 유효한 규정이라고 보아야 할 것이다. 따라서 언론사 사주의 편집인이나 기자에 대한 편집 및 편성에 관한 간섭은 금지되어야 하고, 이를 위반할 때에는 민법상 불법행위 여부가 문제된다고 할 것이다.

---

49 대법원 1980. 9. 9. 선고 77다2030 판결.

50 헌법재판소 2006. 6.29. 2005헌마165.

2. 명예 보호에 관한 법령

헌법상 언론·출판은 타인의 명예나 권리 또는 공중도덕이나 사회윤리를 침해하여서는 아니된다. 언론·출판이 타인의 명예나 권리를 침해한 때에는 피해자는 이에 대한 피해의 배상을 청구할 수 있다(헌법 제21조 제4항)고 규정하여 명예훼손에 관한 손해배상책임에 대하여 선언적으로 규정하고 있다.

명예훼손에 관하여 민법에서는 고의 또는 과실로 인한 위법행위로 타인에게 손해를 가한 자는 그 손해를 배상할 책임이 있다(민법 제750조). 타인의 신체, 자유 또는 명예를 해하거나 기타 정신상고통을 가한 자는 재산 이외의 손해에 대하여도 배상할 책임이 있다(민법 제751조 제1항). 타인의 명예를 훼손한 자에 대하여는 법원은 피해자의 청구에 의하여 손해배상에 갈음하거나 손해배상과 함께 명예회복에 적당한 처분을 명할 수 있다(민법 제764조)고 규정하여 명예훼손에 관해서는 불법행위로 인한 손해배상책임을 물을 수 있도록 하고 있다.

형법에서는 형법 제307조에서 공연히 사실을 적시하여 사람의 명예를 훼손한 자는 2년 이하의 징역이나 금고 또는 500만원 이하의 벌금에 처한다(형법 제307조 제1항). 공연히 허위의 사실을 적시하여 사람의 명예를 훼손한 자는 5년 이하의 징역, 10년 이하의 자격정지 또는 1천만원 이하의 벌금에 처한다(형법 제307조 제2항)고 사실적시에 의한 명예훼손죄와 허위사실적시에 의한 명예훼손죄에 대하여 규정하고 있다. 또한 형법 제308조에서는 공연히 허위의 사실을 적시하여 사자의 명예를 훼손한 자는 2년 이하의 징역이나 금고 또는 500만원 이하의 벌금에 처한다(형법 제308조)고 사자의 명예훼손죄에 대하여 규정하고 있다. 형법 제309조에서는 사람을 비방할 목적으로 신문, 잡지 또는 라디오 기타 출판물에 의하여 제307조제1항의 죄를 범한 자는 3년 이하의 징역이나 금고 또는 700만원 이하의 벌금에 처한다(형법 제309조 제1항). 제1항의 방법으로 제307조제2항의 죄를 범한 자는 7년 이하의 징역, 10년 이하의 자격정지 또는 1천500만원 이하의 벌금에 처한다(형법 제309조 제2항)고 출판물 등에 의한 명예훼손죄를 규정하고 있다. 형법 제310조에서는 제307조제1항의 행위가 진실한 사실로서 오로지 공공의 이익에 관한 때에는 처벌하지 아니한다(형법 제310조)고 위법성의 조각에 대하여 규정하고 있다. 형법 제312조에서는 제308조와 제311조의 죄는 고소가 있어야 공소를 제기할 수 있다(형법 제312조 제1항). 제307조와 제309조의 죄는 피해자의 명시한 의사에 반하여 공소를 제기할 수 없다(형법 제312조 제2항)고 고소와 피해자의 의사에 대하여 규정하고 있다. 아울러 형사소송법 제59조의2에서는 재판확정기록의 열람·등사에 대하여 규정하고 있는데, 검사는 소송기록의 공개로 인하여 사건관계인의 명예나 사생활의 비밀 또는 생명·신체의 안전이나 생활의 평온을 현저히 해할 우려가 있는 경우에는 소송기록의 전부 또는 일부의 열람 또는 등사를 제한할 수 있다. 다만, 소송관계인이나 이해관계 있는 제3자가 열람 또는 등사에 관하여 정당한 사유가 있다고 인정되는 경우에는 그러하지 아니하다(형사소송법 제59조의 2 제2항 제3호)고 규정하고, 소송기록을 열람 또는 등사한 자는 열람 또는 등사에 의하여 알게 된 사항을 이용하여 공공의 질서 또는 선량한 풍속을 해하거나 피고인의 개선 및 갱생을 방해하거나 사건관계인의 명예 또는 생활의 평온을 해하는 행위를 하여서는 아니 된다(형사소송법 제59조의 2 제5항)고 규정하고 있다. 또한 형사소송법 제116조에서는 압수·수색영장의 집행에 있어서는 타인의 비밀을 보지하여야 하며 처분받은 자의 명예를 해하지 아니하도록 주의하여야 한다(형사소송법 제116조)고 주의사항을 규정하고 있다. 형사소송법 제141조에서는 신체의 검사에 관하여는 검사를 당하는 자의 성별, 연령, 건강상태 기타 사정을 고려하여 그 사람의 건강과 명예를 해하지 아니하도록 주의하여야 한다(형사소송법 제141조 제1항)고 신체검사에 관한 주의를 규정하고 있다. 형사소송법 제227조에서는 사자의 명예를 훼손한 범죄에 대하여는 그 친족 또는 자손은 고소할 수 있다(형사소송법 제227조)고 사자명예훼손죄의 고소인에 대하여 규정하고 있다. 형사소송법 제294조의 4

에서는 제1항에 따라 소송기록을 열람 또는 등사한 자는 열람 또는 등사에 의하여 알게 된 사항을 사용함에 있어서 부당히 관계인의 명예나 생활의 평온을 해하거나 수사와 재판에 지장을 주지 아니하도록 하여야 한다(형사소송법 제294조의 4 제5항)고 피해자 등의 공판기록 열람·등사 등에 대하여 규정하고 있다.

저작자의 명예를 보호하기 위하여 저작권법 제14조에서는 저작자의 사망 후에 그의 저작물을 이용하는 자는 저작자가 생존하였더라면 그 저작인격권의 침해가 될 행위를 하여서는 아니 된다. 다만, 그 행위의 성질 및 정도에 비추어 사회통념상 그 저작자의 명예를 훼손하는 것이 아니라고 인정되는 경우에는 그러하지 아니하다(저작권법 제14조 제2항)고 저작인격권의 일신전속성을 규정하고 있다. 또한 저작권법 제124조에서는 저작자의 명예를 훼손하는 방법으로 저작물을 이용하는 행위는 저작인격권의 침해로 본다(저작권법 제124조 제2항)고 저작자의 명예훼손을 저작인격권의 침해행위로 보고 있다. 저작권법 제127조에서는 저작자 또는 실연자는 고의 또는 과실로 저작인격권 또는 실연자의 인격권을 침해한 자에 대하여 손해배상에 갈음하거나 손해배상과 함께 명예회복을 위하여 필요한 조치를 청구할 수 있다(저작권법 제127조)고 저작인격권 침해시 명예회복 등의 청구에 대하여 규정하고 있다. 저작권법 제128조에서는 저작자가 사망한 후에 그 유족(사망한 저작자의 배우자·자·부모·손·조부모 또는 형제자매를 말한다)이나 유언집행자는 당해 저작물에 대하여 제14조제2항의 규정을 위반하거나 위반할 우려가 있는 자에 대하여는 제123조의 규정에 따른 청구를 할 수 있으며, 고의 또는 과실로 저작인격권을 침해하거나 제14조제2항의 규정을 위반한 자에 대하여는 제127조의 규정에 따른 명예회복 등의 청구를 할 수 있다(저작권법 제128조)고 저작자의 사망 후 인격적 이익의 보호에 대하여 규정하고 있다. 저작권법 제136조에서는 저작인격권 또는 실연자의 인격권을 침해하여 저작자 또는 실연자의 명예를 훼손한 자는 3년 이하의 징역 또는 3천만원 이하의 벌금에 처하거나 이를 병과할 수 있다(저작권법 제136조 제2항 제1호)고 형사처벌을 규정하고 있다.

방송법 제5조에서는 방송은 타인의 명예를 훼손하거나 권리를 침해하여서는 아니된다(방송법 제5조 제3항)고 방송의 공적 책임을 규정하고 있다. 방송법 제46조에서는 이사회의 회의는 공개한다. 다만, 공개하면 개인·법인 및 단체의 명예를 훼손하거나 정당한 이익을 해칠 우려가 있다고 인정되는 경우에는 이사회의 의결로 공개하지 아니할 수 있다(방송법 제46조 제9항 제2호)고 이사회의 설치 및 운영 등에 대하여 규정하고 있다. 이같이 방송법에서는 명예훼손에 관한 명문규정을 두고 있지만, 신문등의 진흥에 관한 법에서는 명예에 관한 규정을 두지 않고 있다.

3. 언론 자유와 명예보호의 충돌

최근 명예 보호는 표현 자유와의 충돌이 문제되고 있다. 표현의 자유는 헌법이 보장하고 있는 가장 중요한 국민의 기본적 인권의 하나이다. 헌법은 모든 국민은 언론·출판의 자유를 가진다(제21조 제1항)고 규정하고, 이 규정에 의해서 언론의 보도 자유가 헌법상 기본권으로서 보장되고 있다. 따라서 표현의 자유와 개인의 명예권은 매우 긴장관계를 유지하게 된다. 표현의 자유와 개인의 명예권은 모두 중요한 가치를 가지는 것이고, 헌법 해석상 대등한 것이라고 이해되기 때문에, 두 권리의 조정은 개별적 구체적인 경우에 따라 상세한 검토가 필요하다.

명예훼손이 문제가 되는 경우에 동시에 프라이버시권, 성명권, 초상권, 퍼블릭시티권 등 타인의 인격적 이익의 침해도 문제가 되는 경우가 많다. 프라이버시권은 홀로 있을 권리(right to be let alone)이지만, 현재는 자기에 관한 정보를 조정하는 권리라고 이해한다. 프라이버시권의 침해도 명예훼손과 같이 불법행위가 되지만, 프라이버시침해로 인한 불법행위와 명예훼손으로 인한 불법행위 사이에는 두 가지 차이점이 있다. 먼저 프라이버시침해에는 사회적평가의 저하는 관계가 없다. 둘째, 프라이버시침해에는 공표된 사실의 진실성이 입증되어도 불법행위의 성립은 조각되지 않는다는 점이다.

제3장 | 명예훼손의 법적 구제

어떤 언론기관이 언론보도를 통해서 어떤 사람이나 단체의 명예를 훼손한 경우에는 그 명예훼손의 손해를 입은 사람이나 단체는 그 보도를 한 언론기관을 상대로 명예훼손으로 인한 법적 구제를 청구할 수 있다. 법적 구제(legal remedy)라는 것은 일반 시민이 어떤 사람의 행위에 의하여 자신의 권익이 침해를 받았을 때에 그 침해를 방지하거나 제거함으로써 자신의 권익을 보호받는 방법을 말한다. 명예훼손으로 인한 법적 구제에는 민사상 구제와 형사상 구제, 행정상 등 특별법상 구제 등 여러 가지 방법이 있다.

I. 민사상 구제

언론기관이 보도나 취재를 하면서 개인이나 단체의 명예를 훼손시킨 경우에는 그 명예훼손의 피해를 입은 개인이나 단체는 그 언론기관을 상대로 민법상 구제를 요구할 수 있다.

민법상 구제에는 명예훼손이 있는 시점을 기준으로 하여 사후적 구제와 사전적 구제로 구분할 수 있다. 명예훼손의 손해가 발생한 이후에는 그 손해를 전보하기 위하여 사후적으로 손해배상을 청구하거나 정정보도의 공표 등 적당한 처분을 청구할 수 있고, 방해배제로서의 기사삭제, 보도금지 등도 청구할 수 있다. 또한 손해가 발생하기 이전에라도 명예훼손의 우려가 있을 경우에는 방해예방으로서 사전적 구제수단인 보도금지 등을 청구할 수 있다.

1. 사후적 구제로서 손해배상

명예훼손으로 인하여 피해를 입은 개인이나 단체는 명예훼손이 있은 이후에 사후적으로 그 피해를 전보받기 위해서 손해배상을 청구할 수 있는데, 이 경우 민법상 불법행위로 인한 손해배상을 청구할 수 있다(민법 제750조). 민법상 손해배상은 금전배상을 원칙으로 하고 있기 때문에(민법 제394조 참조) 재산적 손해에 대한 금전배상을 청구할 수도 있는데, 명예훼손의 경우 정신적 손해에 대한 배상으로서의 위자료청구를 하는 경우가 많다.

명예훼손으로 인한 손해배상청구와 관련된 민법 규정으로는 불법행위에 관한 일반적인 규정인 "고의 또는 과실로 인한 위법행위로 타인에게 손해를 가한 자는 그 손해를 배상할 책임이 있다."(민법 제750조)고 하는 규정이 있고, 재산 이외의 손해의 배상에 관한 규정으로 "타인의 신체, 자유 또는 명예를 해하거나 기타 정신상고통을 가한 자는 재산 이외의 손해에 대하여도 배상할 책임이 있다."(민법 제751조 제1항)고 하는 규정이 있고, 또한 "법원은 전항의 손해배상을 정기금채무로 지급할 것을 명할 수 있고 그 이행을 확보하기 위하여 상당한 담보의 제공을 명할 수 있다."(민법 제751조 제2항)고 하는 규정이 있다.

다음으로 명예훼손의 경우의 특칙 규정으로 "타인의 명예를 훼손한 자에 대하여는 법원은 피해자의 청구에 의하여 손해배상에 갈음하거나 손해배상과 함께 명예회복에 적당한 처분을 명할 수 있다."(민법 제764조)고 하는 규정이 있다. 이 규정은 당초 1958. 2. 22.에 민법을 제정할 당시에는 "타인의 명예를 훼손한 자에 대하여는 법원은 피해자의 청구에 의하여 손해배상에 가름하거나 손해배상과 함께 명예회복에 적당한 처분을 명할 수 있다." 고 규정하였으나 헌법재판소 1991. 4. 1. 89헌마160 결정으로 "명예회복에 적당한 처분에 사죄광고를 포함시키는 것은 헌법에 위반된다"고 하는 위헌결정을 받아 2014. 12. 30.에 개정된 규정이다. 그 개정당시에는 "가름하거나"를 "갈음하거나"로 국어 문법상 잘못 사용된 어구만 개정하였다. 국어사전에 의하면, "가름하다"는 "쪼개거나 나누어 따로따로 되게 하다", "승부나 등수 따위를 정하다"는 의미하고, "갈음하다"는 "다른 것으로 바꾸어 대신하다", "본디 것 대신에 다른 것으로 갈다"는 의미이므로 위 규정상으로서는 "갈음하거나"가 옳은 표현이다. 그럼에도 민법 제정당시에는 국회의원과 법원 등 법조실무자, 법학교수 등이 주도적으로 관여하였지만, 국문학교수 등 국어학자들이 관여하지 아니하여 민법 규정에는 국어문법상으로 비문장이 많이 존재하고 있다. 이는 1958년 민법 제정당시 우리나라가 일본으로부터 1945년 8월 15일 독립된 이후 13년이 지났음에도 불구하고, 당시에 우리나라에 시행되고 있던 일본 민법이 현행 민법(구민법)으로 계속하여 적용되고 있었고, 또한 민법 제정때 여러 가지 사정으로 인하여 그 당시 일본 민법의 재산편부분을 거의 그대로 번역하는 수준으로 제정되었던 사정에도 일부 이유가 있다. "가름하거나"라는 어구는 1963년 7월 25일에 문교부에 의해 공포된 "학교문법 통일안"과 1985년부터 가르치기 시작한 "고등학교 문법"(문교부 저작)에 의해 체계적으로 국어문법이 사용되기 이전인 1958년 당시 국어문법상으로는 그렇게 표현할 수밖에 없었을 것이다.

민법상 명예훼손으로 인한 손해배상청구의 요건으로 명예훼손에서의 당사자, 명예훼손행위를 한 가해자의 고의·과실, 가해행위로서 명예훼손행위의 위법성, 손해, 명예훼손행위와 손해와의 인과관계 등이 있다.

고의라는 것은 일정한 결과가 발생하는 것을 알면서 행위를 하는 것을 말하고, 과실이라는 것은 결과 발생을 알지는 못하지만, 주의의무를 해태하거나 부주의로 결과발생을 알지 못하는 경우를 말한다. 형사책임에서는 고의와 과실의 의한 구분이 뚜렷하지만 민사책임에서는 고의 또는 과실이 있으면 책임을 부담하므로 그 구분이 별다른 의미가 없다. 언론기업인 신문사나 방송사에 대하여 무과실책임을 인정해야 한다는 견해[51]도 있지만 기업의 주의의무의 기준을 높이는 것으로 해결해야 할 것이다. 대법원도 위법성 입증책임은 어디까지나 명예훼손행위를 한 방송 등 언론매체에 있고 피해자가 공적(公的)인 인물이라 하여 방송 등 언론매체의 명예훼손 행위가 현실적인 악의에 기한 것임을 그 피해자측에서 입증하여야 하는 것은 아니다[52]고 하여 입증책임을 언론사에게 부담시키고 있다. 또한 대법원은 방송 등 언론매체가 사실을 적시하여 개인의 명예를 훼손하는 행위를 한 경우에도 그것이 공공의 이해에 관한 사항으로서 그 목적이 오로지 공공의 이익을 위한 것일 때에는 적시된 사실이 진실이라는 증명이 있으면 그 행위에 위법성이 없다 할 것이고, 그 증명이 없다 하더라도 행위자가 그것을 진실이라고 믿었고 또 그렇게 믿을 상당한 이유가 있으면 그 행위에 대한 고의·과실이 없다[53]고 보고 있고, 나아가 불법행위가 성립하지 아니한다[54]고 한다.

위법성은 법을 객관적 질서로 파악하고 이러한 객관적 법질서에 대한 위반이 있으면 위법성을 가진다. 위법성의 문제는 위법성이라는 적극적인 면보다는 위법성 조각사유라는 소극적 측면에서의 문제가 많이 부각된다. 대법원은 형사상이나 민사상으로 타인의 명예를 훼손하는 행위를 한 경우에도 그것이 공공의 이해에 관한 사항으로서 그 목적이 오로지 공공의 이익을 위한 것일 때에는 진실한 사실이라는 증명이 있으면 그 행위에 위법성이 없고, 또한 그 증명이 없더라도 행위자가 그것을 진실이라고 믿을 상당한 이

---

51 三島宗彦,人格權の 保護,有斐閣,1965,255면.

52 대법원 1998. 5. 8. 선고 97다34563 판결.

53 대법원 1998. 2. 27. 선고 97다19038 판결

54 대법원 1998. 5. 8. 선고 96다36395 판결.

유가 있는 경우에는 위법성이 없다고 보아야 한다[55]고 하고 있다.

손해라는 것은 법익에 관하여 받은 불이익이다. 여기에는 차액설과 현실적 손해설이 있다. 전자는 만일 가해 원인이 없었다고 한다면 있었어야 할 이익상태와 이미 발생한 현재의 이익상태와의 차이다. 전자는 추상적 계산액이고, 후자는 구체적 불이익이다. 명예훼손에 의한 손해는 무형적인 것이기 때문에 실제로 피해자가 가해자의 어떤 행위로 인하여 사회적 평가가 저하되었는지에 대한 증명은 어렵다. 명예훼손을 원인으로 하는 불법행위소송에서 피해자가 손해의 발생 및 가해행위와 손해 사이의 인과관계를 입증하는 것은 거의 불가능하다. 그러므로 명예훼손에 있어서는 일정한 행위가 가해행위가 된다고 판단되면 그 가해행위로 인하여 손해가 발생하였음 즉 명예가 훼손되었음을 추정하여야 한다는 견해[56]도 있다.

2. 명예훼손소송에서 당사자로서의 원고와 피고

법률상 권리주체로서의 인(人)에는 자연인과 법인이 있다. 명예훼손으로 인한 법적 구제는 형사상 처벌 또는 민사상 손해배상으로 구분된다. 여기에서 논의하고자 하는 민사상 명예훼손으로 인한 손해배상청구소송에서 원고는 일반적으로 명예훼손으로 손해를 입은 피해자이고, 피고는 명예훼손을 했거나 명예훼손에 가담한 가해자이다. 명예훼손소송에서 원고로서의 피해자와 피고로서의 가해자는 각각 자연인으로서의 개인과 법인 등과 같은 단체로 구분할 수 있다. 나아가 개인과 단체는 또다시 사적 존재와 공적 존재로 구분할 수 있다.

2009년부터 2018년까지 언론관련소송사건을 원고유형별로 사건수를 살펴보면, <표 -7>과 같이, 해를 거듭할수록 다소 완만한 증가세를 보이고 있다.

---

55 대법원 2002. 5. 10. 선고 2000다68306 판결.

56 이은영,名譽毁損責任에서 言論報道의 眞實性과 公共性,民事判例研究 12,154면.

<표 - 7> 원고유형별 연도별 사건 수

	2009	2010	2011	2012	2013	2014	2015	2016	2017	2018
일반인	43	34	54	47	72	54	59	54	77	91
(고위)공직자	14	13	13	18	16	28	29	12	8	19
공적인물	17	17	13	12	10	27	38	50	31	42
기업	9	10	9	9	12	15	22	33	14	36
일반단체	6	10	5	11	8	11	20	9	13	10
언론사	6	8	6	15	12	8	9	22	17	5
국가, 지자체 기관	3	7	10	6	5	5	12	10	5	8
개인	74	64	80	77	98	109	126	116	116	152
단체	34	44	46	41	43	50	89	94	67	72

2009년부터 2018년까지 언론관련소송사건을 원고유형별로 승소율을 살펴보면, <표 -8>과 같이, 해를 거듭할수록 큰 변화를 보이고 있지 않지만 대체로 매우 높은 승소율을 보이고 있다.

<표 - 8> 원고 유형별 연도별 승소율

	2009	2010	2011	2012	2013	2014	2015	2016	2017	2018
일반인	51.2%	26.5%	59.3%	42.6%	45.8%	44.4%	54.2%	44.4%	59.7%	46.2%
공직자	71.4%	46.2%	53.8%	38.9%	50%	50%	44.8%	50%	12.5%	47.4%
공적인물	41.2%	41.2%	69.2%	83.3%	80%	48.1%	57.9%	44%	51.6%	50%
기업	66.7%	40%	44.4%	44.4%	41.7%	66.7%	54.5%	51.5%	42.9%	33.3%
일반단체	33.3%	40%	60%	45.5%	62.5%	72.7%	65%	66.7%	53.8%	80%
언론사	66.7%	37.5%	0%	26.7%	25%	75%	77.8%	22.7%	35.3%	40%
국가, 지자체	66.7%	42.9%	70%	83.3%	60%	40%	66.7%	70%	60%	37.5%

	2009	2010	2011	2012	2013	2014	2015	2016	2017	2018
개인	52.7%	34.4%	60%	48.1%	50%	46.8%	53.2%	44.8%	54.3%	47.4%
단체	52.9%	38.6%	41.3%	43.9%	41.9%	66%	60.7%	50%	49.3%	44.4%

먼저 사적 존재로서의 개인은 일반 시민인 경우가 대부분이지만, 사자(死者) 등 특별한 경우도 있다. 공적 존재로서의 개인은 정치인, 공무원, 연예인, 유명인사 등이 있고, 사자(死者)도 있다. 2009년부터 2018년까지 언론관련 소송사건을 원고유형 중 일반인, 공직자, 공적인물 등 개인의 사건수를 살펴보면, <그림 - 29>와 같이 해를 거듭할수록 조금씩 증가하고 있음을 알 수 있다.

<그림 - 29> 원고유형별 연도별 개인의 사건수

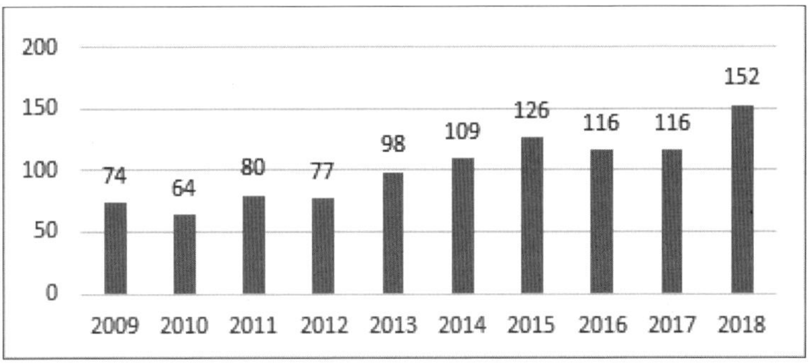

2009년부터 2018년까지 언론관련소송사건을 원고유형 중 일반인, 공직자, 공적인물 등 개인의 승소율을 살펴보면, <그림 - 30>과 <그림-31>에서 보는 바와 같이 해를 거듭할수록 큰 변화를 보이지 않고 있지만, 상당히 높은 승소율을 보이고 있다.

<그림 - 30> 원고유형별 연도별 개인의 승소율

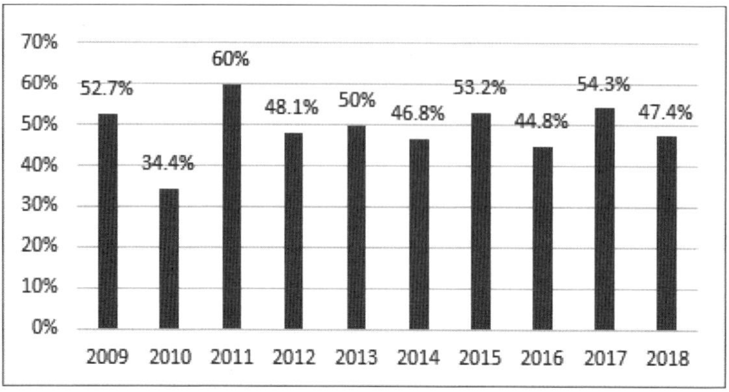

<그림 - 31> 원고유형별 연도별 개인의 승소율 변화추이

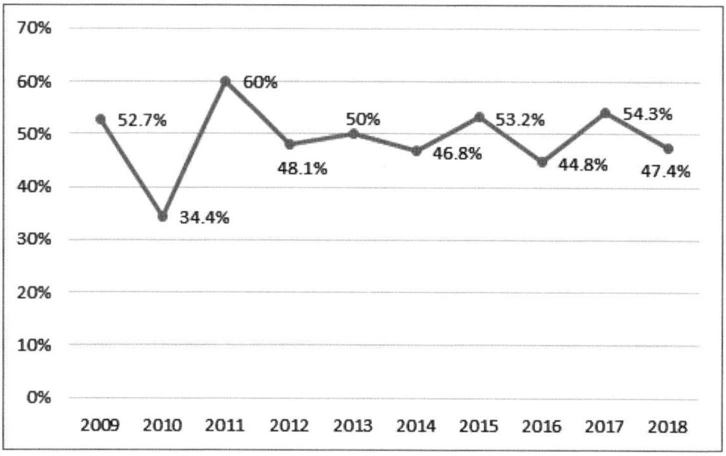

사적 존재로서의 단체는 사단법인과 재단법인과 같은 법인이나 문중이나 교회, 사찰 등과 같은 권리능력 없는 법인, 조합, 권리능력 없는 법인에도 해당하지 않은 단체 등이 있다.

공적 존재로서의 단체는 국가나 지방자치단체, 공기업 등 공법인 등이 있다. 이외에도 특별한 경우로서 개인으로서의 언론사 기자와 단체로서의 언론사가 원고나 피고가 되는 경우도 있다. 헌법상 자유권적 기본권으로서 언론 자유의 주체는 개인이지만, 언론기관의 자유까지 포함하기 때문에, 신문사, 방송사, 통신사, 인터넷매체와 같은 언론 법인에게도 기본권 주체성이 인정된다. 따라서 명예훼손책임에 있어서 개인으로서의 언론사 기자와 단체로서의 언론사가 매우 중요한 위치를 차지한다. 명예훼손에 관해서는 기자나 언론사가 원고나 피고가 될 수 있다는 점에서 그 영향력은 매우 크다고 할 것이다. 언론사의 기자나 언론사는 사적 존재로도 볼 수도 있지만, 다른 한편으로는 공적 존재로도 볼 수 있다.

(1) 일반 시민

명예훼손 소송 등 언론관련 소송을 제기한 원고의 유형을 살펴보면, 개인이 청구한 소송이 단체가 청구한 사건보다 더 많다. 개인 중에서도 일반시민이 청구한 사건이 공직자나 공적인물이 청구한 사건보다 많다. 언론중재위원회가 발표한 언론관련판결 분석보고서를 근거로 하여 살펴보면, 해를 거듭할수록 점차 증가하고 있다. 이는 일반 시민의 권리의식이 높아짐에도 영향이 있을 것이고, 일반시민이 손쉽게 접근할 수 있도록 법조환경의 변화, 예를 들면 변호사 등 법조인력의 증가에도 다소 영향이 있을 수 있다.

2009년부터 2018년까지 언론관련소송사건을 원고유형 중 개인 중 일반시민의 사건수를 살펴보면, <그림 - 32>와 같이 해를 거듭할수록 꾸준히 증가하고 있음을 알 수 있다.

<그림 - 32> 원고 일반시민의 연도별 사건수

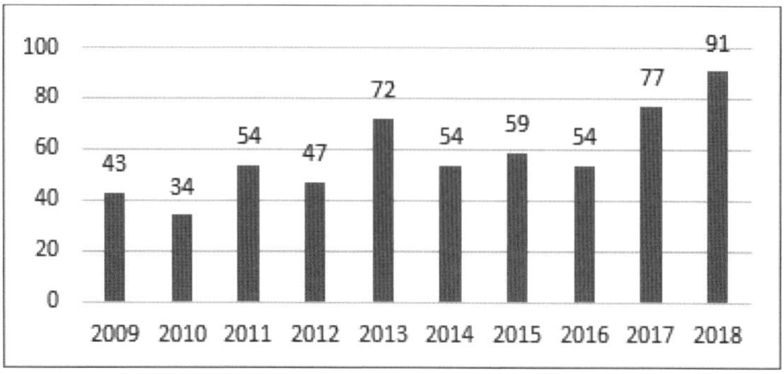

2009년부터 2018년까지 언론관련소송사건을 원고유형 중 개인 중 일반 시민의 승소율을 살펴보면, <그림 - 33>와 <그림 - 34>과 같이 해를 거듭할수록 큰 변동을 보이지 않고 있지만, 상당히 높은 승소율을 보이고 있음을 알 수 있다.

<그림 - 33> 원고 일반 시민의 연도별사건 승소율

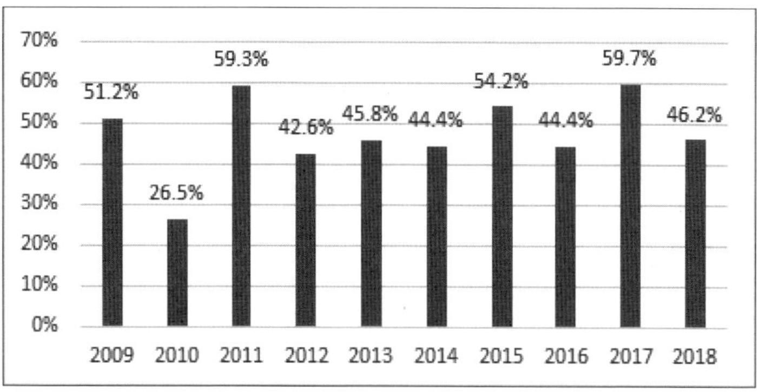

<그림 - 34> 원고 일반시민의 연도별사건 승소율 변화추이

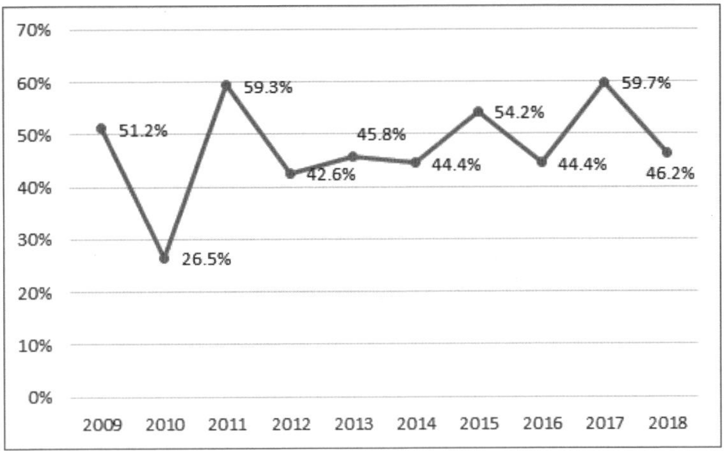

① 피해자의 특정

민법상 자연인으로서의 일반 시민은 자신이 살고 있는 사회생활에서 다른 사람으로부터 사회적 평가를 받고 있기 때문에, 사회적 평가로서의 명예가 있다. 어떤 사람이 다른 사람으로부터 자신의 명예를 훼손당하게 되면 피해를 입은 피해자는 가해자를 상대로 손해배상을 청구할 수 있음은 당연하다. 명예훼손이 성립하기 위해서는 피해자가 특정될 필요가 있다. 피해자 특정성의 유무로 문제가 되는 경우는 이름을 명시하지 않거나 가명을 사용하는 경우가 있다. 언론보도를 통해서 직접 이름이나 얼굴 등을 공개하지는 않았고, 모자이크 등으로 처리하였지만, 표현의 취지나 관련된 다른 여러 가지 사정을 고려하면 알거나 추정할 수 있는 경우에는 당사자가 특정되었다고 보아, 원칙적으로 그 사람에 대하여 명예훼손이 성립한다고 보아야 한다. 대법원도 명예훼손에 의한 불법행위가 성립하려면 피해자가 특정되어 있어야 하지만 그 특정을 함에 있어서 반드시 사람의 성명을 명시하여야만 하는 것은 아니고 사람의 성명을 명시하지 않은 경우라도 그 표현의 내용을 주위사정과 종합해 볼 때 그 표시가 누구를 지목하는가를 알아차릴 수 있을 정도이면 피해자가 특정되었다고 한다.[57] 따라서 피고가 자신이 발간하는 일간지인 1992. 4. 9.자 00일보에 사건 기사를 게재함에 있어서 비록 원고의 성명을 명시하지 않고 소외 1의 장인 또는 조모 양의 친정아버지라고 표현하였고, 원고의 딸 소외 2에 관하여도 그 성명을 명시하지 않고 조(曺)모 양으로 표현한 것은 사실이나 이 사건 기사에 원고의 딸과 혼인신고를 한 상대방의 성명, 그 혼인신고지 등을 명시하였고, 원고가 이혼한 후 새로 결혼을 하였고, 소외 2의 여동생도 가출을 하였으며 원고가 살던 마을이름 등 원고의 생활환경을 상당히 구체적으로 표현하였으며 소외 2가 가출한 경위, 그 이후의 생활상 역시 상당히 구체적으로 표현하여 위 기사를 읽어 본 사람 중 적어도 원고를 아는 사람이면 위 기사에서 말하는 소외 1의 장인 또는 조모 양의 친정아버지가 원고를 지목하는 것이라는 것쯤은 쉽게 알아차릴 수 있는 상황이었다고 보기에 충분하므로 같은 취지에서 원심이 이 사건 기사로 명예가 손상될 피해자가 특정되었음을 전제로 본안에 관하여 판단하였음은 정당하다고 하였다. 또한 대법원은 명예훼손에 의한 불법행위가 성립하려면 피해자가 특정되어 있어야 하지만, 그 특정을 할 때 반드시 사람의 성명이나 단체의 명칭을 명시해야만 하는 것은 아니고, 사람의 성명을 명시하지 않거나 또는 두문자(頭文字)나 이니셜만 사용한 경우라도 그 표현의 내용을 주위 사정과 종합하여 볼 때 그 표시가 피해자를 지목하는 것을 알아차릴 수 있을 정도이면 피해자가 특정되었다고 하였다.[58] 이 사건 각 기사에서는 "서울 서대문구 현저동 K아파트" 또는 "서울 독립문 K아파트"라고 표현되어 있으나, 주위사정과 종합하여 볼 때 이 사건 아파트의 주민들과 그 주변 사람들로서는 K아파트가 이 사건 아파트인 "독립문 극동아파트"를 지칭하는 것을 알아차릴 수 있었다고 할 것이고, 또한 별지 제1기사의 피

57 대법원 1994. 5. 10. 선고 93다36622 판결.

58 대법원 2002. 5. 10. 선고 2000다50213 판결.

해자는 이 사건 아파트의 "입주자대표 등"이고, 별지 제3기사의 피해자는 이 사건 아파트의 "입주자대표 임원 등"이라고 할 것인데, 공동주택관리령(1998. 12. 31. 대통령령 제16069호로 개정된 것) 제10조 제1항, 제3항에 의하면, 입주자대표회의는 회장, 이사, 감사를 임원으로 하고 동별대표자들을 구성원으로 하며, 총무는 총무이사인 임원이라고 보아야 할 것이므로, 별지 제1기사의 피해자는 구체적으로는 이 사건 입주자대표회의의 회장인 원고와 임원들 및 구성원들인 선정자 A1, A2, A3, A4, A5, A6, A7, A8, A9, A10, A11, A12이고, 별지 제3기사의 피해자는 이 사건 입주자대표회의의 임원들인 원고와 선정자 A1, A2, A3, A4, A5, A6이라고 할 것이어서, 신문사는 각 피해자들이 입은 각 손해를 배상할 책임이 있다고 하였다. 아울러 대법원은 위 2000다50213 판결의 이유를 설시한 후에 각 기사에서 "A 변호사", "B 사무장" 등으로 익명처리를 하고 있기는 하나, 그들의 직업이 특정되어 있고, A 변호사에 고용되어 있던 B 사무장의 나이 및 그가 민사사무장으로 근무한 시기 등을 적시해 놓고 있어 변호사업계 종사자나 그 주변 사람들이 "A 변호사"가 원고를 가리키는 것으로 쉽게 알아차릴 수 있었다고 봄이 상당하다고 하여 피해자가 특정되었다고 판단하였다.[59] 또한 대법원은 명예훼손에 의한 불법행위가 성립하려면 피해자가 특정되어야 하는데, 반드시 사람의 성명이나 단체의 명칭을 명시하는 정도로 특정되어야 하는 것은 아니다. 사람의 성명을 명시하지 않거나 머리글자나 이니셜만 사용한 경우라도, 표현 내용을 주위 사정과 종합하여 볼 때 피해자를 아는 사람이나 주변 사람이 그 표시가 피해자를 지목하는 것을 알아차릴 수 있을 정도라면 피해자가 특정되었다고 할 수 있다[60]고 하였다. 따라서 원심은 다음 아래와 같은 이유로, 이 사건 각 기사에서 언급된 '보좌관'은 원고로 특정된 것으로 볼

---

59 대법원 2009. 2. 26. 선고 2008다27769 판결.

60 대법원 2018. 4. 12. 선고 2015다45857 판결.

수 있다고 판단하였다. 즉 ① 이 사건 각 기사에서 '수도권 여당 C의원실 유부남 보좌관, 미혼 여비서', '수도권 S의원실 유부남 보좌관, 미혼 여비서'로 익명처리를 하고 있기는 하나, 그들의 직업과 소속이 특정되어 있고, 그 무렵 여비서가 그만두었다는 사정까지 적시되어 있다. ② 국회 근무자들이나 그 주변 사람들, 특히 수도권 여당 국회의원실 직원들 등은 그 무렵 국회의원실에서 그만둔 유일한 여비서가 누구인지 쉽게 알 수 있었고, 그 여비서와 같은 의원실에 근무한 '유부남 보좌관'이 결국 원고를 가리킨다는 사정도 알아차릴 수 있었다. 원심의 위와 같은 판단에 상고이유 주장과 같이 명예훼손의 요건 중 피해자의 특정에 관한 법리를 오해하거나 논리와 경험의 법칙에 반하여 자유심증주의의 한계를 벗어나는 등의 잘못이 없다고 하면서 신문사의 상고를 기각하였다.

② 모델 소설

이른바 모델소설과 명예훼손의 문제가 있다. 모델소설은 실화소설이라고도 하는데, 독자가 소설에 등장하는 인물과 사건에서 실제 인물이나 사건 등을 알아차릴 수 있도록 집필한 소설을 말한다. 이 용어의 원말은 '로망 아 클레(roman à clef)'로서 '열쇠(실마리)를 가진 장편소설'이라는 뜻의 프랑스어이다.

대법원은 역사적 인물을 모델로 한 드라마(즉, 역사드라마)가 그 소재가 된 역사적 인물의 명예를 훼손할 수 있는 허위사실을 적시하였는지 여부를 판단할 때에는 적시된 사실의 내용, 진실이라고 믿게 된 근거나 자료의 신빙성, 예술적 표현의 자유로 얻어지는 가치와 인격권의 보호에 의해 달성되는 가치의 이익형량은 물론 역사드라마의 특성에 따르는 여러 사정과 드라마의 주된 제작목적, 드라마에 등장하는 역사적 인물과 사건이 이야기의 중심인지 배경인지 여부, 실존 인물에 의한 역사적 사실과 가상 인물에 의한 허구적 이야기가 드라마 내에서 차지하는 비중, 드라마상에서 실존 인물과 가상

인물이 결합된 구조와 방식, 묘사된 사실이 이야기 전개상 상당한 정도 허구로 승화되어 시청자의 입장에서 그것이 실제로 일어난 역사적 사실로 오해되지 않을 정도에 이른 것으로 볼 수 있는지 여부 등을 종합적으로 고려하여야만 한다[61]고 하였다, 그래서 역사드라마 '서울 1945'의 특정 장면이 공연히 허위사실을 적시하여 망인(亡人)인 이승만 등의 명예를 훼손하였다는 공소사실에 대하여, 구체적인 허위사실의 적시가 있었다고 보기 어렵다는 이유로 무죄를 선고한 원심판단은 정당하다고 하였다. 대법원은 역사드라마도 의사표현의 매개체이자 예술 장르의 일종이므로 그 제작 및 방영에 대해서는 헌법상 언론·출판의 자유 또는 예술의 자유에 의하여 보장을 받는다. 다만 예술·표현의 자유가 무제한적인 기본권은 아니기 때문에 타인의 권리와 명예를 침해하여서는 아니 되고, 따라서 역사드라마가 근거 없이 역사적 사실을 왜곡하는 등의 방법으로 그 소재로 된 역사적 인물의 명예를 훼손하거나 인격권을 침해한 때에는 그 유족이 자신의 명예 또는 망인에 대한 경애, 추모 감정 등의 침해를 이유로 손해배상청구 등의 권리를 행사할 수 있다[62]고 하였다. 그렇지만, 역사드라마의 경우 역사적 사실은 당대에 있어서도 그 객관적 평가가 쉽지 아니한데다가 시간이 경과함에 따라 그 실체적 진실 여부를 확인하는 것이 더욱 어려워지는 관계로 이를 소재로 드라마를 창작, 연출함에 있어 명백하여 다툼이 없거나 객관적 자료로 뒷받침되는 단편적 사실만을 묶어 현실감 있는 이야기를 전개해 가기에는 근본적 한계가 있을 것이어서, 그 필연적 현상으로 연출자 등이 역사적 사실에 대한 작가적 해석 및 평가와 예술적 창의력을 발휘하여 허구적 묘사를 통해 객관적 사실들 사이의 간극을 메우기 마련이고, 합리적인 시청자라면 역사드라마가 역사적 사실의 서술을 주로 하는 기록물이 아닌 허구적 상상력을 중심

---

61 대법원 2010. 4. 29. 선고 2007도8411 판결.

62 대법원 2010. 6. 10. 선고 2010다8341,8358 판결.

으로 이야기를 전개하는 드라마인 경우에는 이를 당연한 전제로 시청할 것으로 예상되는 이상, 위 허구적 묘사가 역사적 개연성을 잃지 않고 있는 한 그 부분만 따로 떼어 역사적 진실성에 대한 증명이 없다는 이유로 허위라거나 역사적 인물의 사회적 평가를 저하시킬 만한 허위사실을 적시한 것으로 단정하여서는 아니 된다고 하였다. 그래서 한국방송공사가 제작, 방송한 '서울 1945'라는 드라마가 이승만 등 등장인물의 명예를 훼손하였다고 한 주장에 대하여 민사상 손해배상책임과 형사상 소추를 모두 부정하였다. 이 경우 역사드라마에서 그 소재로 된 역사적 인물에 대한 묘사가 명예훼손에 해당하려면 이미 망인이 된 인물의 사회적·역사적 평가를 저하시킬 만한 구체적인 허위사실의 적시가 있어야 하고, 그와 같은 허위사실의 적시가 있었는지 여부는 그 드라마를 시청하는 통상의 건전한 상식을 가진 합리적인 시청자를 기준으로 판단하여야 한다고 하였다. 대법원은 실제 인물이나 사건을 모델로 한 영화가 허위의 사실을 적시하여 개인의 명예를 훼손하는 행위를 한 경우에도 그것이 공공의 이해에 관한 사항으로서 그 목적이 공공의 이익을 위한 것일 때에는 행위자가 적시된 사실을 진실이라고 믿었고 또 그렇게 믿을 만한 상당한 이유가 있으면 그 행위자에게 불법행위책임을 물을 수 없다고 할 것인바, 그와 같은 상당한 이유가 있는지 여부를 판단함에 있어서는 적시된 사실의 내용, 진실이라고 믿게 된 근거나 자료의 확실성, 표현방법, 피해자의 피해 정도 등 여러 사정을 종합하여 판단하여야 하고, 특히 적시된 사실이 역사적 사실인 경우 시간이 경과함에 따라 점차 망인이나 그 유족의 명예보다는 역사적 사실에 대한 탐구 또는 표현의 자유가 보호되어야 하며 또 진실 여부를 확인할 수 있는 객관적 자료의 한계로 인하여 진실 여부를 확인하는 작업이 용이하지 아니한 점 등도 고려되어야 한다. 아울러 영리적 목적 하에 일반 대중을 관람층으로 예정하여 제작되는 상업영화의 경우에는 역사적 사실을 토대로 하더라도 영화제작진이 상업적 흥행이나 관객의 감동 고양을 위하여 역사적 사실을 다소간 각색하는 것은 의도적인 악의의 표출에 이르지 않는 한 상업영화의 본질적 영역으로 용인될 수 있으며, 또한 상업영화를 접하는 일반 관객으로서도 영화의 모든 내용이 실제 사실과 일치하지는 않는다는 전제에서 이러한 역사적 사실과 극적 허구 사이의 긴장관계를 인식·유지하면서 영화를 관람할 것인 점도 그 판단에 참작할 필요가 있다. 그래서 영화의 내용이 특정인의 명예를 훼손하는 내용을 담고 있는지의 여부는 당해 영화의 객관적인 내용과 아울러 일반의 관객이 보통의 주의로 영화를 접하는 방법을 전제로, 영화 내용의 전체적인 흐름, 이야기와 화면의 구성방식, 사용된 대사의 통상적인 의미와 그 연결 방법 등을 종합적으로 고려하여 그 영화 내용이 관객에게 주는 전체적인 인상도 그 판단 기준으로 삼아야 하고, 여기에다가 당해 영화가 내포하고 있는 보다 넓은 주제나 배경이 되는 사회적 흐름 등도 함께 고려하여야 한다[63]고 하였다. 따라서 북파공작원의 실화를 다룬 영화 '실미도'의 영화제작자 등을 상대로 유족들이 명예훼손 여부를 다툰 사안에서 영화제작자들이 사건 영화 내용 중 문제되는 부분이 진실이라고 믿을 상당한 이유가 있었다고 봄이 상당하므로, 영화제작자들에게는 불법행위책임이 인정되지 아니한다고 판단하였다. 나아가 대법원은 실제 인물이나 역사적 사건을 모델로 한 영화라 하더라도 상업영화의 경우에는 대중적 관심을 이끌어 내고 이를 확산하기 위하여 통상적으로 광고·홍보행위가 수반되는바, 영화가 허위의 사실을 표현하여 개인의 명예를 훼손한 경우에도 행위자가 그것을 진실이라고 믿었고 또 그렇게 믿을 만한 상당한 이유가 있어 그 행위자에게 명예훼손으로 인한 불법행위책임을 물을 수 없다면 그 광고·홍보의 내용이 영화에서 묘사된 허위의 사실을 넘어서는 등의 특별한 사정이 없는 한 그 광고·홍보행위가 별도로 명예훼손의 불법행위를 구성한다고 볼 수 없다. 나아가 이러한 상업영화에 있어서 그 내용의 특정 부분을 적시하지 않은 채 진실이라고 광고·

---

63 대법원 2010. 7. 15. 선고 2007다3483 판결.

홍보하였다고 하더라도 특별한 사정이 없는 한 그 영화의 모든 내용이 진실이라는 의미라고 보아서는 아니 되고 전체적으로 역사적 사실에 바탕을 두었으며 극적 허구와의 조화 속에서 확인된 사실관계를 최대한 반영하였다는 취지로 이해하여야 할 것이라고 하였고, 나아가 사건 영화에 관한 시작자막 및 광고·홍보가 영화에서 묘사된 내용 이외의 것을 담고 있지는 않다는 전제에서, 이 사건 영화의 내용에 관하여 영화제작자들의 명예훼손이 성립하지 않는다고 보는 이상 위 시작자막과 광고·홍보 자체만을 들어 영화제작자들에게 명예훼손으로 인한 불법행위책임을 묻기는 어렵다고 판단하였다.[64]

③ 일반 시민의 명예가치

언론보도 인하여 명예훼손을 당한 일반 시민과 유명인사 등 공적인물이 언론사를 상대로 손해배상을 청구할 경우에 그 손해배상액이 일반 시민의 경우가 공적인물보다는 작은 경우가 대부분이다. 그렇다면 일반 시민으로서의 명예의 가치와 유명 인사들의 명예의 가치가 다른 것인가 하는 점이 문제된다. 다시 말해서, 일반 시민의 명예의 가치가 유명인사의 명예 가치보다 값싼 것인가 하는 점이다. 실무상 일반 시민이 명예훼손을 이유로 한 손해배상청구소송에서 인정된 손해액은 1천만 원을 넘는 경우는 거의 없다. 그에 비하여 공적인물이나 유명인, 공무원의 경우에는 1억 원을 넘는 경우도 있다. 명예는 외부적 명예, 내부적 명예, 명예감정 등으로 구분할 수 있고, 내부적 명예는 외부로부터 침해될 수 있는 성질의 것이 아니기 때문에, 문제가 되는 것은 외부적 명예와 명예감정이다. 일반 시민이나 유명인사는 모두 외부적 명예와 명예감정을 가지고 있지만, 명예감정은 주관적 명예로서 누구나 스스로 자기 자신에 대한 명예를 최고로 인정할 것이고, 명예감

---

64 대법원 2010. 7. 15. 선고 2007다3483 판결.

정은 명예에 대한 자기 자신의 주관적 평가이기 때문에 명예감정에 대한 주관적 평가의 가치를 객관적으로 평가할 수는 없을 것이다. 따라서 명예의 가치를 다르게 평가한다고 할 경우에 있어서 명예라고 하는 것은 결국 외부적 명예 또는 사회적 명예를 말하고, 그 외부적 명예에 대한 평가에 차이를 두어 다르게 할 수 있느냐 하는 것이다. 그런데 명예라는 사회적 평가는 결국 그 사람의 사회적 위치나 지위, 그 사람의 행적 또는 비중, 그 사람이 차지하고 있는 직위나 직책의 사회적 중요성 등을 고려하여 그 사람이 살고 있는 그 당시의 일반 시민이 평가하는 사회적 가치를 말한다고 할 것이다. 따라서 일반 시민은 그 사회적 평가를 다소 낮게 받을 수밖에 없을 것이지만, 그렇다고 유명인사와의 간격을 너무 많이 차이를 나게 하는 것은 문제가 있다고 할 수 있다.

특히 소송에서의 손해는 재산적 손해, 정신적 손해로 구분해서 배상액을 산정하고, 그 경우 정신적 손해배상의 경우는 위자료로 인정한다. 재산적 손해의 경우는 유명인사가 현재 받고 있는 급여나 소득액 등을 이유로 유명인사의 손해배상액이 일반 시민의 손해배상액보다 훨씬 많을 수도 있다. 그렇다고 하여 정신적 손해배상으로서의 위자료 산정에 있어서도 일반 시민과 유명인사의 평가액을 많이 차이를 내는 것은 다소 의문이 있다. 재산적 손해가 많다고 하여 정신적 손해까지 훨씬 많다고는 할 수 없을 것이다. 결국 현재 실무상 명예훼손으로 인한 손해배상액의 산정에서 유명인사에 대한 과도한 손해배상액은 문제가 있기 때문에 5천만 원 정도로 다소 낮추어야 할 필요가 있고, 오히려 일반 시민에 대한 손해배상액을 다소 상향 조정하여 3천만 원 정도로 산정하여 유명인사의 손해배상액과의 간격을 2천만 원 정도로 조금 좁힐 필요는 있다고 할 것이다.

(2) 죽은 사람(死者)

사자(死者), 즉 죽은 사람에 대하여 명예훼손이 성립할 수 있는가, 만약 있다고 하면 유족은 어떠한 권리를 가지는가 여부가 문제된다. 명예는 살아 있는 자연인이 자신의 사회적 평가에 대하여 가지는 법익이지만, 죽은 사람에게도 부분적으로 인정할 수 있다. 영미법에서는 명예에 대한 권리는 피해자의 일신에 전속되므로, 다른 사람의 명예침해를 이유로 하여 제소할 수 없다. 따라서 사자의 명예가 침해된 경우에도 유족이 대신하여 권리를 행사할 수 없다. 다만 사자의 명예침해가 동시에 유족 자신의 명예를 침해하는 경우에는 예외로 한다.

① 구체적인 허위사실의 적시

민법상 사자에 대한 명예훼손은 형법과 같이 허위사실의 적시인 경우에 한하는가. 이에 대하여는 민법과 형법은 구별되므로 사자에 대한 진실한 사실의 적시인 경우에도 민법상 불법행위가 성립된다는 견해와 형법이 허용하는 행위를 민법이 금지하는 것은 법질서의 통일을 해치기 때문에 사자에 대하여는 허위사실의 적시에 한하여 민법상 불법행위가 된다는 견해가 있을 수 있다. 전자의 견해가 타당하다고 생각된다.

그러나 대법원은 형사판결에서 역사드라마가 그 소재로 된 역사적 인물의 명예를 훼손할 수 있는 허위사실을 적시하였는지 여부를 판단함에 있어서는, 예술적 표현의 자유로 얻어지는 가치와 인격권의 보호에 의해 달성되는 가치의 이익형량은 물론 위에서 본 역사드라마의 창작물로서의 특성에 따르는 여러 사정과 드라마의 주된 제작목적, 드라마에 등장하는 역사적 인물과 사건이 이야기의 중심인지 아니면 배경인지 여부, 실존인물에 의한 역사적 사실과 가상인물에 의한 허구적 이야기가 드라마 내에서 차지하는 비중, 드라마상에서 실존인물과 가상인물이 결합된 구조와 방식, 묘사된 사실이 이야기 전개상 상당한 정도 허구로 승화되어 시청자의 입장에서 그것이 실제로 일어난 역사적 사실로 오해되지 않을 정도에 이른 것으로 볼 수 있는지 여부 등이 종합적으로 고려되어야 한다[65]고 하였다. 또한 민사판결에서도 역사드라마에서 그 소재로 된 역사적 인물에 대한 묘사가 명예훼손에 해당하려면 이미 망인이 된 인물의 사회적·역사적 평가를 저하시킬 만한 구체적인 허위사실의 적시가 있어야 하고, 그와 같은 허위사실의 적시가 있었는지 여부는 그 드라마를 시청하는 통상의 건전한 상식을 가진 합리적인 시청자를 기준으로 판단하여야 한다[66]고 하여 사자 명예훼손에서는 허위 사실의 적시가 있어야 한다고 하였다. 나아가 대법원은 사망한 사람이 관련된 사건을 모델로 한 영화에서 그 묘사가 사망자에 대한 명예훼손에 해당하려면 그 사람에 대한 사회적·역사적 평가를 저하시킬 만한 구체적인 허위사실의 적시가 있어야 한다. 그와 같은 허위사실 적시가 있었는지는 통상의 건전한 상식을 가진 합리적인 관객을 기준으로 판단하여야 한다[67]고 하여 사자 명예훼손에서는 구체적인 허위사실의 적시를 요구하고 있다.

② 외국의 사자 명예훼손책임

대륙법에서는 특히 독일법에서는 통설 판례가 사자 자신의 인격권침해를 인정하고 있다. 독일 연방재판소는 독일 기본법 제1조와 제2조에 따라 "인간은 적어도 사후에 중대한 명예훼손적 왜곡에 대하여 생활상 보호를 신뢰하고 기대하면서 생활할 수 있는 경우에만, 생전에 있어서 인간의 존엄과 자유로운 발전은 기본법의 의미에 있어서 충분히 보장된다."고 하여 사자에 대한 명예훼손의 성립을 인정하였다. 그러나 연방헌법재판소는 제2조는 살아있는 사람에게만 적용된다고 하였다. 따라서 헌법재판소는 사자에 대한 인격권침해를 인정하는 것은 인간의 존엄을 해치는 경우에 한한다고 하였다.

---

65 대법원 2010. 4. 29. 선고 2007도8411 판결.

66 대법원 2010. 6. 10. 선고 2010다8341,8358 판결.

67 대법원 2019. 3. 6. 자 2018마6721 결정.

프랑스법에서는 사자의 초상권이나 프라이버시권에 관하여 많은 판례가 있지만, 이론구성은 다양하다. 사자의 권리를 그 승계자가 행사한다고 하는 구성보다도 사자에 대한 친인척들의 애정의 침해로 파악하는 견해가 유력하다. 스위스도 사자에 대한 친인척의 추모감정의 침해로 파악하고 있다. 러시아와 중국에서도 사자의 명예권을 인정하고 있다.

③ 사자 명예훼손에 대한 구제절차

사자의 명예훼손에 대한 구제절차에 대해서는 언론중재법에 상세히 규정하고 있다. 언론, 인터넷뉴스서비스 및 인터넷 멀티미디어 방송 등은 사망한 사람의 명예를 침해하여서는 아니 되며, 언론 등이 타인의 명예를 침해한 경우에는 언론중재법에서 정한 절차에 따라 그 피해를 신속하게 구제하여야 한다(언론중재법 제5조 제1항, 제5조의 2 제1항). 사망한 사람의 인격권을 침해하였거나 침해할 우려가 있는 경우에는 이에 따른 구제절차를 유족이 수행한다(언론중재법 제5조의2 제2항). 유족은 다른 법률에 특별한 규정이 없으면 사망한 사람의 배우자와 직계비속으로 한정하되, 배우자와 직계비속이 모두 없는 경우에는 직계존속이, 직계존속도 없는 경우에는 형제자매가 그 유족이 되며, 같은 순위의 유족이 2명 이상 있는 경우에는 각자가 단독으로 청구권을 행사한다(언론중재법 제5조의2 제3항). 사망한 사람에 대한 명예침해에 대한 동의는 언론중재법 제5조의2 제3항에 따른 같은 순위의 유족 전원이 하여야 한다(언론중재법 제5조의2 제4항). 다른 법률에 특별한 규정이 없으면 사망 후 30년이 지났을 때에는 언론중재법 제5조의2 제2항에 따른 구제절차를 수행할 수 없다(언론중재법 제5조의2 제5항).

형법은 공연히 허위의 사실을 적시하여 사자의 명예를 훼손한 자는 처벌한다(형법 제308조)고 규정하고 있다. 대법원도 사자 명예훼손죄는 사자에 대한 사회적, 역사적 평가를 보호법익으로 하는 것이므로 그 구성요건으로서의 사실의 적시는 허위의 사실일 것을 요하는 바 피고인이 사망자의 사망사실을 알면서 위 망인은 사망한 것이 아니고 빚 때문에 도망다니며 죽은 척하는 나쁜 놈이라고 함은 공연히 허위의 사실을 적시한 행위로서 사자의 명예를 훼손하였다고 볼 것이다[68]고 한다.

저작권법도 저작자의 사망 후에 그의 저작물을 이용하는 자는 저작자가 생존하였더라면 그 저작인격권의 침해가 될 행위를 하여서는 아니된다. 다만 그 행위의 성질 및 정도에 비추어 사회통념상 그 저작자의 명예를 훼손하는 것이 아니라고 인정되는 경우에는 그러하지 아니하다(저작권법 제 14조 제 2항)고 규정하고 있다. 저작재산권은 이 관에 특별한 규정이 있는 경우를 제외하고는 저작자가 생존하는 동안과 사망한 후 70년간 존속한다(저작권법 제39조 제1항). 공동저작물의 저작재산권은 맨 마지막으로 사망한 저작자가 사망한 후 70년간 존속한다(저작권법 제39조 제2항). 저작자가 사망한 후에 그 유족(사망한 저작자의 배우자·자·부모·손·조부모 또는 형제자매를 말한다)이나 유언집행자는 당해 저작물에 대하여 제14조 제2항의 규정을 위반하거나 위반할 우려가 있는 자에 대하여는 그 권리를 침해하는 자에 대하여 침해의 정지를 청구할 수 있으며, 그 권리를 침해할 우려가 있는 자에 대하여 침해의 예방 또는 손해배상의 담보를 청구할 수 있으며, 고의 또는 과실로 저작인격권을 침해하거나 제14조 제2항의 규정을 위반한 자에 대하여는 손해배상에 갈음하거나 손해배상과 함께 명예회복을 위하여 필요한 조치를 청구할 수 있다(저작권법 제128조).

형사책임과 민사책임은 목적이 다르기 때문에 사자의 명예훼손죄를 민사에 일반화하는 것은 허용되지 않는다. 또한 저작권의 규정은 민사의 특별규정이고, 그것을 일반화하는 것도 허용되지 않는다. 그러나 사자의 인격권에 관한 법의 흠결은 존재하고, 법원에 의한 법형성이 가능하다고 보아 형사법규정과 저작권법규정은 민사적 책임에 준용할 수 있다고 보아야 한다.

---

68 대법원 1983. 10. 25. 선고 83도1520 판결.

④ 사자 유족의 명예훼손

사자의 명예를 훼손하는 행위가 있는 경우 그의 유족들에 대한 사회적 평가에 영향을 줄 때에는 그 유족에 대해서도 명예훼손이 될 수 있다. 사자 자신은 인격을 가지고 있지 않기 때문에 명예훼손의 대상이 되지 않는다. 그러나 사자의 인격권은 사후에도 존속하는 경우에는 입법적으로 보호하는 것이 타당하다.

언론에 의한 사자의 명예훼손에서의 보호법익은 유족의 명예나 유족이 사자에 대하여 가지는 존경의 감정이고, 유족은 그 스스로의 권리에 기하여 손해배상청구권을 가진다고 하는 견해도 있지만,[69] 그렇다면 사자에게 유족이 없는 경우에는 사자의 인격권은 보호받을 수 없다는 문제가 생긴다. 따라서 사자의 명예훼손은 유족이 사자에 대하여 가지는 존경의 감정과 역사적 가치로서의 사자 스스로의 명예 모두를 해치고 민법상으로는 둘다 보호되어야 한다. 명예훼손에 대한 손해배상청구권자의 문제와 관련하여 위자료청구권은 피해자가 이를 포기하거나 면제했다고 볼 수 있는 특별한 사정이 없는 한 원칙적으로 상속된다.[70] 따라서 역사적 가치로서의 사자의 명예를 훼손하면 그 유족은 손해배상청구권을 행사할 수 있다. 유족이 없으면 특별연고자에게 청구권이 있고(민법 제1057조의 2) 그것도 없으면 국가에 귀속하므로(민법 제1058조) 공익의 대표자로서 검사가 손해배상청구권을 가진다고 할 것이다.

⑤ 유족 고유의 인격권침해

사자의 인격권을 침해하는 행위가 동시에 유족의 인격권을 침해하는 경우에 유족이 스스로 인격권침해를 이유로 하여 손해배상을 청구할 수 있다.

---

69 한위수, 명예의 훼손과 민사상의 제문제, 사법논집 제24집, 401면.

70 대법원 1966. 10. 18. 선고 66 다 1335 판결

직접보호설은 사자의 인격권(정확하게는 인격적 이익) 침해라고 파악하여, 사자라도 인격적 이익을 보유하기 때문에 그 이익이 침해된 경우에는 유족 등이 사자를 대신하여 구제를 청구할 수 있다고 하는 견해이다. 간접보호설은 사자에 대한 유족 추모감정의 침해라고 파악한다. 일본 판례에서는 사자의 언니[71], 사자의 손자[72]에게 유족의 추모감정의 침해를 이유로 위자료를 인정한다. 그러나 사자 자신의 이익과 유족의 추모감정과는 반드시 일치하는 것은 아니고, 또한 유족이 없을 때에는 사자의 인격침해에 대하여 방치할 수밖에 없다는 문제점이 있다.

사자의 작품에서 유족인 원고의 이름이 한 번도 작품에 나오지 않는 경우에는 사자 명예훼손 책임을 추궁할 수 없다고 보아야 한다. 그렇지만 부부나 친자의 관계라는 것을 모두가 아는 경우에는 직접 유족의 이름이 나오지 않더라도 인격권 침해가 있다고 할 수 있다. 일본 판례는 사진 주간지의 보도에 의하여 사자의 부모가 자신들의 명예가 침해당했다고 주장하였으나 부정하였다.[73]

가족이 명예훼손으로 인한 손해배상청구를 할 수 있는 경우에 부모가 가지는 손해배상으로서의 위자료청구권과 자녀가 가지는 손해배상으로서의 위자료청구권은 별개이다. 그 경우 부모의 사망으로 그 위자료청구권이 상속되면 유족 고유의 위자료청구권과 상속받는 위자료청구권은 함께 행사할 수 있다[74]고 보아야 한다. 생명침해의 불법행위로 인한 피해자 본인의 위자료 청구권과 민법 제752조에 의한 배우자 등 유족의 정신적 피해로 인한 그 고유의 위자료 청구권은 별개이므로 소멸시효 완성 여부도 각각 그 권리를

---

71 일본 静岡지방재판소 1981. 7. 17.

72 일본 札幌지방재판소 1988. 6. 27.

73 일본 大阪지방재판소 1988. 12. 27.

74 대법원 1969. 4. 15. 선고 69다268 판결.

행사한 때를 기준으로 판단하여야 한다.[75] 이 경우 부모가 즉사한 경우에도 위자료청구권은 당연히 상속된다[76]고 본다.

⑥ 사자명예훼손책임의 청구권자

사자 자신의 인격권침해를 인정하는 경우에 누가 사자를 대신하여 청구할 수 있는가 여부가 문제된다. 형사사건의 경우 사자의 명예를 훼손한 범죄에 대하여는 그 친족 또는 자손은 고소할 수 있다(형사소송법 제227조)고 규정하여 그 범위를 지나치게 넓히고 있다. 일본 저작권법에 따르면 사망한 저작자의 배우자, 자, 부모, 손, 조부모, 또는 형제자매의 순서로 손해배상을 청구할 수 있다(일본 저작권법 제116조 제2항, 제1항). 저작권법의 경우에는 사망한 저작자의 배우자·자·부모·손·조부모 또는 형제자매(저작권법 제128조)를 열거하고 있지만, 일본 저작권법과는 달리 순위를 정하고 있지는 않다. 그러나 언론중재법에서는 배우자와 직계비속, 직계존속, 형제자매(언론중재법 제5조의 2 제3항) 등으로 유족 청구권자의 순위에 대하여 규정하고 있다. 일본 저작권법은 저작자가 유언에 의하여 그 순위를 별도로 정한 경우에는 그 순위로 한다(일본 저작권법 제116조 제2항 단서)고 규정하고 있고, 우리나라의 경우에도 유족이 없는 경우에는 사자가 사전에 청구권자를 지정하는 방법을 고려하여야 할 것이다. 일본 판례에서는 대부분 원고는 사자의 부모나 자식이어서 문제가 없었다고 한다. 생질이 고인을 친부모처럼 경애하였다고 하여 청구권자로 인정된 경우가 있고[77], 제자가 스승의 명예회복을 위한 사죄문의 제출을 구하는 청구에서 제자가 피해자의 유족이 아니라는 이유로 기각된 경우도 있다.[78]

---

75 대법원 2013. 8. 22. 선고 2013다200568 판결.

76 대법원 1969. 4. 15. 선고 69다268 판결.

77 일본 東京고등재판소 1979. 3. 14. 판례시보 918호.

78 일본 東京지방재판소 八王子支院 1988. 11. 9. 판례시보 1334호

⑦ 사자명예훼손책임의 기간제한

유족 등은 고인이 사후 언제까지 청구할 수 있는가 여부가 문제된다. 입법정책상의 문제이지만, 해석론으로서 현행법령이 참고가 될 수 있다. 사자 명예훼손죄의 경우 기간제한은 없지만, 명예훼손행위가 있은 후에는 공소시효(5년)문제는 있다. 언론중재법에서는 사망후 30년의 제척기간을 두고 있다(언론중재법 제5조의 2 제5항). 저작재산권은 저작자가 생존하는 동안과 사망한 후 70년간 존속한다(저작권법 제39조). 그러나 저작권의 유족이 사망하면 단절된다고 보아야 한다.

(3) 법인 등 단체

사회생활에서 개인은 스스로 활동을 할 수 있을 뿐 아니라 개인이 집단으로 모이거나 재산을 출연함으로써 단체를 만들어 활동을 할 수도 있다. 개인은 당연히 권리주체로서 활동을 할 수 있고, 단체도 사적 자치의 원칙 내지 법률행위 자유의 원칙이나 계약자유의 원칙, 또는 결사의 자유에 따라 그 단체의 형성과 조직, 운영 등을 자유롭게 할 수 있다. 이 경우 단체는 권리능력 없는 법인으로서 스스로 권리주체가 되어 활동을 할 수 있다. 이러한 어떤 사적 단체가 좀더 조직화되면 법인이 된다. 그런데 법인이나 그 밖의 단체는 그 나름대로 사회로부터 사회적 평가를 받게 됨으로써 사회적 지위를 가지게 되고 따라서 단체는 스스로 명예를 가지게 된다. 이 때문에 어떤 사람이나 단체가 다른 법인이나 단체의 사회적 평가를 폄하하게 되면 법인이나 단체에 대한 명예훼손은 성립할 수 있다.

2009년부터 2018년까지 언론관련소송사건을 원고유형 중 단체의 사건수를 살펴보면, <그림 - 35>와 같이 해를 거듭할수록 꾸준히 증가하고 있음을 알 수 있다.

<그림 -35> 원고유형별 단체의 연도별 사건수

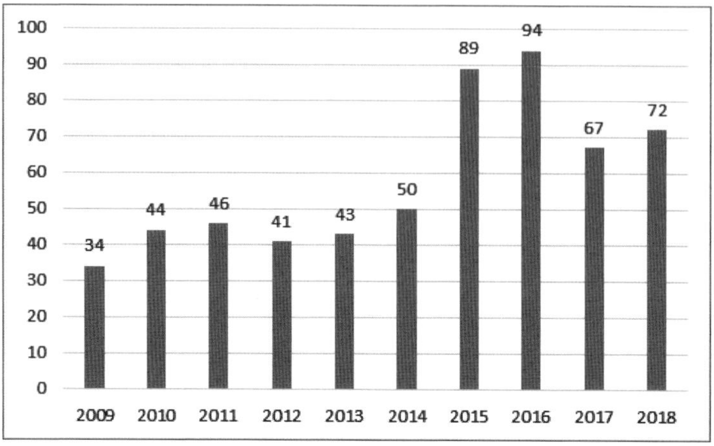

2009년부터 2018년까지 언론관련소송사건을 원고유형 중 단체의 연도별 승소율을 살펴보면, <그림 - 36>와 <그림 -37>과 같이 해를 거듭할수록 다소 변동을 보이고 있지만 상당히 높은 승소율을 보이고 있음을 알 수 있다.

<그림 -36> 원고유형별 단체의 연도별 승소율

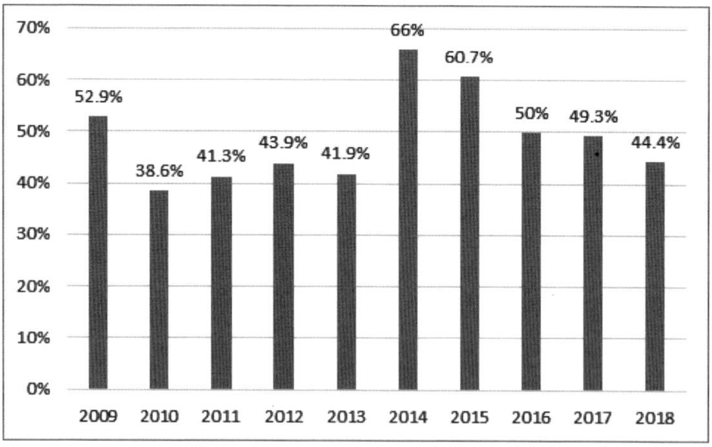

<그림 -37> 원고유형별 단체의 연도별 승소율 변화추이

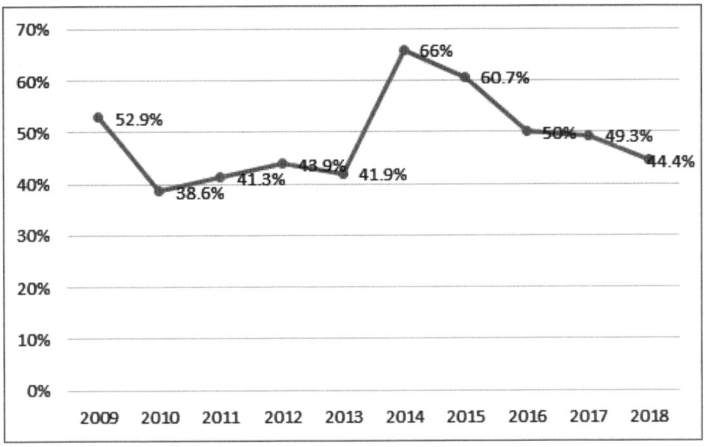

민법상 법인은 비영리법인이고(민법 제32조), 상법상 법인은 영리법인이다. 민법상 법인은 사단법인과 재단법인으로 구분되고, 법인 이외에도 권리능력 없는 사단(비법인사단)과 권리능력 없는 재단(비법인재단)이 있다. 법인 이외에 권리능력 없는 사단에 대하여 명예훼손을 한 경우에 비법인사단은 명예훼손을 한 개인이나 단체를 상대로 비재산적 손해배상(위자료)을 청구할 수 있다. 그러나 명예훼손으로 인한 손해배상청구소송을 하려고 하는 단체가 원고나 피고가 되려면 당사자능력이 있어야 한다. 동물은 권리의 객체이고 권리의 주체가 아니므로 당사자능력이 없다. 대법원은 도롱뇽은 천성산 일원에 서식하고 있는 도롱뇽목 도롱뇽과에 속하는 양서류로서 자연물인 도롱뇽 또는 그를 포함한 자연 그 자체로서는 소송을 수행할 당사자능력을 인정할 수 없다[79]고 하였다. 당사자능력의 존재는 소송요건의 하나이다. 따라서 법인 아닌 사단 또는 재단의 존재 여부 그 대표자의 자격에 관한 사항은 소송당사자능력 또는 소송능력에 관한 사항으로서 직권조사사항이고 소송당

---

79 대법원 2006. 6. 2. 자 2004마1148,1149 결정.

사자의 자백에 구애되지 않는다.[80] 법원은 직권으로 조사한 결과 당사자능력이 없으면 소를 각하하여야 한다. 당사자능력이 있는지 여부는 사실심의 변론종결일을 기준으로 하여 판단되어야 한다.[81] 당사자능력이 없다고 인정되어 소를 각하할 때의 소송비용은 원고가 당사자능력이 없는 경우에는 사실상 제소행위를 한 사람에게 부담시키고, 피고가 당사자능력이 없는 경우에는 원고에게 부담시키고 있다.[82] 법인 등 단체는 원고로서 법인 등 단체의 명예를 훼손한 가해자를 상대로 손해배상을 청구할 수 있고, 법인 등 단체로부터 명예를 훼손당했다고 주장하는 사람은 법인 등 단체를 상대로 명예훼손으로 인한 손해배상을 청구할 수도 있다. 종교단체로서 기독교의 개별교회는 당사자능력이 인정되지만[83], 천주교 교구에 속하는 개별 교회는 당사자능력이 없다.[84] 불교는 일반사찰과 신도회는 법인아닌 사단으로, 전통사찰은 법인아닌 재단으로 각각 당사자능력이 인정되지만, 개인사찰이나 불교목적시설은 당사자능력이 인정되지 않는다. 단체로서 당사자능력이 있는 것과 없는 것은 다음과 같이 있다.

① 당사자능력이 있는 단체

대법원은 다음과 같은 단체에게 당사자능력이 있다고 하고 있다. 교원지위 향상을 위한 특별법 제10조 제3항, 대학교원 기간임용제 탈락자 구제를 위한 특별법 제10조 제2항, 사립학교법 제53조의2 제1항, 제2항 규정들의 내용 및 원래 교원만이 교원소청심사위원회의 결정에 대하여 행정소송을 제기할 수 있도록 한 구 교원지위 향상을 위한 특별법(2007. 5. 11. 법률 제8414

---

80 대법원 1971. 2. 23. 선고 70다44,70다45 판결.

81 대법원 1991. 11. 26. 선고 91다30675 판결.

82 법원행정처,법원실무제요 민사소송(1),박영사,2017,327면.

83 대법원 2001. 6. 15. 선고 99두556 판결.

84 대법원 1966. 9. 20. 선고 63다30 판결.

호로 개정되기 전의 것) 제10조 제3항이 헌법재판소의 위헌결정(헌법재판소 2006. 2. 23. 선고 2005헌가7, 2005헌마1163 전원재판부 결정)에 따라 학교법인 및 사립학교 경영자뿐 아니라 소청심사의 피청구인이 된 학교의 장 등도 행정소송을 제기할 수 있도록 현재와 같이 개정된 경위, 학교의 장은 학교법인의 위임 등을 받아 교원에 대한 징계처분, 인사발령 등 각종 업무를 수행하는 등 독자적 기능을 수행하고 있어 이러한 경우 하나의 활동단위로 특정될 수 있는 점까지 아울러 고려하여 보면, 교원소청심사위원회의 결정에 대하여 행정소송을 제기할 수 있는 자에는 교원지위 향상을 위한 특별법 제10조 제3항에서 명시하고 있는 교원, 사립학교법 제2조에 의한 학교법인, 사립학교 경영자뿐 아니라 소청심사의 피청구인이 된 학교의 장도 포함된다고 보는 것이 타당하다[85]고 한다. 따라서 사립대학교 총장이 소속 대학교 교원의 임용권을 위임받아 전임강사 갑에 대하여 재임용기간의 경과를 이유로 당연면직의 통지를 하였고, 이에 갑이 총장을 피청구인으로 재임용 거부처분 취소 청구를 하여 교원소청심사위원회가 재임용 거부처분을 취소한다는 결정처분을 한 사안에서, 대학교 총장이 교원소청심사위원회를 상대로 결정처분의 취소를 구하는 행정소송을 제기할 당사자능력 및 당사자적격이 있다고 하였다. 대한예수교장로회총회 산하 신학연구원의 운영·관리를 위하여 대한예수교장로회총회 신학연구원이사회가 위 총회와는 별도로 위 이사회 자신의 기관과 그 대표자를 두고 있고 기본재산을 보유하면서 별도의 재정으로 운영하고 있다면, 위 이사회는 실제의 거래사회에서 위 장로회총회의 이름으로 단체적 사회활동을 하고 있다기 보다는 위 이사회 자신의 이름으로 단체적 사회활동을 하고 있다고 볼 여지가 훨씬 더 많은 것으로 보여지고, 그와 같이 위 이사회가 자신의 이름으로 단체적 사회활동을 하고 있다면 위 총회의 단순한 내부기구가 아니라 그와는 별개의 비법인 재

85 대법원 2011. 6. 24. 선고 2008두9317 판결.

단에 해당된다.[86] 법인 아닌 사단에 대하여는 사단법인에 관한 민법규정 가운데서 법인격을 전제로 하는 것을 제외하고는 이를 유추적용하여야 할 것인바, 사단법인에 있어서는 사원이 없게 된다고 하더라도 이는 해산사유가 될 뿐 막바로 권리능력이 소멸하는 것이 아니므로 법인 아닌 사단에 있어서도 구성원이 없게 되었다 하여 막바로 그 사단이 소멸하여 소송상의 당사자능력을 상실하였다고 할 수는 없고 청산사무가 완료되어야 비로소 그 당사자능력이 소멸하는 것이다.[87] 비법인사단에 해산사유가 발생하였다고 하더라도 곧바로 당사자능력이 소멸하는 것이 아니라 청산사무가 완료될 때까지 청산의 목적범위 내에서 권리·의무의 주체가 되고, 이 경우 청산 중의 비법인사단은 해산 전의 비법인사단과 동일한 사단이고 다만 그 목적이 청산 범위 내로 축소된 데 지나지 않는다.[88] 사단법인의 하부조직의 하나라 하더라도 스스로 단체로서의 실체를 갖추고 독자적인 활동을 하고 있다면 사단법인과는 별개의 독립된 비법인사단으로 볼 수 있다.[89] 지방자치법이 1949. 7. 4. 법률 제32호로 제정되어 시행되기 이전의 동·리(동·리)는 그 동·리 자체가 관습법상 인정되는 법인으로서 독자적으로 재산권의 주체가 되었고, 동·리의 소유재산이 바로 그 주민의 공유 혹은 총유재산이 되었던 것은 아니나, 동·리의 주민들이 특별히 주민의 공동편익과 공동복지를 위하여 주민 전부를 구성원으로 하는 공동체를 구성하고 일정한 재산을 공부상 동·리의 명칭으로 소유하여 온 경우에는 그와 같은 주민공동체가 그 재산의 소유주체라고 할 수 있다.[90] 사찰이 독립된 단체를 이루고 있는 경우에 있어서는 불교재산관리법에 따른 사찰 및 주지취임등록처분의 유무에

---

86 대법원 1998. 7. 24. 선고 96누14937 판결.

87 대법원 1992. 10. 9. 선고 92다23087 판결.

88 대법원 2007. 11. 16. 선고 2006다41297 판결.

89 대법원 2009. 1. 30. 선고 2006다60908 판결.

90 대법원 1999. 1. 29. 선고 98다33512 판결.

의하여 그 사찰의 실체가 좌우되는 것이 아니므로 독립된 단체를 이루고 있는 사찰은 그 등록처분의 유무에 불구하고 권리능력 없는 사단 또는 재단으로서의 독립된 권리능력과 소송상의 당사자능력을 가지며 그 단체의 규약에 따라 선정된 대표자가 당해 사찰을 대표한다.[91] 보중(洑中)이 그 몽리민을 구성원으로 하여 고유 목적을 가지고 매년 정기적으로 총회를 개최하여 그 보중을 대표하고 업무를 집행할 대표자를 선출하여 보중을 운영하는 한편, 특정한 재산을 소유하고 있는 경우에는 비법인사단으로서 당사자능력이 있다.[92] 당해 소송의 당사자에 대하여 실종선고가 확정된 경우에 실종자가 사망하였다고 보는 시기는 실종기간이 만료한 때라 하더라도 소송상 지위의 승계절차는 실종선고가 확정되어야만 비로소 취할 수 있으므로 실종선고가 있기까지는 소송상 당사자능력이 없다고 할 수 없다.[93] 사설 사암이나 사설 사찰이 아닌 한국불교 태고종에 등록된 일반적인 사찰은 독자적인 권리능력과 당사자능력을 가진 법인격 없는 사단이나 재단이라 할 것이므로, 그 사찰의 토지 및 건물을 점유하고 있는 자는 사찰 자신이고, 그 주지의 지위에 있는 자가 그 토지와 건물을 점유하는 것은 아니다.[94] 행정법상 동리는 시·읍·면의 하나의 행정구역으로서 법률상 독립한 인격을 향유하지 못하는 것이나, 그 지역 내에 조직된 동리회는 그 지역 내에 거주하는 주민의 공동편익 및 공동복지를 위한 주민 전부의 공동체로서 주민 전부가 그 회원이 됨은 물론 타지역으로부터 입주하는 자는 입주와 동시에 당연히 그 회원이 되고 타지역에 이주하는 자는 이주와 동시에 당연히 회원의 자격을 상실하는 불특정 다수인으로 조직된 영속적 단체이므로 행정구역의 변동으로 그 단체가 자연 소멸되지 아니하며, 한편 자연부락이 법인 아닌 사

---

91 대법원 1988. 3. 22. 선고 85다카1489 판결.

92 대법원 1995. 11. 21. 선고 94다15288 판결.

93 대법원 2014. 9. 4. 선고 2013므4201 판결.

94 대법원 1996. 1. 26. 선고 94다45562 판결.

단으로서 존재하고 나아가 고유재산을 소유하고 있다는 사실을 인정하려면 자연부락의 구성원의 범위와 자연부락의 고유 업무, 자연부락의 의사결정기관인 부락총회와 대표자의 존부 및 조직과 운영에 관한 규약이나 관습이 있었는지 여부, 고유재산을 소유하게 된 경위와 관리형태 등을 확정하여야 할 것이고, 집행기관인 대표자의 선정은 규약에 정함이 있거나 관습이 있다면 그에 따를 것이지만 그렇지 아니한 경우에는 부락을 구성하는 가구의 대표자 과반수의 출석과 출석 가구주의 과반수 찬성에 의하여 선임된다.[95] 피고 유치원이 어린이 보육을 위하여 원사를 신축하고 관계당국으로부터 개원허가를 받았으며 한편으로 교육법에 따른 원칙을 제정하여 계속 운영하여 왔다면 이는 법인아닌 재단이라 할 것이고 설립자가 관리인으로서 당사자능력이 있다고 할 것이므로 피고 유치원에 본건의 당사자능력을 인정한 조치는 정당하다.[96] 원고 일광면 칠암부락은 행정구역단위인 경남 양산군 일광면 칠암리의 주민을 그 구성원으로 하나 단순한 행정구역 단위와는 달리 주민의 복리증진과 부락의 번영발전이라는 고유의 목적을 가지고, 이를 달성하기 위하여 그 고유의 조직으로서 의사결정기관인 총회와 총회에서 선출하는 집행기관인 대표자를 두고 독자적인 활동을 하는 사회조직체인 비법인사단으로서 당사자능력이 있다.[97] 재단법인 성균관과 '성균관'의 설립 연혁과 경위, 대표기관 등의 조직, 존립목적과 활동 등 여러 사정에 비추어 볼 때, '성균관'은 재단법인 성균관의 설립 이전부터 이미 독자적인 존립목적과 대표기관을 갖고 활동을 하는 등 법인 아닌 사단으로서의 실체를 가지고 존립하여왔으므로 그 후 설립된 재단법인 성균관의 정관 일부 조항을 가지고 '성균관'의 단체성을 부정하여 위 법인의 기관에 불과하

---

95 대법원 2008. 11. 13. 선고 2008다24081 판결.

96 대법원 1968. 4. 30. 선고 65다1651 제2부 판결.

97 대법원 1981. 9. 8. 선고 80다2810 판결.

다고 볼 수는 없다.[98] 특정 채무자에 대한 채권자들을 구성원으로 하여 회장 1명을 두는 위원회를 구성하되 채무자의 재산을 인수하여 그 경영 및 관리에 의하여 나오는 이윤으로 일정기간 각 구성원의 채권액의 일정비율에 해당하는 채권의 변제에 분배충당하고 그 충당이 되지 아니할 경우 파산선고를 구하여 채권을 실행할 목적으로 하는 규약에 의하여 된 것이라면 위 위원회는 그 구성원들이 공동으로 채권을 실행하려는 목적이 있고 또한 그 공동목적을 위한 사회적 기능이 있는 사단성이 인정되는 바이므로 본법 소정 비법인사단으로서의 당사자능력이 있다 할 것이다.[99] 원고 불공계는 약 300여년 전에 피고 사찰의 재정을 지원함과 동시에 구성원들의 위 사찰에서의 불공사업을 공동으로 운영하기 위하여 조직되어 현재까지 창립당시의 계원들의 후손등에 의하여 이어져 내려온 단체로서 그의 의사를 결정하고 업무를 집행할 기관에 관한 규약과 그 대표자로서 장의가 선임되어 있는 비법인사단임을 인정하고 비록 원고 불공계가 대한불교 조계종의 신도단체법에 의한 등록이 되어있지 않다 하더라도 민사소송법 제48조에 의하여 당사자능력이 있다.[100] 개인에 의하여 창건된 이후 구 불교재산관리법(1987.11.28. 법률 제3974호 전통사찰보존법의 시행으로 폐지)에 의해 등록되기 이전까지 개인사찰로 존속되어 개인이 관리·운영하여 온 사찰은 개인소유의 불교목적시설에 불과할 뿐 그 자체가 독립된 권리의 귀속주체가 될 수 없는 것이고, 그 개인사찰이 같은 법에 따라 불교단체로 등록되어 그 기본재산을 소유하고 아울러 그 주지 등이 임명되어 왔다면 그때부터 같은 법 제2조 소정의 불교단체인 사찰로서 독립하여 권리의 귀속주체가 된다.[101] 전국해원노동조합 목포지부는 동 노동조합의 하부조직의 하나이지만 독자적

98 대법원 2004. 11. 12. 선고 2002다46423 판결.

99 대법원 1968. 7. 16. 선고 68다736 판결.

100 대법원 1980. 7. 22. 선고 80다871 판결.

101 대법원 1994. 10. 28. 선고 94다24442 판결.

인 규약(지부준칙)을 가지고 독립된 활동을 하고 있는 독자적인 사회적 조직체라고 인정할 수 있으므로 법인격 없는 사단으로 소송상 당사자능력이 있다.[102] 종중의 대표자는 규약이 없으면 관습에 의하여 선임하는 것으로서 그 대표자가 계속하여 선임되어 있지 않았다 하여 종중의 당사자능력이 없다 할 수 없다.[103] 이 사건 당사자인 "제전회"가 철거민들의 집단이주로 자연부락상태가 와해되기 이전부터 부락주민들에 의하여 거행되어온 주산제행사의 계속 전승과 주산제를 위한 부락원주민들의 총유재산 처리라는 일정한 목적을 달성하기 위하여 그 취지에 찬동하는 부락주민들이 구성원으로 되어 조직된 인적 결합체로서 그 단체를 규율할 성문의 규약이 제정되어 있을 뿐만 아니라 단체를 대표하고 업무를 집행할 대표자가 선출되어 있다면 민사소송법 제48조에서 말하는 비법인사단에 해당되어 당사자능력이 있다.[104]

② 당사자능력이 없는 단체

대법원은 다음과 같은 단체에게 당사자능력이 없다고 하고 있다. 1949. 7. 4. 법률 제32호로 지방자치법이 제정되면서 읍·면은 지방자치단체로서 법인격을 가지고 있었지만 1961. 9. 1. 법률 제707호로 지방자치에 관한 임시조치법이 제정됨에 따라 군에 편입되어 독립적인 법인격을 갖는 지방자치단체로서의 지위를 상실함과 아울러 읍·면의 일체의 재산은 소속군에 귀속되었으므로, 그 이후부터는 읍·면은 지방자치단체의 하부 행정구역에 불과하여 민사소송에 있어 당사자능력을 인정할 수 없다.[105] 한국원호복지공단법(1984.8.2. 법률 제3742호로 한국보훈복지공단법으로 개정됨) 부칙 제8조 제2항에

102 대법원 1977. 1. 25. 선고 76다2194 판결.

103 대법원 1968. 4. 30. 선고 67다2622 제3부 판결.

104 대법원 1987. 4. 28. 선고 85다카1300 판결.

105 대법원 2002. 3. 29. 선고 2001다83258 판결.

의하여 설립된 원호대상자광주목공조합은 민법상의 조합의 실체를 가지고 있으므로 소송상 당사자능력이 없다.[106]

사찰이 명목상 중앙종단에 가입하여 그 소속으로 등록되고 소외인이 중앙종단으로부터 주지임명까지 받았다 하더라도 사찰건물 등 재산 일체는 중앙종단에 귀속시키지 않고 소외인이 사찰명의로 등기하거나 미등기인 채 실질적으로 소유하면서 단독으로 그 운영을 맡아 하는 개인사찰은 단순한 불교목적시설일 뿐 그것이 독립한 사찰로서의 단체를 이루고 그 단체가 소유하는 재산이라고 할 수 없으므로, 위 사찰은 권리능력 없는 사단이나 재단으로서 소송상의 당사자능력을 가졌다고 볼 수 없어 위 사찰이 원고가 되어 제기한 소는 부적법 하다.[107] 노동조합 선거관리위원회는 그 자체가 법인이 아님은 물론 법인 아닌 사단이나 재단도 아니고 단지 노동조합의 기관의 하나에 불과할 뿐이므로 소송당사자가 될 수 없다.[108] 지방자치단체가 설립 경영하는 학교는 영조물로서 법인이 아님은 물론이고 민사소송법 제46조 규정의 사단 또는 재단에도 해당하지 않으므로 당사자능력이 없는 것이다.[109] 조선학교비령(구제령 제14호)에 의하면 학교비는 일정시 조선인 교육에 관한 비용을 지변하기 위한 군의 교육재정에 관한 특별회계를 지칭하는 것에 불과하고 이것이 달리 법인격을 가지거나 대표자 또는 관리자가 있는 비법인사단 또는 재단이 아님이 분명하여 당사자능력이 없다.[110] 노동조합은 그 요건으로 단체성이 요구되므로 복수인이 결합하여 규약을 가지고 그 운영을 위한 조직을 갖추어야 하는바, 법인 아닌 노동조합이 일단 설립되었다고 할지라도 중도에 그 조합원이 1인밖에 남지 아니하게 된 경우에는, 그 조

---

106 대법원 1991. 6. 25. 선고 88다카6358 판결.

107 대법원 1991. 2. 22. 선고 90누5641 판결.

108 대법원 1992. 5. 12. 선고 91다37683 판결.

109 대법원 1955. 8. 4. 선고 4288민상64 판결.

110 대법원 1977. 5. 10. 선고 77다286 판결.

합원이 증가될 일반적 가능성이 없는 한, 노동조합으로서의 단체성을 상실하여 청산목적과 관련되지 않는 한 당사자능력이 없다.[111] 불교단체인 사찰이 관리청에 의하여 그 사찰등록이 취소될 정도라면, 특별한 사정이 없는 한 권리능력 없는 사단으로서 당사자능력이 있다고 볼 수 없다.[112] 농지위원회는 법인 또는 법인이 아닌 사단이나 재단이 아니므로 농지개혁법 실시에 관한 소송이라 할지라도 당사자능력을 인정할 수 없다.[113] 특허법에서는 특허출원의 주체가 될 수 있는 자나 당사자능력에 관한 규정을 따로 두고 있지 아니하므로, 특허권과 특허법의 성질에 비추어 민법과 민사소송법에 따라 거기에서 정하고 있는 권리능력과 당사자능력이 있는 자라야 특허출원인이나 그 심판·소송의 당사자가 될 수 있다고 할 것인바, 경북대학교는 국립대학으로서 민사법상의 권리능력이나 당사자능력이 없음이 명백하므로 특허출원인이나 항고심판청구인, 상고인이 될 수 없다.[114]

소외인들이 개인사찰을 매수한 후 사찰의 건물과 부지인 부동산에 대한 등기명의를 그들의 의사나 사정에 따라 자신들 또는 사찰 명의로 하여 두고 부동산에 대한 소유권을 실질적으로 행사하면서 사찰을 운영하다가 피고 등에게 위 부동산에 관한 지분소유권이전등기를 경료하여 주었고, 명목상 위 사찰을 대한불교조계종 소속 사찰로 등록하였을 뿐 위 사찰의 건물 등 재산을 위 조계종에 귀속시킨 바 없고, 주지 임명에 대한 품신권이 설립자에게 유보되어 있으며, 위 사찰의 기구나 재산의 운영에 관한 규약이나 조직이 없고 신도들도 위 사찰의 운영에 관여하지 아니하였다면, 위 사찰이 구 불교재산관리법에 의하여 대구직할시에 불교단체로 등록한 바 있다거나 사찰 경내에 대웅전, 선방, 요사체 등 건물이 있고 주지 등 승려가 불

111 대법원 1998. 3. 13. 선고 97누19830 판결

112 대법원 1979. 2. 13. 선고 78다2430 판결.

113 대법원 1962. 4. 18. 선고 4294민상1397 판결.

114 대법원 1997. 9. 26. 선고 96후825 판결.

사를 집행하고 있다는 등의 사정이 있다고 하더라도, 위 사찰은 단순한 불교목적시설일 뿐 권리능력 없는 재단이나 사단으로서 당사자능력을 가진다고 볼 수 없다.[115] 전국 버스운송사업조합 연합회 공제조합은 육운진흥법과 같은법 시행령에서 정한 같은 연합회의 공제사업을 효율적으로 달성하고자 만든 같은 연합회 산하의 부속기관에 불과하고 같은 연합회와는 별개의 독립된 단체라고 볼 수 없어 민사소송법상 당사자능력이 없다.[116] 사찰의 주지가 갑 종단의 사찰대장에만 등록하고 관할 관청에 등록을 하지 아니한 상태에서, 그 후임 주지가 을 종단의 사찰대장에 등록을 한 뒤 관할 관청에 사찰등록 및 주지등록까지 마친 경우, 갑 종단 사찰로서의 당사자능력이 없다.[117] 사찰이 대처측 주지에 의하여 관리유지되어 오다가 관할청에 의한 요건흠결의 심사를 거쳐 태고종 소속으로 사찰등록을 마쳤다면 위 사찰이 전래의 사찰로서 비구·대처의 통합시 통합종단인 조계종이 그 소속 사찰로 등록하였다 하여도 위 사찰에 대하여는 태고종 소속 사찰의 실체만이 존재할 뿐 이와 별개의 불교단체인 조계종 소속의 원고 사찰의 실체가 인정될 수 없어 당사자능력이 없다고 한 사례.[118] 원고 "용산학구노인회"는 등기부상의 "용산학"이라는 표시와 동일성이 없다는 전제에서 법인 아닌 사단으로서의 실체를 갖추지 못하여 소송상 당사자능력이 없다.[119] 사립대학교 학장은 학교법인의 기관의 하나에 지나지 아니하여 민사소송상의 당사자 적격이 인정되지 아니하며, 이러한 결론은 사립학교법(1981.2.28 법률 제3373호로 개정된 것) 제53조의2 제2항, 제61조 제1항이 학교장에게 대학교육기관의 교원의 임면권 및 교원징계처분권을 부여하고 있고 이에 따라 위 대학장이

115 대법원 1994. 6. 28. 선고 93다56152 판결.

116 대법원 1991. 11. 22. 선고 91다16136 판결.

117 대법원 1995. 9. 26. 선고 93다33951 판결.

118 대법원 1992. 2. 25. 선고 88누4058 판결.

119 대법원 1993. 5. 25. 선고 92다35950 판결.

교수에 대한 파면처분을 하게 되었다 하여도 이는 학교법인의 한 기관으로서 그 소관사무를 처리한데 지나지 않는 것이므로 그러한 사항에 관한 민사소송에 있어서도 당사자적격이 있다고는 할 수 없다.[120]

서울대학교는 국가가 설립·경영하는 학교임은 공지의 사실이고, 학교는 법인도 아니고 대표자 있는 법인격 없는 사단 또는 재단도 아닌 교육시설의 명칭에 불과하여 민사소송에 있어 당사자능력을 인정할 수 없다.[121] 학교는 일반적으로 법인도 아니고 대표자 있는 법인격 없는 사단 또는 재단도 아닌 교육시설의 명칭일 뿐이기 때문에 원칙적으로 민사소송에서 당사자능력이 인정되지 않는다.[122] 학교는 교육시설의 명칭으로서 일반적으로 법인도 아니고 대표자 있는 법인격 없는 사단 또는 재단도 아니기 때문에, 원칙적으로 민사소송에서 당사자능력이 인정되지 않는다. 이러한 법리는 비송사건에서도 마찬가지이다.[123] 따라서 학교나 학교장은 당사자능력이 없기 때문에 명예훼손으로 인한 손해배상청구소송에서 당사자가 될 수 없고, 학교법인이 소송주체가 되어야 한다.

2009년부터 2018년까지 언론관련소송사건을 원고유형으로서 단체 중 일반단체의 사건 수를 살펴보면, <그림 - 38>과 같이 사건 자체가 많지 않음을 알 수 있다.

---

120 대법원 1987. 4. 14. 선고 86다카2479 판결.

121 대법원 2001. 6. 29. 선고 2001다21991 판결. 그러나 서울대학교는 2010년에 법인화되어 국립대학법인 서울대학교 설립·운영에 관한 법률(서울대법)로 인하여 법인이므로(서울대법 제3조) 당사자능력을 인정할 수 있다.

122 대법원 2017. 3. 15. 선고 2014다208255 판결.

123 대법원 2019. 3. 25. 자 2016마5908 결정.

<그림 -38> 원고 일반단체의 연도별사건 수

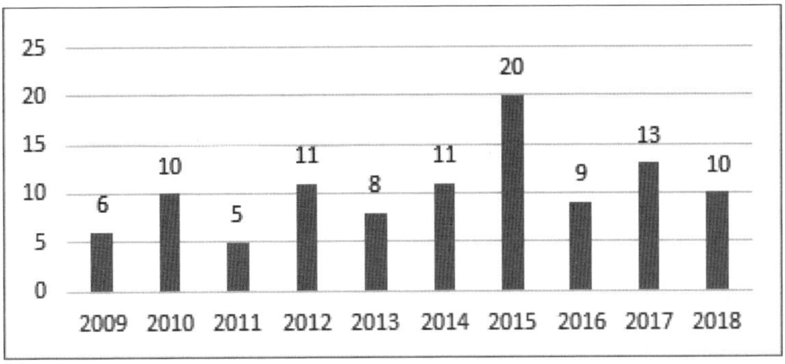

2009년부터 2018년까지 언론관련소송사건을 원고유형으로서 단체 중 일반단체의 연도별 승소율을 살펴보면, <그림 - 39>과 <그림 - 40>과 같이 해를 거듭할수록 점차 증가하면서 그 승소율이 매우 높음을 알 수 있다.

<그림 - 39> 원고 일반단체의 연도별사건 승소율

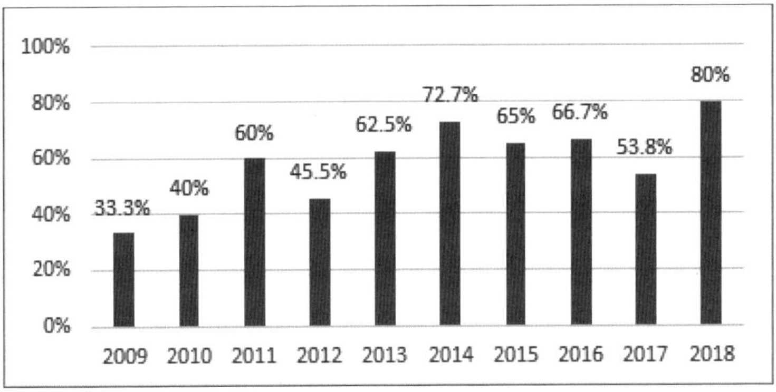

<그림 - 40> 원고 일반단체의 연도별사건 승소율 변화추이

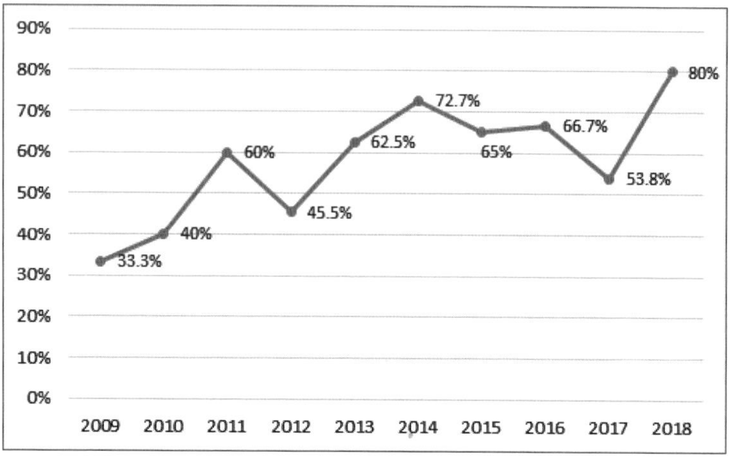

③ 비법인사단과 조합

명예훼손의 당사자로서 비법인사단과 조합이 있다. 대법원은 이를 다음과 같이 구별하고 있다. 민법상의 조합과 법인격은 없으나 사단성이 인정되는 비법인사단을 구별함에 있어서는 일반적으로 그 단체성의 강약을 기준으로 판단하여야 하는바, 조합은 2인 이상이 상호간에 금전 기타 재산 또는 노무를 출자하여 공동사업을 경영할 것을 약정하는 계약관계에 의하여 성립하므로 어느 정도 단체성에서 오는 제약을 받게 되는 것이지만 구성원의 개인성이 강하게 드러나는 인적 결합체인 데 비하여 비법인사단은 구성원의 개인성과는 별개로 권리·의무의 주체가 될 수 있는 독자적 존재로서의 단체적 조직을 가지는 특성이 있다 하겠는데, 어떤 단체가 고유의 목적을 가지고 사단적 성격을 가지는 규약을 만들어 이에 근거하여 의사결정기관 및 집행기관인 대표자를 두는 등의 조직을 갖추고 있고, 기관의 의결이나 업무집행방법이 다수결의 원칙에 의하여 행하여지며, 구성원의 가입, 탈퇴 등으로 인한 변경에 관계없이 단체 그 자체가 존속되고, 그 조직에 의하여 대표의 방법, 총회나 이사회 등의 운영, 자본의 구성, 재산의 관리 기타 단체로서

의 주요사항이 확정되어 있는 경우에는 비법인사단으로서의 실체를 가진다고 할 것이다.[124]

④ 비법인사단의 요건

임의단체가 있을 경우에 당연히 비법인사단이 되는 것이 아니고, 일정한 요건을 갖추어야만 비법인사단이 되어 그 명의로 소송을 제기할 수 있다. 대법원은 어떤 단체가 고유의 목적을 가지고 사단적 성격을 가지는 규약을 만들어 이에 근거하여 의사결정기관 및 집행기관인 대표자를 두는 등의 조직을 갖추고 있고, 기관의 의결이나 업무집행방법이 다수결의 원칙에 의하여 행하여지며, 구성원의 가입, 탈퇴 등으로 인한 변경에 관계없이 단체 그 자체가 존속되고, 그 조직에 의하여 대표의 방법, 총회나 이사회 등의 운영, 자본의 구성, 재산의 관리 기타 단체로서의 주요사항이 확정되어 있는 경우에는 비법인사단으로서의 실체를 가진다고 할 것이고, 당사자능력이 있는지 여부는 사실심의 변론종결일을 기준으로 하여 판단되어야 할 성질의 것이다[125]고 하였다. 또한 민사소송법 제52조가 비법인사단의 당사자능력을 인정하는 것은, 법인이 아니라도 사단으로서의 실체를 갖추고 그 대표자 또는 관리인을 통하여 사회적 활동이나 거래를 하는 경우에는, 그로 인하여 발생하는 분쟁은 그 단체가 자기 이름으로 당사자가 되어 소송을 통하여 해결하도록 하기 위한 것이다. 그러므로 여기서 말하는 사단이라 함은 일정한 목적을 위하여 조직된 다수인의 결합체로서 대외적으로 사단을 대표할 기관에 관한 정함이 있는 단체를 말한다. 또한 사단법인의 하부조직의 하나라 하더라도 스스로 위와 같은 단체로서의 실체를 갖추고 독자적인 활동을 하

124 대법원 1999. 4. 23. 선고 99다4504 판결.

125 대법원 2008. 5. 29. 선고 2007다63683 판결.

고 있다면 사단법인과는 별개의 독립된 비법인사단으로 볼 것이다[126]고 하였다. 동창회나 향우회, 시민단체 등은 산하에 각 지부를 두고 있는 등 비법인사단에는 지역적 하부조직이 많이 있다. 이같은 지부형식의 하부조직은 그 상위조직에 하나의 지부로서 종속되어 있는 경우라고 하더라도 법률상 독립된 비법인사단인 경우가 많다. 대법원도 사단법인의 하부조직의 하나라 하더라도 스스로 단체로서의 실체를 갖추고 독자적인 활동을 하고 있다면 사단법인과는 별개의 독립된 비법인사단으로 볼 수 있다[127]고 한다.

이러한 비법인사단에 대하여 민법 제276조 제1항은 "총유물의 관리 및 처분은 사원총회의 결의에 의한다.", 민법 제276조 제2항은 "각 사원은 정관 기타의 규약에 좇아 총유물을 사용·수익할 수 있다."라고 규정하고 있을 뿐 공유나 합유의 경우처럼 보존행위는 그 구성원 각자가 할 수 있다는 민법 제265조 단서 또는 제272조 단서와 같은 규정을 두고 있지 아니한바, 이는 법인 아닌 사단의 소유형태인 총유가 공유나 합유에 비하여 단체성이 강하고 구성원 개인들의 총유재산에 대한 지분권이 인정되지 아니하는 데에서 나온 당연한 귀결이라고 할 것이므로 총유재산에 관한 소송은 법인 아닌 사단이 그 명의로 사원총회의 결의를 거쳐 하거나 또는 그 구성원 전원이 당사자가 되어 필수적 공동소송의 형태로 할 수 있을 뿐 그 사단의 구성원은 설령 그가 사단의 대표자라거나 사원총회의 결의를 거쳤다 하더라도 그 소송의 당사자가 될 수 없고, 이러한 법리는 총유재산의 보존행위로서 소를 제기하는 경우에도 마찬가지라 할 것이다[128]고 하여 비법인사단의 재산에 관한 소송은 비법인사단 이름으로만 소송을 할 수 있고 그 대표자는 소송을 할 수 없다고 한다. 따라서 총유재산에 관한 소송은 비법인사단

126 대법원 2018. 4. 26. 선고 2015다211289 판결.

127 대법원 2009. 1. 30. 선고 2006다60908 판결.

128 대법원 2005. 9. 15. 선고 2004다44971 전원합의체 판결.

이 그 명의로 사원총회의 결의를 거쳐 하거나 또는 그 구성원 전원이 당사자가 되어 필수적 공동소송의 형태로 할 수 있을 뿐이며, 비법인사단이 사원총회의 결의 없이 제기한 소송은 소제기에 관한 특별수권을 결하여 부적법하다[129]고 하였다. 대법원은 소송상 비법인사단이 당사자인 사건에 있어서 대표자에게 적법한 대표권이 있는지 여부는 소송요건에 관한 것으로서 법원의 직권조사사항이므로, 법원으로서는 그 판단의 기초자료인 사실과 증거를 직권으로 탐지할 의무까지는 없다 하더라도 이미 제출된 자료에 의하여 그 대표권의 적법성에 의심이 갈만한 사정이 엿보인다면 그에 관하여 심리·조사할 의무가 있다[130]고 하여 비법인사단 관련 소송에서의 법원의 석명권을 강조하고 있다.

⑤ 법인의 사죄광고

명예훼손으로 인한 소송에서는 재산적 손해배상 이외에 사죄광고나 위자료에 대해서 논란이 있다. 헌법재판소는 사죄광고는 위헌이라고 하면서 다음과 같이 개인 뿐 아니라 법인에 대해서도 적용된다고 하였다. 사죄광고제도란 타인의 명예를 훼손하여 비행을 저질렀다고 믿지 않는 자에게 본심에 반하여 깊이 "사과한다." 하면서 죄악을 자인하는 의미의 사죄의 의사표시를 강요하는 것이므로, 국가가 재판이라는 권력작용을 통해 자기의 신념에 반하여 자기의 행위가 비행이며 죄가 된다는 윤리적 판단을 형성강요하여 외부에 표시하기를 명하는 한편 의사·감정과 맞지 않는 사과라는 도의적 의사까지 광포시키는 것이다. 따라서 사죄광고의 강제는 양심도 아닌 것이 양심인 것처럼 표현할 것의 강제로 인간 양심의 왜곡·굴절이고 겉과 속이 다른 이중인격 형성의 강요인 것으로서 침묵의 자유의 파생인 양심에 반

129 대법원 2007. 7. 26. 선고 2006다64573 판결.

130 대법원 2009. 1. 30. 선고 2006다60908 판결.

하는 행위의 강제금지에 저촉되는 것이며 따라서 우리 헌법이 보호하고자 하는 정신적 기본권의 하나인 양심의 자유의 제약(법인의 경우라면 그 대표자에게 양심표명의 강제를 요구하는 결과가 된다.)이라고 보지 않을 수 없다. … 따라서 사죄광고 과정에서는 자연인이든 법인이든 인격의 자유로운 발현을 위해 보호받아야 할 인격권이 무시되고 국가에 의한 인격의 외형적 변형이 초래되어 인격 형성에 분열이 필연적으로 수반되게 된다. 이러한 의미에서 사죄광고제도는 헌법에서 보장된 인격의 존엄과 가치 및 그를 바탕으로 하는 인격권에 큰 위해도 된다고 볼 것이다. … 우리 민법 제764조의 적용에 있어서도 사죄광고를 구하는 판결이 아니고도 ① 가해자의 비용으로 그가 패소한 민사손해배상판결의 신문·잡지 등에 게재 ② 형사명예훼손죄의 유죄판결의 신문·잡지 등에 게재 ③ 명예훼손기사의 취소광고 등의 방법을 상정할 수 있다고 할 것인데, 이 경우에는 강제집행을 하게 된다 하여도 사죄광고의 경우처럼 양심결정의 강제나 인격권을 무시하는 등의 헌법위반의 문제는 별로 생길 수가 없다. … 따라서 민법 제764조가 사죄광고제도를 포함하는 취지라면 그에 의한 기본권 제한에 있어서 그 선택된 수단이 목적에 적합하지 않을 뿐 아니라 그 정도 또한 과잉하여 비례의 원칙이 정한 한계를 벗어난 것으로 헌법 제37조 제2항에 의하여 정당화 될 수 없어 헌법 제19조에 위반되는 동시에 헌법상 보장되는 인격권의 침해에 이르게 된다고 할 것이다. 그렇다면 민법 제764조가 동조 소정의 "명예회복에 적당한 처분"에 사죄광고를 포함시키는 것이라면 동 규정은 헌법에 위반될 수밖에 없다. 바꾸어 말하면 민법 제764조는 동조 소정의 "명예회복에 적당한 처분"에 사죄광고가 포함되지 않는다고 하여야 헌법에 위반되지 않는다. 이는 민법 제764조와 같이 불확정개념으로 되어있거나 다의적인 해석 가능성이 있는 조문에 대하여 한정축소해석을 통하여 얻어진 일정한 합헌적 의미를 천명한 것이며, 그 의미를 넘어선 확대를 바로 헌법에 위반되어 채택할 수 없다는 뜻이라고

하였다.[131]

그러나 법인의 본질에 대하여 법인의제설과 법인실재설이 있고, 법인의제설은 권리와 의무의 주체가 될 수 있는 것은 자연인인 개인뿐이고 자연인이 아니면서 권리와 의무의 주체가 될 수 있는 것은 법률의 힘에 의하여 자연인에 의제된 법인에 한한다고 하는 견해이다. 법인의제설은 법인은 법률이 특별히 인정하는 경우가 아니면 성립되지 않는다고 한다. 법인실재설은 법인은 권리와 의무의 주체로서의 실질을 가지는 사회적 실체라고 하고, 법인은 자연인과 더불어 권리주체라고 하는 견해이다. 우리 민법의 해석상 법인의 본질에 대한 학설논의가 별로 실익이 없다고 하지만, 그래도 법인실재설이 다수설임을 고려하면[132], 법인은 법인 고유의 생명을 가진 단체로서의 사회적 실체를 가지고 있는 것이라고 보아야 하고, 또한 법인은 양심이라는 관념을 인정할 수 없는 무형체이다. 그런데 헌법재판소가 "법인의 경우라면 그 대표자에게 양심표명의 강제를 요구하는 결과가 된다"고 하는 표현은 법인의 본질에 비추어 법인의제설의 입장에 서있는 표현으로 다툼의 여지가 있는 표현이다. 따라서 법인실재설의 입장에서는 법인은 사회적 실체로서 자연인과는 달리 하나의 권리주체로서 활동하고 있다고 본다. 또한 법인은 무형체로서 법인의 양심이라고 하는 것은 있을 수 없다. 따라서 법인이 사회적 실체로서 활동을 하면서 타인의 명예를 훼손하게 되었다면 당연히 법원은 법인이라고 하는 사회적 조직체에 대해서 사죄광고를 명할 수 있다고 보아야 한다.

다음으로 법인의 명예훼손으로 인한 정신적 손해배상으로서 위자료가 문제된다. 명예훼손의 피해자인 법인이 원고로서 명예훼손을 한 다른 개인이나 단체에 대하여 민사상 손해배상청구를 할 경우에 법인에게는 정신적

131 헌법재판소 1991. 4. 1. 89헌마160, 판례집 3, 149면.

132 곽윤직·김재형,민법총칙,박영사,2012,151면.

고통이라는 관념을 인정할 수 없기 때문에 법인의 위자료청구를 부정해야 한다는 견해가 있었다. 그러나 법인에 대한 명예훼손으로 인한 손해배상청구소송에서 법인의 명예훼손으로서의 재산적 손해가 발생하지 않는 경우가 대부분이고, 설령 재산적 손해가 발생하였다고 하더라도 그 입증이 손쉽지 아니하기 때문에 법인의 명예훼손에서는 재산적 손해가 문제되는 경우가 많지 않다. 따라서 법인이 명예훼손을 당했을 때에 원고로서 다른 가해자를 상대로 손해배상을 청구하는 경우에 위와 같이 재산적 손해배상을 청구할 수 없는 경우가 많기 때문에 적어도 정신적 손해배상으로서 위자료청구는 인정되어야 한다는 것이다.

민법 제751조 제1항은 불법행위로 인한 재산 이외의 손해에 대한 배상책임을 규정하고 있고, 재산 이외의 손해는 정신상 고통만을 의미하는 것이 아니라 그 외에 수량적으로 산정할 수 없으나 사회통념상 금전평가가 가능한 무형의 손해도 포함하므로, 법인의 명예나 신용을 훼손한 자는 그 법인에게 재산 이외의 손해에 대하여도 배상할 책임이 있다. 그런데, 법인의 명예나 신용을 훼손하는 행위에는 법인의 목적사업 수행에 영향을 미칠 정도로 법인의 사회적 평가를 저하하는 일체의 행위가 포함되므로, 이에는 구체적인 사실을 적시하거나 의견을 표명하는 행위 등뿐만이 아니라, 고급 이미지의 의류로서 명성과 신용을 얻고 있는 타인의 의류와 유사한 디자인의 의류를 제조하여 이를 저가로 유통시키는 방법 등으로 타인인 법인의 신용을 훼손하는 행위도 포함된다.[133] 따라서 피고는 자신만의 독특한 디자인으로 개발한 의류를 소량으로 생산하여 고가로 판매함으로써 사회적으로 다른 상표의 의류와 차별되는 고급 의류 제조업체로서의 명성과 신용을 유지하고 있었다고 할 것인데, 원고가 피고의 정품 의류와 동일하지는 않다고 하더라도, 피고가 개발한 독특한 디자인을 모방하여 그와 기본적인 형태·모

---

133 대법원 2008. 10. 9. 선고 2006다53146 판결.

양·스타일이 유사한 제품을 대량으로 제조하고 이를 저가로 판매하도록 함으로써 피고의 의류가 갖는 고급 이미지를 실추시킴은 물론 위와 같은 피고의 사회적 명성과 신용을 현저하게 훼손하였다고 할 것이므로, 원고는 이와 같은 불법행위로 인하여 피고가 입은 무형의 손해를 배상할 의무가 있다 할 것이다. 나아가 손해배상의 액수에 관하여 보건대, 앞서 본 바와 같은 원고와 피고의 거래기간, 원고가 피고로부터 지급받은 임가공비의 액수, 원고가 유사품을 제조하여 유통시킨 기간 및 그 수량, 위 각 의류의 정품 및 유사품 판매가격 등의 제반사정을 참작하면, 원고가 피고에게 배상하여야 할 무형적 손해에 대한 배상액은 3천만 원으로 정함이 상당하다[134]고 하였다.

⑥ 명예훼손과 정신적 손해배상(위자료)

법인에 대한 명예훼손으로 인한 청구를 함에 있어서 피해 법인이 법인의 사회적 평가 저하에 대하여 가해를 한 법인에게 사죄광고를 받고자 하여도, 사죄광고 또한 현행 대법원 판례상으로는 부정되어 그 사죄광고를 통한 구제를 받을 수 없기 때문에 위와 같이 무형의 손해배상으로서 위자료라도 인정해야 할 필요가 있다.

일본 판례는 당초에는 위자료를 부정하였으나, 법인의 명예권이 침해되어 무형의 손해가 생긴 경우에는 위 손해의 금전평가가 가능한 한, 민법 제710조(우리 민법 제750조)의 적용이 있다[135]고 하여 법인의 명예훼손으로 인한 손해배상에서 정신적 손해배상으로서의 위자료를 인정하였다. 나아가 명예훼손에 의한 위자료액은 그것이 보도에 의한 경우에는 그 보도가 된 장소적 범위의 광협이나 밀도, 당해보도의 영향력의 정도, 그 정보의 내용이나 사실적시의 방법, 피해자가 입은 현실적인 불이익 또는 손해, 피해자의 나이

134 서울고등법원 2006. 7. 13. 선고 2005나55161 판결.

135 일본 최고재판소 1964. 1. 28.

와 직업, 경력, 정보의 진실성 정도나 그것을 진실이라고 믿을만한 상당성의 정도, 취재대상이나 취재방법의 상당성, 피해자 스스로 가지는 명예회복의 가능성, 보도하게 된 경위와 게재 정도, 명예훼손이후 명예회복조치 등 제반 사정을 고려하여 개별적 구체적으로 판단해야 한다[136]고 하였다. 대법원도 법인은 명예권을 가지기 때문에, 법인의 목적사업 수행에 영향을 미칠 정도로 법인의 사회적 명성, 신용을 훼손하여 법인의 사회적 평가가 침해된 경우에는 그 법인에 대하여 불법행위를 구성한다[137]고 하였다. 이 사건에서 소외 회사의 대표이사인 소외인에게 기망당하여 1차 상가 중 1, 3, 4층 부분의 이 사건 상가건물을 분양받은 수분양자들은 피고 회사로부터 그 계약의 효력을 인정받지 못하고 위 소외인마저 분양대금을 횡령한 채 잠적하여 버리자, 피고 회사가 위와 같은 불법 분양을 방치하였다는 사유를 내세워 피고 회사를 상대로 숱한 민원을 제기하는 한편 보전처분과 본안소송을 제기하여 현재 계속 중에 있는 등 위 소외인의 위와 같은 행위로 말미암아 피고 회사의 신용도나 명예가 심히 실추됨으로써 그 사업수행에 지장을 초래한 사실을 인정하고, 피고 회사가 지금까지 쌓아온 명성이나 신용을 회복하려면 오랜 시간과 노력을 요하는 사실은 경험칙상 인정된다고 한 다음, 위 소외 회사는 그 대표이사인 위 소외인의 위와 같은 행위로 인하여 피고 회사의 명예가 실추됨으로 인한 손해를 배상할 의무가 있다고 할 것인바, 그 손해배상액은 피고 회사의 규모와 국내 건설업계에서 차지하는 비중, 위 소외 회사의 무단 분양 경위, 현재의 무단 분양 상가에 관한 분쟁의 진행 상태 등 이 사건 변론에 나타난 여러 사정을 참작하여 이를 금 3천만원으로 평가함이 상당하다고 판단하였다.

또한 대법원은 피고(법인 이사장)가 업무상 배임죄 등의 혐의로 기소되어

---

136 일본 東京고등재판소 2001.12.26.

137 대법원 1996. 6. 28. 선고 96다12696 판결.

원고(법인)가 추진한 각종 사업의 문제점이나 손실 등이 보도되어 원고의 회원들이 각종 민원을 제기하였는 사례에서 대법원은 법인의 목적사업 수행에 영향을 미칠 정도로 법인의 사회적 명성, 신용을 훼손하여 법인의 사회적 평가가 침해된 경우에는 그 법인에 대한 불법행위책임이 성립한다[138]고 하였다. 따라서 법인 이사장이 회원부담금 등으로 조성된 기금을 부동산, 주식 등에 투자할 때에는 필요한 정보를 합리적인 범위에서 수집하여 투자에 적합한지 검토·심사하는 절차를 거쳐 투자가 법인의 이익이나 사업 목적에 부합하는지를 판단하여 투자를 결정할 선관주의의무가 있다. 이사장이 이러한 주의의무를 게을리한 채 투자를 하여 공제회에 손해를 입힌 경우에는 법인에 그 손해를 배상할 책임이 있다. 그렇지만 원심은, 피고(법인 이사장)가 업무상 배임죄 등의 혐의로 기소되어 원고(법인)가 추진한 각종 사업의 문제점이나 손실 등이 보도되어 원고의 회원들이 각종 민원을 제기하였다는 것만으로 피고가 원고의 목적사업 수행에 영향을 미칠 정도로 원고의 사회적 명성과 신용을 훼손하는 등으로 불법행위를 하였다고 보기 어렵다고 판단하여 법인에 대한 명예훼손은 될 수 없다고 하였다.

⑦ 명예훼손과 재산적 손해배상

재산적 손해의 경우로는 명예훼손에 의한 손해배상청구를 위한 소송을 제기할 경우에 필요한 변호사비용이 있다. 일본은 불법행위의 피해자가 자기의 권리옹호를 위하여 어쩔 수 없이 소를 제기하게 되어, 소송수행을 변호사에게 위임한 경우에는. 그 변호사비용은 사안의 난이, 청구금액, 인용된 금액, 그 외 제반 사정을 감안하여 상당하다고 인정되는 금액의 범위내에 있는 한 위 불법행위와 상당인과관계에 있는 손해라고 한다.[139]

---

138 대법원 2017. 12. 22. 선고 2015다247912 판결.

139 일본 최고재판소 1969. 2, 27, 민집 23권 2호, 441면.

그러나 대법원은 변호사강제주의를 택하지 않고 있는 우리나라 법제하에서는 불법행위 자체와 변호사비용 사이에 상당인과관계 있음을 인정할 수 없으므로 변호사 비용을 불법행위 자체로 인한 손해배상채권에 포함시킬 수 없다[140]고 하고, 피해자가 불법행위로 인한 손해배상을 소구함에 지출한 변호사비용은 피해자가 당초의 피해에 대한 손해배상에 불응하여 소가 제기되어 채무자측이 이에 응소하여 항쟁한 것이 부당시되어 피해자가 변호사에게 위임하여 소송을 수행하게 한 것이 정당시 될 수 있는 특별한 사정이 있으면 구체적 사정에 상응해서 상당시 할 수 있는 금액의 한도에서 이를 불법행위로 인한 피해라 하여 그 지급을 구할 수 있다[141]고 하였다. 따라서 우리나라에서는 명예훼손을 이유로 한 손해배상청구소송에서는 변호사비용을 손해액으로 파악하여 청구할 수는 없다. 다만, 언론사의 명예훼손으로 인한 손해배상청구소송에서 피해자인 원고가 승소할 경우에는 소송비용청구를 통해서 비용보전을 할 수는 있을 것이다(변호사보수의 소송비용 산입에 관한 규칙 2018. 3. 7. 일부 개정, 대법원규칙 제2779호, 시행 2018. 4. 1.).

⑧ 집단표시에 의한 명예훼손

언론사가 명예훼손의 보도를 하면서 집단명칭을 사용하거나 집단 중 특정한 몇 사람만을 지칭하였을 경우에 손해배상책임을 추궁할 수 있는지 여부가 문제된다. 이른바 집단표시에 의한 명예훼손의 경우를 말한다. 예컨대 '특정지역의 사람은 나쁘다'라는 표현을 사용한 경우에 그 대상 집단이 막연하기 때문에 원칙적으로 그 집단에 속하는 사람에 대한 명예훼손이 되지 않지만, 그 집단이 비교적 작고, 그 집단구성원이 특정되어 있는 경우에는 그 집단에 대한 비방으로 인하여 집단구성원에 대한 명예훼손이 된다.

---

140 대법원 1978. 8. 22. 선고 78다672 판결.

141 대법원 1976. 7. 13. 선고 74다746 판결.

대법원은 이른바 집단표시에 의한 명예훼손은 그러한 방송 등이 그 집단에 속한 특정인에 대한 것이라고는 해석되기 힘들고 집단표시에 의한 비난이 개별구성원에 이르러서는 비난의 정도가 희석되어 구성원의 사회적 평가에 영향을 미칠 정도에 이르지 않으므로 구성원 개개인에 대한 명예훼손은 성립되지 않는다고 봄이 원칙이지만, 다만 예외적으로 구성원 개개인에 대하여 방송하는 것으로 여겨질 정도로 구성원 수가 적거나 방송 등 당시의 주위 정황 등으로 보아 집단 내 개별구성원을 지칭하는 것으로 여겨질 수 있는 때에는 집단 내 개별구성원이 피해자로서 특정된다고 보아야 하고, 그 구체적 기준으로는 집단의 크기, 집단의 성격과 집단 내에서의 피해자의 지위 등을 들 수 있다[142]고 하였다. 따라서 '대전 지역 검사들'이라는 표시에 의한 명예훼손은 그 구성원 개개인에 대하여 방송하는 것으로 여겨질 정도로 구성원의 수가 적고, 한 달여에 걸친 집중적인 관련 방송 보도 등 당시의 주위 정황 등으로 보아 집단 내 개별구성원을 지칭하는 것으로 여겨질 수 있다고 하였다.

또한 텔레비전 방송보도 중 사용된 '○○지방경찰청 기동수사대'라는 표시에 의하여, 방송보도의 대상인 수사 당시 위 기동수사대에 근무하였던 경찰관들은 명예훼손의 피해자로 특정되었다고 보았다.[143] 그러나 '군검찰', '육군 법무실', '육군 검찰'이라는 표시에 의한 명예훼손이 육군본부 검찰부 집단내 개별구성원을 지칭하는지가 문제된 사안에서는, 육군본부 검찰부 소속 검찰관과 검찰수사관은 위 표시에 의한 명예훼손의 피해자로 특정된다고 볼 수 없다고 하였다.[144]

모욕죄는 특정한 사람 또는 인격을 보유하는 단체에 대하여 사회적 평가

142 대법원 2003. 9. 2. 선고 2002다63558 판결.

143 대법원 2006. 5. 12. 선고 2004다35199 판결.

144 대법원 2014. 4. 24. 선고 2013다74837 판결.

를 저하시킬 만한 경멸적 감정을 표현함으로써 성립하므로 그 피해자는 특정되어야 한다. 따라서 형사법적으로 집단표시에 의한 모욕죄도 성립하지 않는다고 한다. 대법원도 이른바 집단표시에 의한 모욕은, 모욕의 내용이 집단에 속한 특정인에 대한 것이라고는 해석되기 힘들고, 집단표시에 의한 비난이 개별구성원에 이르러서는 비난의 정도가 희석되어 구성원 개개인의 사회적 평가에 영향을 미칠 정도에 이르지 아니한 경우에는 구성원 개개인에 대한 모욕이 성립되지 않는다고 봄이 원칙이고, 비난의 정도가 희석되지 않아 구성원 개개인의 사회적 평가를 저하시킬 만한 것으로 평가될 경우에는 예외적으로 구성원 개개인에 대한 모욕이 성립할 수 있다. 한편 구성원 개개인에 대한 것으로 여겨질 정도로 구성원 수가 적거나 당시의 주위 정황 등으로 보아 집단 내 개별구성원을 지칭하는 것으로 여겨질 수 있는 때에는 집단 내 개별구성원이 피해자로서 특정된다고 보아야 할 것인데, 구체적인 기준으로는 집단의 크기, 집단의 성격과 집단 내에서의 피해자의 지위 등을 들 수 있다고 하였다.[145]

대법원은 단체의 임원들에 대한 명예훼손이라 할지라도 그 내용이 임원들의 업무에 관련된 것으로서 그 단체에 대한 사회적 평가를 저하시키기에 족한 경우에는 그 단체의 명예나 신용 또한 손상되었다고 봄이 상당하다[146]고 하였다. 따라서 피고 1이 위와 같이 세 차례에 걸쳐 원고의 임원들에 관한 허위의 사실을 적시하여 원고의 임원들의 명예를 훼손하였다는 원심의 사실인정은 정당한 것으로 수긍되고, 비록 피고 1이 적시한 허위의 사실이 원고의 임원들에 관한 것이라고 하더라도 이는 원고의 임원들이 업무와 관련하여 활어납품업체의 업주들로부터 금품을 수수하거나 술대접을 받았다는 것으로서 원고의 업무처리에 관한 불신을 불러일으켜 원고에 대한 사회

145 대법원 2014. 3. 27. 선고 2011도15631 판결.

146 대법원 2004. 11. 12. 선고 2003다69942 판결.

적 평가를 저하시키기에 족한 것이므로 원고의 명예나 신용 또한 손상되었다고 봄이 상당하다고 하였다.

일본에서는 개인이 경영하는 회사의 명예훼손 사건에서 경영자 개인의 명예훼손은 인정되지만, 회사에게는 그것과 별개로 무형손해는 인정되지 않는다는 사례가 있다.[147] 또한 대기업 회사의 회장 개인을 비방한 주간지 기사에 대하여 회사에 대한 명예훼손을 인정하여 위자료 500만 엔을 인정한 사례도 있다.[148]

(4) 국가, 지방자치단체

① 명예의 주체

국가나 지방자치단체가 명예의 주체가 될 수 있는가. 명예는 명예권이라는 인격권으로서, 또는 명예라는 법익으로서 권리의 주체가 이를 누릴 수 있다. 권리의 주체는 인으로 자연인과 법인이 있음은 앞에서 살펴 본 바이다. 법인에는 국가 또는 지방자치단체가 공법인으로서 포함된다고 보아야 한다. 그렇다면, 한편으로 국가와 지방자치단체는 명예권을 가진다고 할 수 있다. 그러나 이에 대해서는 좀더 살펴볼 필요가 있다.

대법원은 헌법 제10조는 모든 국민은 인간으로서의 존엄과 가치를 가지며 행복을 추구할 권리를 가진다고 규정하여 생명권, 인격권 등을 보장하고 있고, 인격권의 내용으로 명예를 침해당하지 아니할 권리가 포함된다[149]고 하고, 여기에서 헌법 제10조상 모든 국민의 개념에는 국가와 지방자치단체는 포함될 수 없다. 그러나 대법원은 사람(종중 등의 경우에도 마찬가지이다.)이 갖는 명예에 관한 권리는 일종의 인격권으로 볼 수 있다고 하고[150], 명예는 생

147 일본 大阪지방재판소 1984. 7. 23., 판례시보 1165호, 142면.

148 일본 東京고등재판소 1994. 9. 7., 판례시보 1517호, 40면.

149 대법원 2002. 1. 22. 선고 2000다37524,37531 판결.

150 대법원 1997. 10. 24. 선고 96다17851 판결.

명, 신체와 함께 매우 중대한 보호법익이고 인격권으로서의 명예권은 물권의 경우와 마찬가지로 배타성을 가지는 권리[151]라고 하고 있지만, 대법원에서는 명시적으로 국가와 지방자치단체가 명예권의 주체가 될 수 있는지 여부에 대해서는 아직까지 밝히지 않고 있다.

2009년부터 2018년까지 언론관련소송사건을 원고로서 국가나 지방자치단체의 사건 수를 살펴보면, <그림 - 41>과 같이 사건 자체가 많지 않음을 알 수 있다.

<그림 - 41> 원고 국가, 지방자치단체의 연도별 사건 수

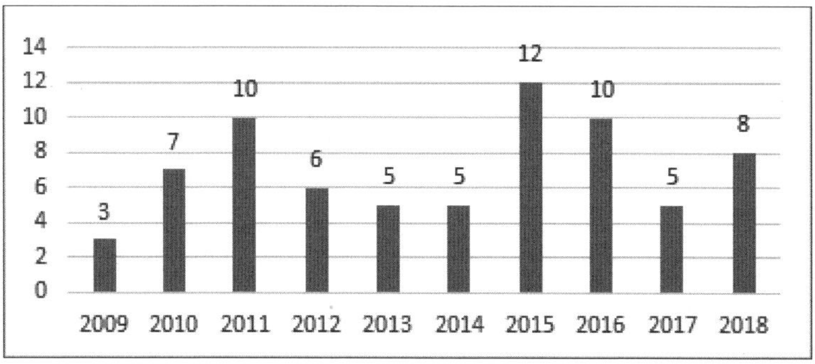

2009년부터 2018년까지 언론관련소송사건을 원고로서 국가나 지방자치단체의 승소율을 살펴보면, <그림 - 42>과 <그림 - 43>와 같이 연도별로 큰 차이를 보이지 않고 있지만, 매우 높은 승소율을 보이고 있음을 알 수 있다.

151 대법원 2013. 3. 28. 선고 2010다60950 판결.

<그림 -42> 원고 국가, 지방자치단체의 연도별 사건 승소율

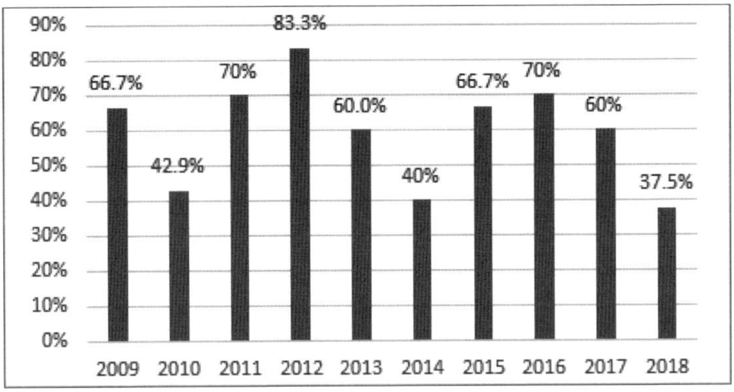

<그림 -43> 원고 국가, 지방자치단체의 연도별 사건 승소율 변화추이

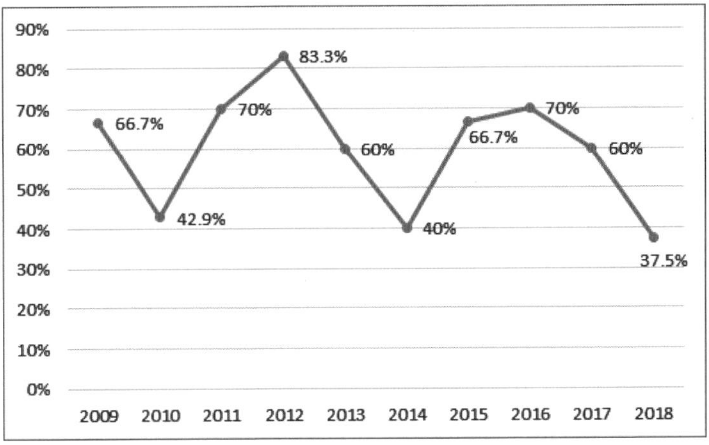

② 당사자능력

지방자치단체는 권리능력이 있고, 당사자능력도 있지만, 지방자치단체의 기관인 구청 등은 행정소송의 당사자능력은 있지만, 민사소송의 당사자능력은 없다고 보아야 한다. 대법원은 국가 또는 지방자치단체의 기관인 행정청(대구광역시 북구청)은 행정소송에 있어서의 당사자능력은 가지나 민법상의 권리능력이 인정되지 아니하는 관계로 민사소송에 있어서의 당사자능력은 갖지 못한다 할 것이므로, 행정처분인 위 건축허가에 하자가 있음을 전제로 하여 위 소외인에 대한 건축허가를 취소함과 동시에 원고에 대하여 새로운 행정처분으로서의 건축허가를 하여 달라는 취지의 원고의 위 청구는 이를 행정소송으로 구함은 별론으로 하고, 민사소송으로서는 구할 수 없는 것이어서 이 사건 소는 부적법하다[152]고 하였다. 또한 대법원은 1949. 7. 4. 법률 제32호로 지방자치법이 제정되면서 읍·면은 지방자치단체로서 법인격을 가지고 있었지만 1961. 9. 1. 법률 제707호로 지방자치에 관한 임시조치법이 제정됨에 따라 군에 편입되어 독립적인 법인격을 갖는 지방자치단체로서의 지위를 상실함과 아울러 읍·면의 일체의 재산은 소속군에 귀속되었으므로, 그 이후부터는 읍·면은 지방자치단체의 하부 행정구역에 불과하여 민사소송에 있어 당사자능력을 인정할 수 없다[153]고 하여 구청과 읍·면도 민사소송의 당사자능력이 없다고 한다.

국립대학교와 공립대학교, 국가 또는 지방자치단체의 구청이나 읍면은 당사자능력이 없다. 대법원은 서울대학교는 국가가 설립·경영하는 학교임은 공지의 사실이고, 학교는 법인도 아니고 대표자 있는 법인격 없는 사단 또는 재단도 아닌 교육시설의 명칭에 불과하여 민사소송에 있어 당사자능력을 인정할 수 없다[154]고 하였다. 그러나 서울대학교는 2010년에 법인화되어 국립대학법인 서울대학교 설립·운영에 관한 법률(서울대법)로 인하여 법인화되어(서울대법 제3조) 당사자능력을 인정할 수 있다.

또한 특허법에서는 특허출원의 주체가 될 수 있는 자나 당사자능력에 관한 규정을 따로 두고 있지 아니하므로, 특허권과 특허법의 성질에 비추어 민법과 민사소송법에 따라 거기에서 정하고 있는 권리능력과 당사자능력이

152 대법원 1993. 9. 28. 선고 92다52689 판결.

153 대법원 2002. 3. 29. 선고 2001다83258 판결.

154 대법원 2001. 6. 29. 선고 2001다21991 판결.

있는 자라야 특허출원인이나 그 심판·소송의 당사자가 될 수 있다고 할 것인바, 경북대학교는 국립대학으로서 민사법상의 권리능력이나 당사자능력이 없음이 명백하므로 특허출원인이나 항고심판청구인, 상고인이 될 수 없다[155]고 하고, 지방자치단체가 설립 경영하는 학교는 영조물로서 법인이 아님은 물론이고 민사소송법 제46조 규정의 사단 또는 재단에도 해당하지 않으므로 당사자능력이 없는 것이다[156]고 하여 국립대학교는 국가의 영조물로서 당사자능력이 없다고 보아야 한다.

언론중재법에서는 국가·지방자치단체, 기관 또는 단체의 장은 해당 업무에 대하여 그 기관 또는 단체를 대표하여 정정보도를 청구할 수 있고(언론중재법 제14조 제3항), 반론보도 청구에 관하여는 따로 규정된 것을 제외하고는 정정보도 청구에 관한 이 법의 규정을 준용하고(언론중재법 제16조 제3항), 추후보도청구권에 관하여는 제1항 및 제2항에 규정된 것을 제외하고는 정정보도청구권에 관한 이 법의 규정을 준용한다(언론중재법 제17조 제3항)고 규정하고 있다. 따라서 언론중재법상 정정보도청구, 반론보도청구, 추후보도청구는 국가나 지방자치단체가 할 수 있음을 명문으로 규정하고 있다. 그러나 국가가 지방자치단체가 명예권의 주체로서 명예훼손에 대한 손해배상청구권을 가지는지 여부는 언론중재법과는 별개의 문제이다.

③ 형법상 명예훼손죄의 피해자로서의 국가와 지방자치단체

대법원은 형사판례에서 형법이 명예훼손죄 또는 모욕죄를 처벌함으로써 보호하고자 하는 사람의 가치에 대한 평가인 외부적 명예는 개인적 법익으로서, 국민의 기본권을 보호 내지 실현해야 할 책임과 의무를 지고 있는 공권력의 행사자인 국가나 지방자치단체는 기본권의 수범자일 뿐 기본권의

---

155 대법원 1997. 9. 26. 선고 96후825 판결.

156 대법원 1955. 8. 4. 선고 4288민상64 판결.

주체가 아니고, 정책결정이나 업무수행과 관련된 사항은 항상 국민의 광범위한 감시와 비판의 대상이 되어야 하며 이러한 감시와 비판은 그에 대한 표현의 자유가 충분히 보장될 때에 비로소 정상적으로 수행될 수 있으므로, 국가나 지방자치단체는 국민에 대한 관계에서 형벌의 수단을 통해 보호되는 외부적 명예의 주체가 될 수는 없고, 따라서 명예훼손죄나 모욕죄의 피해자가 될 수 없다[157]고 하여 국가나 지방자치단체는 형법상 명예훼손죄의 피해자가 될 수 없다고 하고 있다.

또한 언론보도로 인한 명예훼손이 문제되는 경우에는 그 보도로 인한 피해자가 공적인 존재인지 사적인 존재인지, 그 보도가 공적인 관심사안에 관한 것인지 순수한 사적인 영역에 속하는 사안에 관한 것인지, 그 보도가 객관적으로 국민이 알아야 할 공공성, 사회성을 갖춘 사안에 관한 것으로 여론형성이나 공개토론에 기여하는 것인지 아닌지 등을 따져보아 공적 존재에 대한 공적 관심사안과 사적인 영역에 속하는 사안 간 심사기준에 차이를 두어야 하는데, 당해 표현이 사적인 영역에 속하는 사안에 관한 것인 경우에는 언론의 자유보다 명예의 보호라는 인격권이 우선할 수 있으나, 공공적·사회적인 의미를 가진 사안에 관한 것인 경우에는 그 평가를 달리하여야 하고 언론의 자유에 대한 제한이 완화되어야 한다. 특히 정부 또는 국가기관의 정책결정이나 업무수행과 관련된 사항은 항상 국민의 감시와 비판의 대상이 되어야 하고, 이러한 감시와 비판은 이를 주요 임무로 하는 언론보도의 자유가 충분히 보장될 때 비로소 정상적으로 수행될 수 있으며, 정부 또는 국가기관은 형법상 명예훼손죄의 피해자가 될 수 없으므로, 정부 또는 국가기관의 정책결정 또는 업무수행과 관련된 사항을 주된 내용으로 하는 언론보도로 인하여 그 정책결정이나 업무수행에 관여한 공직자에 대한 사회적 평가가 다소 저하될 수 있더라도, 그 보도의 내용이 공직자 개인에 대

157 대법원 2016. 12. 27. 선고 2014도15290 판결.

한 악의적이거나 심히 경솔한 공격으로서 현저히 상당성을 잃은 것으로 평가되지 않는 한, 그 보도로 인하여 곧바로 공직자 개인에 대한 명예훼손이 된다고 할 수 없다[158]고 한다.

④ 민사상 명예훼손 피해자로서의 국가와 지방자치단체

민사상 국가와 지방자치단체가 명예훼손의 피해자로서 손해배상청구권을 가지는지 여부에 대해서는 대법원에서는 아무런 판단을 하지 않고 있다.

국가와 지방자치단체가 민사상 명예훼손의 피해자로서 명예훼손을 한 개인이나 단체에 대하여 손해배상을 청구할 수 있는지 여부에 관하여 학설상으로는 부정설과 예외적 긍정설, 긍정설이 있다. 부정설은 국가기능 보호를 위한 법익과 명예는 구별되고, 국가가 가지는 법익은 인격권으로서의 명예가 아니라 국가기능의 사회적 수행을 위한 사회적 신뢰라는 공익뿐이므로 사회적 평가의 저하라는 손해발생을 인정할 수 없다고 하면서 국가는 명예훼손의 피해자가 될 수 없다고 한다.[159] 또한 국가 등은 명예훼손죄의 피해자가 될 수 없다고 하는 형사적 판단이 민사적 손해배상청구에서 달라질 이유가 없고, 국가 등은 인격권을 향유할 수 없고, 국가 등이 수행하는 정책 등에 대해서는 폭넓은 감시와 비판의 대상이 되어야 하므로 민사사건에서 국가 등은 명예권침해의 피해자가 될 수 없다고 한다.[160] 이에 대하여 원칙적으로는 부정하지만 예외적으로 할 수 있다고 하는 예외적 긍정설에서는 국가는 원칙적으로 명예훼손으로 인한 피해자로서 소송을 제기할 적격은 없지만, 헌법과 법령에 따라 부여된 과제와 기능을 수행함에 있어 최소한의 사회적 승인 내지 신뢰를 필요로 하는 범위내에서는 법적 보호의 대상이

---

158 대법원 2011. 9. 2. 선고 2010도17237 판결.

159 김태선,국가의 명예훼손소송에 대한 영미법적 고찰,중앙법학 13집 2호, 62면.

160 강재원,국가 또는 지방자치단체가 명예에 관한 죄의 피해자가 될 수 있는지,미디어와 인격권 4권 2호,언론중재위원회, 2018.

될 수 있고, 예외적으로 언론매체나 제보자의 명예훼손행위가 감시, 비판, 견제라는 정당한 활동의 범위를 벗어나 악의적이거나 심히 경솔한 공격으로서 현저히 상당성을 잃은 것으로 평가되는 경우에 한하여 명예훼손으로 인한 피해자가 될 수 있다고 한다.[161] 이에 대하여 긍정설은 민사사건은 상대방과 대등한 당사자로서 그 권리를 주장하거나 사경제주체로서 활동하는 국면에 관한 것이므로 일정한 범위에서 국가나 지방자치단체도 충분히 기본권의 주체가 될 수 있고, 법정책적인 면에서 민사적 책임까지 무제한적으로 면제된다면 심히 부당하거나 경멸적인 표현에 대해서도 아무런 책임을 물을 수 없다는 결론은 적절하지 않고, 언론중재법상 국가나 지방자치단체의 정정보도나 반론보도청구는 허용하면서도 명예훼손으로 인한 민사책임을 허용하지 않는 것은 합리적이지 않다는 점에서 국가나 지방자치단체가 명예훼손의 피해자가 될 수 있다고 한다.[162]

판례는 미공간된 것이지만, 국가나 지방자치단체가 민사상 명예훼손의 주체가 될 수 있다고 하는 원심판단에 대하여 대법원이 별다른 설시를 하지 않고 그대로 수긍한 사례가 있다. 국가나 지방자치단체는 그들에게 주어진 헌법 및 법령상의 과제와 기능을 수행함에 있어서 이에 대한 최소한의 사회적 승인 내지 신뢰를 필요로 하므로, 명백한 허위사실의 유포나 악의적인 비방과 같은 언론표현의 자유범위를 현저히 일탈하는 남용행위로부터 법적 보호를 받음으로써 이러한 사회적 신뢰를 유지하여야 할 공익이 있으며, 자연인 이외의 법인 기타 단체 등도 명예의 주체가 될 수 있는 이상, 결국 국가인 원고도 명예훼손의 피해자가 될 수 있다[163]고 하여 국가 대한민국이 원고가 되어 민사상 명예훼손으로 인한 손해배상을 청구한 사건에서 피고의

---

161 김인겸,언론사건에 관한 실무적 고찰,민사실무연구회.민사재판의 제문제 19권,2010.

162 유제민,정부,국가기관,지방자치단체, 공직자 개인에 대한 명예훼손 및 모욕 성립여부,미디어와 인격권 3권 2호,언론중재위원회,2017,235면.

163 서울고법 2011.12.2. 선고 2010나94009 판결.

명예훼손에 대한 위법성을 인정할 수 없다는 이유로 국가의 손해배상청구를 기각하였고, 이 사건의 상고심에서도 별다른 설시없이 원심을 긍정하였다.[164][165] 지방자치단체도 사회적 명성, 신용을 의미하는 명예를 갖는다 할 것이고, 그 명예가 훼손된 경우에 지방자치단체는 상대방에 대하여 불법행위로 인한 손해배상으로서 재산상 손해뿐 아니라 재산 이외의 무형의 손해에 대한 위자료청구도 할 수 있다[166]고 하여 지방자치단체가 민사상 명예훼손으로 인한 손해배상을 청구한 사건에서 그 청구를 인용하였고, 이 사건 상고심에서도 대법원은 별다른 설시없이 원심을 긍정하였다.[167][168]

그렇다면 다음과 같은 이유로 국가나 지방자치단체는 민사상 명예훼손의 피해자가 될 수 있으며 민사상 명예훼손으로 인한 손해배상청구를 할 수 있다고 보아야 한다. 국가는 국유재산법상 국가 명의로 토지 등 부동산과 동산을 소유하고(국유재산법 제5조), 지방자치단체도 공유재산 및 물품관리법상 지방자치단체 명의로 토지 등 부동산과 동산을 소유하는(공유재산 및 물품관리법 제2조, 제4조) 등 민법상 권리능력이 있고, 민사소송법상 당사자능력도 있다(민사소송법 제51조). 그리고 국가나 지방자치단체도 그 사회적 평가로서의 국격과 시격, 도격이라는 명예를 가지고 있다고 보아야 한다. 대법원은 국가나 지방자치단체는 국민에 대한 관계에서 형벌의 수단을 통해 보호되는 외부적 명예의 주체가 될 수는 없고, 따라서 명예훼손죄의 피해자가 될 수 없다고 하였지만, 국가나 지방자치단체는 국민에 대한 관계에서 민사적 손해배상의 수단을 통해 보호되는 외부적 명예의 주체가 될 수 있다고 보아야 한다. 그 결과 국가나 지방자치단체도 민사상 명예훼손의 피해자가 될 수 있

164 대법원 2012.3.29. 선고 2012다2781판결.

165 유제민,전게논문,214면.

166 서울고법 2010. 7. 21. 선고 2010나113 판결.

167 대법원 2010. 12. 9. 선고 2010다68176 판결.

168 유제민,전게논문,217면.

다고 보아야 한다.

⑤ 정기간행물법상 반론보도청구권자로서의 국가와 지방자치단체

구 정기간행물의 등록 등에 관한 법률(2005. 1. 27. 법률 제7369호 신문 등의 자유와 기능보장에 관한 법률로 전문 개정되기 전의 것) 제16조 제7항은 국가·지방자치단체, 기관 또는 단체의 장은 당해 업무에 대하여 그 기관 또는 단체를 대표하여 반론보도를 청구할 수 있다고 규정하고 있다. 국가와 지방자치단체는 기본권의 보장의무를 지는 수범자(受範者)이지 그 향수 주체는 아니라고 할 것이며, 반론보도 청구권이 본래 우리 헌법 제10조, 제17조, 제21조 제1항, 제4항 등에서 연원한 것임은 상고이유에서 지적하는 바와 같다. 그러나 기본권 보장의무를 지는 자라고 하여 기본권에서부터 우러나오는 모든 권리나 제도의 향수 주체가 될 수 없는 것은 아니라고 할 것이며, 국가나 지방자치단체에게 그러한 지위를 인정하는 것이 위헌인지의 여부는 별개의 문제이다. 그런데 반론보도 청구권은 언론기관이 특정인의 일반적 인격권을 침해한 경우 피해를 받은 개인에게도 신속·적정하게 대등한 방어수단을 마련해 준다고 하는 인격권 보장의 요청과 함께 진실 발견과 올바른 여론형성을 위한 제도로서의 언론보장이라는 헌법적 근거를 가지는 것이다. 이와 같은 반론보도 청구권의 취지에 비추어 볼 때, 국가나 지방자치단체로서도 그들에게 주어진 헌법 및 법령상의 과제와 기능을 수행함에 있어서 이에 대한 최소한의 사회적 승인 내지 신뢰를 필요로 하므로, 언론기관의 사실적 주장에 개별적 관련성을 가진 국가 등이 이에 대한 반론을 제공함으로써 자신에 대한 이러한 사회적 신뢰를 얻거나 유지하여야 할 공익이 있음을 부정할 수 없다. 한편, 국가 등은 행정권의 주체로서 법령을 직접 집행하는 방식으로 반론보도 청구권을 행사하는 것이 아니고, 다른 반론보도 청구권의 주체들과 마찬가지로 법이 정한 동일한 요건 및 절차에 따라 그 권리를 실현하는 것에 불과할 뿐만 아니라, 반론의 대상을 사실적 주장에 국한함으로써 의견

의 진술 등 가치 판단의 표현에 관한 언론의 자유를 보장하고 있고, 일정한 경우 반론보도의 게재를 거부할 수 있도록 하는 등 반론의 범위에 합리적인 한계가 설정되어 있으므로, 반론보도 청구권의 인정에 따른 언론의 자유에 대한 제한 정도가 국가 등의 반론보도 청구권을 배제하여야 할 만큼 높아진다고 단정할 수 없다. 또한, 국가나 지방자치단체에 의하여 제기되어 법관이 주재하게 되는 반론보도 청구소송에서 상대방인 언론기관에게는 사실 및 법률관계에 대하여 자신의 의견을 개진할 기회가 의연히 보장되어 있다는 점에서 위 법률조항이 언론기관의 헌법상 언론의 자유, 평등권이나 재판을 받을 권리를 침해한 것이라고도 볼 수 없다.

⑥ 정기간행물법상 반론보도청구권자로서의 기관·단체 또는 기관·단체의 장

구 정기간행물의 등록 등에 관한 법률(2005. 1. 27. 법률 제7369호 신문 등의 자유와 기능보장에 관한 법률로 전문 개정되기 전의 것) 제16조 제7항은 "국가·지방자치단체, 기관 또는 단체의 장은 당해 업무에 대하여 그 기관 또는 단체를 대표하여 반론보도를 청구할 수 있다."고 규정하여, 민사소송법 등의 일반 이론에 따르면 당사자능력이 인정되지 않는 기관이나 단체에게도 반론보도 청구권의 당사자능력을 인정하여 당사자능력을 확대하고 있다. 그런데 민사소송법 등의 규정에 의하여 당사자능력이 인정되지 않는 기관이나 단체도 사회생활에서 하나의 활동 단위로 특정될 수 있고, 공·사법상의 독자적 기능을 수행하고 있으며, 그에 따라 언론보도의 면에 있어서는 공·사법상의 권리·의무 귀속주체와 별개로 그 기관·단체가 언론보도의 대상이 되는 것이 일반적인 현실이다. 그리고 이들 기관이나 단체 등이 언론기관의 사실적 주장에 개별적 관련성을 가질 경우 그 기관이나 단체도 자신에 대한 사회적 신뢰를 얻거나 유지하기 위하여 직접 반론보도 청구권을 행사할 공익과 필요성이 있음을 부정할 수 없고, 이들 기관이나 단체의 배후에 있는 권리 주체로 하여금 반론보도 청구권을 행사하게 하기보다는 그 기관이나 단체에 당사자능력을 부여하여 직접 반론보도 청구권을 행사하게 하는 편이 더 직접적이고 효율적이라 할 것이다. 한편, 기관이나 단체 특히 국가기관이나 공법상의 단체 등에 대하여 반론보도 청구와 관련하여 당사자능력을 부여한다고 하더라도, 그 기관이나 단체의 지위는 다른 반론보도 청구권의 주체들과 본질적으로 다를 바가 없으므로, 상대방인 언론기관들에 대하여 특별한 불이익이 가하여지는 것도 아니다. 오히려 반론보도 청구제도의 본질인 인격권 보장과 함께 진실 발견과 올바른 여론형성이라는 제도의 관점에서 본다면 기관이나 단체에게도 당사자능력을 부여할 합리성과 정당성이 긍정될 수 있다고 할 것이다.[169]

(5) 공적 인물(public figure)

공적 인물은 공직자, 정치인, 연예인, 운동선수, 사회적 유명인사 등을 말한다.

① 공직자

공직자는 공무원을 말하지만, 국가공무원법상 국가공무원과 지방공무원법상 지방공무원, 교육공무원법상 교육공무원 등 여러 종류의 공무원이 있다. 국회의원은 정치인이지만 공직자로도 볼 수 있다.

그러나 부정청탁 및 금품등 수수의 금지에 관한 법률(청탁금지법)에서 "공직자 등"은 국가공무원법 또는 지방공무원법에 따른 공무원과 그 밖에 다른 법률에 따라 그 자격·임용·교육훈련·복무·보수·신분보장 등에 있어서 공무원으로 인정된 사람, 공직자윤리법 제3조의2에 따른 공직유관단체와 공공기관의 운영에 관한 법률 제4조에 따른 기관에 따른 공직유관단체 및 기관의 장과 그 임직원, 초·중등교육법, 고등교육법, 유아교육법 및 그 밖의 다

169 대법원 2006. 2. 10. 선고 2002다49040 판결.

른 법령에 따라 설치된 각급 학교 및 사립학교법에 따른 학교법인에 따른 각급 학교의 장과 교직원 및 학교법인의 임직원, 언론중재 및 피해구제 등에 관한 법률 제2조 제12호에 따른 언론사에 따른 언론사의 대표자와 그 임직원에 해당하는 공직자 또는 공적 업무 종사자를 말한다(청탁금지법 제2조 제2호)고 하여 더 넓게 보고 있다.

공직자윤리법 제2조 제1항에서는 공직자라고 정의하면서 대통령·국무총리·국무위원·국회의원 등 국가의 정무직공무원, 지방자치단체의 장, 지방의회의원 등 지방자치단체의 정무직공무원, 4급 이상의 일반직 국가공무원(고위공무원단에 속하는 일반직공무원을 포함한다) 및 지방공무원과 이에 상당하는 보수를 받는 별정직 공무원(고위공무원단에 속하는 별정직공무원을 포함한다), 대통령령으로 정하는 외무공무원과 4급 이상의 국가정보원 직원 및 대통령경호처 경호공무원, 법관 및 검사, 헌법재판소 헌법연구관, 대령 이상의 장교 및 이에 상당하는 군무원, 교육공무원 중 총장·부총장·대학원장·학장(대학교의 학장을 포함한다) 및 전문대학의 장과 대학에 준하는 각종 학교의 장, 특별시·광역시·특별자치시·도·특별자치도의 교육감 및 교육장, 총경(자치총경을 포함한다) 이상의 경찰공무원과 소방정 및 지방소방정 이상의 소방공무원, 공무원으로 임명할 수 있는 직위 또는 이에 상당하는 직위에 임용된 「국가공무원법」 제26조의5 및 「지방공무원법」 제25조의5에 따른 임기제공무원, 「공공기관의 운영에 관한 법률」에 따른 공기업(이하 "공기업" 이라 한다)의 장·부기관장·상임이사 및 상임감사, 한국은행의 총재·부총재·감사 및 금융통화위원회의 추천직 위원, 금융감독원의 원장·부원장·부원장보 및 감사, 농업협동조합중앙회·수산업협동조합중앙회의 회장 및 상임감사, 제3조의2에 따른 공직유관단체(이하 "공직유관단체"라 한다)의 임원, 그 밖에 국회규칙, 대법원규칙, 헌법재판소규칙, 중앙선거관리위원회규칙 및 대통령령으로 정하는 특정 분야의 공무원과 공직유관단체의 직원을 의미하고, 이들은 등록의무자로서 공직자윤리법에서 정하는 바에 따라 재산을 등록하여야 한다(공직자윤리법 제3조 제1항), 공직유관단체는 한국은행, 공기업, 정부의 출자·출연·보조를 받는 기관·단체(재출자·재출연을 포함한다), 그 밖에 정부 업무를 위탁받아 수행하거나 대행하는 기관·단체, 「지방공기업법」에 따른 지방공사·지방공단 및 지방자치단체의 출자·출연·보조를 받는 기관·단체(재출자·재출연을 포함한다), 그 밖에 지방자치단체의 업무를 위탁받아 수행하거나 대행하는 기관·단체, 임원 선임 시 중앙행정기관의 장 또는 지방자치단체의 장의 승인 ·동의·추천·제청 등이 필요한 기관·단체나 중앙행정기관의 장 또는 지방자치단체의 장이 임원을 선임·임명·위촉하는 기관·단체를 말한다(공직자윤리법 제3조의 2 제1항)고 하여 다소 좁은 개념으로 파악한다.

2009년부터 2018년까지 언론관련소송사건을 원고로서 공직자의 사건 수를 살펴보면, <그림 - 44>과 같이 2014년과 2015년에 다소 많았지만, 해를 거듭할수록 큰 변화를 보이지 않고 사건 수 자체가 많지 않음을 알 수 있다.

<그림-44> 원고 공직자의 연도별 사건 수

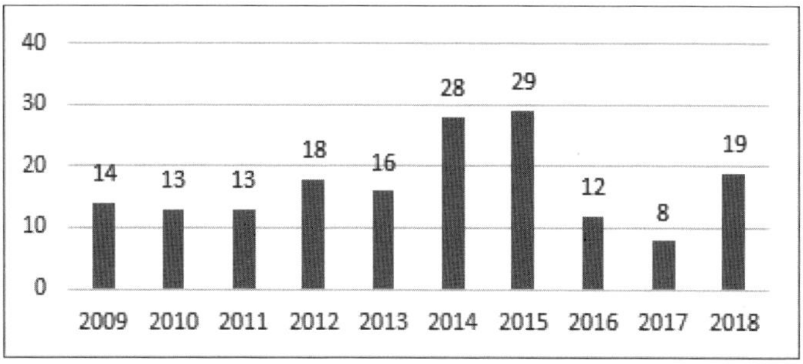

2009년부터 2018년까지 언론관련소송사건을 원고로서 공직자의 승소율을 살펴보면, <그림 - 45>과 <그림-46>와 같이 2014년과 2015년에 해를 거듭할수록 큰 변화를 보이지 않고 있지만, 상당히 높은 승소율을 보이고 있음을 알 수 있다.

<그림-45> 원고 공직자의 연도별 사건 승소율

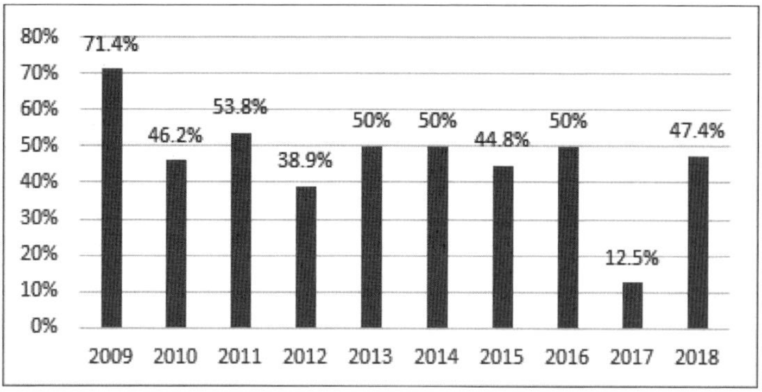

<그림-46> 원고 공직자의 연도별 사건 승소율 변화추이

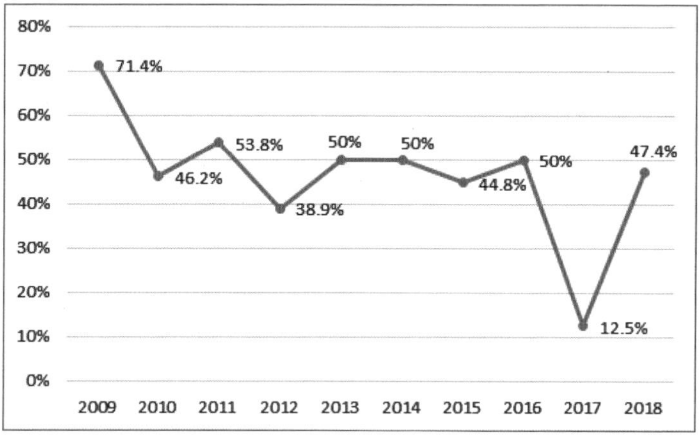

② 연예인

연예인은 현행법령상 대중문화예술용역을 제공하는 자 또는 대중문화예술용역을 제공할 의사를 가지고 대중문화예술사업자와 대중문화예술용역과 관련된 계약을 맺은 대중문화예술인(대중문화예술산업발전법 제2조 제3호)을 말한다. 연예인은 문화 및 예술 분야의 종사자로, 대중을 대상으로 연기, 음악, 무용, 쇼 등의 서비스를 제공하는 사람들을 말한다. 영화배우나 TV 탈렌트 등과 같은 연기자, 가수, 모델, 코미디언 또는 개그맨, 사회자 등이 대표적이다. 연예인(演藝人)은 대중적인 연극, 노래, 춤, 희극, 만담, 마술 등 연예 산업에서 서비스업을 영위하는 예능인의 직군이다. 즉 대중적인 연극, 노래, 춤, 희극, 만담, 마술 등을 실연하는 일에 종사하는 사람들이다. 근래에는 대중문화를 형성하는 미디어를 통한 가수, 탤런트, 영화배우, 모델 등 TV방송 프로그램에 출연하는 일련의 직업군을 통상적으로 의미한다. 국내에서는 일반적으로 방송·영화·대중음악 등에 종사하는 연기자, 가수 등을 연예인이라 부르고 있다. 즉, 연예인은 매스미디어에 출연하며 서비스업을 영위하는 예능인의 직업군이다.

대법원은 모델이나 유명 연예인, 운동선수 등이 광고주와 광고모델계약을 체결하면서 출연하는 유명 연예인 등에게 일정한 수준의 명예를 유지할 의무를 부과하는 품위유지약정을 한 경우, 위와 같은 광고모델계약은 유명 연예인 등을 광고에 출연시킴으로써 유명 연예인 등이 일반인들에 대하여 가지는 신뢰성, 가치, 명성 등 긍정적인 이미지를 이용하여 광고되는 제품에 대한 일반인들의 구매 욕구를 불러일으키기 위한 목적으로 체결되는 것이므로, 위 광고에 출연하기로 한 모델은 위와 같이 일정한 수준의 명예를 유지하기로 한 품위유지약정에 따라 계약기간 동안 광고에 적합한 자신의 긍정적인 이미지를 유지함으로써 그것으로부터 발생하는 구매 유인 효과 등 경제적 가치를 유지하여야 할 계약상 의무, 이른바 품위유지의무가 있고, 이를 이행하지 않는 경우에는 광고모델계약에 관한 채무불이행으로 인한 손해배상채무를 면하지 못한다[170]고 한다. 또한 연예인인 갑 등이 연예기획사인 을 주식회사와 전속계약을 체결하고 방송사들의 프로그램에 출연하였는데, 갑 등이 방송사들을 상대로 출연료 지급을 요청하자, 위 방송사들이 '갑 등과 을 회사, 을 회사의 채권양수인 및 채권자들이 출연료채권에 관한 권리를 주장하고 있어 누가 진정한 권리자인지 알 수 없다'는 이유

170 대법원 2009. 5. 28. 선고 2006다32354 판결.

로 각 출연료를 혼합공탁한 사안에서, 방송사들이 공탁하고 갑 등이 권리를 주장하는 프로그램 출연료에 관하여 직접 근거가 될 수 있는 출연계약서가 존재하지 않는 경우, 방송프로그램 출연계약의 당사자가 누구인지를 확정하기 위해서는 출연계약의 내용, 출연계약 체결의 동기와 경위, 출연계약에 의해 달성하려는 목적, 당사자의 진정한 의사 등을 종합적으로 고찰하여 합리적으로 해석해야 하는데, 출연계약의 특성, 출연계약 체결 당시 연예인으로서 갑 등이 갖고 있었던 영향력과 인지도, 연예기획사와의 전속의 정도 및 출연계약서가 작성되지 아니한 사정 등을 고려하면, 방송사들이 연예인인 갑 등을 출연계약의 상대방으로 하여 직접 프로그램 출연계약을 체결한다는 의사로서 행위하였다고 봄이 타당한 점 등에 비추어, 위 방송사들과의 출연계약 당사자는 갑 등이고 출연료채권이 갑 등에게 귀속된다[171]고 한다.

연예인 전속계약은 연예인과 기획사 사이의 고도의 신뢰관계를 기초로 하여 체결되고, 연예인 전속계약이 이전되는 경우 양도인과 양수인 사이에는 양도계약서를, 상대방과 양수인 사이에는 새로운 전속계약서를 각 작성하게 되고, 연예인이 가수인 경우에는 음반유통계약의 당사자도 변경되어야 한다[172]. 따라서 연예기획사 갑 주식회사와 가수 을이 체결한 전속계약상 소속사 지위가 갑 회사에서 다른 연예기획사 병 주식회사로 이전되었는지 문제된 사안에서, 정이 갑 회사와 병 회사의 대주주이자 대표이사를 겸하고 있다고 하더라도 갑 회사가 전속금 등으로 이미 거액을 지출한 상태에서 별다른 대가 없이 병 회사에 소속사 지위를 모두 이전하여 주었다는 것은 선뜻 납득하기 어려운 점 등 여러 사정에 비추어 갑 회사와 을 및 병 회사 사이에 전속계약 인수에 관한 합의가 있었다고 보기 어렵다고 하였

171 대법원 2019. 1. 17. 선고 2016다256999 판결.

172 대법원 2012. 6. 28. 선고 2010다54535,54542 판결.

고, 연예기획사 갑 주식회사가 가수 을을 상대로 전속계약 해지에 따른 손해배상청구의 소를 제기하자, 소속사 지위 인수를 주장하는 다른 연예기획사 병 주식회사가 갑 회사를 상대로 갑 회사와 을 사이의 전속계약 부존재 확인을 구하며 독립당사자 참가신청을 한 사안에서, 병 회사가 자신과 을 사이의 전속계약 존재 확인을 구하지 않고 갑 회사와 을 사이의 전속계약 부존재 확인을 구하는 것은 확인의 이익이 없어 부적법하다는 이유로, 병 회사의 독립당사자 참가신청을 각하한 원심의 조치가 정당하다고 하였다.

③ 운동선수

운동선수는 야구, 축구, 골프 등 프로팀이 있는 종목의 선수 뿐 아니라 육상, 피겨 스케이팅 등은 아마추어 종목임에도 팬들이 있는 등 사회적 영향력이 있는 공적 인물이다. 현대사회로 진입하면서 스포츠가 우리 사회에 미치는 영향이 커지면 커질수록 스포츠 스타의 공공성, 공익성은 더 커진다고 할 것이다. 프로 운동선수는 연예인과 마찬가지로 일정한 수준의 명예를 유지할 의무를 부과하는 품위유지약정을 구단주와 하는 경우가 많고, 그 경우 운동선수의 명예는 연봉이나 계약금에 결정적인 영향을 미친다.

④ 공적인물과 명예훼손

공적인물에 대한 명예훼손은 일반인에 대한 명예훼손과는 달리 일정한 제한을 두고 있다. 명예훼손이 있다고 하더라도 바로 인정하는 것이 아니라 악의적이거나 심히 경솔한 공격으로서 현저히 상당성을 잃은 경우에만 명예훼손을 인정한다.

2009년부터 2018년까지 언론관련소송사건을 원고로서 공적인물의 사건 수를 살펴보면, <그림 - 47>과 같이 해를 거듭할수록 상당히 증가하고 있음을 알 수 있다.

<그림-47> 원고 공적 인물의 연도별 사건 수

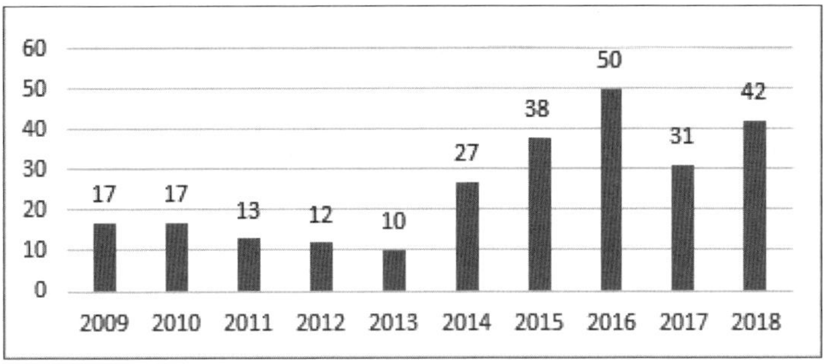

2009년부터 2018년까지 언론관련소송사건을 원고로서 공적 인물의 승소율을 살펴보면, <그림 - 48>과 <그림 - 49>와 같이 2012년과 2013년에는 이례적으로 높은 승소율을 보였고, 해를 거듭할수록 상당히 높은 비율을 보이고 있음을 알 수 있다.

<그림-48> 원고 공적인물의 연도별 사건 승소율

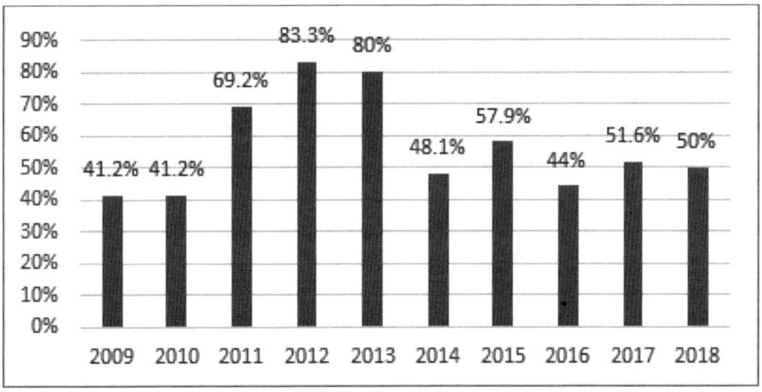

<그림-49> 원고 공적인물의 연도별 사건 승소율 변화추이

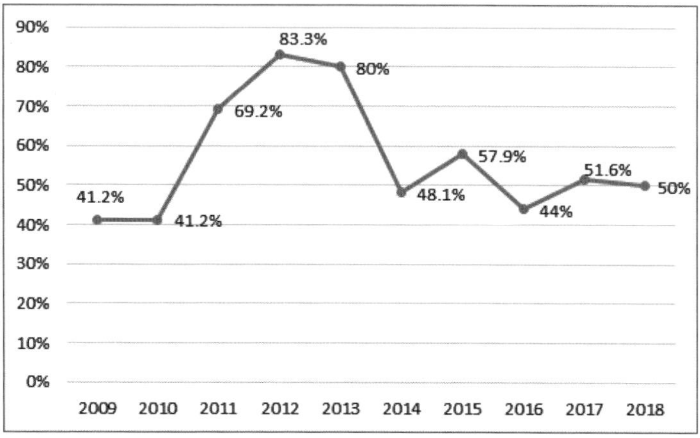

대법원은 언론·출판의 자유와 명예보호 사이의 한계를 설정함에 있어서 표현된 내용이 공공적·사회적인 의미를 가진 사안에 관한 것인 경우에는 사적인 영역에 속하는 사안에 관한 것인 경우와는 평가를 달리 하여야 하고 언론의 자유에 대한 제한이 완화되어야 하며, 특히 공직자의 도덕성·청렴성이나 그 업무처리가 정당하게 이루어지고 있는지 여부는 항상 국민의 감시와 비판의 대상이 되어야 한다는 점을 감안하면, 이러한 감시와 비판 기능은 그것이 악의적이거나 현저히 상당성을 잃은 공격이 아닌 한 쉽게 제한되어서는 아니 되는바, 공직자 또는 공직 사회에 대한 감시와 비판 기능의 수행을 그 사명의 하나로 하는 언론보도의 특성에 비추어, 언론보도의 내용이 객관적 자료에 의하여 최종적으로 확인되지는 않았다고 하더라도, 공직자의 생활이나 공직 수행과 관련한 중요한 사항에 관하여 어떤 의혹을 가질 만한 충분하고도 합리적인 이유가 있고 그 사항의 공개가 공공의 이익을 위하여 필요하다고 인정되는 경우에는, 언론보도를 통하여 위와 같은 의혹사항에 대하여 의문을 제기하고 조사를 촉구하는 등의 감시와 비판행위는 언론자유의 중요한 내용 중의 하나인 보도의 자유에 속하는 것으로 평가될 수 있으므로, 이러한 언론보도로 인하여 공직자의 사회적 평가가 다소 저하

될 수 있다고 하여 바로 공직자에 대한 명예훼손이 된다고 할 수 없을 것이나, 이러한 경우에 있어서도 그 언론보도의 내용이나 표현방식, 의혹사항의 내용이나 공익성의 정도, 공직자 또는 공직 사회의 사회적 평가를 저하시키는 정도, 취재과정이나 취재로부터 보도에 이르기까지의 사실확인을 위한 노력의 정도, 기타 주위의 여러 사정 등을 종합하여 판단할 때, 그 언론보도가 공직자 또는 공직 사회에 대한 감시·비판·견제라는 정당한 언론활동의 범위를 벗어나 악의적이거나 심히 경솔한 공격으로서 현저히 상당성을 잃은 것으로 평가되는 경우에는, 비록 공직자 또는 공직 사회에 대한 감시·비판·견제의 의도에서 비롯된 것이라고 하더라도 이러한 언론보도는 명예훼손이 된다[173]고 하였다. 따라서 피고 방송과 그 소속 프로듀서가 시사고발 프로그램을 통해서 지방경찰청 기동수사대의 명예를 훼손하였다고 주장한 사례에서, 사건 방송 중 이 사건 계쟁사실 보도 부분은 경찰 공직자인 원고들의 업무처리의 정당성 등에 대한 단순한 의혹 제기의 차원을 넘어서는 것으로서 언론의 감시·비판 기능의 범위 내에 속한다고 볼 수 없으므로 국민을 위하여 공정하고 성실하게 사건을 수사하여야 할 경찰관들인 원고들이 사회로부터 받는 객관적인 평가를 침해하는 명예훼손에 해당한다고 판단하였다.

아울러 대법원은 표현행위자가 타인에 대하여 비판적인 의견을 표명한 때에 그 표현행위의 형식과 내용 등이 모욕적이고 경멸적인 인신공격에 해당하거나 혹은 타인의 신상에 관하여 다소간의 과장을 넘어서서 사실을 왜곡하는 공표행위를 함으로써 그 인격권을 침해한 경우에는 의견표명으로서의 한계를 벗어난 것으로서 불법행위가 될 수 있다. 한편 정치인이나 공직자 등 공적인 인물의 공적 영역에서의 언행이나 관계와 같은 공적인 관심 사안은 그 사회적 영향력 등으로 인하여 보다 광범위하게 공개·검증되고 문제

173 대법원 2006. 5. 12. 선고 2004다35199 판결.

제기가 허용되어야 한다. 따라서 그에 대한 비판적인 표현이 악의적이거나 현저히 상당성을 잃었다고 볼 정도에 이르지 않는 한, 이를 쉽게 불법행위에 해당한다거나 법적인 책임을 져야 한다고 볼 것은 아니다. 더욱이 국민의 대표자인 국회의원은 입법과 국정통제 등에 관한 광범위한 권한을 부여받고 나아가 그 직무를 적절히 수행할 수 있도록 면책특권을 보장받는 등으로 통상의 공직자 등과도 현격히 다른 발언의 자유를 누리는 만큼 그의 공적 영역에서의 활동 등에 대한 비판도 더욱 폭넓게 수인되어야 한다. 의견표명으로 인한 불법행위의 성립 여부를 판단할 때에는 해당 표현행위의 내용·형식뿐 아니라 표현행위가 행해진 정황도 함께 고려하여야 한다[174]고 하였다. 따라서 국회의원이던 갑이 당시 인천광역시장이던 을을 비판하면서 "천안함 46용사의 영혼이 잠들어 있는 백령도 청정해역에 종북의 상징인 병 국회의원"이라는 내용이 포함된 성명서를 발표하자, 병이 위 표현행위로 인격권을 침해당하였다며 위자료를 청구한 사안에서, 위 성명서에서 '종북의 상징'이라는 용어는 '북한을 무비판적으로 추종하는 대표적 인물'이라는 취지로 사용되었다고 보여 모욕적 언사에 해당하나, 갑은 국회의원으로서 위 성명서를 통해서 북한과의 군사적 대치상황이나 북한의 군사적 위협을 강조하면서 국회의원인 병의 공적 영역에서의 활동이나 정치적 이념을 비판하고, 이를 통해서 지역구 주민들의 인천광역시장 을에 대한 비판적인 여론을 환기시키려고 한 것으로 보이므로, 위 표현행위만으로 갑이 병에게 모멸감을 주기 위하여 악의적으로 모욕적이고 경멸적인 인신공격을 하였다고 단정하기 어려운 점, 병은 당시 국회의원으로서 자신의 공적 영역에서의 활동이나 정치적 이념에 대한 비판과 공세를 충분히 예상할 수 있는 상황이었던 점, 갑이 위 성명서를 통해서 병을 비판한 것에 대응하여 병 역시 이를 해명하거나 반박하고, 서로 간의 정치적 공방을 통해서 국민으로부터 평가를 받을

---

174 대법원 2019. 6. 13. 선고 2014다220798 판결.

충분한 기회가 있었던 점 등에 비추어 갑이 위 성명서에서 병을 '종북의 상징'이라고 표현한 것이 지나치게 모욕적이고 경멸적인 인신공격에 해당하여 의견표명으로서의 한계를 벗어났다고 인정하기 어려운데도, 이와 달리 보아 위 표현이 불법행위를 구성한다고 본 원심판단에는 의견표명으로 인한 불법행위 성립에 관한 법리오해의 잘못이 있다고 하였다.

대법원은 피고 잡지사가 자신이 발간하는 잡지에 원고 국회의원의 명예를 훼손하는 기고문을 게재한 사안에서 신문에 비하여 신속성의 요청이 덜한 잡지에 인신공격을 하는 표현으로 비난하는 내용의 기고문을 게재할 경우에는 기사 내용의 진실 여부에 대하여 미리 충분한 조사활동을 거쳐야 할뿐더러, 잡지에 기고한 기고문의 내용이나 표현방식, 의혹 사항의 내용이나 공익성, 공직자 또는 공직 사회의 사회적 평가를 저하시키는 정도, 기고문을 게재하기까지의 사실 확인을 위한 노력의 정도, 기타 주위의 여러 사정 등을 종합하여 판단할 때, 그 기고문의 게재가 공직자 또는 공직 사회에 대한 감시·비판·견제라는 정당한 언론활동의 범위를 벗어나 악의적이거나 심히 경솔한 공격으로서 현저히 상당성을 잃은 것으로 평가되는 경우에는, 비록 공직자 또는 공직 사회에 대한 감시·비판·견제의 의도에서 비롯된 것이라고 하더라도 공직자 등의 수인 범위를 넘어 명예훼손이 되는 것으로 보지 않을 수 없다[175]고 하여 명예훼손을 인정하였다.

대법원은 언론·출판의 자유와 명예보호 사이의 한계를 설정함에 있어서 표현된 내용이 공공적·사회적인 의미를 가진 사안에 관한 것인 경우에는 사적인 영역에 속하는 사안에 관한 것인 경우와는 평가를 달리하여야 하고 언론의 자유에 대한 제한이 완화되어야 하며, 특히 공직자의 도덕성·청렴성이나 그 업무처리가 정당하게 이루어지고 있는지 여부는 항상 국민의 감시와 비판의 대상이 되어야 한다는 점을 감안하면, 이러한 감시와 비판 기능

175 대법원 2013. 2. 14. 선고 2010다108579 판결.

은 그것이 악의적이거나 현저히 상당성을 잃은 공격이 아닌 한 쉽게 제한되어서는 아니 된다. 그러나 이러한 경우에 있어서도 그 언론보도의 내용이나 표현방식, 의혹사항의 내용이나 공익성의 정도, 공직자 또는 공직 사회의 사회적 평가를 저하시키는 정도, 취재과정이나 취재로부터 보도에 이르기까지의 사실확인을 위한 노력의 정도, 기타 주위의 여러 사정 등을 종합하여 판단할 때, 그 언론보도가 공직자 또는 공직 사회에 대한 감시·비판·견제라는 정당한 언론활동의 범위를 벗어나 악의적이거나 심히 경솔한 공격으로서 현저히 상당성을 잃은 것으로 평가되는 경우에는, 비록 공직자 또는 공직 사회에 대한 감시·비판·견제의 의도에서 비롯된 것이라고 하더라도 이러한 언론보도는 명예훼손이 되는 것으로 보지 않을 수 없다[176]고 하였다. 따라서 신문기사에서 공직자가 감사원에 의한 감사를 받고 있다는 등의 사실을 전달하는 데 그치지 않고 부정한 금원을 수수하였음을 간접적·우회적으로 암시하여 그 명예를 훼손하였다고 보았다.

대법원은 방송국 프로듀서 등 피고인들이 특정 프로그램 방송보도를 통하여 '미국산 쇠고기 수입을 위한 제2차 한미 전문가 기술협의'(이른바 '한미 쇠고기 수입 협상')의 협상단 대표와 주무부처 장관이 협상을 졸속으로 체결하여 국민을 인간광우병(vCJD) 위험에 빠뜨리게 하였다는 취지로 표현하는 등 그 자질 및 공직수행 자세를 비하하여 이들의 명예를 훼손하였다는 내용으로 기소된 사안에서, 언론보도로 인한 명예훼손이 문제되는 경우에는 그 보도로 인한 피해자가 공적인 존재인지 사적인 존재인지, 그 보도가 공적인 관심사안에 관한 것인지 순수한 사적인 영역에 속하는 사안에 관한 것인지, 그 보도가 객관적으로 국민이 알아야 할 공공성, 사회성을 갖춘 사안에 관한 것으로 여론형성이나 공개토론에 기여하는 것인지 아닌지 등을 따져보아 공적 존재에 대한 공적 관심사안과 사적인 영역에 속하는 사안 간 심사기준

---

176 대법원 2007. 12. 27. 선고 2007다29379 판결.

에 차이를 두어야 하는데, 당해 표현이 사적인 영역에 속하는 사안에 관한 것인 경우에는 언론의 자유보다 명예의 보호라는 인격권이 우선할 수 있으나, 공공적·사회적인 의미를 가진 사안에 관한 것인 경우에는 그 평가를 달리하여야 하고 언론의 자유에 대한 제한이 완화되어야 한다. 특히 정부 또는 국가기관의 정책결정이나 업무수행과 관련된 사항은 항상 국민의 감시와 비판의 대상이 되어야 하고, 이러한 감시와 비판은 이를 주요 임무로 하는 언론보도의 자유가 충분히 보장될 때 비로소 정상적으로 수행될 수 있으며, 정부 또는 국가기관은 형법상 명예훼손죄의 피해자가 될 수 없으므로, 정부 또는 국가기관의 정책결정 또는 업무수행과 관련된 사항을 주된 내용으로 하는 언론보도로 인하여 그 정책결정이나 업무수행에 관여한 공직자에 대한 사회적 평가가 다소 저하될 수 있더라도, 그 보도의 내용이 공직자 개인에 대한 악의적이거나 심히 경솔한 공격으로서 현저히 상당성을 잃은 것으로 평가되지 않는 한, 그 보도로 인하여 곧바로 공직자 개인에 대한 명예훼손이 된다고 할 수 없다[177]고 하였다. 따라서 보도내용 중 일부가 객관적 사실과 다른 허위사실 적시에 해당한다고 하면서도, 위 방송보도가 국민의 먹을거리와 이에 대한 정부 정책에 관한 여론형성이나 공개토론에 이바지할 수 있는 공공성 및 사회성을 지닌 사안을 대상으로 하고 있는 점, 허위사실의 적시로 인정되는 방송보도 내용은 미국산 쇠고기의 광우병 위험성에 관한 것으로 공직자인 피해자들의 명예와 직접적인 연관을 갖는 것이 아닐 뿐만 아니라 피해자들에 대한 악의적이거나 현저히 상당성을 잃은 공격으로 볼 수 없는 점 등의 사정에 비추어, 피고인들에게 명예훼손의 고의를 인정하기 어렵고 달리 이를 인정할 증거가 없다고 본 원심판단을 수긍하였다.

대법원은 갑 등이 트위터 글이나 기사들에 을 등을 비판하는 글을 작성·게시하면서 '종북', '주사파', '▽▽▽▽연합'이라는 표현으로 지칭한 사안에

177 대법원 2011. 9. 2. 선고 2010도17237 판결.

서, 언론에서 공직자 등에 대해 비판하거나 정치적 반대의견을 표명하면서 사실의 적시가 일부 포함된 경우에도 불법행위책임을 인정하는 것은 신중해야 한다. 위에서 보았듯이 대법원이 언론보도가 공직자 또는 공직 사회에 대한 감시·비판·견제라는 정당한 언론활동의 범위를 벗어나 악의적이거나 심히 경솔한 공격으로서 현저히 상당성을 잃은 것으로 평가되는 경우에 한하여 책임을 인정하고 있는 것도 이러한 맥락이다. 표현이 공적인 존재의 정치적 이념에 관한 것인 때에는 특별한 의미가 있다. 공적인 존재가 가진 국가·사회적 영향력이 크면 클수록 그 존재가 가진 정치적 이념은 국가의 운명에까지 영향을 미치게 된다. 그러므로 그 존재가 가진 정치적 이념은 더욱 철저히 공개되고 검증되어야 하며, 이에 대한 의문이나 의혹은 그 개연성이 있는 한 광범위하게 문제제기가 허용되어야 하고 공개토론을 받아야 한다. 정확한 논증이나 공적인 판단이 내려지기 전이라고 해서 그에 대한 의혹의 제기가 공적 존재의 명예보호라는 이름으로 봉쇄되어서는 안 되고 찬반토론을 통한 경쟁과정에서 도태되도록 하는 것이 민주적이다. 그런데 사람이나 단체가 가진 정치적 이념은 외부적으로 분명하게 드러나지 않는 경우가 많을 뿐 아니라 정치적 이념의 성질상 그들이 어떠한 이념을 가지고 있는지를 정확히 증명해 낸다는 것은 거의 불가능한 일이다. 그러므로 이에 대한 의혹의 제기나 주관적인 평가가 진실에 부합하는지 혹은 진실하다고 믿을 만한 상당한 이유가 있는지를 따질 때에는 일반의 경우와 같이 엄격하게 증명해 낼 것을 요구해서는 안 되고, 그러한 의혹의 제기나 주관적인 평가를 내릴 수도 있는 구체적 정황의 제시로 증명의 부담을 완화해 주어야 한다. 나아가 공방의 대상으로 된 좌와 우의 이념문제 등은 국가의 운명과 이에 따른 국민 개개인의 존재양식을 결정하는 중차대한 쟁점이고 이 논쟁에는 필연적으로 평가적인 요소가 수반되는 특성이 있다. 그러므로 이 문제에 관한 표현의 자유는 넓게 보장되어야 하고 이에 관한 일방의 타방에 대한 공격이 타방의 기본입장을 왜곡시키는 것이 아닌 한 부분적인 오류나 다소의 과장이 있다 하더라도 이를 들어 섣불리 불법행위의 책임을 인정함으로써 이 문제에 관한 언로를 봉쇄하여서는 안 된다. 정치적 이념에 관한 논쟁이나 토론에 법원이 직접 개입하여 사법적 책임을 부과하는 것은 바람직하지 않다. 어떤 사람이 가지고 있는 정치적 이념은 사실문제이기는 하지만, 많은 경우 의견과 섞여 있어 논쟁과 평가 없이는 이에 대해 판단하는 것 자체가 불가능하기 때문이다[178]고 하였다. 따라서 위 표현행위의 의미를 객관적으로 확정할 경우 사실 적시가 아니라 의견 표명으로 볼 여지가 있는 점, 명예훼손에 해당하려면 사실의 적시가 있는지 따져보고 그것이 진실인지 허위인지에 따라 손해의 정도를 달리 보아야 하는데, 위 표현행위에 사실의 적시가 포함되어 있다고 하더라도 공인인 을 등에 대한 의혹의 제기나 주장이 진실이라고 믿을 만한 상당한 이유가 있다고 볼 만한 구체적 정황의 제시가 있는 점 등에 비추어, 갑 등이 트위터 글이나 기사들에서 한 위 표현행위는 의견 표명이나 구체적인 정황 제시가 있는 의혹 제기에 불과하여 불법행위가 되지 않거나 을 등이 공인이라는 점을 고려할 때 위법하지 않다고 하였다. 또한 이 사안에서 대법원은 어느 시대, 어느 사회에서나 부정확하거나 바람직하지 못한 표현들은 있기 마련이다. 그렇다고 해서 이러한 표현들 모두에 대하여 무거운 법적 책임을 묻는 것이 그 해결책이 될 수는 없다. 일정한 한계를 넘는 표현에 대해서는 엄정한 조치를 취할 필요가 있지만, 그에 앞서 자유로운 토론과 성숙한 민주주의를 위하여 표현의 자유를 더욱 넓게 보장하는 것이 전제되어야 한다. 자유로운 의견 표명과 공개 토론과정에서 부분적으로 잘못되거나 과장된 표현은 피할 수 없고, 표현의 자유가 제 기능을 발휘하기 위해서는 그 생존에 필요한 숨 쉴 공간이 있어야 하기 때문이다. 따라서 명예훼손이나 모욕적 표현을 이유로 법적 책임을 지우는 범위를 좁히되, 법적으로 용인할 수 있는 한계를 명백히 넘는 표현에 대해서는

---

178 대법원 2018. 10. 30. 선고 2014다61654 전원합의체 판결.

더욱 엄정하게 대응해야 한다. 명예훼손으로 인한 책임으로부터 표현의 자유를 보장하기 위해서는 이른바 '숨 쉴 공간'을 확보해 두어야 한다. 부적절하거나 부당한 표현에 대해서는 도의적 책임이나 정치적 책임을 져야 하는 경우도 있고 법적 책임을 져야 하는 경우도 있다. 도의적·정치적 책임을 져야 하는 사안에 무조건 법적 책임을 부과하려고 해서는 안 된다. 표현의 자유를 위해 법적 판단으로부터 자유로운 중립적인 공간을 남겨두어야 한다. 표현의 자유를 보장하는 것은 좌우의 문제가 아니다. 진보든 보수든 표현을 자유롭게 보장해야만 서로 장점을 배우고 단점을 보완할 기회를 가질 수 있다. 비록 양쪽이 서로에게 벽을 치고 서로 비방하는 상황이라고 하더라도, 일반 국민은 그들의 토론과 논쟁을 보면서 누가 옳고 그른지 판단할 수 있는기회를 가져야 한다. 정치적·이념적 논쟁 과정에서 통상 있을 수 있는 수사학적인 과장이나 비유적인 표현에 불과하다고 볼 수 있는 부분에 대해서까지 금기시하고 법적 책임을 지우는 것은 표현의 자유를 지나치게 제한하는 결과가 될 수 있다[179]고 하였다.

대법원은 국회의원 갑이 국회 여성위원회에서 "언론사는 권력기관이기 때문에 성매매 예방교육을 강제하여야 한다"는 취지의 발언을 하였는데, 을 신문사가 사설 제목에서 갑이 언론을 상대로 '성폭행적 폭언'을 하였다고 표현하고, 본문에서 "언론인들 얼굴에 오물을 던진 것", "모략성 흑색 유언비어를 악용해 특정인과 특정 직업집단 전체에 침을 뱉는 파렴치한 탈선", "정상적 의원으로서, 정상적 인간으로서의 선을 넘었다"라고 표현한 사안에서, 대법원은 언론이 사설을 통하여 공적인 존재에 대하여 비판적인 의견을 표명하는 것은 언론 본연의 기능에 속하는 것이므로 원칙적으로 위법하다고 볼 수 없다. 다만 표현행위의 형식 및 내용 등이 모욕적이고 경멸적인 인신공격에 해당하거나 또는 타인의 신상에 관하여 다소간의 과장을 넘어서서

---

179 대법원 2018. 10. 30. 선고 2014다61654 전원합의체 판결.

사실을 왜곡하는 공표행위를 하는 등으로써 인격권을 침해한 경우에는 의견표명으로서의 한계를 일탈한 것으로서 불법행위가 될 수 있다. 특히 공직자나 정치인과 같은 공적인 존재의 도덕성, 청렴성의 문제나 직무활동이 정당하게 이루어지고 있는지 여부는 항상 국민의 감시와 비판의 대상이 되어야 한다는 점을 감안할 때, 그에 대한 감시와 비판 기능은 그것이 악의적이거나 현저히 상당성을 잃었다고 볼 정도에 이르지 아니하는 한 쉽게 제한되어서는 아니 된다. 더욱이 국민의 대표자인 국회의원은 입법과 국정통제 등에 관한 광범위한 권한을 부여받고 나아가 직무를 적절히 수행할 수 있도록 면책특권을 보장받는 등으로 통상의 공직자 등과 현격히 다른 발언의 자유를 누리는 만큼 직무활동에 대한 비판도 보다 신축성 있게 수인되어야 하고, 그에 대한 감시·비판·견제라는 언론 본연의 기능이 함부로 위축되어서는 아니 된다[180]고 하였다. 따라서 위 사설의 전체적인 취지는 국회의원의 국회발언에 면책특권이 있다고 하여 언론인과 같은 특정 집단 전체를 성상납을 받거나 성매매를 하는 집단으로 모욕을 주어서는 안 된다는 내용인 점, 사설의 전체적인 내용과 취지로 볼 때 갑에게 악의적으로 모욕을 가할 목적으로 작성된 사설이라고 보기 어려운 점, 갑의 발언은 종국적으로 언론인에 대하여 성매매 예방교육을 강제하는 법안 발의에 관련된 것으로서 공공의 이해에 관한 사항이고 다양한 비판과 문제제기가 허용되어야 할 사안인 점 등에 비추어 보면, 위와 같은 표현들이 지나치게 모멸적인 언사에 의한 인신공격에 해당하여 의견표명으로서의 한계를 일탈하였다고 보기 어렵다고 하였다.

대법원은 갑의 주가조작 및 횡령 사건에 관하여 수사를 담당한 검사들이, 갑이 작성한 메모지와 녹음테이프의 내용, 갑의 누나와 처의 말을 인용하는 형식으로 기자 을이 시사주간지에 작성·게재한 '수사과정에서 검찰이

180 대법원 2014. 8. 20. 선고 2012다19734 판결.

구형량을 수단으로 갑을 회유·협박하여 허위진술을 하도록 강요하였다'는 취지의 기사 때문에 명예훼손을 당하였다고 주장하며 을과 해당 언론사를 상대로 손해배상을 구한 사안에서, 검찰 등 국가기관의 수사과정에서 그 직무집행이나 업무처리가 적법하고 정당하게 이루어지고 있는지는 항상 국민의 감시와 비판의 대상이 되어야 한다. 특히 공직자 또는 공직 사회에 대한 감시와 비판 기능의 수행을 그 사명의 하나로 하는 언론보도의 특성에 비추어, 언론보도의 내용이 객관적 자료에 의하여 최종적으로 확인되지는 않았다고 하더라도, 공직자의 공직 수행과 관련한 중요한 사항에 관하여 어떤 의혹을 품을 만한 충분하고도 합리적인 이유가 있고 그 사항의 공개가 공공의 이익을 위하여 필요하다고 인정되는 경우에는, 언론보도를 통하여 위와 같은 의혹사항에 대하여 의문을 제기하고 조사를 촉구하는 등의 감시와 비판 행위는 언론자유의 중요한 내용 중의 하나인 보도의 자유에 속하는 것으로 평가될 수 있으므로, 이러한 언론보도로 인하여 공직자 개인의 사회적 평가가 다소 저하될 수 있다고 하여 바로 공직자에 대한 명예훼손이 된다고 할 수 없고, 그것이 악의적이거나 심히 경솔한 공격으로서 현저히 상당성을 잃은 것이 아닌 한 쉽게 제한되어서는 안 된다. 언론보도가 공직자에 대한 감시·비판·견제라는 정당한 언론활동의 범위를 벗어나 악의적이거나 심히 경솔한 공격으로서 현저히 상당성을 잃은 것인지는 그 언론보도의 내용이나 표현방식, 의혹사항의 내용이나 공익성의 정도, 공직자의 사회적 평가를 저하하는 정도, 취재과정이나 취재에서 보도에 이르기까지 사실확인을 위한 노력의 정도, 그 밖의 주위 여러 사정 등을 종합하여 판단하여야 한다[181]고 하였다. 따라서 위 기사는 보도내용이나 표현방식, 공익성의 정도, 사실 확인을 위한 노력의 정도 등 여러 사정에 비추어 정당한 언론활동의 범위를 벗어나 악의적이거나 심히 경솔한 공격으로서 현저히 상당성

181 대법원 2012. 8. 23. 선고 2011다40373 판결.

을 잃었다고 평가되지 않으므로 위법성이 인정되지 않는다고 본 원심판단을 정당하다고 하였다.

대법원은 정당의 대책단장인 피고가 소속 정당이 고발한 사건의 엄정하고 객관적인 수사가 이루어질 수 있도록 검찰의 사건처리가 불공정하다는 의혹에 관한 정치적 주장을 한 사례에서, 대법원은 정당은 정책을 제시·추진하고 공직선거의 후보자를 추천 또는 지지함으로써 정권을 획득하거나 정치적 영향력을 행사하며 국민의 정치적 의사의 형성에 직접 참여하는 것을 목적으로 하는 정치적 결사로서, 오늘날 의회민주주의하에서 민주주의의 전제 요건인 동시에 정치과정과 정치활동의 필수불가결한 요소로 기능하고 있으므로 그 활동의 자유가 가능한 한 보장되어야 하는바, 정당의 간부나 대변인이 하는 정치적 주장이나 논평에는 국민의 지지를 얻기 위하여 어느 정도의 단정적인 어법이 종종 사용되고 이는 수사적인 과장표현으로서 용인될 수도 있으며, 국민도 정당의 정치적 주장 등에 구체적인 사실의 적시가 수반되지 아니하면 비록 단정적인 어법으로 공격하는 경우에도 대부분 이를 정치공세로 여길 뿐 그 주장을 그대로 객관적인 진실로 믿거나 받아들이지는 않는 것이 보통이므로, 정당의 정치적 주장이나 논평의 명예훼손과 관련한 위법성을 판단할 때는 이러한 특수성을 고려하여야 한다. 검찰 등 국가기관의 수사과정에서 그 직무집행이나 업무처리가 적법하고 정당하게 이루어지고 있는지는 항상 국민의 감시와 비판의 대상이 된다. 특히 대통령 선거에 미칠 정치적 영향력을 가진 사건에 관한 검찰 직무집행의 적법성·공정성에 대한 정당의 감시기능은 정당의 중요한 임무 중의 하나이므로 이러한 감시와 비판기능은 보장되어야 하고, 정당이 위와 같은 사항에 관하여 의혹을 제기하는 등의 감시와 비판을 하는 행위로 말미암아 공직자 개인의 사회적 평가가 다소 저하될 수 있다고 하여 곧바로 공직자에 대한 명예훼손이 된다고 할 수 없으며, 이러한 감시와 비판기능은 그것이 악의적이거나 심히 경솔한 공격으로서 현저히 상당성을 잃은 것이 아닌 한 쉽게 제한하여서는 안 된다. 나아가 그러한 발언이 공직자에 대한 감시·비판을 벗어나 악의적이거나 심히 경솔한 공격으로서 현저히 상당성을 잃은 것인지는 그 발언의 내용이나 표현방식, 의혹사항의 내용이나 공익성의 정도, 공직자의 사회적 평가를 저하하는 정도, 사실확인을 위한 노력의 정도, 그 밖의 주위 여러 사정 등을 종합하여 판단하여야 한다[182]고 하였다. 따라서 검찰의 소외 2에 대한 수사는 대통령선거 후보자의 공직 담당 적격을 검증하는 의미가 있어 국민적 관심 대상이고, 이 사건 발언은 정치적 영향력이 있는 BBK 사건과 관련한 검사의 직무집행의 공정성에 관한 것으로 공적 관심사안인 한편, 검찰은 메모 A를 하나의 근거로 삼아 최종 수사 결과를 발표한 것인데, 피고가 가지고 있던 메모 B는 그와 다른 내용이 기재되어 있어 피고로서는 검찰의 수사절차에 의문을 가질 만한 이유가 있었고, 피고가 메모 B의 작성자와 기재 내용의 신빙성 여부를 확인하기 위하여 상당한 노력을 하였으며, 비록 피고가 '짜맞추기식 수사, 조작수사, 왜곡수사, 부실수사' 등의 단정적 표현을 사용하였더라도 이는 피고가 △△△△△△당이 구성한 대책단의 공동단장 지위에서 검찰의 사건처리가 불공정하다는 의혹에 관한 정치적 주장을 하는 과정에서 수사적으로 과장되게 표현한 것으로, 정당 간부 등의 정치적 주장이나 논평이 갖는 특수성을 고려할 때 이 사건 발언이 구체적 정황의 뒷받침 없이 정당 활동의 보장과 정치적 표현의 자유의 한계를 벗어나 악의적이거나 심히 경솔한 공격으로서 현저히 상당성을 잃은 것이라고 평가할 수 없으므로 위법성이 인정되지 않는다고 판단하였다.
앞서 본 사실관계에 의하면, 언론을 통해 피고의 이 사건 발언을 접한 일반인들은 원고들이 유력한 대선후보에게 유리한 처분을 이끌어내기 위해 불리한 증거를 은폐하는 등으로 짜맞추기식 조작수사나 부실수사를 한 것으로 인식하였을 가능성이 있으므로, 피고의 이 사건 발언은 명예훼손적 표현

182 대법원 2013. 6. 28. 선고 2011다40397 판결.

에 해당하고 그로 말미암아 원고들 개인의 사회적 평가가 저하될 수 있었다고 보인다. 그러나 한편 이 사건과 같이 검찰의 수사내용이 국민적 관심 대상인 경우 그 수사과정의 적법성과 공정성도 엄정하고 철저하게 검증되어야 하므로 수사과정에 대한 의혹 제기가 공적 존재의 명예보호라는 이름으로 쉽게 봉쇄되어서는 안 된다. 나아가 △△△△△△당의 대책단장인 피고가 소속 정당이 고발한 BBK 사건의 엄정하고 객관적인 수사가 이루어질 수 있도록 검찰에 메모 B를 미리 제공하거나 이 사건 발언을 하기에 앞서 검찰에 그 내용을 확인하지 않은 것은 적절하지 않으나, 이 사건 발언의 내용이나 표현방식, 공익성의 정도, 사실확인을 위한 노력의 정도 등 여러 사정을 종합하면 피고의 행위가 표현의 자유의 한계를 벗어난 것으로 보기는 어렵다고 하였다.

(6) 기자와 언론사

언론자유의 기본권의 주체는 개인과 단체이다. 언론자유라는 기본권을 행사하는 주체로서의 개인은 언론자유를 누릴 수 있는 것은 당연하다. 그런데 일반 시민으로서의 개인이 언론자유를 누릴 수 있도록 여론형성의 매개자 역할을 해주는 사람과 단체가 바로 언론사 기자이고, 또한 그 기자가 근무하는 언론사이다. 언론사는 신문, 방송 등 언론매체를 발간하거나 방송하는 기업을 말한다. 최근에 많이 생기고 있는 인터넷매체들도 언론사에 포함될 수 있다고 본다.

2009년부터 2018년까지 언론관련소송사건을 원고로서 언론사의 사건 수를 살펴보면, <그림 - 50>과 같이 사건 수는 많지 않지만, 2012년과 2013년, 2016년과 2017년에는 특이하게 많이 발생하고 있음을 알 수 있다.

<그림-50> 원고 언론사의 연도별 사건 수

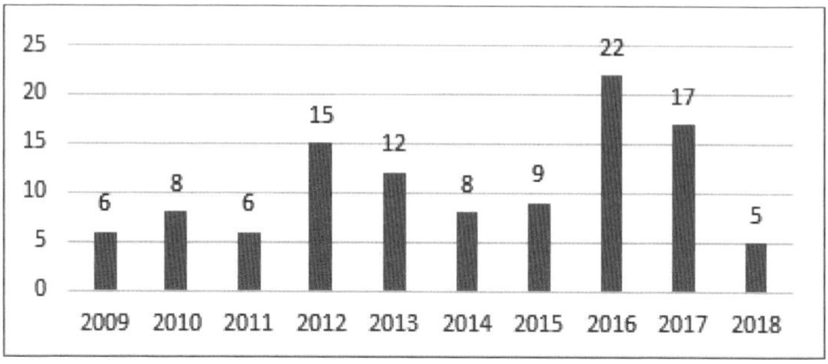

2009년부터 2018년까지 언론관련소송사건을 원고로서 언론사의 승소율을 살펴보면, <그림 - 51>과 <그림 -52>와 같이 다른 유형과는 달리 승소율이 다소 낮지만, 2014년과 2015년에는 특이하게 승소율이 매우 높음을 알 수 있다.

<그림 -51> 원고 언론사의 연도별 사건 승소율

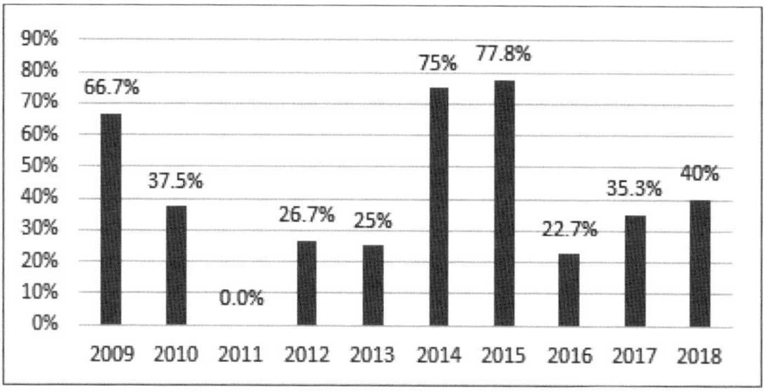

<그림 -52> 원고 언론사의 연도별 사건 승소율 변화추이

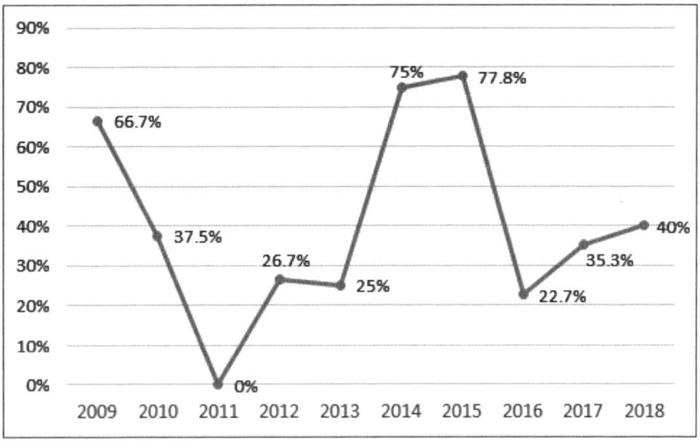

① 기자를 상대로 한 손해배상청구

언론사 기자가 사실을 취재하거나 보도하는 과정에서 타인의 명예를 훼손할 가능성이 가장 많을 수밖에 없다. 그 경우 명예훼손의 피해를 입었다고 주장하는 사람은 해당 기사를 취재하거나 보도한 기자 뿐 아니라 담당부장, 편집국장 또는 보도국장 등 데스크와 언론사 대표, 언론사를 상대로 소송을 제기할 수 있다. 언론보도로 인한 명예훼손의 피해자는 명예훼손의 제1차적인 가해자를 언론사 기자로 생각하여, 그 취재나 보도 담당 기자에 대한 말할 수 없을 정도의 보복 심리를 가지거나 그 기자로부터 손해전보를 받아서 그 기자에 대하여 경제적 타격을 주고자 하는 경우가 많기 때문에 당연히 담당기자를 피고로 하여 손해배상청구를 하는 경우가 많다. 이 경우에 담당기자로서는 명예훼손으로 인한 손해배상책임을 부담하고 그로 인하여 매우 과도한 손해배상액을 부담하게 될 경우에는 본인의 가정경제상 상당한 심리적 위협을 받을 수 있다. 따라서 언론사 기자에 대한 매우 과도한 액수의 손해배상액 청구는 취재나 보도에 상당한 심리적 위협이 될 수 있어 언론자유에 대한 상당한 위축효과(chilling effect)를 가지게 된다.

2009년부터 2018년까지 언론관련소송사건을 피고로서 언론사 및 언론인 직위별 건수를 살펴보면, <표 - 9>과 같이 대부분 언론사를 피고로 하는 경우가 많고, 그 사건 수도 해를 거듭할수록 점차 증가하고 있음을 알 수 있다.

<표 - 9 > 언론사 및 언론인 직위별 피고분류

	2009	2010	2011	2012	2013	2014	2015	2016	2017	2018
언론사	122	120	153	152	201	238	311	285	273	324
대표이사	17	20	15	21	14	43	38	41	23	41
국장	7	11	11	13	13	11	12	10	21	17
부장	12	8	13	7	4	7	4	1	9	12
담당기자 프로듀서	66	63	81	58	88	119	143	133	107	155

2009년부터 2018년까지 언론관련소송사건을 피고로서 언론사 및 언론인 직위별 건수를 그래프로 살펴보면, <그림 - 56>과 같이 언론사와 담당기자를 피고로 하는 경우는 해를 거듭할수록 점차 증가하고 있지만, 국장이나 부장과 같은 데스크를 상대로 하는 소송은 크게 증가하지 않음을 알 수 있다.

<그림 - 53 > 언론사 및 언론인 직위별 피고분류

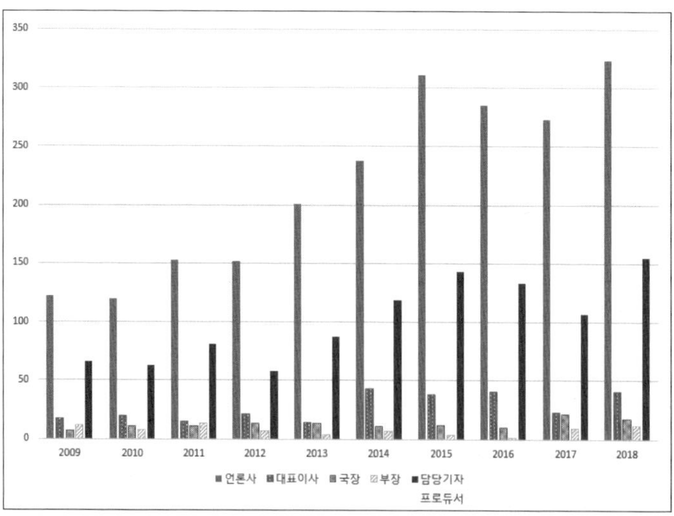

<그림 - 54 > 언론사 및 언론인 직위별 피고분류의 변화추이

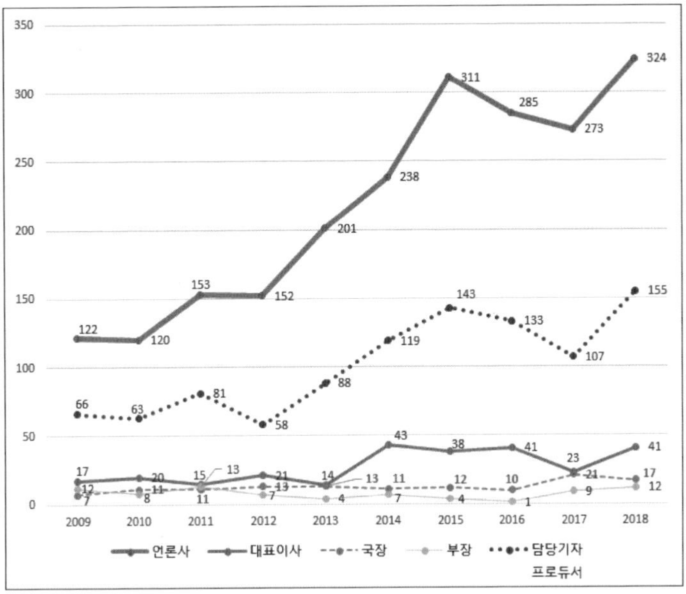

② 언론사의 사용자책임

언론보도로 인한 명예훼손 피해자는 언론사 기자뿐 아니라 언론사 대표나 언론사를 직접 피고로 하여 손해배상청구를 하는 경우도 있다. 그 이유는 언론사 기자가 법원에서 인용된 손해배상액에 대하여 변제능력이 없는 경우에 명예훼손 피해자로서는 명예훼손으로 인한 손해배상청구소송에서 승소하더라도 실제로 손해배상을 받을 수 없기 때문에, 손해배상액에 대하여 상당한 변제능력이 있는 언론사를 공동 피고로 하는 경우가 대부분이다. 언론사와 기자는 명예훼손책임을 부담하기 위해서는 고의 또는 과실로 타인의 명예를 훼손해야 하고(민법 제750조), 언론사가 소속 기자의 명예훼손책임에 대하여 손해배상책임을 부담하기 위해서는 사용자책임(민법 제756조)이 인정되어야 한다. 민법 제756조는 타인을 사용하여 어느 사무에 종사하게 한 자는 피용자가 그 사무집행에 관하여 제3자에게 가한 손해를 배상할 책임이 있다. 그러나 사용자가 피용자의 선임 및 그 사무감독에 상당한 주의를 한 때 또는 상당한 주의를 하여도 손해가 있을 경우에는 그러하지 아니하다고 규정하고 있다.

대법원은 사용자책임에 관하여 외형이론을 채택하고 있고, 그 경우에도 피해자에게 고의나 중대한 과실이 있는 경우는 사용자책임을 부담시키지 않고 있지만, 피용자가 고의로 가해행위를 한 경우에는 사용자책임을 부담시키고 있다. 대법원은 피용자의 불법행위가 외관상 사무집행의 범위 내에 속하는 것으로 보이는 경우에 있어서도 피용자의 행위가 사용자나 사용자에 갈음하여 그 사무를 감독하는 자의 사무집행행위에 해당하지 않음을 피해자 자신이 알았거나 중대한 과실로 인하여 알지 못한 경우에는 사용자책임을 물을 수 없다고 할 것인바, 이 경우 중대한 과실이라 함은 거래의 상대방이 조금만 주의를 기울였더라면 피용자의 행위가 그 직무권한 내에서 적법하게 행하여진 것이 아니라는 사정을 알 수 있었음에도 만연히 이를 직무권한 내의 행위라고 믿음으로써 일반인에게 요구되는 주의의무에 현저히 위반하는 것으로 거의 고의에 가까운 정도의 주의를 결여하고, 공평의 관점에서 상대방을 구태여 보호할 필요가 없다고 봄이 상당하다고 인정되는 상태를 말한다.[183] 대법원은 민법 제756조에 규정된 사용자책임의 요건인 '사무집행에 관하여'라는 뜻은 피용자의 불법행위가 외형상 객관적으로 사용자의 사업활동 내지 사무집행행위 또는 그와 관련된 것이라고 보여질 때에는 행위자의 주관적 사정을 고려함이 없이 이를 사무집행에 관하여 한 행위로 본다는 것이고, 외형상 객관적으로 사용자의 사무집행에 관련된 것인지의 여부는 피용자의 본래 직무와 불법행위의 관련 정도 및 사용자에게 손해 발생에 대한 위험창출과 방지조치 결여의 책임이 어느 정도 있는지를 고려하여 판단하여야 한다. 피용자의 불법행위가 외관상 사무집행의 범위 내에 속하는 것으로 보이는 경우에 있어서도, 피용자의 행위가 사용자의 사무집행행위에 해당하지

183 대법원 1999. 1. 26. 선고 98다39930 판결.

않음을 피해자 자신이 알았거나 또는 중대한 과실로 알지 못한 경우에는 사용자에 대하여 사용자책임을 물을 수 없다 할 것이고, 한편 사용자책임이 면책되는 피해자의 중대한 과실이라 함은 조금만 주의를 기울였더라면 피용자의 행위가 그 직무권한 내에서 적법하게 행하여진 것이 아니라는 사정을 알 수 있었음에도 만연히 이를 직무권한 내의 행위라고 믿음으로써 일반인에게 요구되는 주의의무에 현저히 위반하는 것으로 거의 고의에 가까운 정도의 주의를 결여하고, 공평의 관점에서 피해자를 구태여 보호할 필요가 없다고 봄이 상당하다고 인정되는 상태를 말한다[184]고 하고 있다.

민법 제756조에 규정된 사용자 책임의 요건인 '사무집행에 관하여'라는 뜻은 피용자의 불법행위가 외형상 객관적으로 사용자의 사업활동 내지 사무집행행위 또는 그와 관련된 것이라고 보일 때에는 행위자의 주관적 사정을 고려함이 없이 이를 사무집행에 관하여 한 행위로 본다는 것으로, 피용자가 고의에 기하여 다른 사람에게 가해행위를 한 경우, 그 행위가 피용자의 사무집행 그 자체는 아니라 하더라도 사용자의 사업과 시간적, 장소적으로 근접하고, 피용자의 사무의 전부 또는 일부를 수행하는 과정에서 이루어지거나 가해행위의 동기가 업무처리와 관련된 것일 경우에는 외형적, 객관적으로 사용자의 사무집행행위와 관련된 것이라고 보아 사용자책임이 성립한다. 이 경우 사용자가 위험발생 및 방지조치를 결여하였는지 여부도 손해의 공평한 부담을 위하여 부가적으로 고려할 수 있다.[185]

그런데 민법 제756조 단서에서 언론사가 기자의 선임 및 그 사무감독에 과실이 없을 때에는 책임을 부담하지 않는다고 규정하고 있지만, 대법원은 면책을 거의 인정하지 않고 있다.

대법원은 민법 제756조 제1항 및 제2항의 책임에 있어서 사용자나 그에

---

184 대법원 2014. 4. 10. 선고 2012다61377 판결.

185 대법원 2009. 2. 26. 선고 2008다89712 판결.

갈음하여 사무를 감독하는 자는 그 피용자의 선임과 사무감독에 상당한 주의를 하였거나 상당한 주의를 하여도 손해가 있을 경우에는 손해배상의 책임이 없으나, 이러한 사정은 사용자 등이 주장 및 입증을 하여야 한다[186]고 하여 사용자가 사무감독상의 주의의무를 입증하도록 하고 있고, 입증책임을 부담하는 자는 패소한다는 법언에 따른다면 사실상 면책을 인정하지 않는다고 보아야 한다. 따라서 언론사는 소속 기자의 취재 및 보도상의 명예훼손책임으로부터 자유로울 수 없다. 언론보도로 인한 명예훼손의 피해자가 언론사만을 상대로 사용자책임으로서 손해배상청구를 할 경우에는 언론사 기자로서는 명예훼손책임에서 자유로울 수 있지만, 그 경우에는 피해자에게 손해배상을 해준 언론사는 해당 기자를 상대로 구상권을 청구할 수는 있다. 그러나 대법원은 사용자책임에서 구상권을 인정하는데 몹시 인색하므로 언론사의 기자에 대한 구상권 행사는 사실상 힘들고, 이로 인하여 언론사 기자의 언론자유는 보장된다고 할 수 있다. 그러나 실무적으로 명예훼손의 피해자는 언론사 기자와 언론사를 공동 피고로 하여 손해배상을 청구하는 경우가 많고, 이 경우 언론사 기자로서는 손해배상의 위험으로부터 안전하다고 할 수는 없다.

③ 언론사간 소송

최근에는 아예 언론사를 피고로 하여 소송을 제기하는 경우가 많아지고 있는데, 이는 관련 기사가 기사 실명제에 의해 보도되기는 하지만 결국 신문, 방송매체를 통해서 보도되고, 불필요하게 변제능력도 의문시되는 기자를 상대로 하기보다는 변제능력이 확실한 언론사를 상대로 하는 것이 소송상 편리하기 때문에 그 언론사를 피고로 하여 소송을 제기하는 경우가 많아지고 있다. 이에 따라 언론사는 명예훼손소송의 피고가 되는 경우가 많다. 그런데

186 대법원 1998. 5. 15. 선고 97다58538 판결.

최근 들어 언론사간에 언론사의 경영방침인 사시(社是)나 언론사의 정체성 문제로 인하여 서로간에 과도한 비평이나 비난 등 다툼이 있고, 구체적으로 그 정체성이나 사시에 근거하여 상대방 언론사에 대하여 보도방침이나 구체적 보도사실에 대하여 매체 비평 등을 통해서 과도한 비난이나 비판을 하는 경우가 있다. 경우에 따라서는 언론사가 상대방 언론사의 과거 이력이나 연혁 등을 파헤쳐서 그와 관련한 보도나 비평을 하는 경우도 있다. 이로 인하여 언론사가 다른 언론사와의 명예훼손 분쟁에서는 원고가 되기도 한다.

대법원은 언론·출판의 자유와 명예보호 사이의 한계를 설정함에 있어서는 당해 표현으로 인하여 명예를 훼손당하게 되는 피해자가 공적인 존재인지 사적인 존재인지, 그 표현이 공적인 관심 사안에 관한 것인지 순수한 사적인 영역에 속하는 사안에 관한 것인지 등에 따라 그 심사기준에 차이를 두어 공공적·사회적인 의미를 가진 사안에 관한 표현의 경우에는 언론의 자유에 대한 제한이 완화되어야 하고, 특히 당해 표현이 언론사에 대한 것인 경우에는, 언론사가 타인에 대한 비판자로서 언론의 자유를 누리는 범위가 넓은 만큼 그에 대한 비판의 수인 범위 역시 넓어야 하고, 언론사는 스스로 반박할 수 있는 매체를 가지고 있어서 이를 통하여 잘못된 정보로 인한 왜곡된 여론의 형성을 막을 수 있으며, 일방 언론사의 인격권의 보장은 다른 한편 타방 언론사의 언론자유를 제약하는 결과가 된다는 점을 감안하면, 언론사에 대한 감시와 비판 기능은 그것이 악의적이거나 현저히 상당성을 잃은 공격이 아닌 한 쉽게 제한되어서는 아니 된다[187]고 하였고, 따라서 방송사가 언론사의 주식투자 문제를 다루면서 특정 신문사가 언론사로서의 힘을 이용하여 싼 이자로 돈을 대출받은 의혹이 있고 이 돈을 주식에 투자하여 막대한 평가이익을 거두었다고 보도한 데 대하여, 위 방송보도는 공공의 이해에 관한 사항으로서 사익적 동기가 다소 내포되어 있지만 그 주요 목적과 동기가 공공

187 대법원 2006. 3. 23. 선고 2003다52142 판결.

의 이익을 위한 것이고, 취득한 주식 수를 사실과 달리 보도하는 등 사소한 부분에 오류 내지 과장이 있으나 주요 부분에 허위사실의 적시가 있었다고 할 수 없으므로 위법성이 조각된다고 한 원심의 판단을 수긍하였다.

또한 대법원은 언론·출판의 자유와 명예보호 사이의 한계를 설정할 때 당해 표현으로 인하여 명예를 훼손당하게 되는 피해자가 공적인 존재인지 사적인 존재인지, 그 표현이 공적인 관심 사안에 관한 것인지 순수한 사적인 영역에 속하는 사안에 관한 것인지 등에 따라 그 심사기준에 차이를 두어 공공적·사회적인 의미를 가진 사안에 관한 표현의 경우에는 언론의 자유에 대한 제한이 완화되어야 하고, 특히 당해 표현이 언론사에 대한 것인 경우에는, 언론사가 타인에 대한 비판자로서 언론의 자유를 누리는 범위가 넓은 만큼 그에 대한 비판의 수인 범위 역시 넓어야 하고, 언론사는 스스로 반박할 수 있는 매체를 가지고 있어서 이를 통하여 잘못된 정보로 인한 왜곡된 여론의 형성을 막을 수 있으며, 일방 언론사의 인격권의 보장은 다른 한편 타방 언론사의 언론자유를 제약하는 결과가 된다는 점을 감안하면, 언론사에 대한 감시와 비판 기능은 그것이 악의적이거나 현저히 상당성을 잃은 공격이 아닌 한 쉽게 제한되어서는 아니 되고, 수사적인 과장 표현도 언론기관이 서로 반박할 수 있다는 점을 고려하여 개인에 대한 명예훼손의 경우보다 넓게 용인될 수 있다[188]고 하였고, 따라서 언론사가 정치강연회에서 초청 연사가 한 발언을 인용하는 방법으로 다른 언론사의 명예를 훼손하는 내용의 기사를 게재한 사안에서, 제반 사정상 위 기사는 언론사에 대한 정당한 감시와 비판 기능의 수행으로서 보호되어야 할 범위에 속하므로 그 명예훼손행위가 악의적이거나 현저히 상당성을 잃어 위법하다고 볼 수 없다고 하였다.

2009년부터 2018년까지 언론관련소송사건 중 언론사와 언론인의 직위별 피고를 분류하여 살펴보면, <표 -10>과 같고, 매년 상당한 증가세를 보이고

---

188 대법원 2008. 4. 24. 선고 2006다53214 판결.

있고, 특히 언론사와 담당기자를 피고로 한 건수가 급증세를 보이고 있다.

<표 -10> 언론사 및 언론인 직위별 피고분류

	2009	2010	2011	2012	2013	2014	2015	2016	2017	2018
언론사	122	120	153	152	201	238	311	285	273	324
대표이사	17	20	15	21	14	43	38	41	23	41
국장	7	11	11	13	13	11	12	10	21	17
부장	12	8	13	7	4	7	4	1	9	12
담당기자 프로듀서	66	63	81	58	88	119	143	133	107	155

매체 유형별 소송건수를 <그림-55>과<그림-56>를 살펴보면, 해를 거듭할수록 언론사와 언론인을 피고로 하는 소송건수가 증가추세를 보이고 있고, 특히 언론사와 담당기자를 상대로 한 소송건수는 매우 가파른 증가추세를 보이고 있음을 알 수 있다.

<그림 -55> 언론사 및 언론인 직위별 피고분류

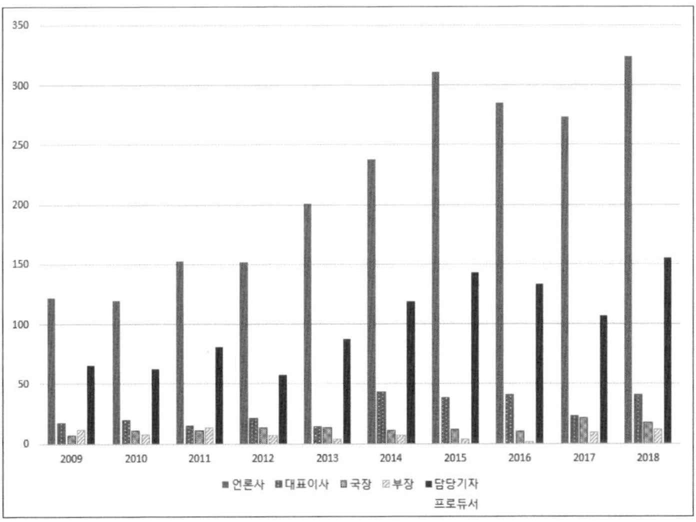

<그림-56> 언론사 및 언론인 직위별 피고분류의 변화추이

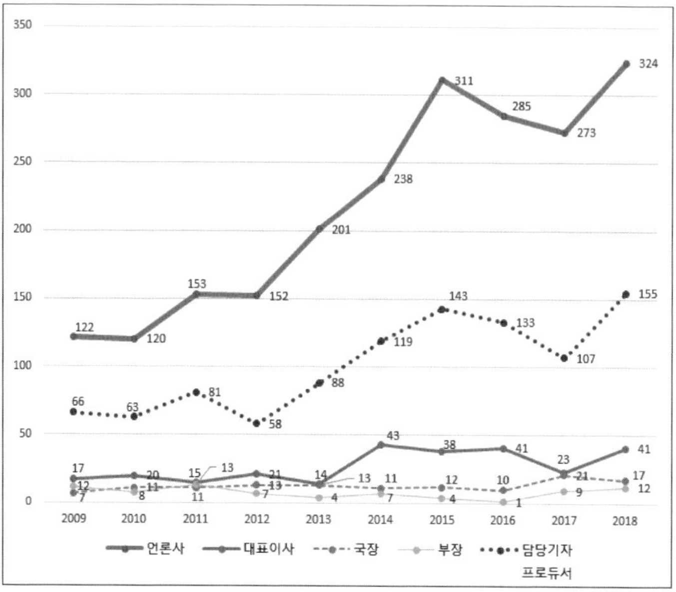

④ 일반시민과 언론사 기자의 주의의무

명예훼손이 민법 제750조의 불법행위로 인정되기 위해서는 언론사 기자가 취재하거나 보도하는 경우에 과실이 있어야 하고 따라서 취재나 보도를 함에 있어서 기자에게 요구되는 주의의무를 게을리하여야 한다. 이 경우 언론사와 기자에게 요구되는 주의의무는 일반 시민이 명예훼손책임을 지는데 부담하는 주의의무와 어떤 관련이 있는가. 언론사와 기자는 부분적으로 여론형성의 주체가 될 수는 있지만, 일반적으로 여론형성의 주체는 일반 시민이고, 언론사와 기자는 그 여론형성의 주체가 아니라 매개자로서의 역할을 한다. 따라서 언론사와 기자는 사건을 취재하여 보도하면서 여론형성을 하는 매개자로서의 주의의무를 가진다. 언론사와 기자가 부담하는 명예훼손 방지를 위한 주의의무는 매우 높은 수준의 주의의무이지만, 그 주의의무는 언론인으로서 직업적 양심에 기초한 취재윤리나 보도윤리에 근거하는 주의의무로서 일반 시민의 명예훼손 방지를 위한 주의의무와는 다르다고 할 것이다. 기자가 직업적 윤리에 근거하여 가지는 주의의무의 중요한 가치는 공익성, 공정성, 진실성이라고 할 수 있고, 그 순위도 공익성이 가장 중요한 가치이고 그 다음으로 공정성, 마지막으로 진실성이라고 할 수 있다. 그에 비하여 일반 시민이 명예훼손책임에 대하여 가지는 주의의무는 진실성, 공익성이라고 할 수 있고, 그 순위도 진실성이 가장 중요한 가치이고 다음으로 공익성이라고 할 수 있다. 어떤 사실에 대하여 의혹을 제기하는 경우에 언론사 기자로서는 주의의무를 다한 것이라고 할 수 있지만, 일반 시민에게는 주의의무를 다한 것이라고 볼 수 없을 것이다. 그런 의미에서 일반 시민이 언론 자유를 누릴 수 있도록 매개적 역할을 하는 언론사 기자에게 요구되는 명예훼손 방지에 대한 주의의무는 일반 시민의 명예훼손에 대한 주의의무보다는 좀더 경감된다고 보아야 한다. 만약 기자에게 일반 시민에게 요구되는 같은 정도의 주의의무를 부과하게 된다면, 기자에게 엄청난 위축효과를 부여하는 것이 되어 언론자유를 심각하게 제한하게 될 수 있다. 따라서 기자가 취재하거나 보도하는 과정에서의 명예훼손책임에서 부담하게 되는 주의의무는 사인으로서의 개인보다도 주의의무의 정도가 약하다고 보아야 한다. 이런 차원에서 나타난 개념이 오신의 상당성이다.

⑤ 언론사 기자의 주의의무

대법원은 보도 내용이 수사가 진행중인 피의사실에 관한 것일 경우, 일반 독자들로서는 보도된 피의사실의 진실 여부를 확인할 수 있는 별다른 방도가 없을 뿐만 아니라 언론기관이 가지는 권위와 그에 대한 신뢰에 기하여 보도 내용을 그대로 진실로 받아들이는 경향이 있고, 신문 보도가 가지는 광범위하고도 신속한 전파력으로 인하여 사후 정정보도나 반박보도 등의 조치에 의한 피해구제만으로는 사실상 충분한 명예회복을 기대할 수 없는 것이 보통이므로, 보도 내용의 진실 여하를 불문하고 그러한 보도 자체만으로도 피의자나 피해자 또는 그 주변 인물들이 입게 되는 피해의 심각성을 고려할 때, 이러한 피의사실을 보도함에 있어 언론기관으로서는 보도에 앞서 피의사실의 진실성을 뒷받침할 적절하고도 충분한 취재를 하여야 할 주의의무를 진다 할 것이고, 일간신문사 기자가 타 신문사의 기사 내용과 피의자에 대한 구속영장 사본만을 열람한 것만으로는 위 기자가 기사 내용의 진실성을 담보하기 위하여 필요한 취재를 다하여 주의의무를 다한 것이라고 볼 수는 없다[189]고 하여 언론사 기자에게도 상당히 높은 수준의 주의의무를 부과하고 있다. 따라서 보도 내용이 수사가 진행중인 피의사실에 관한 것일 경우 일반 독자들로서는 보도된 피의사실의 진실 여부를 확인할 수 있는 별다른 방도가 없을 뿐만 아니라 언론기관이 가지는 권위와 그에 대한 신뢰에 기하여 보도 내용을 그대로 진실로 받아들이는 경향이 있고, 신문보도가 가지는 광범위하고도 신속한 전파력으로 인하여 사후 정정보도나 반박보도 등의 조치에 의한 피해구제만으로는 사실상 충분한 명예회복을 기대할 수 없는 것이 보통이므로, 피해자들이 정정보도를 요구하여 신문사가 정정보도를 하였다 하여 당연히 피해자들이 향후 손해배상청구권을 포기할 의사였다고 볼 수는 없다 할 것이고, 또한 위와 같은 피해자들의 명예침해라는 결과를 고려할 때 언론기관이 정정보도를 내었다는 것만으로 민사상 손해배상책임의 추궁을 피할 수는 없다 할 것이며, 그러한 손해배상책임을 인정한다고 하여 언론의 자유가 질식한다고 할 수도 없다고 하였다.

대법원은 보도의 내용이 수사기관이나 감사기관에 의하여 조사가 진행중인 사실에 관한 것일 경우, 일반 독자들로서는 보도된 비위혐의사실의 진실 여부를 확인할 수 있는 별다른 방도가 없을 뿐만 아니라 언론기관이 가지는 권위와 그에 대한 신뢰에 기하여 보도내용을 그대로 진실로 받아들이는 경향이 있고, 신문보도가 가지는 광범위하고도 신속한 전파력 등으로 인하여 그 보도내용의 진실 여하를 불문하고 그러한 보도 자체만으로도 피

189 대법원 2002. 5. 10. 선고 2000다50213 판결.

조사자로 거론된 자나 그 주변 인물들이 입게 되는 피해의 심각성을 고려할 때, 이러한 조사혐의사실을 보도하는 언론기관으로서는 그 보도에 앞서 혐의사실의 진실성을 뒷받침할 적절하고도 충분한 취재를 하여야 하고, 기사의 작성 및 보도시에도 당해 기사가 주는 전체적인 인상으로 인하여 일반 독자들이 사실을 오해하는 일이 생기지 않도록 그 내용이나 표현방법 등에 대하여도 주의를 하여야 하는바, 만약 이러한 주의의무를 충분히 다하지 않았다면 설사 그 보도의 목적이 타인의 비위사실의 보도에 주안점을 두고 있는 것이 아니라 할지라도, 그 보도내용 중에 타인의 비위가 있는 것으로 의심할 만한 사실이 적시되어 있고, 그것이 명예훼손에 해당하는 이상 언론매체로서는 명예훼손으로 인한 손해배상책임을 져야 한다[190]고 하여 언론사 기자에게는 범죄혐의보도에 있어서도 매우 높은 수준의 주의의무를 부과하고 있다.

또한 대법원은 신문이나 인터넷 매체의 기사가 타인의 명예를 훼손하여 불법행위가 되는지는 일반 독자가 기사를 접하는 통상의 방법을 전제로 기사의 전체적인 취지 및 객관적 내용, 사용된 어휘의 통상적인 의미, 문구의 연결 방법 등을 종합적으로 고려하여 기사가 독자에게 주는 전체적인 인상을 기준으로 판단하여야 한다. 특히 보도의 내용이 수사기관 등에서 조사가 진행 중인 사실에 관한 것일 경우, 일반 독자들로서는 보도된 혐의사실의 진실 여부를 확인할 수 있는 별다른 방도가 없을 뿐 아니라 보도 내용을 그대로 진실로 받아들일 개연성이 있고, 신문보도 및 인터넷이 가지는 광범위하고도 신속한 전파력 등으로 인하여 보도 내용의 진실 여하를 불문하고 보도 자체만으로도 피조사자로 거론된 자 등은 심각한 피해를 입을 수 있다. 그러므로 수사기관 등의 조사사실을 보도하는 언론기관으로서는 보도에 앞서 조사 혐의사실의 진실성을 뒷받침할 적절하고도 충분한 취재를 하

---

190 대법원 2007. 12. 27. 선고 2007다29379 판결.

여야 하고, 확인되지 아니한 고소인의 일방적 주장을 여과 없이 인용하여 부각시키거나 주변 사정을 무리하게 연결시켜 마치 고소 내용이 진실인 것처럼 보이게 내용 구성을 하는 등으로 기사가 주는 전체적인 인상으로 인하여 일반 독자들이 사실을 오해하는 일이 생기지 않도록 기사 내용이나 표현 방법 등에 대하여도 주의를 하여야 하고, 그러한 주의의무를 다하지 않았다면 명예훼손으로 인한 손해배상책임을 져야 한다[191]고 하여 주의의무의 내용에 대하여 상세히 설시하고 있다.

대법원은 보도 내용이 수사기관이나 그에 준하는 국가기관 등에 의하여 수사 또는 조사가 진행중인 범죄혐의사실에 관한 것일 경우, 일반 독자들로서는 보도된 범죄혐의사실의 진실 여부를 확인할 수 있는 별다른 방도가 없을 뿐만 아니라 언론기관이 가지는 권위와 그에 대한 신뢰에 기하여 보도 내용을 그대로 진실로 받아들이는 경향이 있고, 언론매체의 보도가 가지는 광범위하고도 신속한 전파력으로 인하여 사후 정정보도나 반박보도 등의 조치에 의한 피해구제만으로는 사실상 충분한 명예회복을 기대할 수 없는 것이 보통이므로, 보도 내용의 진실 여하를 불문하고 그러한 보도 자체만으로도 범죄혐의자나 피해자 또는 그 주변 인물들이 입게 되는 피해의 심각성을 고려할 때, 이러한 범죄혐의사실을 보도함에 있어 언론기관으로서는 보도에 앞서 범죄혐의사실의 진실성을 뒷받침할 적절하고도 충분한 취재를 하여야 함은 물론이고, 보도 내용 또한 객관적이고도 공정하여야 할 뿐만 아니라, 무죄추정의 원칙에 입각하여 보도의 형식 여하를 불문하고 혐의에 불과한 사실에 대하여 유죄를 암시하거나 독자들로 하여금 유죄의 인상을 줄 우려가 있는 용어나 표현을 사용하여서는 안 된다고 할 것이다[192]고 하여 언론사 기자는 기사작성에 있어서도 용어의 선택이나 표현에 있어서 상당

---

191 대법원 2016. 5. 27. 선고 2015다33489 판결.

192 대법원 2007. 6. 29. 선고 2005다55510 판결.

히 신중히 하여야 하는 주의의무를 부담하고 있음을 선언하고 있다.

⑥ 방송작가의 주의의무

방송 드라마에서 타인의 명예를 훼손하는 내용을 방송한 경우에 방송사는 명예훼손책임을 부담하는 것은 당연하지만, 그 드라마의 방송극본 작가에게도 명예훼손책임을 부담시킬 수 있는가.

대법원은 방송국 및 프로그램제작사가 원저자의 저작권을 침해한 사실을 알고 있었다거나 이를 알 수 있었음에도 그 대본을 감독, 심의할 주의의무를 위배하였음을 인정할 증거가 없을 뿐만 아니라, 방송국 및 프로그램제작사와 연속극 대본 집필자 사이에는 사용자 및 피용자의 관계가 존재하지 아니하여 대본 집필자의 저작권 침해행위에 대하여 방송국 및 프로그램제작사가 특별한 주의, 감독을 하여야 할 의무가 있다고 할 수 없고, 달리 방송국 및 프로그램제작사가 원저자의 저작권 침해를 방지하여야 할 의무가 있음에도 불구하고 이를 해태하였다고 인정할 증거가 없다고 하여, 방송국 및 프로그램제작사에 대한 손해배상청구를 기각한 원심판결을 수긍하였다.[193] 따라서 대본 집필자인 방송작가가 원고의 저작물인 이 사건 법조 소설에 나오는 형사사건과 동일한 사건 내용 및 표현을 그대로 또는 다소의 변경을 가하여 피고 방송국이 방영한 주말연속극 대본 중 13회분의 집필에 사용하였으므로, 방송작가는 위 대본 13회분에 대하여 원고의 저작권을 침해하였다고 인정한 다음, 위 방송작가가 위 대본의 집필로 받은 고료(특별고료 포함)에서 위 방송작가가 자신의 기여도와 세금 및 일반관리비 등 경비를 공제한 금액을 위 방송작가의 이익액으로 보아 이를 그 재산상의 손해라고 하였다.

대법원은 실명에 의한 논픽션 라디오 드라마에 있어서는 일반의 청취자 등이 그 내용을 사실이라고 받아들이기가 쉬운 반면에 신속성의 요청은 일

193 대법원 1996. 6. 11. 선고 95다49639 판결.

반 보도에 비하여 그다지 크다고 할 수가 없으므로, 그 방송에 있어서는 단순히 풍문이나 억측이 아닌 신빙성 있는 자료에 의거하여야 할 필요성이 보다 크다고 할 것이다. 따라서 다른 특별한 사정이 없는 이상 방송의 기초가 되는 그 자료 내용의 진위를 당사자 본인이나 그 주변 인물을 통하여 확인하는 등의 충분한 조사활동을 사전에 거침이 마땅하다 할 것이어서, 이러한 확인 내지 조사활동을 거치지 아니한 채 명예훼손의 내용이 담긴 논픽션 라디오 드라마를 그대로 방송하였다면 방송사 측에서 그 내용이 진실이라고 믿었다 하더라도 그에 상당한 이유가 있다고 할 수는 없다[194]고 하였다. 따라서 피고가 실명에 의한 논픽션 라디오 드라마인 이 사건 드라마를 방송함에 있어 소외 김경재가 쓴 ' 소외 1 회고록'과 소외 이상우가 쓴 '비록 박정희 시대' 등의 저서와 1973. 12. 1. 일본에서 발행된 '주간독매'에 실린 원고의 수기 및 소외 이기봉이 제공한 소외 1 관련 자료에 의하여 소외 2가 집필한 방송대본에 따라 방송을 하였으나, 위 각 자료는 위 방송대본의 내용이 진실함을 뒷받침하기에 부족함에도, 김교식이 이 사건 드라마의 방송에 앞서 원고나 위 저서의 저자들을 만나 의견을 묻거나 달리 사실관계를 확인하지는 아니하였으므로, 소외 2가 위 방송대본에 의한 이 사건 드라마의 내용이 진실이라고 믿었더라도 그에 상당한 이유가 있다고 볼 수 없다고 하여, 상당한 이유가 있었음을 주장하는 피고의 항변을 배척하고 있다.

3. 명예훼손소송에서의 요건

(1) 고의 또는 과실

명예훼손이 성립하기 위해서는 원칙적으로 가해자에게 고의 또는 과실이 있어야 하기 때문에 언론보도로 인한 명예훼손이 성립하기 위해서는 언론사 기자가 취재하거나 보도함에 있어서 고의 또는 과실이 있어야 한다. 고의

194 대법원 1998. 5. 8. 선고 97다34563 판결.

는 자기의 행위로 인하여 타인에게 손해가 발생할 것을 알고도 의도적으로 감히 자기의 행위를 의욕하는 심리상태를 말한다. 대법원은 불법행위에 있어서 고의는 일정한 결과가 발생하리라는 것을 알면서 감히 이를 행하는 심리상태로서, 객관적으로 위법이라고 평가되는 일정한 결과의 발생이라는 사실의 인식만 있으면 되고 그 외에 그것이 위법한 것으로 평가된다는 것까지 인식하는 것을 필요로 하는 것은 아니라고[195] 한다. 과실은 사회생활상 요구되는 주의의무를 다하였다면 자기 행위로 인한 일정한 결과의 발생을 알 수 있어서 그러한 결과를 회피할 수 있었을 것인데도 불구하고 그 주의의무를 다하지 아니함으로써 그러한 결과를 발생하게 하는 심리상태를 말한다. 종전에는 과실을 부주의라고 파악하였으나 지금은 주의의무위반으로 파악한다. 법률상 고의에는 미필적 고의도 포함하고, 과실에는 인식있는 과실이 포함된다. 대법원도 불법행위 법리에 있어서는 미필적 고의도 고의의 한 태양으로 보므로 특별한 사정이 없는 한 고의에는 미필적 고의를 포함하는 것으로 해석할 것이라고[196] 한다. 형법에서는 고의범만 처벌하고, 과실범은 예외적으로 처벌함으로써 고의와 과실의 구별은 매우 중요한 지표가 된다. 그러나 민법에서는 과실책임주의 원칙상 과실만 있으면 손해배상책임을 부담하기 때문에 고의와 과실의 구별을 엄격하게 할 필요는 없다. 대법원도 고의에 의한 불법행위를 원인으로 한 손해배상 책임의 주장에는 만일 고의는 없으나 과실이 인정될 경우에는 과실에 의한 불법행위를 원인으로 한 손해배상을 바라는 주장도 포함되어 있다고 보아야 한다고[197] 한다. 다만 고의에 의한 불법행위의 경우에는 상계의 제한이 있고(민법 제496조), 고의의 의한 불법행위는 손해배상액 산정에서 고려요소가 된다는 점에서 다소 차이

---

195 대법원 2002. 7. 12. 선고 2001다46440 판결.

196 대법원 1991. 3. 8. 선고 90다16771 판결.

197 대법원 1995. 12. 22. 선고 94다21078 판결.

는 있다. 민법상 불법행위에서는 과실은 추상적 경과실이 요구되고, 구체적 과실은 문제될 여지가 없다. 대법원도 불법행위에 의한 손해배상 의무의 전제가 되는 과실의 유무와 그 과실의 경중에 관한 표준은 그 개인에게 관한 구체적인 사정에 의하여 결정하는 것이 아니고, 일반적인 보통인으로서 할 수 있는 주의의 정도를 표준으로 하여야 할 것이며, 일반적 보통인이라 함은 추상적인 일반인을 말함이 아니고 그와 같은 업무와 직무에 종사하는 보통인을 말하는 것이므로 그와 같은 직업과 직무에 종사하는 사람으로서는 보통 누구나 할 수 있는 주의의 정도를 표준으로 하여 그 과실유무를 논하고 위와 같은 주의를 심히 결여한 때에는 중대한 과실이 있다고 하여야 할 것이다[198]고 하고, 또한 불법행위의 성립요건으로서의 과실은 이른바 추상적 과실만이 문제되는 것이고 이러한 과실은 사회평균인으로서의 주의의무를 위반한 경우를 가리키는 것이지만, 그러나 여기서의 '사회평균인'이라고 하는 것은 추상적인 일반인을 말하는 것이 아니라 그때 그때의 구체적인 사례에 있어서의 보통인을 말하는 것이다[199]고 하고 있다.

대법원은 방송 등 언론 매체가 사실을 적시하여 개인의 명예를 훼손하는 행위를 한 경우에도 그것이 공공의 이해에 관한 사항으로서 그 목적이 오로지 공공의 이익을 위한 것일 때에는 적시된 사실이 진실이라는 증명이 있으면 그 행위에 위법성이 없다 할 것이고, 그 증명이 없다 하더라도 행위자가 그것을 진실이라고 믿었고 또 그렇게 믿을 상당한 이유가 있으면 그 행위에 대한 고의·과실이 없다고 보아야 한다[200]고 하였다. 따라서 백범 김구 선생 암살사건의 논픽션 드라마에서 배후로 묘사된 자의 명예훼손에 대하여, 방송사가 그 방송 내용이 진실하다고 믿었고 또 그렇게 믿을 상당한 이유가

---

198 대법원 1967. 7. 18. 선고 66다1938 판결.

199 대법원 2001. 1. 19. 선고 2000다12532 판결.

200 대법원 1998. 2. 27. 선고 97다19038 판결.

있어 고의·과실이 없다는 이유로 불법행위책임이 성립되지 않는다고 하여 우리 대법원도 명예훼손에서의 고의 또는 과실의 문제를 오신의 상당성 유무와 동일시하고 있다.

또한 대법원은 신문 등 언론매체가 보도를 통하여 타인의 명예를 훼손하는 행위를 한 경우에도, 보도 내용이 공공의 이해에 관한 사항으로서 그 목적이 오로지 공공의 이익을 위한 것일 때에는 그 진실성이 증명될 경우 위법성이 없다 할 것이고, 그 증명이 없더라도 행위자가 그것을 진실이라고 믿을 만한 상당한 이유가 있는 경우에는 고의 또는 과실이 있다고 할 수 없어 불법행위가 성립하지 아니한다[201]고 하였다. 따라서 수사의 초점이 되지 아니하여 보강수사가 이루어지지 않은 유명 연예인의 접대행위에 관하여 수사기록 및 담당 검사로부터 입수한 정보만을 근거로 사실 확인을 하지 아니한 채 일간신문에 허위기사를 게재한 사례에서, 피고 2가 열람한 수사기록은 위 소외 1의 일방적 진술을 기재한 것에 불과한 것이고, 그 수사담당 검사로부터 입수한 정보 역시 관련 연예인들이나 그 소개인들에 대한 수사 결과에 의하여 뒷받침되는 것이 아닌 위 소외 1의 진술만을 근거한 것으로 그다지 신빙성이 높다고 할 수 없으므로 이 사건 기사의 진실성을 뒷받침할 만한 합리적인 근거 내지는 자료가 될 수는 없을 뿐만 아니라, 피고들이 많은 발행부수를 가진 일간지에 원고를 비롯한 관련 연예인들에게 치명적인 피해를 줄 수 있는 이 사건 기사를 게재함에 있어, 관련 연예인들이나 그 소개인들에 대한 사실 확인 또는 위 광고탑 모델의 신원 확인 등을 통하여 비교적 용이하게 위 소외 1의 진술이 진실인지 검토할 수 있었고 또한 기사의 성격상 신속한 보도를 요하는 것이라고도 할 수 없어 그러한 조사를 하기에 충분한 시간적 여유가 있었음에도 불구하고 이러한 조사절차를 거치지 아니한 이상 기사 내용의 진위 확인을 위한 충분한 조사를 한 것이라고도 할

---

201 대법원 1998. 5. 8. 선고 96다36395 판결.

수 없으므로, 피고들이 위 기사 내용을 진실한 것으로 믿었다고 하더라도 이를 진실한 것으로 믿을 만한 상당한 이유가 있었다고 할 수 없다고 하였다. 이 사안에서도 대법원은 명예훼손에서의 고의 또는 과실의 문제를 오신의 상당성 유무와 동일시하고 있다.

한편 언론의 명예훼손과 관련하여 언론사에게 무과실책임을 부과하여야 한다는 견해도 있지만, 소수의견에 불과하다. 언론사에게 주의의무를 높임으로써 법적책임문제를 해결할 수는 있겠지만, 그 역시 언론자유의 제한으로 이어질 수 있어서 신중하게 접근할 필요가 있다. 오히려 언론 보도의 자유를 확보하기 위해서 미국의 뉴욕타임스판결에서와 같이 현실적 악의가 없으면 명예훼손은 성립하지 않는다고 하는 견해도 있다. 일본에서는 일반적으로는 부정하지만, 공적인물에 대한 사전 또는 사후규제에는 고려할 가치가 있다고 한다. 대법원은 방송 등 언론매체가 사실을 적시하여 개인의 명예를 훼손하는 행위를 한 경우에도 그 목적이 오로지 공공의 이익을 위한 것일 때에는 적시된 사실이 진실이라는 증명이 있거나 그 증명이 없다 하더라도 행위자가 그것을 진실이라고 믿었고 또 그렇게 믿을 상당한 이유가 있으면 위법성이 없다고 보아야 할 것이나, 그에 대한 입증책임은 어디까지나 명예훼손 행위를 한 방송 등 언론매체에 있고 피해자가 공적(公的)인 인물이라 하여 방송 등 언론매체의 명예훼손 행위가 현실적인 악의에 기한 것임을 그 피해자측에서 입증하여야 하는 것은 아니다[202]고 하여 현실적 악의론을 받아들이지 않고 있다. 또한 방송 등 언론매체가 사실을 적시하여 개인의 명예를 훼손하는 행위를 한 경우에도 그것이 공공의 이해에 관한 사항으로서 그 목적이 오로지 공공의 이익을 위한 것일 때에는 적시된 사실이 진실이라는 증명이 있거나 그 증명이 없다 하더라도 행위자가 그것을 진실이라고 믿었고 또 그렇게 믿을 상당한 이유가 있으면 위법성이 없다고 보아야 할

202 대법원 1998. 5. 8. 선고 97다34563 판결.

것이나, 그에 대한 입증책임은 어디까지나 명예훼손 행위를 한 방송 등 언론매체에 있고 피해자가 공적인 인물이라 하여 방송 등 언론매체의 명예훼손 행위가 현실적인 악의에 기한 것임을 그 피해자측에서 입증하여야 하는 것은 아니다[203]고 있다. 소송실무상 대부분의 명예훼손소송에서 과실의 유무가 다투어지는 것은 오신의 상당성의 유무에 관한 것이 많다.

(2) 손해

① 손해의 개념

손해(Schaden)는 법적으로 보호되고 있는 이익에 대한 침해로 인하여 입은 모든 불이익을 말한다. 손해와 손실은 구별할 수 있고, 손해는 불법한 원인에 의한 것으로 배상의 대상이지만, 손실은 적법한 원인에 의한 것으로 보상의 대상이다. 손해와 비용도 구별할 수 있고, 손해는 비자발적인 손실이나, 비용(Aufwendung)은 자유의사에 의한 자발적 희생이다. 손해의 개념에 대하여 규정하고 있는 입법례는 우리나라를 비롯하여 일본, 독일에는 없지만, 오스트리아 민법에서는 손해라는 것은 어떤 사람의 재산, 권리 또는 그의 인격에 가해진 모든 불이익(Nachteil)을 말한다(오스트리아 민법 제1293조)고 규정하고 있다. 민법 제750조에서는 "고의 또는 과실로 인한 위법행위로 타인에게 손해를 가한 자는 그 손해를 배상할 책임이 있다"고 규정하여 손해를 불법행위의 요건으로 하고 있다.

손해에는 재산적 손해와 비재산적손해로 구분할 수 있는데, 이 구분을 피침해법익을 기준으로 구분하는 견해와 침해행위의 결과로서 발생하는 손해를 기준으로 하는 견해가 있다. 전자는 피침해법익이 재산적일 경우에 재산적 손해라고 하지만, 생명, 신체 등 인격권의 침해로 발생하는 치료비, 일실소득 등을 비재산적 손해로 보는 불합리성이 있다. 후자는 침해행위의 결

---

203 대법원 2004. 2. 27. 선고 2001다53387 판결.

과로서 발생하는 손해가 재산적인 경우는 재산적 손해, 비재산적인 경우는 비재산적 손해라고 한다. 이 견해에서는 생명, 신체 등의 침해로 인하여 발생한 치료비, 일실소득은 재산적 손해로, 정신적 고통만을 비재산적 손해로 본다. 후자가 합리적이고 타당하다. 비재산적 손해는 정신적 손해라고 하고, 비재산적 손해의 배상을 위자료(Schmerzensgeld)라고 한다. 명예훼손으로 인한 손해에는 정신적 고통에 대한 비재산적 손해만 있는 것이 아니라 명예훼손으로 인하여 외상성 장애를 치료하기 위한 진료비, 명예훼손으로 인한 손해배상청구소송을 위한 소송비용 등 재산적 손해도 있을 수 있다.

대법원은 재산적 손해로 인한 배상청구와 정신적 손해로 인한 배상청구는 각각 소송물을 달리하는 별개의 청구이므로 소송당사자로서는 그 금액을 특정하여 청구하여야 하고, 법원으로서도 그 내역을 밝혀 각 청구의 당부에 관하여 판단하여야 한다[204]고 하여 재산적 손해배상과 위자료는 각각 별개로 청구하여야 한다고 하고 있다.

손해의 개념에 대해서는 학설상으로 차액설과 구체적손해설이 있다. 차액설은 가해원인이 없었다고 한다면 있었어야 할 이익 상태와 가해가 이미 발생하고 있는 현재의 이익상태와의 차액을 손해라고 한다. 구체적 손해설은 법익에 대한 구체적 불이익을 손해라고 하며, 현실적 손해설이라고도 한다. 차액설은 금전배상에 의한 손해배상방법에는 합리적이고 재산적 손해의 경우에는 적절하게 설명되지만, 비재산적 손해의 경우에는 적절하게 설명하지 못하는 문제점이 있다. 대법원은 불법행위로 인한 재산상 손해는 위법한 가해행위로 인하여 발생한 재산상 불이익, 즉 그 위법행위가 없었더라면 존재하였을 재산상태와 그 위법행위가 가해진 현재의 재산상태의 차이를 말하는 것이고, 그것은 기존의 이익이 상실되는 적극적 손해의 형태와

---

204 대법원 1989. 10. 24. 선고 88다카29269 판결.

장차 얻을 수 있을 이익을 얻지 못하는 소극적 손해의 형태로 구분된다[205]고 하여 차액설을 따르고 있다.

언론사가 명예훼손으로 인하여 손해배상책임을 부담하는 경우 명예훼손의 피해자에 대한 손해배상액에서 피해자가 명예훼손이후 피해자의 근무처에서 재직하면서 받은 급여를 공제할 수 있는지 여부가 문제된다. 이 경우 신체적 손상으로 인한 불법행위로 인한 손해배상의 경우 노동능력의 일부 상실이 있을 것이고 그에 따라 그만큼 급여가 감축되어야 함에도 불구하고 근무처에서 종전과 같은 급여를 받는다고 하면 신체적 손상으로 재산상 아무런 손해도 입지 않은 것이 된다. 따라서 노동능력 상실에 해당하는 부분에 관한 급여만큼 손해배상액에서 공제를 하여야 하는 것이 아닌가 하는 것이 문제된다. 그렇다면 명예훼손으로 인한 불법행위로 인한 정신적 손해배상의 경우에도 정신적 피해로 외상후 스트레스장애(PTSD)에 의한 노동능력상실이 있음에도 불구하고 종전과 같은 급여를 받는다면 정신적 손상으로 정신적 손해가 없는 것이 아닌가 하는 문제가 있다. 따라서 이 경우에 그만큼 손해배상액에서 공제를 하여야 하는 것이 아닌가 하는 것이 문제될 수 있다. 전자의 경우에는 대법원은 피해자의 신체장해율의 인정이 정당하다면 피해자는 보통 그 정도의 가동능력을 상실했다고 봄이 우리의 경험칙에 합치되고, 피해자가 사고로 인한 증상이 고정된 후에 종전과 같은 직장에서 종전과 다름없는 수입을 얻고 있더라도 당해 직장이 피해자의 가동능력의 정상적 한계에 알맞는 것이었다는 사정까지 나타나지 않는 한 피해자가 신체훼손에 불구하고 재산상 아무런 손해를 입지 않았다고 단정할 수 없다[206]고 하여 손해배상을 하여야 한다고 하였다. 나아가 대법원은 교통사고의 피해자가 사고로 상해를 입은 후에도 계속하여 종전과 같이 직장에 근

205 대법원 1992. 6. 23. 선고 91다33070 전원합의체 판결.

206 대법원 1992. 9. 25. 선고 91다45929 판결.

무하여 종전과 같은 보수를 지급 받고 있다 하더라도 그와 같은 보수가 사고와 상당인과관계가 있는 이익이라고 볼 수 없으므로 이를 손해배상액에서 공제할 수 없다[207]고 하였다. 따라서 교통사고의 피해자가 종전 직장에 그대로 근무하여 지급받은 보수가 손익상계의 대상이 되지 않는다고 하였다. 또한 대법원은 불법행위로 인한 일실이익손해를 피해자의 노동능력상실률을 인정평가하는 방법에 의하여 산정할 경우 피해자가 후유증에도 불구하고 종전과 같은 직장에서 종전과 다름없이 수입을 얻고 있다고 하더라도 달리 특별한 사정이 없는 한 피해자가 신체적인 기능의 장애로 인하여 아무런 재산상 손해도 입지 않았다고 단정할 수는 없고, 또한 피해자가 사실심의 변론종결시까지 종전 직장으로부터 종전과 같은 보수를 지급받았다고 하더라도 그것이 사고와 상당인과관계에 있는 이익이라고는 볼 수 없어 가해자가 배상하여야 할 손해액에서 그 보수액을 공제할 것은 아니다[208]고 하였고, 또한 교통사고의 피해자가 사고로 인한 상해의 후유증으로 노동능력의 일부를 상실하게 됨으로 말미암아 입게 된 일실이익손해를 피해자의 노동능력상실률을 인정평가하는 방법에 의하여 산정할 경우, 그 노동능력상실률은 피해자의 연령, 교육 정도, 종전에 종사하였던 직업의 성질 및 경력과 기능의 숙련정도, 신체적 기능의 장애 정도와 유사한 직종이나 다른 직종으로의 전업가능성 및 그 확률, 기타 사회적, 경제적인 조건 등을 모두 참작하여 경험칙에 따라 정하여지는 수익상실률이어야 하는 것이므로, 법원이 피해자의 노동능력상실률을 정당하게 인정평가하였다면 피해자가 사고로 인한 상해의 후유증에도 불구하고 사실심의 변론종결시까지 종전과 같은 직장에서 종전과 다름없이 수입을 얻고 있었다고 하더라도, 달리 특별한 사정이 없는 한 피해자가 신체적인 기능의 장애로 인하여 아무런 재산상 손

207 대법원 1992. 12. 22. 선고 92다31361 판결.

208 대법원 1993. 7. 27. 선고 92다15031 판결.

해도 입지 않았다고 단정할 수는 없다[209]고 하여서 교통사고 등 불법행위로 인한 노동능력을 상실하였음에도 불구하고 종전과 같은 수입을 얻고 있더라도 신체적 손상으로 인한 재산상 손해가 없다고 할 수 없으므로 손해배상액에서 수입을 공제할 것은 아니라고 하였다. 그렇다면 명예훼손으로 인한 손해배상의 경우에도 명예훼손으로 인한 외상후 장애가 있다고 할 것이고, 이러한 정신적 장애로 인한 정신적 손해가 없다고 할 수 없으므로 명예훼손의 손해배상액에서 현재의 수입을 공제할 것은 아니다.

② 손해의 발생

명예훼손으로 인한 손해배상을 청구하려면 불법행위에 해당하여야 하고, 그 경우에 명예훼손에 의하여 손해가 발생하여야 한다. 대법원은 불법행위나 채무불이행으로 인한 손해배상청구권이나 부당이득반환청구권은 비록 현실적으로 손해가 발생한 때에 성립하는 것이라고 할지라도 현실적으로 손해가 발생하였는지 여부는 사회통념에 비추어 객관적이고 합리적으로 판단하여야 한다[210]고 하였다. 따라서 매매대금 일부의 지급에 갈음하여 매도인이 매매 부동산을 담보로 대출받고 매수인이 그 반환채무를 인수하기로 하였으나 매도인이 약정 금액보다 많은 금액을 대출받고서 그 초과대출금에 상당하는 잔금에 대한 지급청구권을 행사하는 경우, 매수인으로서는 부동산에 대한 소유권이전등기청구권을 보전하기 위하여 매도인이 약정보다 초과하여 대출받은 금원까지도 변제하지 않을 수 없게 된 손해를 입었다고 할 것이고, 이와 같은 매수인의 손해는 사회통념상 현실적으로 발생한 손해라고 봄이 상당하다.

대법원은 불법행위로 인한 손해배상청구권은 비록 현실적으로 손해가

209 대법원 1994. 8. 26. 선고 94다25810 판결.

210 대법원 1998. 4. 24. 선고 97다28568 판결.

발생한 때에 성립하는 것이라고 할지라도 현실적으로 손해가 발생하였는지 여부는 사회통념에 비추어 객관적이고 합리적으로 판단하여야 한다[211]고 하였다. 따라서 환지 과정에서 등기관이 새로운 등기부를 편제하면서 근저당권설정등기 및 압류등기의 이기를 누락하였고, 그 등기부를 신뢰하여 부동산을 매수한 매수인이 매매대금을 전부 지급한 후 위 근저당권설정등기 및 압류등기가 이기된 사례에서, 등기관의 직무상 과실로 위법하게 이루어진 등기부상 기재를 믿고 법률상 또는 계약상 지급할 의무가 없는 금원을 지급한 사실 자체로서 매수인에게 현실적으로 손해가 발생하였다고 하였다.

다음으로 명예훼손의 피해자에게 다른 구제 수단이 있는 경우에도 민법상 불법행위가 성립하는지 여부가 문제된다. 비록 사후적으로 원고가 매도인 측과의 소송 등을 통하여 위 손해를 회복할 수 있는 다른 법적 구제수단이 존재한다고 하여 일단 있었던 손해의 발생 사실 자체를 부정할 수는 없다.[212] 다만 피해자가 다른 구제수단에 의하여 실제로 손해를 전보받은 때에는 그 한도에서 가해자의 손해배상의무가 감축될 수 있다.

보도 내용이 수사가 진행중인 피의사실에 관한 것일 경우 일반 독자들로서는 보도된 피의사실의 진실 여부를 확인할 수 있는 별다른 방도가 없을 뿐만 아니라 언론기관이 가지는 권위와 그에 대한 신뢰에 기하여 보도 내용을 그대로 진실로 받아들이는 경향이 있고, 신문 보도가 가지는 광범위하고도 신속한 전파력으로 인하여 사후 정정보도나 반박보도 등의 조치에 의한 피해구제만으로는 사실상 충분한 명예회복을 기대할 수 없는 것이 보통이므로, 피해자들이 정정보도를 요구하여 신문사가 정정보도를 하였다 하여 당연히 피해자들이 향후 손해배상청구권을 포기할 의사였다고 볼 수는 없

---

211 대법원 2009. 3. 12. 선고 2007다76580 판결.

212 대법원 2009. 3. 12. 선고 2007다76580 판결.

다[213]고 하여 정정보도청구를 하더라도 손해배상청구를 할 수 있다고 하였다. 대법원은 채권자가 동일한 채무자에 대하여 수개의 손해배상채권을 가지고 있다고 하더라도 그 손해배상채권들이 발생시기와 발생원인 등을 달리하는 별개의 채권인 이상 이는 별개의 소송물에 해당하고, 이를 소로써 구하는 채권자로서는 손해배상채권별로 청구금액을 특정하여야 하며, 법원도 이에 따라 손해배상채권별로 인용금액을 특정하여야 한다[214]고 하였고, 이에 원고는 2008. 7. 10. 청구취지 및 청구원인을 변경하면서 음성권과 초상권이 침해당하였다고 주장하면서도 초상권 침해로 인한 정신적 손해에 대하여 위자료로 500만 원을 구하였는바, 원심은 제1심판결 이유를 인용하여 원고의 음성권 침해와 초상권 침해로 인한 손해배상채권의 인용금액을 따로 특정하지 아니한 채 인용금액을 100만 원으로 정하였음을 알 수 있다, 그런데 앞서 본 사실관계에 의하면, 이 사건 원심 변론종결 당시, 원고가 구하는 500만 원의 손해배상채권이 어느 채권에 대한 청구인지 불분명하여 그 청구가 특정되었다고 볼 수 없는바, 그렇다면 원심으로서는 석명권을 적절히 행사하여 원고가 구하는 위 각 손해배상청구에 관한 주장이 불완전·불명료한 점을 지적하여 이를 정정·보충하도록 보정을 명함으로써 이 사건 소송상의 청구를 명확히 특정한 다음, 나아가 원고 주장의 당부를 심리·판단하였어야 할 것이다. 그런데도, 원심은 원고 청구의 불분명한 내용에 관하여 석명권을 행사하지 아니한 채, 각 손해배상채권에 따른 개별적인 인용금액을 구분하지 아니하고 피고에 대하여 포괄적으로 100만 원의 손해배상금액을 인정하였으니, 이러한 원심판결에는 석명권 불행사 내지 심리미진으로 판결에 영향을 미친 위법이 있다고 하였다.

손해의 발생에 대한 입증책임은 피해자가 부담한다. 책임성립요건으로서

213 대법원 2002. 5. 10. 선고 2000다50213 판결.

214 대법원 2009. 10. 29. 선고 2009다49766 판결.

의 손해는 현실적으로 발생한 자연적 피해사실을 의미하고, 책임의 효과로서 구체적으로 배상되어야 하는 손해와는 별개의 개념이다. 대법원은 불법행위로 인한 재산상의 손해는 위법한 가해행위로 인하여 발생한 재산상의 불이익, 즉 불법행위가 없었더라면 존재하였을 재산상태와 불법행위가 가해진 이후의 재산상태의 차이를 말하는 것이고, 이러한 손해의 액수에 대한 증명책임은 손해배상을 청구하는 피해자인 원고에게 있으므로, 원고는 불법행위가 없었더라면 존재하였을 재산상태와 불법행위가 가해진 이후의 재산상태가 무엇인지에 관하여 이를 증명할 책임을 진다[215]고 하였다.

또한 향후소득의 입증에 관한 석명권 행사와 입증촉구의 노력에도 불구하고 향후 소득의 예측이 불가능한 경우에는 법원은 합리적이고 객관성 있는 노동능력상실률을 가려낼 수 있는 한 직권으로 이를 적용하여서라도 일실이익을 산정하여야 할 것이며 향후소득의 예측이 불가능하다고 하여 바로 피해자의 청구를 배척하여서는 안된다.[216] 아울러 불법행위를 원인으로 한 손해배상청구소송에 있어서 그 손해액의 범위에 관한 입증책임은 피해자인 원고에게 있는 것인바, 그에 대한 법원의 입증촉구에 대하여 이에 응하지 않을 뿐만 아니라 명백히 그 입증을 하지 않겠다는 의사를 표시한 경우에는 법원은 피고에게 손해배상책임을 인정하면서도 그 액수에 관한 증거가 없다는 이유로 청구를 배척할 수 있다.[217]

민사소송법은 손해배상 액수의 산정에 대하여 2016. 3. 29. 법개정을 하여 손해가 발생한 사실은 인정되나 구체적인 손해의 액수를 증명하는 것이 사안의 성질상 매우 어려운 경우에 법원은 변론 전체의 취지와 증거조사의 결과에 의하여 인정되는 모든 사정을 종합하여 상당하다고 인정되는 금액

---

215 대법원 2012. 12. 13. 선고 2011다25695 판결.

216 대법원 1987. 3. 10. 선고 86다카331 판결.

217 대법원 1994. 3. 11. 선고 93다57100 판결.

을 손해배상 액수로 정할 수 있다(민사소송법 제202조의 2)고 신설하였다.

③ 손해배상

손해배상이라는 것은 채무불이행(민법 제390조) 또는 불법행위(민법 제750조)에 의하여 발생한 손해를 전보하는 것을 말한다. 비재산적 손해에 대한 배상을 위자료하고 한다. 위자료는 비물질적(정신적) 손해에 갈음하기 위한 배상금을 말하는 것이다. 재산적 손해에 대한 배상이 아니라, 일정한 위법행위(채무불이행 및 불법행위)로 인하여 정신적 고통이 발생하였을 때, 그 징벌 및 속죄의 명목으로 청구하는 일정한 금액이라 할 수 있다. 생명, 신체, 건강, 자유의 침해에 대해서 보통 인정되지만, 예외적으로 불편한 감정이나 정신적 부담 등에 대해서도 청구될 수 있다. 채무불이행은 대개의 경우 채권자의 재산적 법익을 침해하는 것이며, 정신적 법익과는 직접적 관련을 갖지 않는 것으로 본다. 따라서 채무불이행에서 정신적 손해는 배상청구의 범위에 포함을 시키지 않는 것이 보통이다.

우리 민법에서는 법 규정과 무관하게 위자료 배상이 계약법과 불법행위법 모두에서 인정될 수 있다는 게 다수설의 입장이다. 다만 계약상의 채무불이행에서 위자료가 인정되는 경우는 채권자의 생명·신체·건강·자유 등의 인격적 이익이 침해되었거나, 채권자가 그 급부에 대하여 특별한 정신적 가치를 부여하고 있었고 이를 채무자가 알 수 있었다거나, 채무자의 채무불이행 양태가 동시에 채권자의 정신적 이익을 해칠 수밖에 없었던 경우 등에 한정된다[218]고 한다.

한편 우리 민법은 위자료 배상의 경우 불법행위법의 체계에만 적용이 있고(제751조), 그 외의 채무불이행법 체계에서는 적용이 없는 것처럼 규정하고 있다. 그러나 이는 오늘날의 시대 조류에 어긋나며 법정책적으로도 비판받

218 대법원 2004. 11. 12. 선고 2002다53865 판결.

을 만하다. 독일 민법은 위자료의 경우 종래 불법행위법에서만 배상 규정을 두었으나(독일민법 제847조), 2002년 8월 1일의 법 개정으로 제847조의 규정을 제253조 2항의 일반규정에 통합해 위자료 배상이 채무불이행과 불법행위 모두에서 똑같이 인정될 수 있도록 하였다.

대법원은 일반적으로 계약상 채무불이행으로 인하여 재산적 손해가 발생한 경우, 그로 인하여 계약 당사자가 받은 정신적인 고통은 재산적 손해에 대한 배상이 이루어짐으로써 회복된다고 보아야 할 것이므로, 재산적 손해의 배상만으로는 회복될 수 없는 정신적 고통을 입었다는 특별한 사정이 있고, 상대방이 이와 같은 사정을 알았거나 알 수 있었을 경우에 한하여 정신적 고통에 대한 위자료를 인정할 수 있다. 재산적 손해의 발생이 인정되는데도 입증곤란 등의 이유로 그 손해액의 확정이 불가능하여 그 배상을 받을 수 없는 경우에 이러한 사정을 위자료의 증액사유로 참작할 수는 있다고 할 것이나, 이러한 위자료의 보완적 기능은 재산적 손해의 발생이 인정되는데도 손해액의 확정이 불가능하여 그 손해 전보를 받을 수 없게 됨으로써 피해회복이 충분히 이루어지지 않는 경우에 이를 참작하여 위자료액을 증액함으로써 손해 전보의 불균형을 어느 정도 보완하고자 하는 것이므로, 그 재산적 손해액의 주장·입증 및 분류·확정이 가능한 계약상 채무불이행으로 인한 손해를 심리·확정함에 있어서까지 함부로 그 보완적 기능을 확장하여 편의한 방법으로 위자료의 명목 아래 다수의 계약 당사자들에 대하여 획일적으로 일정 금액의 지급을 명함으로써 사실상 재산적 손해의 전보를 꾀하는 것과 같은 일은 허용될 수 없다[219]고 하였다.

위자료는 1차 손해에 대한 배상이라기보다 후속손해에 대한 배상에 해당한다. 그런데 비재산적 손해가 발생했을 경우 손해배상의 근거로서 더 중요한 것은 생명·신체·건강·자유의 상실과 같은 1차적 손해보다 그 후속손해

219 대법원 2004. 11. 12. 선고 2002다53865 판결.

로서의 정신적 손해 또는 일실이익의 손해이다. PTSD(Post-traumatic Stress Disorder, 외상 후 스트레스 장애)가 대표적이다. 인간 자체의 금전적 가치가 DNA, 세포, 장기, 조직, 단백질, 수분, 뼈, 지방 등의 가격을 모두 합쳐도 그 액수가 얼마 되지 않기 때문이다. 이 중 정신적 손해에 대한 배상금으로서 위자료의 산정은 침해된 권리 상태의 보정만이 아니라 응보(應報) 및 속죄(贖罪)의 요소도 중요하게 고려하므로, 재산적 손해의 산정과 정신적 손해의 산정은 성질상 서로 큰 차이를 갖게 된다.

대법원은 법인에 대하여 명예훼손적 비방광고를 한 자에 대하여 원고 법인이 피고 법인에 의한 이 사건 비방광고들로 인한 피해를 최소한으로 줄이기 위하여 이 사건 광고들이 실렸던 일간지마다 동일한 크기의 대응광고를 게재한 사례에서 대법원은 비방광고들로 인한 피해를 최소한으로 줄이기 위하여 광고들이 실렸던 일간지마다 동일한 크기의 대응광고를 게재할 필요가 있었다면, 그 비용도 비방광고들로 인하여 입은 손해라고 하였다.[220] 따라서 원심은 이어서, 이 사건 광고들로 인하여 원고의 인격과 명예, 신용 등이 훼손됨으로써 분유제조업체인 원고의 사회적 평가가 낮아지고 그 사업수행에 커다란 악영향이 미쳤으리라는 점은 경험칙에 비추어 쉽게 인정할 수 있으므로, 피고는 위 사회적 평가의 침해에 따라 원고가 입은 무형의 손해를 배상할 의무가 있다고 판단한 다음, 원고가 입은 손해의 종류와 성격, 원고의 지명도와 영업의 신용도, 원고 회사의 규모 및 영업실적, 이 사건 광고들의 허위성의 정도와 비방성의 강도, 피고의 광고행태 전반에서 드러나는 악의성의 정도, 조제분유 제품을 선택하는 소비자들의 보수성, 부정적 광고가 미치는 영향의 즉각성과 지속성, 부정적 영향으로부터 회복함이 곤란한 점, 부정적 광고에 대하여 효율적인 구제수단인 사죄광고가 허용되지 아니하는 점, 피고 회사의 규모와 재산 정도 등 여러 사정을 참작하여 그 손

220 대법원 1996. 4. 12. 선고 93다40614,40621 판결.

해액을 금 3억원으로 정하였는바, 피고에게 원고가 입은 무형의 손해를 배상할 책임이 있다는 원심의 판단은 옳고(민법 제764조 참조), 또한 기록에 비추어 보건대, 원심이 산정한 손해액도 적정하다고 하여 대법원은 광고비용을 재산적 손해로 파악하지 않고 비재산적 무형의 손해로 파악하였다.

4. 사후적 구제로서의 적당한 처분

명예훼손으로 인한 사후적 구제에 대하여 민법은 타인의 명예를 훼손한 자에 대하여는 법원은 피해자의 청구에 의하여 손해배상에 갈음하거나 손해배상과 함께 명예회복에 적당한 처분을 명할 수 있다(민법 제764조)고하여 명예훼손의 경우의 특칙에 관한 규정을 두고 있다. 언론중재법도 타인의 명예를 훼손한 자에 대하여는 법원은 피해자의 청구에 의하여 손해배상을 갈음하여 또는 손해배상과 함께, 정정보도의 공표 등 명예회복에 적당한 처분을 명할 수 있다(언론중재법 제31조)고하여 명예훼손의 경우의 특칙에 관한 규정을 두고 있다. 명예회복에 적당한 처분의 내용에 대해서는 민법이나 언론중재법에도 아무런 규정을 두고 있지 않다. 적당한 처분으로는 정정보도, 반론보도, 기사의 삭제 및 취소, 철회 등이 있을 수 있다. 사죄광고에 대해서는 헌법재판소에서 위헌결정을 내림으로써 이용할 수 없게 되었지만, 법인에 대한 사죄광고에 대해서는 다음에 보는 바와 같이 문제가 있다.

먼저 정정보도청구권을 살펴보자. 정정보도청구권은 민법 제764조에 의해서도 인정되고, 언론중재법 제14조에 의해서도 인정되는 등 다음과 같이 다른 점도 있다. ①민법 제764조의 적당한 처분으로서 정정보도청구권은 불법행위의 피해자에 대한 구제로서 손해배상책임과 같이 인정되어 왔으므로, 불법행위의 성립요건으로 허위의 사실적 주장이 있고 위법성이 있어야 한다. 이에 비하여 언론중재법상 정정보도청구권은 '사실적 주장에 관한 진실하지 아니한 언론보도'만 있으면 족하고, 언론의 고의·과실이나 위법성을 요구하지 아니한다. 언론중재법상 정정보도청구권은 민법 제764조의 정정보도청구권이 그 행사에 제약이 많아 피해회복을 위한 충분한 구제수단이 되지 못하는 문제를 해결하기 위하여 2005. 1. 27. 언론중재법의 제정과 함께 도입된 것이다. ②민법상 정정보도청구권은 불법행위가 성립하는 것을 전제로 인정되므로, 보도의 허위성이 입증되지 못하거나 위법성 조각사유가 있는 경우에도 인정될 수 없다. 이에 비하여 언론중재법상 정정보도청구권은 그 보도가 허위인 경우에는 언론의 고의·과실이 없거나 위법성이 없더라도(즉, 보도의 공익성이 인정되고, 그 보도가 진실이라고 믿은 데 상당한 이유가 있어 불법행위로 볼 수 없더라도) 행사가 가능하다는 점에서 차이가 있다. ③민법상 정정보도청구권은 일반불법행위와 마찬가지로 안 날로부터 3년, 있은 날로부터 10년의 제소기간이 있지만, 언론중재법상 정정보도청구권은 언론보도 등이 있음을 안 날로부터 3개월, 언론보도 등이 있은 날로부터 6개월의 제소기간이 있다. 따라서 언론중재법상의 정정보도청구권은 민법상의 불법행위에 기한 청구권과는 다른 별개의 특수한 권리라고 할 수 있다. 헌법재판소도 "언론중재법의 정정보도청구권은 언론사의 고의·과실이나 위법성을 요하지 않고, 정정보도청구의 소 제기로 인하여 민법 제764조의 규정에 의한 권리행사에 영향을 미치지 않으며, 민법상 불법행위로 인한 손해배상청구권의 소멸시효에 비하여 현저히 짧은 제소기간을 두고 있다는 점에서, 보도내용의 진실 여부와 관계없이 사실적 보도에 의하여 인격권을 침해당한 자가 언론사에 대하여 자신의 사실적 주장을 게재하여 줄 것을 청구하는 반론보도청구권이나, 민법상 불법행위에 기한 청구권과는 전혀 다른 별개의 청구권이다."라고 하였다.[221]

대법원은 신문기사에서 공직자가 감사원에 의한 감사를 받고 있다는 등의 사실을 전달하는 데 그치지 않고 부정한 금원을 수수하였음을 간접적·우회적으로 암시하여 그 명예를 훼손하였다고 본 사례에서, 타인의 명예

---

221 헌법재판소 2006.6.29. 선고 2005헌마165,314,555,807,2006헌가3(병합) 결정.

를 훼손한 자에 대하여 법원은 피해자의 청구에 의하여 손해배상에 갈음하거나 손해배상과 함께 정정보도의 공표 등 명예회복에 적당한 처분을 명할 수 있는바, 이는 명예훼손의 경우에는 그로 인한 피해자의 재산적·정신적 손해의 범위 및 그 금전적 평가를 구체적으로 입증하는 것이 곤란하고 또 금전배상만으로는 피해자의 구제가 실질적으로 불충분·불완전한 경우가 많으므로, 이러한 결함을 보완하여 피해자를 효과적으로 구제하기 위한 것이다[222]고 하여 손해배상과 동시에 적당한 처분으로서 정정보도의 공표를 청구할 수 있다고 하였다. 따라서 원심은 사건 기사 작성 및 보도 경위, 그 형식과 내용, 원고의 지위, 나이, 경력, 피고들이 언론기관 또는 기자로서 차지하는 사회적 비중과 사회적 영향력 등 변론에 나타난 여러 사정을 고려하여 피고들로 하여금 원고에게 위자료를 지급하도록 명함과 아울러, 그와 같은 금전배상만으로는 원고의 명예를 회복하는데 충분치 않다고 보아 피고 언론사로 하여금 그 판시와 같은 위치, 게재방법 및 내용으로 정정보도를 하도록 명하였는바, 앞서 본 사정들에다가 이 사건 기사보도 후의 정황, 원심이 인용한 정정보도문의 내용 등 모든 사정을 위 법리에 비추어 살펴보면, 원심의 위 조치는 원고의 명예회복을 위한 적당한 처분의 범주 내에 속하는 것으로서 정당하다고 하였다. 이 사안에서는 언론사가 개인의 명예를 훼손한 경우에 손해배상과 함께 적당한 처분으로서 정정보도를 하도록 하였다.

대법원은 언론사의 명예훼손책임을 인정하고, 동시에 적당한 처분으로서 정정보도를 청구한 사안에서 원심은 이 사건 기사가 대구·경북 지역에 거주하는 사람들에게 큰 파장을 불러올 수 있는 내용을 담고 있는 점, 피고 소속 취재기자가 직접 국정감사장을 방청한 후 이 사건 기사를 작성한 점, 피고 발행 신문이 석간신문이어서 다른 조간신문들보다 원고의 실제 발언 내

---

222 대법원 2007. 12. 27. 선고 2007다29379 판결.

용, 발언 의도 등을 충분히 조사할 시간적 여유가 있었던 점, 피고가 이 사건 기사를 게재하기 전날인 국정감사 당일 인터넷 기사로 원고의 발언을 보도한 연합뉴스 등은 원고의 발언 내용과 취지 등을 가감 없이 사실 그대로 보도하고 있는 점 등을 종합하면, 피고가 이 사건 기사를 게재함에 있어 그 적시한 내용이 진실이라고 믿은 데 상당한 이유가 있다고 보기 어렵다[223]고 판단하여 언론사의 명예훼손책임을 인정하고, 동시에 적당한 처분으로서 정정보도청구한 데 대하여 원심이 이 사건 기사의 게재 방식과 그 비중, 표현방법 및 내용, 기타 변론에 나타난 여러 사정을 종합하여 원고의 명예회복을 위한 적당한 처분으로 피고에 대하여 그 판시와 같은 크기, 방법의 정정보도문 게재를 명한 것은 수긍이 간다고 긍정하였다.

또한 대법원은 민법 제764조에서 말하는 명예라 함은 사람의 품성, 덕행, 명예, 신용 등 세상으로부터 받는 객관적인 평가를 말하는 것이고 특히 법인의 경우에는 그 사회적 명예, 신용을 가리키는 데 다름없는 것으로 명예를 훼손한다는 것은 그 사회적 평가를 침해하는 것을 말하고 이와 같은 법인의 명예가 훼손된 경우에 그 법인은 상대방에 대하여 불법행위로 인한 손해배상과 함께 명예 회복에 적당한 처분을 청구할 수 있고, 종중과 같이 소송상 당사자능력이 있는 비법인사단 역시 마찬가지이다[224]고 하여 법인의 명예훼손에 대해서도 손해배상과 함께 적당한 처분으로 사전 예방적 구제수단으로 법인(비법인사단, 권리능력없는 사단)은 침해행위의 정지·방지 등의 금지청구를 할 수 있다고 하였다. 그러나 이 사안에서는 그 금지청구로서 "학교운영계획서" 책자에 설립자 기재금지를 청구하였으나, "학교운영계획서"에 피고 학교법인을 실질적으로 설립한 주체가 원고 종중이라거나 소외 2가 원고 종중의 대표자로서 설립행위를 하였다는 점을 명백하게 밝히지 않은 채

223 대법원 2013. 11. 28. 선고 2012다79262 판결.

224 대법원 1997. 10. 24. 선고 96다17851 판결.

단지 그 설립자가 소외 2라고 기재한다고 하여, 이로 인하여 새삼스럽게 원고 종중의 사회적 명예나 신용이 침해된다고 보기는 어렵다고 하였다. 이것은 원고 비법인사단인 종중에게 적당한 처분으로서 기재금지청구는 인정될 수 있지만, 학교운영계획서에 비법인사단인 종중을 설립자라고 기재하지 않은 것이 비법인사단에게 명예훼손이 되는 것이 아니기 때문에 비법인사단인 원고 중중의 청구를 부정하였다.

적당한 처분으로서 사죄광고에 대해서는 대법원은 당초 긍정하였다. 즉, 부당한 가처분으로 인하여 회사의 사회적 신용과 명예가 침해된 경우 법원은 이를 회복하기 위한 적당한 처분을 명할 수 있으므로 가처분채권자에게 사죄광고를 명할 수 있다[225]고 하였다. 이 사례에서는 불법행위로 인하여 법인의 명예와 신용이 침해되어 그 법인의 목적사업수행이 영향을 입은 경우와 같이 법인의 사회적 평가가 침해된 경우에는 불법행위를 이유로 침해를 한 자에게 재산상 손해는 물론 위자료의 청구도 할 수 있다 할 것인 바 이 사건에 있어서 결국 부당제소로 결말이 난 원고 법인의 피고 법인에 대한 가처분사건으로 인하여 피고는 7년이라는 긴 세월동안에 계획했던 지아제핌의 제조와 판매를 금지당하였고 또 가처분에 대한 이의소송 본안에 대한 응소 그 본안 사건의 전제가 된 특허권 쟁송 등으로 적지 않은 재산상 손해를 입었다 할 것이고 겸하여 피고 법인의 명예, 신용 및 사회적 목적사업수행에도 많은 영향을 받은 것임이 인정되는 이상 원심이 피고 법인에 대한 위자료를 인용하였음은 상당하고 또 그 액수 5백만원 또한 앞서 나온 여러 가지 사정에 비추어 상당한 것이라 할 것이므로 이를 탓하는 논지는 또한 이유없다. 그리고 피고 법인의 사회적 신용과 명예가 원고 법인이 한 부당가처분으로 인하여 침해를 받은 것이라면 그 침해로 인한 명예회복을 위하여 또한 적당한 처분을 법원이 명할 수 있는 것이므로 원심이 이 사건에 있어서

225 대법원 1980. 2. 26. 선고 79다2138,2139 판결.

원고에게 사죄광고를 명한 것 또한 상당하고 그 광고의 내용정도 등 모두가 상당한 것으로 인정된다고 하여 법인의 명예훼손에 대하여 가해를 한 법인에게 사죄광고를 인정하였다. 또한 명예훼손으로 인한 피해자가 그로 인한 손해배상과 아울러 사죄광고를 함께 청구하고 있다면 법원은 그 명예훼손이 있는 것으로 인정될 때 그 청구범위 내에서 명예회복 처분을 금전배상과 함께 명하거나 또는 전자만을 명하거나 아니면 전자를 인정함이 없이 후자만을 명할 수 있다[226]고 하여 사죄광고를 인정하였다.

그러나 헌법재판소는 1991. 4. 1. 89헌마160 결정으로 민법 제764조의 "명예회복에 적당한 처분에 사죄광고를 포함시키는 것은 헌법에 위반된다"고 하여 사죄광고를 금지하였고, 구 방송법 제100조 제1항은 "방송통신위원회는 방송사업자·중계유선방송사업자 또는 전광판방송사업자가 제33조의 심의규정 및 제74조제2항에 의한 협찬고지 규칙을 위반한 경우에는 5천만원 이하의 과징금을 부과하거나 시청자에 대한 사과(제1호), 해당 방송프로그램 또는 해당 방송광고의 정정·수정 또는 중지(제2호), 방송편성책임자·해당 방송프로그램 또는 해당 방송광고의 관계자에 대한 징계(제3호), 주의 또는 경고(제4호)의 제재조치를 명할 수 있다. 제35조에 따른 시청자불만처리의 결과에 따라 제재를 할 필요가 있다고 인정되는 경우에도 또한 같다. 다만, 방송통신심의위원회는 심의규정 등의 위반정도가 경미하여 제재조치를 명할 정도에 이르지 아니한 경우에는 해당 사업자·해당 방송프로그램 또는 해당 방송광고의 책임자나 관계자에 대하여 권고를 하거나 의견을 제시할 수 있다."고 규정하고 있는데, 위 제100조 제1항 제1호의 방송사업자 등의 시청자에 대한 사과에 대하여 헌법재판소는 법인도 법인의 목적과 사회적 기능에 비추어 볼 때 그 성질에 반하지 않는 범위 내에서 인격권의 한 내용인 사회적 신용이나 명예 등의 주체가 될 수 있고 법인이 이러한

226 대법원 1988. 6. 14. 선고 87다카1450 판결.

사회적 신용이나 명예 유지 내지 법인격의 자유로운 발현을 위하여 의사결정이나 행동을 어떻게 할 것인지를 자율적으로 결정하는 것도 법인의 인격권의 한 내용을 이룬다고 할 것이다. 그렇다면 이 사건 심판대상조항은 방송사업자의 의사에 반한 사과행위를 강제함으로써 방송사업자의 인격권을 제한한다. 이 사건 심판대상조항은 시청자의 권익보호와 민주적 여론 형성 및 국민문화의 향상을 도모하고 방송의 발전에 이바지하기 위하여, 공정하고 객관적인 보도를 할 책무를 부담하는 방송사업자가 심의규정을 위반한 경우 방송통신위원회로 하여금 전문성과 독립성을 갖춘 방송통신심의위원회의 심의를 거쳐 '시청자에 대한 사과'를 명할 수 있도록 규정한 것이므로, 입법목적의 정당성이 인정되고, 이러한 제재수단을 통해 방송의 공적 책임을 높이는 등 입법목적에 기여하는 점을 인정할 수 있으므로 방법의 적절성도 인정된다. 그러나 심의규정을 위반한 방송사업자에게 '주의 또는 경고'만으로도 반성을 촉구하고 언론사로서의 공적 책무에 대한 인식을 제고시킬 수 있고, 위 조치만으로도 심의규정에 위반하여 '주의 또는 경고'의 제재조치를 받은 사실을 공표하게 되어 이를 다른 방송사업자나 일반 국민에게 알리게 됨으로써 여론의 왜곡 형성 등을 방지하는 한편, 해당 방송사업자에게는 해당 프로그램의 신뢰도 하락에 따른 시청률 하락 등의 불이익을 줄 수 있다. 또한, '시청자에 대한 사과'에 대하여는 '명령'이 아닌 '권고'의 형태를 취할 수도 있다. 이와 같이 기본권을 보다 덜 제한하는 다른 수단에 의하더라도 이 사건 심판대상조항이 추구하는 목적을 달성할 수 있으므로 이 사건 심판대상조항은 침해의 최소성원칙에 위배된다. 또한 이 사건 심판대상조항은 시청자 등 국민들로 하여금 방송사업자가 객관성이나 공정성 등 저버린 방송을 했다는 점을 스스로 인정한 것으로 생각하게 만듦으로써 방송에 대한 신뢰가 무엇보다 중요한 방송사업자에 대하여 그 사회적 신용이나 명예를 저하시키고 법인격의 자유로운 발현을 저해하는 것인바, 방송사업자의 인격권에 대한 제한의 정도가 이 사건 심판대상조항이 추구하는 공익에 비해 결코 작다고 할 수 없으므로 이 사건 심판대상조항은 법익의 균형성원칙에도 위배된다며 위헌을 선고하였다.[227] 그렇지만, 아직까지 대법원에서는 "부정적 광고에 대하여 효율적인 구제수단인 사죄광고가 허용되지 아니하는 점"[228], "명예회복에 적당한 처분의 하나로 사죄광고가 허용되지 아니하는 우리 법제하에서 교원에 대한 명예훼손적인 불이익처분이 있는 경우 그 불이익처분 자체에 대하여 무효확인을 받는 것이 민법 제764조에서 말하는 명예회복에 적당한 처분이 될 수 있으므로 위와 같은 해석은 우리 민법의 규정 취지에도 부합하는 것이라고 할 것"[229]이라고 하여 방론으로 표시할 뿐 사죄광고에 대한 직접적인 판단은 하지 않고 있다.

이에 대해서는 개인에 대한 사죄광고는 개인의 양심의 자유에 저촉되는 등 위헌의 여지는 있어서 헌법재판소의 위헌결정은 합리적이므로 이를 따라야 하지만, 법인에 대한 사죄광고는 법인의 본질론 중 통설적 견해인 법인실재설에 비추어 위헌의 소지는 없다고 사료되므로, 법인에 대한 사죄광고는 가능하다고 보아 허용되어야 할 것이다.

5. 사후적 구제의 방해제거로서의 기사삭제, 보도금지

명예는 생명, 신체와 함께 매우 중대한 보호법익이고 인격권으로서의 명예권은 물권의 경우와 마찬가지로 배타성을 가지는 권리라고 할 것이므로, 사람의 품성, 덕행, 명성, 신용 등의 인격적 가치에 관하여 사회로부터 받는 객관적인 평가인 명예를 위법하게 침해당한 자는 손해배상(민법 제751조) 또는 명예회복을 위한 처분(민법 제764조)을 구할 수 있는 이외에 인격권으로서 명예권에 기초하여 가해자에 대하여 현재 이루어지고 있는 침해행위를 배

227 헌법재판소 2012. 8. 23. 2009헌가27.

228 대법원 1996. 4. 12. 선고 93다40614,40621 판결.

229 대법원 2000. 5. 18. 선고 전원합의체 판결 소수의견.

제하거나 장래에 생길 침해를 예방하기 위하여 침해행위의 금지를 구할 수 도 있다.

대법원은 인격권 침해를 이유로 한 방해배제청구권으로서 기사삭제 청구의 당부를 판단함에 있어서는 그 표현내용이 진실이 아니거나 공공의 이해에 관한 사항이 아닌 기사로 인해 현재 원고의 명예가 중대하고 현저하게 침해받고 있는 상태에 있는지 여부를 언론의 자유와 인격권이라는 두 가치를 비교·형량하면서 판단하면 되는 것이고, 피고가 그 기사가 진실이라고 믿은 데 상당한 이유가 있었다는 등의 사정은 형사상 명예훼손죄나 민사상 손해배상책임을 부정하는 사유는 될지언정 기사삭제를 구하는 방해배제청구권을 저지하는 사유로는 될 수 없다[230]고 하였다.

6. 인터넷공간에서의 기사삭제 또는 임시조치 등

(1) 피해자의 요청

현대인은 인터넷을 하루도 거르지 못할 정도로 인터넷공간속에서 생활하고 있다. 심지어 모든 신문과 방송 등 언론도 인터넷을 통해서 검색 및 이용되고 있는 실정이다. 이처럼 인터넷은 전기통신설비를 이용하거나 전기통신설비와 컴퓨터 및 컴퓨터의 이용기술을 활용하여 정보를 수집·가공·저장·검색·송신 또는 수신하는 정보통신체제(전기통신사업법 제2조제2호, 정보통신망법 제2조 제1항 제1호)로서 언론이 취재하거나 보도한 내용을 포함한 거의 모든 정보를 검색하고 접근할 수 있고, 이를 통해서 명예훼손의 위험이 발생할 수도 있다. 정보통신망 이용촉진 및 정보보호 등에 관한 법률(정보통신망법)에서는 정보통신망을 통해서 일반공개정보로 명예훼손을 받은 자는 정보통신서비스제공자에게 정보삭제 또는 반박내용 게재를 요청할 수 있고, 정보통신서비스제공자는 명예훼손에 관하여 다툼이 예상되는 경우에는 임시로 접

230 대법원 2013. 3. 28. 선고 2010다60950 판결.

근차단을 하는 임시조치를 할 수 있도록 하고 있다. 임시조치는 인터넷 등을 통하여 명예훼손 여부 등이 문제될 경우에 해당 정보에 접근을 임시적으로 차단하는 조치를 말하고, 블라인드(blind) 또는 블록(block)이라고 한다. 온라인상의 신상털이 등을 통해서 명예훼손이 심각하게 문제될 경우에 인터넷사업자가 스스로 임의로 하거나 당사자의 신청을 통해서 할 수 있다. 임시조치는 외국에서는 찾아볼 수 없는 우리나라의 고유한 제도로서, 1999년 불온통신사건으로 제기된 전기통신사업법 제53조(불온통신의 단속)와 전기통신사업법 시행령 제16조(불온통신)에 대한 위헌결정(헌법재판소 2002.6.27. 99헌마480)을 계기로 불온통신을 불법통신으로 바뀌면서 만들어져 2007년 7월 정보통신망법 제44조의 5의 규정에 의한 본인확인조치(인테넷실명제)가 도입되면서 본격적으로 시행된 제도이다. 정보통신망법에서는 정보통신망을 통하여 일반에게 공개를 목적으로 제공된 정보로 사생활 침해나 명예훼손 등 타인의 권리가 침해된 경우 그 침해를 받은 자는 해당 정보를 처리한 정보통신서비스 제공자에게 침해사실을 소명하여 그 정보의 삭제 또는 반박내용의 게재(이하 "삭제등"이라 한다)를 요청할 수 있다(정보통신망법 제44조의 2 제1항)고 규정하고 있다. 정보통신서비스 제공자는 제1항에 따른 해당 정보의 삭제등을 요청받으면 지체 없이 삭제·임시조치 등의 필요한 조치를 하고 즉시 신청인 및 정보게재자에게 알려야 한다. 이 경우 정보통신서비스 제공자는 필요한 조치를 한 사실을 해당 게시판에 공시하는 등의 방법으로 이용자가 알 수 있도록 하여야 한다(정보통신망법 제44조의 2 제2항). 정보통신서비스 제공자는 제1항에 따른 정보의 삭제요청에도 불구하고 권리의 침해 여부를 판단하기 어렵거나 이해당사자 간에 다툼이 예상되는 경우에는 해당 정보에 대한 접근을 임시적으로 차단하는 조치(이하 "임시조치"라 한다)를 할 수 있다. 이 경우 임시조치의 기간은 30일 이내로 한다(정보통신망법 제44조의 2 제4항).

(2) 임의적 임시조치

인터넷사업을 하는 정보통신서비스제공자는 정보통신망에 유통정보가 명예훼손 여부가 문제되면 스스로 해당 정보에 접근을 임시적으로 차단하는 조치를 할 수 있다. 정보통신망법에서는 정보통신서비스제공자는 자신이 운영·관리하는 정보통신망에 유통되는 정보가 사생활 침해 또는 명예훼손 등 타인의 권리를 침해한다고 인정되면 임의로 임시조치를 할 수 있다(정보통신망법 제44조의 3)고 규정하여 인터넷사업자가 임의로 임시조치를 할 수 있도록 하고 있다.

7. 사전적 구제로서의 금지청구

명예가 침해되는 경우에 피해자는 불법행위를 이유로 하여 손해배상을 청구할 수 있지만, 그에 의하여 일단 잃어버린 명예가 완전하게 회복되는 것이 아니고, 또한 프라이버시의 경우에는 학설 판례상 원상회복의 방법도 없다. 최근 위자료의 고액화는 피해자 보호에 크게 기여하고 있지만, 그것만으로는 한계가 있다. 피해자로서는 미리 명예침해행위를 방지하거나 일단 발생한 손해가 계속하여 확대되는 것을 방지할 수 있다면 그보다 더 좋은 것은 없다. 이를 위한 수단이 금지청구(방해배제 및 방해예방)이다. 유지청구(留止請求)라고도 한다. 그러나 명예훼손이 언론사의 취재 및 보도행위에 의하여 이루어진 경우에는 사전에 금지청구를 허용하는 것은 사전 검열 등의 문제로 인하여 언론의 자유에 대한 중대한 위협이 될 수 있기 때문에 명예훼손에 대한 사전 금지청구가 인정될 수 있다고 하더라도 그 요건이 문제될 수 있다.

사전적 구제수단으로서 보도를 금지하기 위해서는 민사집행법상 가처분 제도를 이용하고, 실무상 금지가처분에 있어서의 피보전권리와 보전의 필요성에 대한 논의가 쟁점으로 되고 있다.

민사집행법에서는 다툼의 대상에 관한 가처분은 현상이 바뀌면 당사자가 권리를 실행하지 못하거나 이를 실행하는 것이 매우 곤란할 염려가 있을 경우에 한다(민사집행법 제300조 제1항). 가처분은 다툼이 있는 권리관계에 대하여 임시의 지위를 정하기 위하여도 할 수 있다. 이 경우 가처분은 특히 계속하는 권리관계에 끼칠 현저한 손해를 피하거나 급박한 위험을 막기 위하여, 또는 그 밖의 필요한 이유가 있을 경우에 하여야 한다(민사집행법 제300조 제2항)고 가처분의 목적에 대하여 규정하고 있다. 제300조 제2항의 규정에 의한 가처분의 재판에는 변론기일 또는 채무자가 참석할 수 있는 심문기일을 열어야 한다. 다만, 그 기일을 열어 심리하면 가처분의 목적을 달성할 수 없는 사정이 있는 때에는 그러하지 아니하다(민사집행법 제304조)고 임시의 지위를 정하기 위한 가처분에 대하여 규정하고 있다.

대법원은 종교적 서적출판을 통해서 비판행위를 함으로써 명예훼손을 한 경우에 인격권으로서의 명예권에 기초한 출판물의 출판 등 금지청구권의 법적 근거와 서적발행 판매반포 등 금지 가처분에 의한 사전금지의 허용을 둘러싸고 다툼이 있는 사례에서, 대법원은 명예는 생명, 신체와 함께 매우 중대한 보호법익이고 인격권으로서의 명예권은 물권의 경우와 마찬가지로 배타성을 가지는 권리라고 할 것이므로 사람의 품성, 덕행, 명성, 신용 등의 인격적 가치에 관하여 사회로부터 받는 객관적인 평가인 명예를 위법하게 침해당한 자는 손해배상(민법 제751조) 또는 명예회복을 위한 처분(민법 제764조)을 구할 수 있는 이외에 인격권으로서 명예권에 기초하여 가해자에 대하여 현재 이루어지고 있는 침해행위를 배제하거나 장래에 생길 침해를 예방하기 위하여 침해행위의 금지를 구할 수도 있다. 그러나 언론·출판 등의 표현행위에 의하여 명예의 침해를 초래하는 경우에는 인격권으로서의 개인의 명예보호와 표현의 자유가 충돌하고 그 조정이 필요하므로 어떠한 경우에 인격권의 침해행위로서 이를 규제할 수 있는지에 관하여는 헌법상 신중한 고려가 필요하다. 따라서 표현행위에 대한 사전억제는 표현의 자유를 보장하고 검열을 금지하는 헌법 제21조 제2항의 취지에 비추어 엄격하고 명확한 요건을 갖춘 경우에만 허용된다고 할 것인바, 출판물에 대한 발행·판매 등의 금지는 위와 같은 표현행위에 대한 사전억제에 해당하고, 그 대상이 종교단체에 관한 평가나 비판 등의 표현행위에 관한 것이라고 하더라도 그 표현행위에 대한 사전금지는 원칙적으로 허용되어서는 안 될 것이지만, 다만 그와 같은 경우에도 그 표현 내용이 진실이 아니거나, 그것이 공공의 이해에 관한 사항으로서 그 목적이 오로지 공공의 이익을 위한 것이 아니며, 또한 피해자에게 중대하고 현저하게 회복하기 어려운 손해를 입힐 우려가 있는 경우에는 그와 같은 표현행위는 그 가치가 피해자의 명예에 우월하지 아니하는 것이 명백하고, 또 그에 대한 유효적절한 구제수단으로서 금지의 필요성도 인정되므로 이러한 실체적인 요건을 갖춘 때에 한하여 예외적으로 사전금지가 허용된다고 할 것이다. 그리고 이러한 사전금지를 명하는 가처분은 임시의 지위를 정하기 위한 가처분에 해당하므로 그 심리절차에서 원칙적으로 변론기일 또는 채무자가 참석할 수 있는 심문기일을 열어 표현내용의 진실성 등의 주장·입증의 기회를 주어야 하는 것이지만, 그와 같은 기일을 열어 심리하면 가처분을 신청한 목적을 달성할 수 없는 사정이 있는 경우에 한하여 예외적으로 그와 같은 절차를 거치지 아니하고 가처분 결정을 할 수 있으나(민사집행법 제304조), 그와 같은 예외적인 사정이 있는지의 여부는 표현행위의 사전억제라고 하는 결과의 중대성에 비추어 일반적인 임시의 지위를 정하기 위한 가처분보다 더욱 신중하게 판단되어야 할 것이다[231]라고 하고 있다.

또한 법인에 대하여 명예훼손적 비방광고를 한 자에 대하여 사전(예방적) 구제수단으로 침해행위 정지·방지 등의 금지청구를 한 사례에서, 대법원은 인격권은 그 성질상 일단 침해된 후의 구제수단(금전배상이나 명예회복 처분 등)만으로는 그 피해의 완전한 회복이 어렵고 손해전보의 실효성을 기대하기

231 대법원 2005. 1. 17. 자 2003마1477 결정.

어려우므로, 인격권 침해에 대하여는 사전(예방적) 구제수단으로 침해행위 정지·방지 등의 금지청구권도 인정된다는 이유로 광고중지청구를 인정하였다. 또한 부작위채무를 명하는 판결의 실효성 있는 집행을 보장하기 위하여는, 부작위채무에 관한 소송절차의 변론종결 당시에서 보아 채무명의가 성립하더라도 채무자가 이를 단기간 내에 위반할 개연성이 있고, 또한 그 판결절차에서 민사소송법 제693조에 의하여 명할 적정한 배상액을 산정할 수 있는 경우에는, 그 부작위채무에 관한 판결절차에서도 위 법조에 의하여 장차 채무자가 그 채무를 불이행할 경우에 일정한 배상을 할 것을 명할 수 있다[232]고 하였다. 따라서 부작위채무에 관하여 언제나 위와 같이 먼저 채무명의가 성립하여야만 그 다음 단계에서 비로소 간접강제결정을 할 수 있다고 한다면, 채무명의의 성립과 집행단계 사이의 시간적 간격이 있는 동안에 채무자가 부작위채무를 위반할 경우 손해배상이나 위반 결과의 제거 등 사후적 구제수단만으로는 채권자에게 충분한 손해전보가 되지 아니하여 실질적으로는 집행제도의 공백을 초래할 우려가 있는 것이므로, 부작위채무를 명하는 판결의 실효성 있는 집행을 보장하기 위하여는 부작위채무에 관한 소송절차의 변론종결 당시에서 보아 채무명의가 성립하더라도 채무자가 이를 단기간 내에 위반할 개연성이 있고, 또한 그 판결절차에서 민사소송법 제693조에 의하여 명할 적정한 배상액을 산정할 수 있는 경우에는 위의 부작위채무에 관한 판결절차에서도 위 법조에 의하여 장차 채무자가 그 채무를 불이행할 경우에 일정한 배상을 할 것을 명할 수 있다고 함이 상당하다. 이렇게 하더라도 판결절차는 필요적으로 변론을 거치므로 민사소송법 제694조에 의한 심문을 거치지 아니하여도 채무자에게 불이익이 없으며, 이 판결의 배상명령 부분에 대하여 상소할 수도 있으므로 별도로 같은 법 제693조 제2항에 의한 즉시항고가 인정되지 아니한다고 하여 채무자에게 아무런 불

232 대법원 1996. 4. 12. 선고 93다40614,40621 판결

이익도 없는 것이다. 기록에 의하면 이 사건 원심 변론종결 당시를 기준으로 하여 볼 때 비방광고를 금지하는 이 사건 판결 이후에도 단기간 내에 피고가 이를 위반할 개연성이 있었던 것으로 보여지고, 또한 원심 변론종결시까지 심리한 자료만으로도 그에 대한 적정한 배상액을 산정하기에 충분하였다고 보여지므로 위 판결절차에서 채무자인 피고가 장차 채무불이행시에 채권자인 원고에게 그 판시의 금액을 배상할 것을 명할 수 있다고 하였다.

대법원은 학교법인 설립자인 종중이 결의한 학교법인 설립 세부절차에 따라 종중 회장 개인을 학교법인 설립자로 하여 설립허가를 받은 경우, 학교법인이 학교 명의로 발행한 책자에 그 설립자로 회장 개인을 기재하지 않도록 청구한 사례에서, 대법원은 사람(종중 등의 경우에도 마찬가지이다.)이 갖는 명예에 관한 권리는 일종의 인격권으로 볼 수 있는 것으로서, 그 성질상 일단 침해된 후에는 금전배상이나 명예 회복에 필요한 처분 등의 구제수단만으로는 그 피해의 완전한 회복이 어렵고 손해 전보의 실효성을 기대하기 어려우므로, 이와 같은 인격권의 침해에 대하여는 사전 예방적 구제수단으로 침해행위의 정지·방지 등의 금지청구권이 인정될 수 있다[233]고 하였다. 따라서 원고 종중이 정기총회에서 별도의 이사회를 구성하여 학교법인의 설립에 관한 사무를 위임하고, 그 이사회에서 학교법인의 설립에 관한 세부절차를 결의하였으며, 그와 같은 결의에 따라 원고 종중의 회장인 소외 2가 개인 명의로 학교법인의 설립 대표자가 되어 그 명의로 피고 법인의 설립허가를 받도록 한 이상, 다른 특단의 사정이 없는 한 원고 종중으로서는 피고 법인의 설립 당시에 이미 원고 종중의 대표자였던 소외 2가 피고 법인의 설립자로 표기될 가능성이 있음을 알면서도 이를 용인한 것으로 봄이 상당하다고 할 것이므로, 그 후 피고 법인이 그가 운영하는 □□고등학교 명의로 발행·배포하는 '학교운영계획서'에 피고 법인을 실질적으로 설립한 주체가 원고

233 대법원 1997. 10. 24. 선고 96다17851 판결.

종중이라거나 '소외 2'가 원고 종중의 대표자로서 설립행위를 하였다는 점을 명백하게 밝히지 않은 채 단지 그 설립자가 '소외 2'라고 기재한다고 하여, 이로 인하여 새삼스럽게 원고 종중의 사회적 명예나 신용이 침해된다고 보기는 어렵고, 따라서 피고 학교법인이 장래에도 계속 이와 같은 침해행위를 할 염려나 위험성이 있는 한 원고에게는 그 인격권에 대한 방해의 제거나 예방을 위하여 피고 법인에 대하여 그가 위 □□고등학교 명의로 발행·배포하는 '학교운영계획서'에 '피고 법인의 설립자가 소외 2'라는 기재를 하지 아니할 것을 구할 수 없다고 하였다.

대법원은 개별 당사자 간의 분쟁에 관하여 사법부가 사법절차에 의하여 심리, 결정하는 가처분결정에 따른 사전금지는 헌법 제21조 제2항에서 금지하는 사전검열에 해당하지 아니하고 언론의 자유의 본질적 내용을 침해하지도 아니한다[234]고 하였다.

II. 특별법에 의한 구제

1. 방송통신위원회의 명령에 의한 구제

방송통신위원회는 방송과 통신에 관한 규제와 이용자 보호 등의 업무를 수행하기 위하여 대통령 소속으로 두고 5명의 상임위원으로 구성되어 있고(방송통신위원회의 설치 및 운영에 관한 법률(방통위법) 제3조, 제4조), 방송통신심의위원회는 방송 내용의 공공성 및 공정성을 보장하고 정보통신에서의 건전한 문화를 창달하며 정보통신의 올바른 이용환경 조성을 위하여 독립적으로 사무를 수행하는 9명의 위원으로 구성되어 있다(방통위법 제18조).

누구든지 정보통신망을 통하여 사람을 비방할 목적으로 공공연하게 사실이나 거짓의 사실을 드러내어 타인의 명예를 훼손하는 내용의 정보를 유

234 대법원 2006. 5. 26. 선고 2004다62597 판결.

통하여서는 아니 된다(정보통신망법 제44조의 7 제1항 제2호). 방송통신위원회는 사람을 비방할 목적으로 공공연하게 사실이나 거짓의 사실을 드러내어 타인의 명예를 훼손하는 내용의 정보에 대하여는 방송통신심의위원회의 심의를 거쳐 정보통신서비스 제공자 또는 게시판 관리·운영자로 하여금 그 처리를 거부·정지 또는 제한하도록 명할 수 있다. 다만, 사람을 비방할 목적으로 공공연하게 사실이나 거짓의 사실을 드러내어 타인의 명예를 훼손하는 내용의 정보의 경우에는 해당 정보로 인하여 피해를 받은 자가 구체적으로 밝힌 의사에 반하여 그 처리의 거부·정지 또는 제한을 명할 수 없다(정보통신망법 제44조의 7 제2항). 방송통신심의위원회에 정보통신망을 통하여 유통되는 정보 중 사생활의 침해 또는 명예훼손 등 타인의 권리를 침해하는 정보와 관련된 분쟁을 조정하기 위하여 명예훼손 분쟁조정부를 두고 있다(정보통신망법 제44조의 10)

2. 방송통신심위원회의 시정요구에 의한 구제

방송통신심의위원회는 전기통신회선을 통하여 일반에게 공개되어 유통되는 정보 중 건전한 통신윤리의 함양을 위하여 필요한 사항으로서 사람을 비방할 목적으로 공공연하게 사실이나 거짓의 사실을 드러내어 타인의 명예를 훼손하는 내용의 정보가 있는 경우에는 이를 심의하여 해당 정보가 명예훼손에 해당하는 경우에는 해당 정보의 삭제 또는 접속차단, 이용자에 대한 이용정지 또는 이용해지의 시정요구를 할 수 있다(방통위법 제21조 제4호, 방통위법 시행령 제8조 제1항, 제2항). 이 경우 정보통신서비스제공자 또는 게시판 관리·운영자는 시정요구를 받은 경우에는 그 조치결과를 심의위원회에 지체 없이 통보하여야 한다(방통위법 시행령 제8조 제3항). 방송통신심의위원회는 정보통신서비스제공자 또는 게시판 관리·운영자가 시정요구에 따르지 아니하는 경우로서 해당 정보가 사람을 비방할 목적으로 공공연하게 사실이나 거짓의 사실을 드러내어 타인의 명예를 훼손하는 내용의 정보인 때에는 방송통신위원회에 정보통신서비스제공자 또는 게시판 관리·운영자로 하여금 그 취급거부·정지 또는 제한을 하도록 하는 명령을 하여 줄 것을 요청할 수 있다(방통위법 시행령 제8조 제4항).

3. 공직선거법에 의한 구제

선거는 민주주의 꽃이라고 하지만, 당선되고자 하는 후보자의 욕망으로 인하여 타인의 명예훼손이 심각하게 문제될 수 있다. 따라서 공직선거법에서는 후보자나 관련자의 사생활에 대한 사실을 적시하여 비방하는 내용이 이 법에 위반된다고 인정하는 때에는 이를 고발하고 공고하도록 하고 있고(공직선거법 제64조 제7항), 후보자 등에 대한 비방을 금지하고(공직선거법 제110조), 이를 위반한 경우에는 엄정한 처벌을 하여 후보자가 공직선거법상 100만원이상의 벌금형의 선고를 받은 경우에는 당선무효로 하고 있다(공직선거법 제250조, 제251조, 제264조). 최근에는 인터넷을 통한 선거운동이 일반적이고, 인터넷을 통한 선거운동과정에서 명예훼손의 문제가 많아지고 있다. 공직선거법에서는 허위사실 유포나 공연비방의 문제만 따지고 그로 인한 명예훼손의 문제는 다루지 않고 있다. 그러나 허위사실의 유포나 공연비방은 당연히 명예훼손의 문제와 직결되어 있고, 공직선거 과정에서 허위사실유포나 공연비방을 언론에서 보도할 경우에는 이를 취재하고 보도한 언론도 명예훼손책임을 부담한다고 할 것이다. 이 경우 선거관리위원회는 언론사나 인터넷사업자의 홈페이지상의 정보에 대하여 다음과 같이 거부, 정지, 제한을 요청할 수 있다. 누구든지 정보통신망을 이용하여 후보자(후보자가 되려는 사람을 포함한다. 이하 이 조에서 같다), 그의 배우자 또는 직계존·비속이나 형제자매에 관하여 허위의 사실을 유포하여서는 아니되며, 공연히 사실을 적시하여 이들을 비방하여서는 아니된다. 다만, 진실한 사실로서 공공의 이익에 관한 때에는 그러하지 아니하다(공직선거법 제82조의 4 제2항). 각급선거관리위원회(읍·면·동선거관리위원회를 제외한다) 또는 후보자는 이 법의 규정에 위반되는 정보가 인터넷 홈페이지 또는 그 게시판·대화방 등에 게시되거나, 정보통신망을 통하여 전송되는 사실을 발견한 때에는 당해 정보가 게시된 인터넷 홈페이지를 관리·운영하는 자에게 해당 정보의 삭제를 요청하거나, 전송되는 정보를 취급하는 인터넷 홈페이지의 관리·운영자 또는 정보통신서비스제공자에게 그 취급의 거부·정지·제한을 요청할 수 있다. 이 경우 인터넷 홈페이지 관리·운영자 또는 정보통신서비스 제공자가 후보자의 요청에 따르지 아니하는 때에는 해당 후보자는 관할 선거구선거관리위원회에 서면으로 그 사실을 통보할 수 있으며, 관할 선거구선거관리위원회는 후보자가 삭제요청 또는 취급의 거부·정지·제한을 요청한 정보가 이 법의 규정에 위반된다고 인정되는 때에는 해당 인터넷 홈페이지 관리·운영자 또는 정보통신서비스 제공자에게 삭제요청 또는 취급의 거부·정지·제한을 요청할 수 있다(공직선거법 제82조의 4 제3항). 선거관리위원회로부터 요청을 받은 인터넷 홈페이지 관리·운영자 또는 정보통신서비스제공자는 지체없이 이에 따라야 한다(공직선거법 제82조의 4 제4항). 선거관리위원회로부터 요청을 받은 인터넷 홈페이지 관리·운영자 또는 정보통신서비스제공자는 그 요청을 받은 날부터, 해당 정보를 게시하거나 전송한 자는 당해 정보가 삭제되거나 그 취급이 거부·정지 또는 제한된 날부터 3일 이내에 그 요청을 한 선거관리위원회에 이의신청을 할 수 있다(공직선거법 제82조의 4 제5항).

4. 저작권법에 의한 구제

저적권법에서는 저작자의 명예를 훼손하는 방법으로 저작물을 이용하는 경우에는 저작인격권의 침해로 보아 손해배상청구를 할 수 있거나 명예회복에 필요한 조치를 할 수 있도록 하고 있다. 언론이 취재하거나 보도를 하는 경우에 저작자의 명예를 훼손하는 경우에는 당연히 명예훼손의 책임을 부담하게 된다. 대법원은 예술작품이 공공장소에 전시되어 일반대중에게 상당한 인지도를 얻는 등 예술작품의 종류와 성격 등에 따라서는 저작자로서도 자신의 예술작품이 공공장소에 전시·보존될 것이라는 점에 대하여 정당한 이익을 가질 수 있으므로, 저작물의 종류와 성격, 이용의 목적 및 형태, 저작물 설치 장소의 개방성과 공공성의 정도, 국가가 이를 선정하여 설치하게 된 경위, 폐기의 이유와 폐기 결정에 이른 과정 및 폐기 방법 등을 종합적으로 고려하여 볼 때 국가 소속 공무원의 해당 저작물의 폐기 행위가 현저하게 합리성을 잃고 저작자로서의 명예감정 및 사회적 신용과 명성 등을 침해하는 방식으로 이루어진 경우에는 객관적 정당성을 결여한 행위로서 위법하다[235]고 하였다. 저작자의 사망 후에 그의 저작물을 이용하는 자는 저작자가 생존하였더라면 그 저작인격권의 침해가 될 행위를 하여서는 아니 된다. 다만, 그 행위의 성질 및 정도에 비추어 사회통념상 그 저작자의 명예를 훼손하는 것이 아니라고 인정되는 경우에는 그러하지 아니하다(저작권법 제14조 제2항). 저작자의 명예를 훼손하는 방법으로 저작물을 이용하는 행위는 저작인격권의 침해로 본다(저작권법 제124조 제2항). 저작자 또는 실연자는 고의 또는 과실로 저작인격권 또는 실연자의 인격권을 침해한 자에 대하여 손해배상에 갈음하거나 손해배상과 함께 명예회복을 위하여 필요한 조치를 청구할 수 있다(저작권법 제127조). 저작자가 사망한 후에 그 유족(사망한 저작자의 배우자·자·부모·손·조부모 또는 형제자매를 말한다)이나 유언집행자는 당해 저작물에 대하여 저작자의 사망 후에 그의 저작물을 이용하는 자가 저작자가 생존하였더라면 그 저작인격권의 침해가 될 행위를 하여서는 아니 됨에도 불구하고 이를 위반하는 경우에 그에 대하여 침해의 정지를 청구할 수 있으며 이를 위반할 우려가 있는 경우에는 침해의 예방 또는 손해배상의 담보를 청구할 수 있다(저작권법 제128조 전문, 제123조 제1항). 이 경우 침해행위에 의하여 만들어진 물건의 폐기나 그 밖의 필요한 조치도 청구할 수 있다(제128조 전문, 제123조 제2항). 저작자가 사망한 후에 그 유족(사망한 저작자의 배우

235 대법원 2015. 8. 27. 선고 2012다204587 판결.

자·자·부모·손·조부모 또는 형제자매를 말한다)이나 유언집행자는 저작자의 사망 후에 그의 저작물을 이용하는 자가 저작자가 생존하였더라면 그 저작인격권의 침해가 될 행위를 하여서는 아니됨에도 불구하고 이를 위반한 경우에는 손해배상에 갈음하거나 손해배상과 함께 명예회복을 위하여 필요한 조치를 청구할 수 있다(저작권법 제128조 후문, 제14조 제2항, 제127조).

그러나 언론이 인터넷을 통하여 저작권과 관련한 취재나 보도를 하는 경우에는 위와는 달리 다음과 같이 책임면제 등 상당한 혜택을 받고 있다. 저작권법상 온라인서비스제공자는 저작권 등의 권리가 침해되더라도 일정한 요건하에서 책임을 지지않도록 하고 있고, 다른 사람에 의한 복제 등으로 인한 저작권침해에 대해서도 책임을 부담하지 않는다. 또한 책임제한과 관련하여 조사의무도 없기 때문에 과실책임을 부담하지도 않는다. 온라인서비스제공자는 공지하고 중단시킨 경우에는 다른 사람에 의한 저작권법상의 책임으로부터 면제하고 있다. 이를 구체적으로 살펴보면, 온라인서비스제공자는 내용의 수정 없이 저작물등을 송신하거나 경로를 지정하거나 연결을 제공하는 행위 또는 그 과정에서 저작물등을 그 송신을 위하여 합리적으로 필요한 기간 내에서 자동적·중개적·일시적으로 저장하는 행위 등의 행위와 관련하여 저작권, 그 밖에 이 법에 따라 보호되는 권리가 침해되더라도 일정한 요건을 모두 갖춘 경우에는 그 침해에 대하여 책임을 지지 아니하고(저작권법 제102조 제1항), 조치를 취하는 것이 기술적으로 불가능한 경우에는 다른 사람에 의한 저작물등의 복제·전송으로 인한 저작권, 그 밖에 이 법에 따라 보호되는 권리의 침해에 대하여 책임을 지지 아니하고(저작권법 제102조 제2항), 책임 제한과 관련하여 온라인서비스제공자는 자신의 서비스 안에서 침해행위가 일어나는지를 모니터링하거나 그 침해행위에 관하여 적극적으로 조사할 의무를 지지 아니한다(저작권법 제102조 제3항).

온라인서비스제공자의 서비스를 이용한 저작물등의 복제·전송에 따라 저작권, 그 밖에 이 법에 따라 보호되는 자신의 권리가 침해됨을 주장하는 자

(이하 "권리주장자")는 그 사실을 소명하여 온라인서비스제공자에게 그 저작물등의 복제·전송을 중단시킬 것을 요구할 수 있다(저작권법 제103조 제1항). 온라인서비스제공자는 제1항에 따른 복제·전송의 중단요구를 받은 경우에는 즉시 그 저작물등의 복제·전송을 중단시키고 권리주장자에게 그 사실을 통보하여야 한다(저작권법 제103조 제2항). 통보를 받은 복제·전송자가 자신의 복제·전송이 정당한 권리에 의한 것임을 소명하여 그 복제·전송의 재개를 요구하는 경우 온라인서비스제공자는 재개요구사실 및 재개예정일을 권리주장자에게 지체 없이 통보하고 그 예정일에 복제·전송을 재개시켜야 한다(저작권법 제103조 제3항), 온라인서비스제공자는 복제·전송의 중단 및 그 재개의 요구를 받을 자(이하 "수령인")를 지정하여 자신의 설비 또는 서비스를 이용하는 자들이 쉽게 알 수 있도록 공지하여야 한다(저작권법 제103조 제4항). 온라인서비스제공자가 공지를 하고 그 저작물등의 복제·전송을 중단시키거나 재개시킨 경우에는 다른 사람에 의한 저작권 그 밖에 이 법에 따라 보호되는 권리의 침해에 대한 온라인서비스제공자의 책임 및 복제·전송자에게 발생하는 손해에 대한 온라인서비스제공자의 책임을 면제한다(저작권법 제103조 제5항).

III. 형사상 구제

형사상 구제요건으로 구성요건 해당성, 고의·과실, 위법성, 인과관계 등이 있다. 이 책에서는 민사상 구제에 대해서만 살펴보고 있기 때문에, 형사상 구제에 대해서는 서술하지 않는다. 다만 명예훼손죄는 고의범만 처벌하고 과실범은 죄가 되지 아니하므로 고의에 대해서 몇 건의 판례를 살펴보고, 형사상 책임과 민사상 책임의 관계에 대해서 일견하기로 한다.

1. 명예훼손죄에서의 고의

대법원은 명예훼손죄가 성립하기 위해서는 주관적 구성요소로서 타인의 명예를 훼손한다는 고의를 가지고 사람의 사회적 평가를 저하시키는 데 충분한 구체적 사실을 적시하는 행위를 할 것이 요구된다. 따라서 불미스러운 소문의 진위를 확인하고자 질문을 하는 과정에서 타인의 명예를 훼손하는 발언을 하였다면 이러한 경우에는 그 동기에 비추어 명예훼손의 고의를 인정하기 어렵다[236]고 하였다. 대법원은 명예훼손죄의 구성요건인 공연성은 불특정 또는 다수인이 인식할 수 있는 상태를 말한다. 비록 개별적으로 한 사람에 대하여 사실을 유포하였더라도 그로부터 불특정 또는 다수인에게 전파될 가능성이 있다면 공연성의 요건을 충족하지만 이와 달리 전파될 가능성이 없다면 특정한 한 사람에 대한 사실의 유포는 공연성이 없다고 할 것이다. 한편 위와 같이 전파가능성을 이유로 명예훼손죄의 공연성을 인정하는 경우에는 적어도 범죄구성요건의 주관적 요소로서 미필적 고의가 필요하므로 전파가능성에 대한 인식이 있음은 물론 나아가 그 위험을 용인하는 내심의 의사가 있어야 한다. 행위자가 전파가능성을 용인하고 있었는지 여부는 외부에 나타난 행위의 형태와 상황 등 구체적인 사정을 기초로 일반인이라면 그 전파가능성을 어떻게 평가할 것인가를 고려하면서 행위자의 입장에서 그 심리상태를 추인하여야 한다[237]고 하였다. 또한 명예훼손죄의 주관적 구성요건으로서의 범의는 행위자가 피해자의 명예가 훼손되는 결과를 발생케 하는 사실을 인식하므로 족하다 할 것이나 새로 목사로서 부임한 피고인이 전임목사에 관한 교회내의 불미스러운 소문의 진위를 확인하기 위하여 이를 교회집사들에게 물어보았다면 이는 경험칙상 충분히 있을 수 있는 일로서 명예훼손의 고의없는 단순한 확인에 지나지 아니하여 사실

236 대법원 2018. 6. 15. 선고 2018도4200 판결.

237 대법원 2018. 6. 15. 선고 2018도4200 판결.

의 적시라고 할 수 없다 할 것이므로 이 점에서 피고인에게 명예훼손의 고의 또는 미필적 고의가 있을 수 없다고 할 수 밖에 없다[238]고 하였다.

2. 명예훼손에서의 형사판결과 민사판결의 사실판단

명예훼손이 있는 경우에 권리를 구제받을 수 있는 것은 민사상 손해배상이 있고, 형사상 소추를 통해서 그 명예훼손을 한 가해자에게 형사처벌을 받도록 하게 할 수도 있다. 민사상 손해배상은 금전배상의 만족적 기능을 통해서 이루어질 수 있지만, 민사소송은 그 결과를 도출하기까지 상당한 시일이 요구되고, 또한 민사소송의 증거확보를 위하여 많은 노력이 필요하다. 그래서 형사소추는 그 결과도출이 민사소송보다는 단기간에 이루어지는 경우가 많기 때문에, 민사상 손해배상으로 소송을 제기하기에 앞서 형사상 고소나 고발을 하는 경우가 많거나 선호하고 있다. 또한 형사상 고소를 통해서 명예훼손으로 처벌을 받게 한 경우에는 그 형사처벌의 내용을 민사상 손해배상청구소송에 상당한 증거로 활용할 수 있다.

대법원은 원래 민사재판에서는 형사재판의 사실인정에 구속받지 않는다고 할지라도 동일한 사실관계에 관하여 확정된 형사판결이 유죄로 인정한 사실은 유력한 증거자료가 된다 할 것이므로 민사재판에서 제출된 다른 증거들에 비추어 형사판결의 사실판단을 채용하기 어렵다고 인정되는 특별한 사정이 없는 한 이와 반대되는 사실을 인정할 수는 없는 것이고, 더욱이 민사판결이 있은 후에 형사절차에서 장기간에 걸친 신중한 심리 끝에 결국 그것이 소송사기에 의한 판결임이 밝혀져서 유죄의 형사판결이 확정된 경우에는 법원은 그 형사판결의 존재와 내용을 존중하여 거기에서 인정된 사실을 민사판결에서 인정된 사실보다 진실에 부합하고 신빙성이 있는 것으로 받

---

238 대법원 1985. 5. 28. 선고 85도588 판결.

아들여야 한다[239]고 하여 형사판결의 내용을 만사판결에서 인정할 수 있다고 하고 있다.

대법원은 동일한 사실관계에 관하여 형사재판에서 유죄로 확정한 사실판단은 민사재판에서도 유력한 증거자료가 됨에도 불구하고, 아무런 사유의 설명도 없이 그 형사재판에서의 사실판단을 가볍게 배척하고 다른 증거들에 의하여 이와 반대되는 사실을 인정한 원심판결을, 채증법칙 위배 등을 이유로 파기하였다.[240] 이 사례에서는 동일한 사실관계에 관하여 형사재판에서 유죄로 확정한 사실판단은 민사재판에서도 유력한 증거자료가 된다고 할 것이다. 원심은 위 형사재판의 사실판단을 배척하는 이유에 관하여 아무런 설명도 하지 아니한 채 단지 그 채용증거에 의하여 이와 반대되는 사실을 인정하고 있으나, 원심이 채용한 증거들은 모두 위 형사재판에서 현출된 피고인들과 계원 등 관계자들의 진술내용과 이 사건 증인들의 진술로서, 그 증인들 중 위 3인은 이미 위증의 유죄판결을 받았으며, 그 증거내용을 살펴보더라도 이는 위 형사재판의 사실판단이 가지는 증거력을 번복할 정도에는 미치지 못하는 것들이라고 하지 아니할 수 없다. 그럼에도 불구하고 원심은 아무런 사유의 설명도 없이 위 형사재판에서의 사실판단을 가볍게 배척하고 그 채용증거들만에 의하여 이와 반대되는 사실을 인정하고 말았으니, 거기에는 필경 심리를 다하지 아니하였거나 채증법칙을 위배하여 판결에 영향을 미친 위법이 있다고 하였다.

대법원은 원래 민사재판에 있어서는 형사재판의 사실인정에 구속을 받는 것이 아니라고 하더라도 동일한 사실관계에 관하여 이미 확정된 형사판결이 유죄로 인정한 사실은 유력한 증거자료가 되므로 민사재판에서 제출된 다른 증거들에 비추어 형사재판의 사실판단을 채용하기 어렵다고 인정되는

---

239 대법원 1994. 1. 28. 선고 93다29051 판결.

240 대법원 1995. 7. 14. 선고 94다32757 판결.

특별한 사정이 없는 한 그와 반대되는 사실을 인정할 수 없다고 할 것임에도 불구하고, 확정된 형사판결의 사실판단을 채용하지 못할 특별한 사정이 될 수 없는 사유들에 의하여 그 사실판단을 채용하지 아니하고 그 사실에 부합하는 증거들을 배척한 원심판결을 파기하였다.[241] 따라서 원심이 확정된 형사판결의 사실판단을 채용하지 못할 특별한 사정이 될 수 없는 사유들에 의하여 그 사실판단을 채용하지 아니하고, 원고의 주장에 부합하는 증거들을 배척하였음은 심리를 다하지 아니하였거나 채증법칙에 위배하여 판결에 영향을 미친 위법이 있다고 하였다.

그러나 형사판결의 내용이라도 반드시 민사재판에 적용되어야 하는 것은 아니다. 대법원은 관련 형사사건의 판결에서 인정된 사실은 특별한 사정이 없는 한 민사재판에 있어서도 유력한 자료가 되는 것임은 물론이나 민사재판에서 제출된 다른 증거내용에 비추어 형사판결의 사실판단을 채용하기 어렵다고 인정될 경우에는 이를 배척할 수도 있는 것이다.[242] 따라서 원고와 위 소외 1 사이에 소외 1 명의의 이 사건 제1등기가 원인무효로서 말소되어야 한다는 민사판결이 확정되었다고 하더라도 그 기판력은 피고에게 미치지 아니하여 이와 다른 사실인정을 할 수 있다고 할 것이므로 원심이 이 사건 부동산에 대한 소외 1 명의의 등기가 원인무효의 등기가 아니라 담보계약 및 명의신탁계약에 터잡은 적법유효한 등기라고 인정한 것은 정당하고(형사 1심판결에서는 소외 1에 대한 형사판결과 달리 위와 같은 취지로 사실인정을 하고 있다) 거기에 무슨 위법이 없다고 하였다. 나아가 대법원은 관련 형사사건의 판결에서 인정된 사실은 특별한 사정이 없는 한 민사재판에 있어서도 유력한 증거자료가 되나 민사재판에서 제출된 다른 증거내용에 비추어 형사판결의 사실판단을 채용하기 어렵다고 인정될 경우에는 이를 배척할 수 있는 것이고,

241 대법원 1996. 5. 28. 선고 96다9621 판결.

242 대법원 1994. 2. 8. 선고 93다19153, 93다19160 판결.

이 경우에 형사판결서는 처분문서가 아니라 보고문서에 불과한 증거이므로 배척하는 구체적인 이유를 일일이 설시할 필요는 없는 것이다[243]고 하였다.

또한 대법원은 관련 형사사건의 판결에서 인정된 사실은 특별한 사정이 없는 한 민사재판 또는 행정사건의 재판에서도 유력한 자료가 되는 것임은 물론이나, 민사재판 등에서 제출된 다른 증거내용 등에 비추어 형사판결의 사실판단을 채용하기 어렵다고 인정될 경우에는 이를 배척할 수도 있는 것이므로, 법인세 등의 부과처분 취소를 구하는 행정사건에 관한 재판에서 과세절차상의 위법으로 인하여 그 부과처분이 유지될 수 없게 되거나 판결이유에 모순이 있는 등의 특별한 사정이 있는 때에는 반드시 관련 형사판결의 사실인정에 기속되어야 하는 것은 아니다[244]고 하고 있다.

243 대법원 1989. 5. 9. 선고 88다카6075 판결.

244 대법원 1996. 11. 12. 선고 95누17779 판결.

제4장 | 명예훼손에 대한 민사적 측면에 있어서의 전략적 소송

I. 문제의 제기

종전에 청와대를 비롯한 정부기관이나 공무원과 조선일보, 동아일보 등 언론기관과의 사이에 공직자의 도덕성과 청렴성, 업무처리의 공정성에 대한 의혹제기, 기타 정부의 정책방향에 관한 언론보도를 두고 그 보도의 진실성 여부를 둘러싼 다툼이 있었고, 지금도 언론보도를 둘러싸고 정부와 언론, 시민단체와 언론 사이에는 긴장관계가 조성되기도 한다. 언론기관은 기자가 나름대로 취재한 결과라고 주장하는 반면, 정부기관이나 공무원은 언론기관이 악의적으로 취재하여 잘못 보도하고 있다고 하고, 시민단체 등도 제대로 보도를 하지 않는다고 한다. 언론보도 내용에 대하여 서로 상반된 주장이 제기되고 있는 경우에, 정부기관이나 공무원이 언론보도내용이 잘못되었다고 주장하면서 언론중재위원회에 중재를 요청하는 경우도 있지만, 보다 적극적으로 그러한 언론보도로 인하여 자신의 명예가 훼손당하였다고 주장하면서 언론기관을 상대로 명예훼손을 이유로 고액의 손해배상을 청구하는 경우도 있다. 이처럼 공직자가 언론보도에 대하여 고액의 명예훼손소송으로 대응하는 것은 일반시민이 소액의 위자료를 청구하던 종래의 민사상 손해배상책임법리에 비추어 매우 이례적이고 예민한 반응이라고 할 수 있다[245]. 정부기관이나 공무원이 제기하는 명예훼손을 원인으로 하는 고액의 손해배상청구소송은 먼저 정부기관이 명예훼손소송에서 당사자적격을 가지는지 여부가 문제될 수 있다[246]. 다음으로 정부기관이나 공무원은 공적존재로서 명예훼손소송에서 위법성조각사유에 해당하거나, 또는 악의적인 공격이 아닌 한 언론기관에 대하여 책임을 추궁할 수 없는 것이 아닌가 하는 점도 문제될 수 있다. 나아가 그럼에도 불구하고 공무원이 공직자의 도덕성과 청렴성, 업무처리의 공정성에 대한 의혹제기, 기타 정부의 정책방향에 관한 보도를 이유로 고액의 명예훼손소송을 청구하는 것은 힘(power)과 무기(weapon)를 가진 공직자가 피해를 과장하거나 가장하여 소송이라는 법적 구제수단을 도구로 이용해서 헌법상 언론의 자유를 위축시키는 것이 아닌가 하는 점이다[247]. 이 경우 공무원이 제기하는 고액의 명예훼손소송을 미국에서 논의되고 있는 전략적 소송으로 볼 수 있는지 여부가 문제될 수 있다.

그래서 본 연구에서는 언론기관의 명예훼손으로 인한 손해배상청구에 관련된 연구를 살펴보고, 명예훼손소송에서의 위법성조각사유로서의 사실과 의견, 상당성과 공적 인물 등에 관하여 살펴보고자 한다(Ⅱ.). 다음으로 전략적 소송의 법리를 고찰하고, 이를 토대로 전략적 소송이 명예훼손소송과 어떠한 연계를 가질 수 있는지 여부에 대하여 살피고자 한다(Ⅲ.). 마지막

245 공직자의 명예훼손에 대하여 언론기관에게 고액의 위자료를 인정하고 있지만, 일반시민의 명예가 공직자의 명예보다 반드시 가볍다고는 할 수 없다.

246 이승선,언론소송에 나타난 보도의 개별적 연관성과 당사자적격,한국언론정보학보 34호,한국언론정보학회,2006,161면 이하.

247 Turk Austin T,Law as a Weapon of Social Conflict,23 Social Problems 276,1976; Canan, Penelope & Pring, George, “Studying Strategic Lawsuits Public Participation: Mixing Quantitative and Qualitative”, 22 Law & Society Review 835,1988. 참조

으로 정부기관의 언론기관에 대한 명예훼손소송에 관한 구체적인 사례와 이에 대한 전략적 소송의 적용 여부를 검토하기로 한다(Ⅳ.).

Ⅱ. 언론기관에 대한 정부기관의 명예훼손소송에 관한 기존의 분석

1. 정부기관의 언론기관에 대한 소송의 문제점

일반적으로 명예훼손의 기본적 구조는 개인과 개인, 언론기관과 개인이 대립하는 구조이다. 개인과 개인간의 명예훼손은 민사소송과 형사소송으로 제기되어 별개로 진행되는 경우가 많지만, 형사사건으로 먼저 문제제기하고 형사소송이 성공하는 경우에 민사소송으로 해결하려고 하는 경우가 있다. 언론기관과 개인간의 명예훼손은 언론중재 및 피해구제 등에 관한 법상의 구제수단, 즉 정정보도청구(제14조,제15조), 반론보도청구(제16조) 및 추후보도청구(제17조) 등에 호소하거나 또는 동시에 형사소송 및 민사소송으로 해결을 도모하는 경우가 많다[248]. 문제는 개인과 개인간의 명예훼손은 사인간의 문제로서 무기대등의 원칙으로 귀착되지만, 언론기관과 개인간의 명예훼손은 언론기관의 우월적지위로 인하여 무기대등의 원칙이 깨어지게 된다. 언론기관은 헌법 제21조 제1항의 언론출판 등 표현 자유의 주체로서 매우 중요한 역할을 하기 때문에, 언론기관의 보도는 헌법상 보장된 것이라고 보아야 한다. 다른 한편 헌법 제21조 제4항은 언론·출판이 타인의 명예나 권리를 침해한 때에는 피해자는 이에 대한 피해의 배상을 청구할 수 있다고 규정하여 언론기관의 명예훼손에 관한 민사적 책임을 명시적으로 규정하고 있다. 이는 민법 제750조의 규정을 다시 반복하고 있는 것으로, 민법상의

248 김종훈,언론사 입장에서 본 언론소송 대처방안,한국언론과 명예훼손소송,나남신서 903,나남출판,2002,276-279면.

규정을 헌법상 규정으로 주의적으로 확인하고 있는 것이라고 보아야 한다. 이처럼 개인의 명예 보호와 언론기관의 표현자유의 보장이라는 두 법익이 충돌하였을 때는 여러 가지 이익을 비교 형량하여 그 규제의 폭과 방법을 정하여야 한다[249].

그런데 정부기관이나 공무원이 언론기관을 상대로 정부의 정책 등에 관한 언론보도로 인한 명예훼손을 이유로 하는 손해배상청구가 어떠한 법적 문제를 가지고 있는지 여부에 대한 논의가 필요하다. 먼저 위에서 보는 바와 같이 언론기관은 개인에 대해서 우월적지위를 가지고 있다고 하더라도, 정부기관이나 공무원에 대해서는 그러하지 아니하다. 즉 정부기관은 그 스스로 권력을 가지고 있고, 아울러 조직 자체에서 우러나오는 공권력이 있기 때문에, 또한 공무원은 공권력을 집행하는 기관으로서 스스로 권력행사를 하기 때문에, 또한 신문의 등록(신문등의 자유와 기능보장에 관한 법률 제12조 이하), 방송의 허가나 승인 및 등록(방송법 제8조 이하)과 시정명령 및 제재조치 등(방송법 98조 이하)에 의한 권한행사를 통하여 언론기관에 대하여 오히려 우월적지위에 있다고 할 수 있다. 이로 인하여 무기대등의 원칙이 깨어진다.

둘째, 정부기관이나 공무원이 주장하는 것처럼 신문 등 언론기관의 보도가 부적절하거나 부정확하다고 판단되면, 무엇보다도 우선 독자들이 이를 알아차리고 결국 외면하게 될 것이다. 즉, 언론기관이 부정확하거나 부적절한 보도를 하게 되면 독자들은 이에 대하여 관심을 가지지 않게 되고, 그러함에도 불구하고 언론기관이 독자들의 관심에서 벗어나는 일을 계속 반복하게 되면, 결국 독자들은 그 언론기관의 보도를 외면하게 된다. 언론기관이 이러한 독자들의 관심으로부터 외면당하게 된다면, 방송의 시청률과 신문의 열독률은 떨어지게 될 것이고, 이는 언론기관의 광고에 결정적인 영향을 끼치게 된다. 결국 사기업인 방송사와 신문사의 운영에 있어서 광고가 차

249 대법원 1988.10.11. 선고 85다카29 판결 참조.

지하는 비중이 매우 높은 현실에서, 이러한 시청률과 열독율의 저하는 광고의 감소와 감액으로 이어지고, 이는 언론기관의 경영에 치명적인 결과를 초래하게 된다. 이것은 왜곡보도에 대한 제재로서는 가장 최악이라고 할 수 있다. 그러함에도 불구하고, 정부기관이나 공무원이 자신의 업무에 관한 언론의 보도에 대하여 독자보다 앞서서, 언론보도에 대하여 공권력을 앞세워 소송 등의 청구를 하는 것은 비판이라기보다는 사실상(de facto) 제재로 볼 수 있고, 이는 헌법상 언론의 자유에 대한 심각한 침해로 볼 수 있다.

셋째, 정부기관이나 공무원은 국민의 권리와 의무를 보장하기 위한 주체이다. 언론자유를 보장하는 기관으로서 정부기관과 공무원이 언론자유를 스스로 주장하는 것은 이율배반적인 행위이다.

넷째, 공직자의 언론기관에 대한 명예훼손으로 인한 소송이 형사소송보다는 민사소송을 택하고, 또한 종전의 관행에 비추어 지나치게 고액의 손해배상을 청구하는 점에서 그 소송의 청구취지가 의문이다. 어쩌면 공직자가 목적으로 하는 것은 손해배상이 아니라 소송의 제기로 말미암아 언론기관이나 기자가 거액의 손해배상을 부담할 수도 있다는 공포감을 느끼도록 하고, 그로 인하여 향후 당해 공직자와 관련된 보도를 꺼리도록 하는 것일 수 있다. 이것은 공직자가 소송을 하나의 전략적 도구로 이용하여 언론의 자유를 위축시키는 것이고, 이는 언론자유에 대한 심각한 제한이 될 수 있다. 여기에 전략적 소송으로서의 연계 가능성을 엿볼 수 있다.

2. 언론기관의 명예훼손소송에 관한 기존의 연구

언론기관의 명예훼손에 대해서는 이미 다음과 같은 선행연구가 있었다. 1990년부터 1999년까지 언론기관을 상대로 한 명예훼손에 관한 판결 139

건을 분석한 연구에서는[250] 먼저 1996년 이후 언론관련 손해배상 판결이 급격히 증가하고 있다고 한다. 1995년까지 매년 평균 6.6건에 불과하던 판결 건수는 1996년부터 1999년까지 4년 동안 평균 24.8건으로 급증하였고, 상급심으로 갈수록 언론사가 패소하는 경우가 많은 것으로 조사됐으며 언론사가 판결에 불복하여 상소하여 승리한 사건은 단 1건에 불과하였다고 한다. 둘째, 언론사의 승소율은 27.3%로 언론매체를 상대로 한 손해배상소송이 판결에 이른 경우 10건 가운데 7건은 언론사가 배상책임을 지는 것으로 나타났다. 한편 원·피고의 연도별 승소율의 뚜렷한 변화는 찾을 수 없었고, 다만 최근 2년간의 원고 승소율이 다소 높아졌는데 이는 상급심 판결과 공인 관련 판결이 증가했기 때문으로 보인다. 기자 개인이 소송에 연루되는 경우는 전체 판결의 40.1%에 달하며, 이 경우 피고측의 승소율은 16.4%로 전체 피고 승소율 27.9%보다 낮게 나타났다. 마지막으로 지난 10년간 사인이 손해배상소송을 제기한 경우가 가장 많았으나, 최근 2년간 공인이 소를 제기하는 경우가 증가하고 있으며, 특히 공직자의 승소율이 가장 높은 것으로 조사됐다. 공직자가 소를 제기한 12건 중 11건이 승소했으며, 인용액도 평균 5,409만 원으로 일반인의 평균 인용액 1,613만 원 보다 3배 이상 많았다. 언론보도로 인한 명예훼손을 이유로 소를 제기한 경우가 가장 많았으며, 피의사실보도를 문제삼은 경우가 그 뒤를 이었다. 하지만 사생활 침해가 문제된 경우 언론사 패소율이 가장 높은 것으로 조사됐다.

1990년 1월 1일부터 2000년 12월 31일까지 언론관련 민사, 형사, 헌법소송 287건을 분석한 연구에서는[251] 민사소송에서 언론사가 피고인 경우가 대부분인 제1심에서는 원고승소율이 72.4%이고, 피고승소율은 27.6%에 지나지 않았다. 제2심에서 원고승소율은 64.5%, 상고심에서는 63.3%로 낮아지

250 조준원,1990년대 언론관계손해배상판결의 사회과학적 분석,언론중재 2000 가을,2000,33-53면.

251 이구현,언론소송 10년의 판례연구,한국언론재단,2001,129-255면.

기는 하였지만, 매우 높은 승소율을 보이고 있다. 언론으로 인한 피해에 대해 손해배상을 제기하는 원고들은 일반인이 61건(25.5%)으로 제일 많았고, 언론사와 언론인이 34건(14.2%)으로 매체간의 소송이 통상적인 관념을 뛰어 넘는 수준이라고 하고 있다. 또한 지금까지 언론에 대해 침묵하고 피해를 감수하고 있던 공무원과 정치인이 32건(13.4%)으로 매우 적극성을 나타내고 있다고 한다. 이와 함께 법조인, 의사, 교육자 등 전문인들도 27건(11.3%), 종교인들도 24건(10%)의 높은 비율을 차지하고 있다.

2000년부터 2004년 6월까지 언론사 또는 기자를 상대로 제기된 명예훼손소송에서 서울중앙지법 언론전담재판부(민사 25부, 민사 26부)에서 인정한 위자료액에 관한 연구에서는[252] 원고의 명예훼손으로 인한 위자료 청구금액의 평균은 2,755만 원이고, 법원에서 인용한 금액의 평균은 2,350만 원이라고 하고 있다. 위자료 청구금액의 총액은 159억 8070만 원이고, 법원에서 인용된 위자료 총액은 13억 6350만 원으로 위자료 청구금액 대비 인용금액의 비율인 인용율의 평균은 8.5%에 지나지 않는다. 또한 원고가 고위공직자, 검사, 종교인 등 공인으로 볼 수 있는 경우를 분리해서 검토한 결과, 위자료 청구금액의 평균은 3억 9714만 원이고, 인용된 금액의 평균은 2577만 원이다. 이들 공인의 위자료 청구금액의 총액은 139억 원이고, 인용된 위자료 총액은 9억 2백만 원으로 인용율은 6.4%에 지나지 않는다고 한다. 이는 생명, 신체의 침해에 따른 위자료 청구에서는 원고의 청구액에 대비해 높은 비율의 금액이 인용되고 있는 점에 비추어 법원이 인격권침해에 대한 피해구제에 다소 소극적인 태도를 유지하고 있는 것이 아닌지 의문이 있다고 한다.

정치인과 고위 공직자가 원고가 되어 언론사를 상대로 제기한 명예훼손사건을 추출하여 1989년부터 2006년까지 86건의 사건을 분석한 연구에

252 이봉수,명예훼손소송에서의 위자료산정,언론중재 2005 겨울,언론중재위원회,2005,64-81면.

서는[253] 정치인 및 고위공직자가 원고가 된 소송은 1995년까지는 극소수에 그치다가 1996년부터 증가하였고, 특히 2002년과 2006년에는 가장 많은 수치를 보이고 있다. 원고를 개인과 집단으로 구분하여 보면, 개인이 65건(75%)으로 조직 22건(25%)보다 훨씬 많았으나, 20건이 2001년 이후에 나타남으로서 중앙행정기관, 지방자치단체, 정당 등 조직이 언론사 상대 명예훼손소송에서 새로운 주체로 등장하고 있다고 한다. 피고는 기자를 상대로 하는 것 27건(21%)보다는 언론사를 직접 상대하는 것이 76건(60%)으로 그 비율이 높았다. 민사소송에서의 승소율은 정치인 및 고위공직자인 원고가 58건(70%)으로 언론사인 피고 승소율 25건(30%)보다 2배이상 훨씬 높았다. 손해배상 청구액과 인용액은 1억원이상 5억 원 미만이 20건(48%)으로 가장 많았고, 10억원 이상 20억원 미만도 9건(21%)으로 대체적으로 청구금액이 고액인 경우가 많았다. 인용액은 1천만 원이상 5천만 원미만이 11건(36%), 5천만 원이상 1 억원 미만이 11건(36%)으로 법원이 일반적으로 정신적인 손해배상인 위자료액에서 인용하고 있는 금액에 비해서 매우 높게 나타났다. 특히 1억 원 이상 2억원 미만도 4건(14%)이고, 2억 원 이상도 2건이나 있다[254].

2005년 1월 1일부터 2007년 12월 31일까지 언론보도로 인한 명예훼손 등 인격권침해를 이유로 언론사 또는 언론인을 상대로 제기한 민사 형사사건의 판결 349건을 분석한 연구에서는[255] 민사사건에서 원고승소율(원고 일부승소 포함)은 43.4%이고, 원고패소율은 56.1%로서 패소율이 승소율보다 12.7%p 높은 것으로 나타났다. 제1심 승소율은 95건(44.8%)이고, 항소심 승

---

253 윤성옥,공인의 미디어소송 특징과 국내판결경향에 관한 연구,한국언론정보학보 40호,한국언론정보학회,2007,150-191면.

254 민사소송에서 사망으로 인한 위자료액이 1천만원 내외이고, 이혼으로 인한 위자료액이 5천만원이하인 경우가 대부분이라는 사실에 비추어 볼 때, 고위공직자에 대한 명예훼손으로 인한 위자료액이 1억원에 달하는 등 고액인 것은 문제가 있다. 그러나 일반적으로 위자료액이 소액이라는 측면을 고려한다면, 명예훼손이외의 부문에서의 위자료액이 오히려 고액화되어야 할 필요성은 있다.

255 언론중재위원회 조정심의본부 조사분석팀,2005-2007년도 언론소송 판결분석,언론중재위원회,2008,25-58면.

소율은 42건(38.5%), 상고심 승소율은 23건(47.9%)으로 조사되었다. 원고유형별 승소율은 공직자는 51.9%, 국가기관은 38.5%, 언론사는 36%, 종교단체는 30%, 공적인물 및 기업체는 26.1%로 나타났다. 분석자료에서는 표시하지 않고 있지만, 전체 사건 수 349건 가운데 공직자가 원고인 사건이 52건이고, 국가기관이 13건으로 국가기관이나 공무원이 명예훼손에 관한 민사소송을 제기한 건 수가 65건(18.6%)으로 매우 높은 비율을 차지하고 있다. 민사상 손해배상사건의 원고유형별 승소율과 인용액을 살펴보면, 공직자가 55.1%와 2270만 원, 공적인물이 30.8%와 2635만 원으로 일반인의 50.4%와 1267만 원에 비해서 손해배상 인용액이 매우 높게 인정되고 있다[256].

3. 정부기관의 명예훼손소송에 대응하여 언론기관이 주장하는 위법성 조각사유

최근 언론의 기능이 매우 활발해짐에 따라 언론보도로 인한 명예훼손의 문제가 매우 증가하고 있다. 명예훼손의 문제는 사회발달과 함께 언론기관의 양적인 증가에 힘입어 증가하는 경우도 있지만, 다른 한편 사회적 역학구조상 언론이 차지하는 비율이 증가함에 따라 비례적으로 사회 각 부문이 언론에 직·간접적으로 의존하게 됨으로써 언론의 명예훼손 문제는 더욱 커지게 되었다고도 할 수 있다. 언론기관의 명예훼손이 사회적 구조적인 문제를 바탕으로 이루어진다고 하면, 이를 무조건 억제할 것이 아니다. 따라서 명예훼손으로 인한 민사상 손해배상청구에 있어서도 피고가 언론기관인 경우에는 헌법상 언론자유의 원칙을 고려하여 최대한 언론기관의 언론의 자유를 보장하면서, 정부기관이나 공무원의 법적 책임을 고려하지 않으면 안

---

256 일반인이 공직자보다도 손해배상액이 낮아야 하는 이유가 있는지 여부에 대해서는 추가적인 논의가 필요하다. 차액설에 의하면, 침해전의 명예와 침해후의 낮아진 명예의 차이가 손해라고 한다면, 일반인의 손해배상액이 소액이라고 하는 것은 원래 가지고 있던 명예가 낮기 때문에 침해의 합계도 적다는 결과가 된다. 그러나 공직자는 노출과 비판이 예정되어 있기 때문에, 일반시민의 입장에서는 오히려 일반인의 명예가 더 보호되어야 한다고 주장할 수 있다.

된다. 언론기관의 언론자유의 보장은 언론보도를 함에 있어서 위법성 조각사유(공연성, 공익성, 진실성, 상당성 등)뿐 아니라 다른 이유(위험의 자초, 약간의 과장 등)에 의하여 보장됨으로써 이루어진다[257]. 이 중 정부기관의 명예훼손소송에 대하여 언론기관이 대응할 수 있는 법리에 대하여 살펴보고자 한다.

(1) 사실과 의견

명예훼손은 사실을 적시하는 방법으로 행해질 수도 있고 의견을 표명하는 방법으로 행해질 수도 있다. 사실의 적시는 시간과 공간적으로 구체적인 과거 또는 현재의 사실관계에 관한 보고 내지 진술을 의미하고, 그 표현내용이 증거에 의한 입증이 가능한 것을 말한다. 의견은 사실관계에 관한 가치판단이나 평가를 말한다. 그러나 단순한 의견 개진만으로는 상대방의 사회적 평가가 저해된다고 할 수 없기 때문에, 사실의 적시를 전제로 하지 않은 순수한 의견의 경우에는 명예훼손으로 인한 손해배상책임은 성립되지 않는다. 그러나 사실적시에 근거한 의견으로서 혼합의견은 명예훼손책임을 부담할 수 있다[258]. 언론기관이 사실을 적시하거나 혼합의견을 표명한 경우에는 명예훼손책임을 부담하고, 순수 의견을 표현한 경우에는 명예훼손책임을 부담하지 아니한다고 하지만, 일반적으로 언론기관은 사실보도를 하고 이에 근거하여 자신의 의견을 밝히는 경우가 많은 것을 고려하면, 순수의견에만 면책을 허용한다는 것은 사실상 언론기관의 명예훼손에 관한 면책을 좁혀 놓았다. 더욱이 사실의 적시는 반드시 사실을 직접적으로 표현한 경우에 한정할 것은 아니고, 간접적이고 우회적인 표현에 의하더라도 그 표현의 전 취지에 비추어 그와 같은 사실의 존재를 암시하고, 또 이로써 특정

---

257 김종호,언론사에 대한 명예훼손에 있어서의 위법성 조각사유,대법원판례해설 75호(2008 상반기),법원도서관,2008,181-200;배병일,언론과 명예훼손책임,사회과학연구 18집 1권,영남대 사회과학연구소,1998.8. 참조.

258 대법원 2008.2.14. 선고 2005다75736 판결.

인의 사회적 가치 내지 평가가 침해될 가능성이 있을 정도의 구체성이 있으면 족하다[259]고 한다. 따라서 사실적시의 개념을 매우 광범위하게 인정하고 있고, 순수의견의 범위를 매우 좁게 인정함으로서 언론기관의 명예훼손에 관한 면책을 더욱 좁히고 있다.

(2) 상당성[260]

언론매체가 사실을 적시하여 타인의 명예를 훼손하는 행위를 한 경우에도 그것이 공공의 이해에 관한 사항으로서 그 목적이 오로지 공공의 이익을 위한 것일 때에는 적시된 사실이 진실이라는 증명이 있거나 그 증명이 없다 하더라도 행위자가 그것을 진실이라고 믿었고 또 그렇게 믿을 만한 상당한 이유가 있으면 위법성이 없다[261]고 하여 언론기관의 명예훼손에 관한 면책의 범위를 매우 넓히고 있다. 더욱이 여기에서 "그 목적이 오로지 공공의 이익을 위한 것일 때"는 적시된 사실이 객관적으로 볼 때 공공의 이익에 관한 것으로서 행위자도 공공의 이익을 위하여 그 사실을 적시한 것을 의미하는데, 행위자의 주요한 목적이나 동기가 공공의 이익을 위한 것이라면 부수적으로 다른 사익적 목적이나 동기가 내포되어 있더라도 무방하고, "진실한 사실"은 그 내용 전체의 취지를 살펴볼 때 중요한 부분이 객관적 사실과 합치되는 사실이라는 의미로서 세부에 있어 진실과 약간 차이가 나거나 다소 과장된 표현이 있더라도 무방하다[262]고 함으로써 상당성으로 인한 언론기관의 명예훼손에 대한 면책의 범위는 더욱 넓어지게 되었다. 나아가 적시한 내용이 진실이라고 믿을 만한 상당한 이유가 있는지는 사실의 성격, 정보원

---

259 대법원 2000. 7. 28. 선고 99다6203 판결.

260 배병일,언론보도로 인한 명예훼손에서의 상당한 이유에 관한 연구,비교사법 10권 1호,한국비교사법학회,2003,365-401 참조.

261 대법원 2008.4.24. 선고 2006다53214 판결.

262 대법원 2006.3.23. 선고 2003다52142 판결.

의 신빙성, 사실 확인의 용이성, 적시로 인한 피해자의 피해 정도 등 여러 사정을 종합하여 그 내용의 진위를 확인하기 위한 적절하고도 충분한 조사를 다하였는가, 그 진실성이 객관적이고도 합리적인 자료나 근거에 의하여 뒷받침되는가 하는 점에 비추어 판단하여야 하고[263], 상당성의 구체적인 기준은 보도당시를 기준으로 하되, 보도이후 수집된 자료도 판단의 자료로 삼을 수 있어[264], 언론기관의 명예훼손에 관한 면책을 광범위하게 인정할 수 있도록 하고 있다. 그러나 언론보도의 신속성과 언론기관의 영세한 재정구조로 인한 취재인력의 부족등 구조적인 문제가 있음에도 불구하고 상당성을 판단함에 있어 '적절하고도 충분한 조사', '객관적이고도 합리적인 자료나 근거'를 요구하고 있기 때문에 면책이 쉽지 아니하다.

(3) 공적 인물(public figure)

미국법상의 공적인물론은 피고 언론기관이 원고인 공무원의 명예훼손에 관한 현실적 악의를 가지고 있어야 한다는 현실적 악의론과, 이러한 현실적 악의를 원고인 공적인물이 입증하여야 한다는 입증책임론이다. 이 경우 현실적 악의(actual malice)는 보도내용이 허위임을 알면서 또는 진실이 아니라고 믿을만한 충분한 근거가 있었음에도 불구하고 이를 무시하고 보도하여 명예를 훼손하는 것을 말한다. 대법원은 종전까지 미국법상의 공적인물론에 대하여, 언론의 특성상 공직자의 윤리 및 비위 사실에 관한 보도에 있어서는 특별히 보도의 내용이 허위임을 알았거나 이를 무분별하게 무시한 경우에만 상당한 이유가 없다고 보아야 할 것이라거나 상당한 이유에 대한 입증책임을 피해자가 부담하여야 할 것이라는 등의 상고이유의 주장은 독자

263 대법원 2006.1.27. 선고 2003다66806 판결.

264 대법원 2008.1.24. 선고 2005다58823 판결.

적인 견해에 불과하여 받아들일 수 없다[265]고 하여 직접적으로 도입을 부정하였다. 그러나 최근 공공적·사회적인 의미를 가진 사안에 관한 표현의 경우에는 언론의 자유에 대한 제한이 완화되어야 하고, 특히 공직자의 도덕성, 청렴성에 대하여는 국민과 정당의 감시기능이 필요함에 비추어 볼 때, 그 점에 관한 의혹의 제기는 악의적이거나 현저히 상당성을 잃은 공격이 아닌 한 쉽게 책임을 추궁하여서는 안 된다[266]고 하여 공적인물론을 도입하고 있다. 이 사안에서 대법원은 고위공직자의 도덕성이라는 공적 사안에 관한 정당 대변인의 정치적 논평에 대해서 상당성이 없어 위법성이 조각되지 않는다고 한 원심판결을 파기하고, 현실적 악의론에 바탕한 논거를 이유로 위법성을 인정할 수 없다고 설시함으로써 처음으로 현실적 악의론을 직접 도입하고 있다. 이후 공직자의 업무처리가 정당하게 이루어지고 있는지 여부는 항상 국민의 감시와 비판의 대상이 되어야 하고, 특히 선거법위반사건 등 정치적인 영향력을 가진 사건 처리의 공정성에 대한 정당의 감시기능은 정당의 중요한 임무 중의 하나이므로, 이러한 감시와 비판기능은 보장되어야 하고 그것이 악의적이거나 현저히 상당성을 잃은 공격이 아닌 한 쉽게 제한되어서는 아니된다[267]고 하여 검사의 업무처리에 대한 정치인의 기자회견으로 말미암은 명예훼손책임은 위법성이 조각된다고 하였다. 뒤이어 공직자의 도덕성·청렴성이나 그 업무처리가 정당하게 이루어지고 있는지 여부는 항상 국민의 감시와 비판의 대상이 되어야 한다는 점을 감안하면, 이러한 감시와 비판기능은 그것이 악의적이거나 현저히 상당성을 잃은 공격이 아닌 한 쉽게 제한되어서는 아니된다[268]고 하여 언론기관이 공직자의 도덕성, 청렴성에 대하여 의혹제기를 함으로써 말미암은 명예훼손책임에 대하여도 일부사

---

265 대법원 1997. 9. 30. 선고 97다24207 판결.

266 대법원 2003. 7. 8. 선고 2002다64384 판결.

267 대법원 2003. 7. 22. 선고 2002다62494 판결.

268 대법원 2003. 9. 2. 선고 2002다63558 판결.

실에 대하여는 위법성이 없다고 하여 면책하고 있다. 현실적 악의론은 이미 명예훼손이 이루어졌다고 판단하는 원고인 정부기관이 사후적(ex post facto)으로 손해배상을 청구하는 경우에 적용되는 이론이다. 그러나 명예훼손의 피해자가 공직자라 하여 진실성이나 상당한 이유의 입증책임을 피해자가 부담하여야 한다고 볼 수는 없다[269]고 하여 입증책임면에서의 공적인물론은 계속하여 도입을 부정하고 있다. 이에 대하여 대법원의 해석과 같이 진실입증의 책임을 표현행위자가 진다는 것은 명예훼손적 표현은 언제나 허위로 추정된다는 것인바, 이처럼 공적 문제에 관한 토론을 촉진시키는 표현이 언제나 허위의 추정을 받게 된다면 민주사회에서 자유토론은 질식될 수 있기 때문에, 최소한 명예훼손적 표현의 대상이 공적 인물의 공적 활동과 관련된 것일 경우에는 위법성조각사유가 없음을 검사 또는 피해자측이 입증하는 것이 타당하다고 하는 견해[270]도 있다. 현실적 악의론은 언론기관에게 명예훼손책임을 상당부분 완화 시켜주고 있지만, 입증책임론은 여전히 언론기관에게 큰 부담을 주고 있다[271].

4. 새로운 법리개발의 필요성

위에서 보는 바와 같이 언론기관이 정부기관이나 공무원의 업무처리에 대한 언론보도를 함으로써 빚어지는 명예훼손책임에 관한 대법원의 판례흐름은 기존의 위법성조각사유로 처리하고 있다. 행위자가 그 내용이 진실이라고 믿었다 한들, 그렇게 믿을 만한 상당한 이유가 있다고 보기 어렵다고 하면서도 언론사에 대한 감시와 비판 기능은 그것이 악의적이거나 현저히 상당성을 잃은 공격이 아닌 한 쉽게 제한되어서는 아니 된다[272]고 하여 상

---

269 대법원 2007.12.27. 선고 2007다29379 판결.

270 이인호,범죄보도와 면책사유의 적용,언론중재 1999 가을,언론중재위원회,1999.

271 입증책임을 부담하는 자는 패소한다는 법언을 상기하면, 더욱 그러하다.

272 대법원 2008. 4. 24. 선고 2006다53214 판결.

당성법리에 의해서 위법성이 조각되지 않더라도 현실적 악의론에 의해서는 위법성이 조각되어 각 위법성조각사유간에 밀접한 관련이 있을 수 있다. 그렇지만, 언론기관은 사실과 의견의 측면에서는 매우 좁게 면책을 인정받음으로서 크게 도움을 받을 수 없고, 상당성의 측면에서는 매우 넓게 면책되고 있지만 언론의 구조적인 문제로 인하여 큰 도움을 받을 수 없다. 공적인 물론 중 현실적 악의론 측면에서는 면책이 폭넓게 인정됨으로서 직접적으로 도움을 받을 수 있지만, 입증책임면에서는 전혀 도움을 받지 못하고 있다. 따라서 공무원이 자신의 업무처리와 관련한 언론기관의 보도를 둘러싸고 이를 고액의 명예훼손소송으로 처리하고자 할 경우에는, 언론기관의 종사자들인 기자들로서는 위와 같은 법리를 적용하여 소송을 수행하기에는 변호사비용을 포함한 소송부담이 매우 크고, 이로 말미암아 언론활동 자체가 위축되지 않을 수 없다. 이것은 결국 언론자유에 대한 실질적이고 중대한 침해를 야기할 수 있다. 따라서 정부기관이나 공무원의 도덕성 및 업무처리 등에 관한 언론보도에 대하여 정부기관이나 공무원이 제기하는 고액의 명예훼손소송에 대응하기 위해서는 새로운 법리의 개발이 필요하다고 생각된다.

III. 전략적 소송과 명예훼손소송의 법리

1. 제재로서의 명예훼손소송

정부기관이나 공무원이 공직자의 도덕성과 청렴성 등에 관한 언론보도를 이유로 고액의 손해배상을 청구하는 것은 명예훼손에 대한 손해배상을 받는 것만이 목적이 아닐 수도 있다. 공무원 등은 민사상 명예훼손소송을 제기함으로서 손해배상을 받고자 한다면, 적정한 금액의 손해배상을 청구할 것이다. 그러나 정부기관의 언론보도에 대한 이례적이라고 할만큼 '고액'의 손해배상청구는 사전적(ex ante) 사실상(de facto) 제재(sanction)로서의 의미가 있고, 소송을 제기함으로서 손해배상의 인용여부에 관계없이 언론기관의 언론보도에 대하여 소송을 무기로 이용하거나 위협으로서의 성격을 지니고 있다고 볼 수 있는 여지가 있다. 따라서 이러한 소송에 대해서는 기존의 위법성조각의 법리에 의한 대응을 하기보다는 보다 전략적 소송과 같은 새로운 법리의 개발이 필요하다.

2. 전략적 소송의 개념

전략적소송(Strategic Lawsuit Against Public Participation,SLAPP)은 공무원이나 대기업이 공적 관심사에 대하여 정부의 행위에 영향을 주기 위하여 항의하는 NGO 등 비정부단체나 개인을 상대로 제기하는 민사소송을 말한다. 전략적 소송은 주로 지역개발과 관련하여 그 개발로 인하여 불이익을 입게 된 토지소유자 등 개인이나 단체가 개발업자를 상대로 고액의 민사소송을 제기하는 경우에, 이에 대응하여 거대한 자금력을 가진 개발업자가 항의를 하는 개인이나 단체를 상대로 고액의 손해배상을 청구하는 방법으로 이루어지는 경우가 많다. 미국의 경우에는 1988년 Canan과 Pring이 처음으로 전략적 소송(Strategic Lawsuits)라는 용어를 사용하였고, 뒤이어 Wells[273]와 Donson[274] 등이 이 분야에 대한 연구를 수행하였다. 미국에서의 전략적 소송은 법적으로 다툼이 있는 사안에 관하여 피해를 입었다고 주장하는 피해자가 항의를 하거나 원고가 되어 소송을 하는 경우에 불이익을 입었다고 주장하는 우월적 지위나 권력을 가진 세력이 실제적으로는 피해자의 항의나 소송을 억제시키고자 하는 목적으로 하면서도 외부적 명목적으로는 자

---

273 Wells, James A.,Exportion SLAPPs: International Use of U. S. 'SLAPP' to Suppress Dissent and Critical Speech, Temple International and Comparative Law Journal, vol. 12, 1998.

274 Donson, Fiona J. L., Legal Intimidation. A SLAPP in the face of Democracy, London/New York: Free Association Books, 2000.

신도 법적으로 큰 피해를 입었다고 주장하는 소송이다. 전략적 소송의 원고[275]는 피해자의 항의나 소송에 대응하여 과도한 배상을 청구하고, 이를 계기로 경제적으로 열위에 있거나 사회적 지위가 열악한 피해자의 항의나 소송을 막거나 취하하는 것으로 유도한다. 결국 정당한 권리구제수단이라는 소송제도를 이용함으로써 소송을 통한 억제(chilling effect)라는 결과를 얻게 된다.

3. 전략적 소송의 발전

미국에서 전략적 소송을 처음으로 문제제기한 학자는 Canan, Penelope과 Pring, George이다. 이들은 1988년 Law & Society Review vol. 22에 "Studying Strategic Lawsuits Public Participation: Mixing Quantitative and Qualitative Approaches"라는 논문을 게재하면서 전략적소송이라는 용어를 사용하였다. 이 논문은 공무원이나 대기업이 비영리단체나 일반시민의 공공참여를 억제하기 위하여 이루어지고 있는 손해배상청구소송을 논쟁에 휘말린 정치적 또는 법적 기구들의 구조적인 상호침투현상으로 보았다. 또한 현실적인 논쟁대상자에 관한 미시 사회학적(micro-sociological)문제와 거시 사회학적(macro-sociological)문제로 분석하여 이를 통합하고자 하였다. 저자들은 이 연구를 통해서 시민참여에 대한 구조적 방해에 관한 미시 사회학적 문제와 거시 사회학적 문제를 質的접근방법과 量的접근방법을 통하여 연구하였다[276]. 1996년에 George W. Pring과 Penelope Canan은 연구성과를 모아 SLAPPs Getting Sued for Speaking Out(Temple University Press)라는 책을 출간하였다.

---

275 전략적 소송에서는 원고를 filer라고 하고, 피고를 target이라고 한다.(Pring, George and Canan, Penelope, SLAPP:Getting Sued for Speaking Out, Philadelphia:Temple University Press, 1996,214-217면.)

276 Canan, Penelope & Pring, George,Studying Strategic Lawsuits Public Participation: Mixing Quantitative and Qualitative, Law & Society Review, vol. 22, 1988, 386면.

미국에서 전략적 소송이 처음으로 문제가 된 것은 Bill Johnson's Restaurants v. NLRB사건이다[277]. 이것은 노동조합을 결성하였다는 이유로 식당에서 해고된 근로자가 부당노동행위 구제신청과 불매운동유인물의 배포행위를 하였는데, 이에 대하여 사용자측이 명예훼손 등을 이유로 한 손해배상을 청구한 사안이다. 연방대법원은 근로자가 전략적 소송이라고 주장하여 신청한 각하신청을 받아들인 항소심판결을 파기하고 소송을 계속 진행하도록 하였다.

명예훼손과 전략적 소송에 관한 사안으로는 McDonald v. Smith 사건이 있다[278]. 이것은 1981년 로버트 맥도날드가 연방검사 후보자 지명대상자인 데이비드 스미스에 대한 고의적이고 악의적인 거짓말을 담은 후보지명에 반대하는 편지 2통 중 첫 번째 편지를 1980년 12월 1일에 대통령 당선자인 레이건에게 보냈고, 두 번째 편지를 1981년 2월 13일 레이건대통령에게 직접 보냈던 사안이다. 첫 번째 편지를 보낼 당시 복사본을 캠프상원의원, 골드워터상원의원, FBI책임자에게도 보냈다. 이로 인하여 스미스가 후보지명을 받지 못하자, 후보지명대상자인 스미스는 맥도날드의 편지로 인하여 자기의 후보지명기회와 명성 및 경력에 대하여 명예를 훼손당했다고 주장하면서 1백만 달러의 명예훼손소송을 1981년 7월 노스 캐롤라이나 주법원에 제기하였다. 이에 대하여 맥도날드는 먼저 복수의 시민권자들이 관련된 사건이라는 이유로 연방법원으로 소송을 이송하여 달라고 요구하였고, 그리고 난 이후에 헌법상 청원의 일부로서 제한없이 자신의 견해를 표현할 수 있는 권리를 보호하도록 하고 있는 수정헌법상의 청원권에 기한 청구도 하였다. 이에 대하여 연방대법원은 정부에 대한 청원은 명예훼손으로부터 절대적으로 면책되지 않는다고 하면서 변론전 각하를 인정하지 않았다. 이 사

277 Bill Johnson's Restaurants v. NLRB,461 U.S. 731(1983).

278 McDonald v. Smith,472 U.S. 479(1985).

안에서는 명예훼손소송을 전략적 소송이라고 보지 않았다[279].

전략적 소송에서 성공모델은 City of Columbia v. Omni Outdoor Advertising Inc. 사건이다[280]. Omni 사건은 경쟁하고 있던 2개의 광고판 회사간의 반독점에 관한 다툼이다. 1981년 조지아주의 Omni Outdoor Advertising 회사는 새로운 진입자로서 컬럼비아특별구와 조지아주에서 근거지를 마련하고자 했지만, 이미 Colunbia Outdoor Advertising firm(COA)이라는 대형 광고판 회사가 1940년대에 사우스 캐롤라이나주의 컬럼비아시에서 설립되어 1981년까지 시장의 95%이상을 점유하고, 회사 사장들이 지역사회에 깊이 뿌리를 내리고 도시의 정치지도자들과도 밀접한 관계를 유지하고 있으면서 Omni의 시장진입을 저지하였다. COA는 Omni를 추방하기 위해서 시의회의 친구들에게 새로운 광고판 회사를 저지하기 위한 조례의 제정을 로비를 하였다. 이에 Omni는 시와 COA를 상대로 반독점법인 셔만법(Sherman Act) 위반을 이유로 소송을 제기하였다. 배심원단은 COA의 정치공작을 부정적으로 보고, Omni에게 220만달러의 배상을 명했다. 이에 대하여 연방대법원은 전략적 소송에서 청원권은 의도나 목적과 관계없이 사적 당사자의 정치적 동기가 이기적인 경우에 부적절하다고 하면서 번복 파기하였다. 이 사안에서는 전략적 소송의 피고가 하는 행위가 정부의 호의적인 행동을 얻어내는 것이 진정한 목적이 아닌 경우를 제외하고는 각하되어야 한다고 하였다. 만약 전략적 소송의 피고가 정부의 결정을 구하고 있다면 각하되어야 하고, 피고의 동기가 부도덕하다거나 부적절한 방법을 이용하는 것은 문제가 되지 않는다고 한다[281].

---

279 Pring, George and Canan, Penelope, 앞의 책,22-23면;이 판결의 원문을 조회하기 위해서는 http:laws.findlaw.com/us/472/479.html에서 확인하면 된다.

280 City of Columbia v. Omni Outdoor Advertising Inc. 499 U. S.365,111 S. Ct.1344(1991);http://openjurist.org/499/us/365.

281 Pring, George and Canan, Penelope, 앞의 책,26-27면.

4. 전략적 소송에 대한 대응방법

전략적 소송에 대하여 대응하는 3원칙은 우회하고(Detour), 기각하고(Dismiss), 억제하는(Deter) 것이다. 다시 말하면, 첫째 전략적 소송을 제기하기 전에 피하고, 둘째 만약 소송을 제기하면 끝내버리고, 셋째 장래 소송을 예방하는 것이다[282]. 그래서 전략적 소송에 대응하기 위해서 피고측은 기각신청(the Dismissal Motion), 약식판단신청(the Summary Judgment Motion), 역(逆)전략적 소송(SLAPPback)으로 대응할 수 있다. 기각신청은 피고가 전략적 소송의 청구에 대하여 증거에 관한 계속된 제시없이 뒤집어 달라면서 이의를 제기하거나 기각해달라고 주장하는 것이다. 이 기각신청은 일반적으로 전략적 소송에 대하여 피고가 답변하기 전에 제기하고, 성가신 증거개시를 정지시킬 수 있다[283]. 기각의 주요한 근거는 주로 청원권(right to petition, Petition Clause) 등 헌법상 권리침해를 들고 있다. 유명한 Sierra Club v. Butz[284]를 비롯한 여러 사건에서는 청원권에 근거하여 몇 개월만에 기각결정을 내린 바 있다[285]. 약식판단은 피고가 투지와 재정도 충분하고 장래 전략적 소송이 없도록 하기 위해서 심각하게 계속 대응할 수 있는 방법이다. 심리가 개시되기 전에 원고에 대하여 증거개시절차를 시작하는 공격방어방법이다[286]. 이는 앞으로 있을 수 있는 역전략적소송을 위해서 사실관계를 위한 자료를 기록으로 남기고자 하는 것이다. 역전략적 소송은 전략적 소송을 제기한 원고에 대하여 반소(countersuit)를 제기하는 것이다. 역전략적소송은 악의적 소추(malicious prosecution), 절차남용(abuse of process)을 이유로 하는 경우가 많다[287].

---

282 Pring, George and Canan, Penelope, 앞의 책,145면.

283 Pring, George and Canan, Penelope, 앞의 책,157면.

284 Sierra Club v. Butz 349 F. Supp. 934(N.D.Cal.1972).

285 Pring, George and Canan, Penelope, 앞의 책,158면.

286 Pring, George and Canan, Penelope, 앞의 책,163면.

287 Pring, George and Canan, Penelope, 앞의 책,179면.

5. 전략적 소송의 효과

전략적 소송은 다음과 같은 효과를 나타낸다고 할 수 있다. 첫째, 전략적 소송은 원고가 소송의 상대방인 피고에게 어떠한 행위도 할 수 없도록 하는 억제효과(chilling effect)가 있다. 공무원이 언론기관의 언론보도에 대하여 언론기관이나 기자에게 고액의 손해배상을 청구할 경우에 재무구조가 영세한 언론기관은 거액의 손해배상을 부담할 가능성을 회피하려고 하고, 기사를 작성하는 기자도 언론기관의 경영진이나 데스크의 눈치를 보지 않을 수 없다. 더욱이 기사를 작성한 기자를 피고로 하는 경우에는 고액의 손해배상금은 변제할 수 없는 경제적 고통으로 작용한다. 이로 인하여 전략적 소송은 직접적으로 기자로 하여금 원고에 관한 언론보도를 주저하게 만든다. 둘째, 전략적 소송은 법적 기반이 취약한 계층에게 고액의 손해배상을 청구함으로써 손해배상금의 변제에 관한 공포감을 주고, 경제적으로 취약한 시민단체 등의 구성원에게 참여를 포기하게 하거나 어렵도록 만들어 버린다. 적극적으로 소송을 수행하고자 하는 원고와는 달리 어쩔 수 없이 소송에 노출된 피고로서는 변호사비용 뿐 아니라 준비서면 작성 등 소송수행에 필요한 노력과 경제적 부담, 소송수행에서 오는 심리적 부담감 등으로 인한 위협 내지 공포감은 상당하다고 할 것이다. 셋째, 언론기관을 상대로 하는 전략적 소송은 억제효과와 위협효과를 나타나게 하고, 이로 인하여 언론이 적극적으로 보도를 하지 못하게 되는 것은 언론에 대한 검열의 시도로 볼 수 있다. 정부정책이나 공직자의 도덕성, 청렴성에 대한 의혹제기는 공직이 국민의 감시와 비판의 대상이 되어야 한다는 점에서 당연한 것으로 보아야 함에도 불구하고, 언론에 대하여 억제하거나 위협함으로써 언론보도를 하지 못하게 하는 것은 사실상 검열로 볼 수 있다. 넷째, 전략적 소송을 하고자 하는 공무원은 손해배상을 받는 것이 목적이 아니라 소송을 도구로 하여 상대방에게 위협을 가하거나 위축시키고자 한다. 따라서 전략적 소송은 손해배상이 목적이 아니기 때문에, 건수가 생기면 바로 소송을 제기하는 등

소송을 남발하고, 이로 인하여 법원의 소송업무를 복잡하게 하고 정당한 권리 구제자에게 불이익을 줄 수 있다. 마지막으로 전략적 소송은 사회공론화를 막아서 사회적인 논의구조와 여론형성기능을 왜곡시키고 민주적 공개적 토론장을 황폐화시킨다. 전략적 소송은 사회적으로 논란이 되고 있는 어떠한 공공문제를 논의하여 여론을 형성하고자 하는 정치적인 토론장에서 그 공공문제를 끄집어내어 법정으로 몰아넣어 버림으로써[288] 공공문제를 개인적인 문제로 전락시켜 손해배상청구소송으로 만들어 버린다.[289]

6. 反전략적 소송법의 제정[290]

이러한 전략적 소송에 대하여 와싱턴주를 비롯한 미국의 많은 주들은 적극적으로 전략적 소송을 금지하는 反전략적소송법(anti-SLAPP law)을 제정하였다. 1989년 와싱턴주는 정부기관에 대한 청원은 민사책임이 면책된다(Revised Code of Washington,4.4.24.500-520.)고 규정하여 가장 먼저 입법하였다. 뒤이어 아리조나주, 아칸소주, 플로리다주, 조지아주, 하와이주, 일리노이주, 인디아나주, 루이지애나주, 메인주, 매릴랜드주, 미주리주, 뉴멕시코주, 오클라호마주, 오레곤주, 펜실바니아주, 테네시주, 유타주, 버몬트주, 뉴욕주(1992), 델라웨어주(1992), 네바다주(1993), 네브라스카주(1994), 캘리포니아(1994), 메사추세츠주(1994), 미네소타주(1994), 로드아일랜드주(1995) 등 26개주와 괌미국령에서 反전략적 소송법을 제정하였고, 콜로라도주와 웨스트버지니아주는 성문법은 없지만 사법적 원칙은 도입되어 있다. 코네티컷주, 캔사스주, 버지니아주 등 9개주에서는 관련법안이 제안되어 있거나 과거에 제안된 적이 있고, 코네티컷주와 버지니아주는 법안을 제안하였으나 입법

288 김종서,전략적봉쇄소송 규제법제에 관한 연구,민주법학 제30호,2006,17면;김종서,정책비판보도에 대한 정부대응과 언론의 자유,언론중재 2009 여름호,2009,41면.

289 이를 토론변화(forum transformation)라고 한다(Pring, George and Canan, Penelope, 앞의 책,10면.)

290 http://www.casp.net/statutes/menstate.html.

에 실패하였다. 노스 캐롤라이나주는 반전략적 소송법을 지지하고 있다. 캐나다에서 SLAPP를 가장 먼저 다룬 Fraser v. Saanich사건[291]의 영향으로 Protection of Public Participation Act가 2001년 4월에 제정되었으나, 2001년 8월에 폐지되었다. 캐나다 Quebec주에서는 2008년 6월 13일에 반전략적 소송법이 제안되어 주의회에서 2009년 6월 3일 통과되었다. 그래서 Quebec주의 개정 민사소송법(amended Code of Civil Procedure)이 캐나다에서 유일하게 효력을 가진 반전략적 소송법이다.

7. 우리나라에 전략적 소송법리의 도입

2003년 청와대를 비롯한 정부기관의 언론기관에 대한 소송의 남발로 인하여 전략적 소송인지 여부에 대한 논란이 있었고, 야당의원 사이에서는 이에 대한 규제법안을 만들어야 한다는 논의가 있었지만, 실제로 입법안 제출로는 이어지지 않았다[292]. 문제는 정부기관의 언론기관에 대한 소송이 소송의 결과와는 무관하게 이루어지고 특히 이례적이라고 할만큼 고액의 위자료를 청구하는 경우이다. 이 경우에는 소송이라는 도구를 이용하여 언론보도를 억제하거나 제재를 하겠다는 생각이 있다고 보아야 하고, 이로 인하여 보도기사를 직접 작성하는 기자나 이를 보도하는 언론기관으로서는 고액의 손해배상청구를 걱정하지 않을 수 없다. 특히 언론사로부터 급여와 각종 복지혜택을 받고 있는 기자로서는 언론기관의 눈치를 보지 않을 수 없다. 또한 재무구조가 영세한 우리나라의 언론사의 입장에서는 고액의 손해배상 가능성에 대하여 두려움을 가지지 않을 수 없다. 그런 의미에서 고액의 위자료 청구는 사실상 언론보도에 대하여 심각한 억제효과를 발생시킨다고 하지 않을 수 없다. 이러한 억제효과를 유발하는 정부기관이나 공무원의 명예

291 [1999] B.C.J. No. 3100 (B.C. S.C.).

292 http://news.donga.com/fbin/output?f=a_s&n=200309140163&main=1

훼손으로 인한 손해배상청구소송은 사실상 전략적 소송이라고 보아야 하고, 이 경우 미국의 전략적 소송의 법리를 수입하는 것을 심각하게 고려해 보아야 한다[293].

Ⅳ. 정부기관의 언론기관에 대한 명예훼손소송에 관한 사례분석과 명예훼손에 관한 전략적 소송법리

1. 공무원의 언론기관을 상대로 하는 명예훼손소송

공무원이 언론기관을 상대로 하는 명예훼손소송은 1999년2월 당시 서울지검 최모 검사가 왜곡된 보도로 명예를 훼손당했다며 한국방송공사(KBS) 기자를 상대로 5억원의 손배소송을 제기한 것이 처음이다[294]. 이 소송은 1심에서 1억원의 배상판결이 선고됐다. 최검사의 소제기 이후 매년 검사들이 언론을 상대로 10건 안팎의 소송을 제기하고 있고, 법원에서도 적극적인 사실인정과 대부분 억대의 고액배상이 선고되고 있는 점이 특징이다. 검사들이 언론사를 상대로 명예훼손관련 소송이 봇물을 이루고 있는 원인은 향응과 전별금 등을 제공한 모 변호사 리스트 비장부 폭로보도로 이에 연루된 판·검사 9명이 옷을 벗은 1999년 1월의 대전법조비리사건 이후에 언론 보도로 인한 명예훼손사건에 대한 검사들의 대언론관이 바뀌었기 때문이라고 한다. 이 사건 발생 이전만 해도 검찰은 일선 검사가 처리한 사건이 오보로 인해 담당검사가 명예를 훼손당했다 하더라도 내부보고를 통해 사건의 처리결과와 보도경위를 소상히 상부에 보고하는 것으로 마무리 짓는 것이 관행

293 동지:김종서,앞의 글,언론중재,44면;정동우,언론보도에 대한 공적기관과 공적인물의 법적대응에 관한 법원의 판결분석,언론과 사회 15권 4호, 2007년 겨울,2007,95면.

294 서울지법 1999. 6. 23. 선고 99가합14391 판결.

이었다고 한다[295]. 또한 법원도 그동안 언론사의 오보에 대한 명예훼손 손해배상액을 적게는 수백만원에서 많게는 3천만원 정도로 판결을 해왔었으나 이 사건 이후 억대의 고액배상 판결을 선고하고 있다[296]. 검사들의 언론기관을 상대로 하는 명예훼손소송보다는 더 직접적으로 근본적인 문제를 제기한 것은 노무현 대통령이 자신과 자신의 형의 재산과 관련하여 의혹을 제기한 한나라당 의원과 관련 내용을 보도한 조선일보, 동아일보, 중앙일보, 한국일보 등 4개 언론사를 상대로 2003년 8월 13일 서울지법에 제기한 30억원의 손해배상 청구소송이었다. 이것은 현직 대통령이 자신과 관련된 의혹제기에 대해 현직 의원과 언론사를 상대로 소송을 제기하였다는 점에서 법적으로 관심을 모았다. 이 사안은 2003년 9월 25일 노대통령이 서울지법에 소송절차 중지신청을 함으로써 더 이상 진행되지 않았다.

2. 대법원 2003. 9. 2. 선고 2002다63558 판결

검사 4명이 법조비리에 관한 언론기관의 보도로 인하여 명예훼손을 당했다고 하면서 제기한 사안으로, 원심은 언론기관의 보도행위가 상당성법리에 의하여 상당한 이유가 없다고 하여 원고의 주장을 인용하였다. 이에 대하여 대법원은 원심의 상당성법리에 대한 판단은 정당하다고 하지만, 공공적·사회적인 의미를 가진 사안에 관한 표현의 경우에는 언론의 자유에 대한 제한이 완화되어야 하고, 특히 공직자의 도덕성·청렴성이나 그 업무처리가 정당하게 이루어지고 있는지 여부는 항상 국민의 감시와 비판의 대상이 되어야 한다는 점을 감안하면, 이러한 감시와 비판기능은 그것이 악의적이거나 현저히 상당성을 잃은 공격이 아닌 한 쉽게 제한되어서는 아니된다고 하여 현실적 악의론을 도입하여 원고의 주장사실 중 일부에 대하여 긍정하였

295 법률신문, 2001.10.25자,검사들 언론사 상대 명예훼손소송봇물.

296 대법원 2003. 9. 2. 선고 2002다63558 판결.

다. 이 사안에서 대법원은 먼저 상당성법리에 의하여 판단을 한 이후에 현실적 악의론을 적용하였다.

3. 대법원 2006.5.12. 선고 2004다35199 판결

경찰관 20명이 언론기관을 상대로 공직자 생활이나 공직수행과 관련하여 한 보도가 자신들의 명예를 훼손하였다고 주장하면서 1인당 1천만 원의 위자료를 청구한 사안으로, 원고 중 1명에게는 8백만 원, 나머지 원고들에게는 각 3백만 원의 위자료를 지급하라는 판결이 선고되어 상고심까지 원고 승소판결이 유지되었다. 대법원은 언론보도가 공직자 또는 공직 사회에 대한 감시·비판·견제라는 정당한 언론활동의 범위를 벗어나 악의적이거나 심히 경솔한 공격으로서 현저히 상당성을 잃은 것으로 평가되는 경우에는, 비록 공직자 또는 공직 사회에 대한 감시·비판·견제의 의도에서 비롯된 것이라고 하더라도 이러한 언론보도는 명예훼손이 된다고 하면서 별개로 상당성법리에 의하여서도 위법성이 조각되지 않는다고 판단하였다.

4. 대법원 2007.12.27. 선고 2007다29379 판결

공정거래위원회의 고위 공무원이 언론기관 및 기자를 비롯한 언론기관 종사자를 상대로 공직자의 도덕성, 청렴성과 관련하여 한 보도가 자신의 명예를 훼손하였다고 주장하면서 5명의 피고 각자가 각 2억원씩 위자료를 지급하라는 청구를 한 사안으로, 1심에서는 피고들은 각자 2천5백만 원씩의 위자료를 지급하라는 판결이, 항소심에서는 위자료부분은 그대로 유지되었지만, 정정보도에 대해서는 이를 이행하지 않을 경우에는 이행할 때까지 매일 2백만 원의 위자료를 지급하라는 판결이 선고되었다. 대법원에서 피고의 상고가 기각되어 원심이 확정되었다. 대법원은 공직자의 도덕성·청렴성이나 그 업무처리가 정당하게 이루어지고 있는지 여부는 항상 국민의 감시와 비판의 대상이 되어야 한다는 점을 감안하면, 이러한 감시와 비판 기능은 그

것이 악의적이거나 현저히 상당성을 잃은 공격이 아닌 한 쉽게 제한되어서는 아니 된다. 그러나 언론보도가 공직자 또는 공직 사회에 대한 감시·비판·견제라는 정당한 언론활동의 범위를 벗어나 악의적이거나 심히 경솔한 공격으로서 현저히 상당성을 잃은 것으로 평가되는 경우에는, 비록 공직자 또는 공직 사회에 대한 감시·비판·견제의 의도에서 비롯된 것이라고 하더라도 이러한 언론보도는 명예훼손이 되는 것으로 보지 않을 수 없다고 하였다. 이 사안에서는 상당성의 법리와 함께 현실적 악의론에 근거하여 명예훼손 여부를 판단하고 있다.

5. 대법원 2008.11.13. 선고 2008다53805 판결

국무총리가 언론기관을 상대로 총리의 업무수행과 관련하여 한 보도가 자신의 명예를 훼손하였다고 주장한 사안에서, 원심은 제대로 취재도 하지 않은 채 자극적인 말을 반복적으로 사용하였고, 조금 더 주의를 기울여 객관적인 사실관계를 확인하지 않았고, 다분히 악의적인 요소가 있어 보인다는 이유로 명예훼손에 해당한다고 하였다. 대법원은 언론보도가 공직자 또는 공직 사회에 대한 감시·비판·견제라는 정당한 언론활동의 범위를 벗어나 악의적이거나 심히 경솔한 공격으로서 현저히 상당성을 잃은 것으로 평가되는 경우에는, 비록 공직자 또는 공직 사회에 대한 감시·비판·견제의 의도에서 비롯된 것이라고 하더라도 이러한 언론보도는 공직자 등의 수인의 범위를 넘어 명예훼손이 되는 것으로 보지 않을 수 없다고 하였다. 이 사안에서는 기초적인 사실관계에 대하여 언론기관이 취재를 소홀히 하여 속단한 채 잘못 보도한 경우로서, 상당성의 법리와 함께 현실적 악의론에 근거하여 명예훼손 여부를 판단하고 있다.

6. 명예훼손소송에 전략적 소송법리의 적용

위에서 보는 바와 같이 언론기관의 정부기관 및 공무원에 관한 보도로 인한 명예훼손사건에서 언론보도 중에는 정부기관에 관한 보도, 공무원의 직무나 정책과 관련된 보도와 공무원 개인의 사생활에 관련된 보도 등이 있다. 정부기관에 관한 보도는 정책방향 또는 업무처리에 대한 공적사안으로 보아야 하고, 이에 관한 보도에 근거한 명예훼손으로 인한 손해배상청구는 배상청구액의 다과를 불문하고 전략적 소송으로 볼 수 있다고 할 것이다. 공무원 개인에 관한 직무나 정책과 관련된 보도는 업무처리의 공정성 또는 정책방향에 관한 공적사안으로서 공적인물론이 적용될 가능성이 많고, 나아가 이에 관한 보도에 근거한 명예훼손으로 인한 손해배상청구도 역시 배상청구액의 다과를 불문하고 전략적 소송의 대상이 된다고 볼 수 있다. 공무원의 순수한 사생활에 관련된 보도는 공적인물론이 적용될 가능성이 많지 않지만, 공무원의 사생활이 공직수행과 관련되어 도덕성과 청렴성 등이 문제가 되고 있는 경우에는 사생활도 공적인물론이 적용될 수 있고, 나아가 전략적 소송의 대상이 된다고 보아야 한다. 특히 공무원의 순수한 사생활에 관련된 사안이라도 고액의 손해배상을 청구하는 경우에는 전략적 소송법리가 적용될 수 있다고 보아야 한다. 그렇다면 정부기관이나 공무원이 언론기관을 상대로 제기하는 명예훼손을 이유로 하는 손해배상청구는 전략적소송법리에 의해서 기각되어야 하고, 오히려 반론청구를 통해서 해결되어야 한다.

언론기관의 정부기관 및 공무원에 대한 보도로 인한 명예훼손이 그 구성요건이나 위자료액에 있어서 일반시민들에 대한 명예훼손보다 더 특별하게 취급하여야 할 이유가 있는지는 의문이 있을 수 있다. 그러나 정부기관이나 공무원은 국민의 재산과 생명을 지키는 파수꾼으로서, 국민으로 하여금 기본권을 누리도록 보장해 줄 법적 의무가 있다. 이러한 정부기관이나 공무원에게 헌법상 기본권을 일반시민과 같이 인정해 주는 것은 문제가 있다. 그런 의미에서 대법원이 현실적 악의론을 도입하여 정부기관이나 공무원의 명예훼손의 인정에 있어서는 매우 엄격한 기준을 제시함으로서 언론기관의 언론의 자유를 보장하는데 크게 기여한 것은 매우 고무적이다. 그러나 언론기관의 명예훼손이 인정되는 경우에는 원고인 공무원의 위자료액의 산정에 있어서는 일반시민의 위자료액보다도 고액을 인정함으로서 오히려 언론의 자유를 제한하고 억제하는 효과를 가져 오게 한 것은 아쉬운 점이다. 오히려 공무원의 무분별한 고액의 손해배상청구는 손해배상이 목적이 아니라 그 저변에는 언론기관에 대한 언론보도의 억제에 목적이 있다고 하지 않을 수 없다. 이 경우 전략적 소송의 법리를 하나의 위법성조각사유로 보아 언론기관의 언론보도에 위법성이 조각된다고 볼 필요가 있다. 그래서 정부기관이나 공무원의 언론기관에 대한 고액의 명예훼손소송에 전략적 소송의 법리를 도입 적용함으로서 언론자유를 신장하는데 기여할 필요는 있다. 아울러 공무원의 사생활에 관한 보도라도 일반 시민과 동일하게 위자료액을 인정하여야 한다.

V. 결론

현대사회에서 언론은 입법, 행정, 사법과 함께 제4부라고 불리고 있을만큼 매우 중요한 위치를 차지하고 있다. 하루도 언론을 통하지 않고는 살 수 없는 것이 지금의 생활이다. 그래서 언론의 자유를 헌법상 중요한 기본권으로 규정하고 있다. 그런데 정부기관이나 공무원이 정부정책, 공직자의 도덕성 및 청렴성에 관련된 언론보도를 통해서 조직이나 공무원 스스로 명예훼손을 당했다고 고액의 소송을 하는 경우, 원고로서는 금전적 손해배상이라는 사실도 중요하지만, 소송을 통해서 언론보도를 억제하겠다고 하는 심리도 저변에 깔려 있다고 할 것이다. 이러한 경우에 이미 기존의 명예훼손의 법리에서는 위법성조각사유로 사실과 의견, 상당성 등이 거론되고 있다. 포괄적인 개념으로서 상당성법리가 공무원의 명예훼손소송에서의 위법성조각사유로 유효한 것은 사실이지만, 고액의 명예훼손소송에서는 유효하지 않다. 정부기관이나 공무원이 언론기관에 대해서 제기하는 고액의 명예훼손소송은 전략적 소송법리를 적용해서 언론기관의 보도에 위법성이 조각된다고 보아 정부기관이나 공무원의 소송을 기각해야 할 것이다.

제5장 | 언론보도로 인한 명예훼손에서의 상당한 이유에 관한 연구

Ⅰ. 서론

최근 다양한 언론매체의 발달과 이로 인한 언론기관 사이의 치열한 취재 경쟁 등이 원인이 되어 단체나 개인이 관련된 명예훼손 사례가 증가하고 있고, 이에 비례하여 피해자들의 명예 등 인격권에 관한 권리의식의 고양이 상승작용을 하여 명예훼손을 둘러싼 법적 다툼이 급증하고 있다. 명예훼손이 발생하였을 경우에 민법상 인격권으로서의 개인의 명예보호와 헌법상 표현 자유의 보장이 서로 충돌하게 되고 두 법익의 조정은 사회적인 여러 이익을 비교하여 표현의 자유로 얻어지는 이익 및 가치와 인격권의 보호에 의하여 달성되는 가치를 비교형량하여 구체적으로 정하여야 한다. 판례상 명예훼손 형태도 명예훼손, 초상권, 프라이버시 등 매우 다양해지고 있고, 그 당사자도 언론인, 정치인, 공직자, 연예인 뿐 아니라 언론기관도 있고, 소송대상도 표제 및 기사부터 사진, 사설, 논평, 만화, 광고 등에 이르고 있다.

명예훼손소송은 사회주의 국가나 미개발국가에서는 볼 수 없는 문화적 소송(cultural suit)이다. 우리나라도 개발도상에 있던 1970년대 이전에는 판례상 명예훼손에 관한 사건이 거의 없었으나, 1980년 언론기본법 제정과 함께 언론중재위원회가 발족한 이후 명예훼손 관련 소송이 급증하기 시작하였고, 언론매체의 증가와 발달에 힘입어 1990년대 이후에는 언론기관을 상대로 한 명예훼손소송이 급증하고 있어 중요한 사회문제로 등장하고 있다. 명예훼손의 구제를 둘러싸고 형사적 형벌보다는 민사상 손해배상으로 해결하고자 하는 움직임이 있다. 민사상 문제를 형사상 문제로 해결하는 것은 바람직스럽지 못하지만, 민사상 손해배상액이 소액이고 또한 민사소송절차에 소요되는 기간이 너무 길고 변호사수임료 등 소송비용이 만만치 아니하기 때문에 그동안 민사소송을 회피하였는 것은 사실이다. 그러나 민사책임은 탄력성을 가지고 구체적 타당성을 꾀할 수 있고, 손해배상액이 고액일 경우에는 가해자에 대한 응징의 효과와 함께 위자료의 만족적 기능을 고려할 때 피해자를 실질적으로 보호할 수 있는 장점이 있다. 그렇다고 하더라도 일반적 손해배상소송에서의 위자료액과 너무 차이가 많은 고액일 경우에는 징벌적 손해배상(punitive damage)[297]으로 볼 수 있어 문제가 있고, 특히 언론기관에 대한 고액의 손해배상액은 언론기관을 위축시켜 민주주의 정치의 지주인 언론보도의 자유를 훼손할 우려가 있거나 심각한 중대한 제한(chilling effect)이 될 수 있다[298].

우리나라 학설과 판례는 민사상으로 타인의 명예를 훼손하는 행위를 한 경우에 형법 제310조를 유추적용하여 위법성조각사유를 인정하고 있다. 그런데 판례는 이러한 위법성조각사유에서 더 나아가 그러한 진실한 사실에 대한 증명이 없더라도 행위자가 그것을 진실이라고 믿을 상당한 이유가 있는 경우에도 위법성 내지 고의 과실이 없다고 한다. 이 문제는 민법상 불법행위책임의 기본요건에 관한 문제이고, 불법행위의 발전방향과 관계가 있는 매우

297 일본 최고재판소(1997.7.11.민집 51권 6호 2573)는 명백하게 징벌적 손해배상을 부정하고 있다

298 右崎正博,名譽毀損訴訟における損害賠償高額化と表現の自由,法律時報,74권9호,2002,106.

중요한 문제이다. 본 연구의 목적은 이러한 진실성 오신에 대한 상당성 판단의 문제에 관한 법리 연구를 통하여 언론기관의 보도자유의 확대와 아울러 개인의 명예보호에 미력이나마 기여하고자 한다. 또한 이와 같은 상당한 이유에 관한 천착을 통하여 명예훼손법의 연구에 조그만 도움을 주고자 한다.

II. 명예훼손에서의 상당한 이유

1. 명예훼손에서의 상당한 이유의 의의

민법상 명예훼손은 고의 또는 과실로 인한 위법행위로 타인의 사회적 평가를 저하시켜 손해를 입히는 것을 말한다. 민사상 명예훼손을 둘러싸고 문제가 되는 것은 민법 제750조, 제751조와 제764조에 의한 손해배상이지만, 민법 제750조는 일반 불법행위책임에 관한 조항으로서 명예훼손에만 적용되는 것이 아니고, 민법 제751조와 제764조는 명예훼손의 구제수단에 관한 조항이다. 따라서 우리민법은 일반적으로 민사상 명예훼손의 요건과 관련하여서는 어떠한 규정도 두지 않고 있기 때문에 오로지 학설과 판례에 위임되어 있다고 할 수 있다. 그런데 명예훼손의 구성요건과 관련하여 형법은 제307조 내지 제312조에서 면책조항을 두고 있다. 이러한 형법규정이 민사상 손해배상책임의 요건에도 준용되는지 여부가 문제된다. 판례는 명예훼손에 관한 형법규정은 민법에도 준용된다고 하고 있고[299], 따라서 형법상 면책조항은 민사상 손해배상책임에 준용된다고 할 수 있다. 그런데 형법 제310조는 명예훼손행위가 있더라도 그것이 공공의 이해에 관한 사항으로서 그 목적이 오로지 공공의 이익을 위한 것일 때에는 그 사실이 진실이라는 증명이 있으면 위법성이 조각된다고 하고 있고, 이것은 민사상 손해배상소송에도

---

299 대법원 1988.10.11,85다카29(공보 1988,1392).

적용이 되어 민사상 면책이 된다. 나아가 판례는 진실한 사실이라는 증명이 없더라도 행위자가 그것을 진실이라고 믿을 상당한 이유가 있으면 명예훼손의 위법성 내지 고의 과실이 조각된다고 하고 있다. 이것을 오신의 상당성 또는 상당성이라고 한다.

언론매체에게 상당성 증명을 요구하는 것 자체가 언론의 자유를 과도하게 제한하는 것이라고 볼 수 있다고 하는 견해가 있다[300]. 그러나 언론보도기관인 행위자에게 진실한 사실만을 표현하도록 강요하고 이를 위반할 경우에 명예훼손책임을 부담시킨다고 한다면 표현의 자유는 매우 제한을 받게되고 나아가 민주사회에서의 의견형성의 길을 차단하게 된다. 언론보도는 공공성을 가지고 얼마나 그 사실에 가깝게 보도하였는지 여부가 문제되고, 또한 그 보도 사실이 진실한 사실이라는 증명이 없더라도 행위자 즉 언론기관이 그것을 진실이라고 믿은 데 상당한 이유가 있었는지 여부에 관하여 상당성이 있었다면 명예훼손 문제가 발생하지 않는다고 하여야 보도의 자유가 활성화될 수 있다. 그렇다면 상당성이론은 오히려 언론의 자유를 크게 활성화시키는 기능을 할 수 있다고 보아야 한다.

소송실무상 일반적으로 상당성에 관한 사유는 가해자인 피고 언론기관측의 항변으로서 공공성, 공익성, 진실성과 함께 주장되는 경우가 많고, 이에 대하여 상당성이 없거나 인정되지 아니한다고 하는 사유는 피해자인 원고측의 재항변으로서 주장되는 수가 많다.

판례상 명예훼손에서의 상당한 이유가 있는지의 여부는 적시된 사실의 내용, 진실이라고 믿게 된 근거나 자료의 확실성과 신빙성, 사실 확인의 용이성, 보도로 인한 피해자의 피해 정도 등 여러 사정을 종합하여 행위자가 보도 내용의 진위 여부를 확인하기 위하여 적절하고도 충분한 조사를 다하였

---

300 김재형,인격권 일반-언론 기타 표현행위에 의한 인격권침해를 중심으로,《민사판례연구 21》,서울:박영사.1999,651.

는가, 그 진실성이 객관적이고도 합리적인 자료나 근거에 의하여 뒷받침되는가 하는 점에 비추어 판단하여야 한다[301]고 하지만, 판례에서 말하는 확실성, 신빙성, 용이성, 진실성이라는 것은 매우 추상적인 개념이기 때문에 법 적용을 위해서는 구체적인 기준이 필요하다. 이러한 구체적인 기준의 발견은 판례의 축적에 의한 유형화작업을 통하여 이루어질 수 있는 것이고, 유형화작업에는 판례의 추적·분석이 우선되어야 한다. 먼저 leading case을 찾아서 이를 분석한 후 그 후의 판례를 추적·정리하는 것이 필요하다.

우리나라에서의 오신의 상당성 법리는 미국 연방대법원의 현실적 악의론과 일본 최고재판소의 상당성법리와 유사하다. 여기에서는 먼저 미국에서의 현실적 악의론에 관한 leading case인 뉴욕타임즈사건에 대하여 살펴보고, 일본의 민사 및 형사판례의 leading case를 살펴본 후 우리나라의 판례를 검토하고자 한다.

2. 명예훼손에서의 상당한 이유의 비교법적 고찰

상당한 이유와 관련하여 우리나라의 판례는 일본의 판례를 거의 모방·답습하여 유사한 법리를 전개하고 있는 것은 분명하다. 즉 연도상으로 보면 미국 연방대법원의 현실적 악의론은 1964년이고, 일본의 최고재판소 판례는 1966년이고, 우리 대법원의 판례는 1988년에 선고되어 시간적 차이를 두고 있는 것이 특징적이다.

(1) 미국의 현실적 악의론

미국 명예훼손법의 현실적 악의론의 계기가 된 1964년 뉴욕타임즈사건[302]의 사실개요는 다음과 같다.

---

301 대법원 2001.1.19,2000다10208(공보 2001,497).

302 New York Times Co. v. Sullivan,376 U.S.254 (1964).

미국 알라바마주 몽고메리시의 경찰담당 위원 설리반은 1960년 3월 29일자 뉴욕타임즈에 게재된 인종차별에 관련된 전면광고 내용 중에서 "학생들이 학교에서 강제로 추방되었고, 총으로 무장한 경찰이 알라바마주립대학을 포위하여 저항학생들을 굴복시키기 위해 식당을 폐쇄하였다"는 부분이 허위라고 주장하면서 뉴욕타임즈 신문사와 광고주 중 4명의 흑인목사를 상대로 명예훼손소송을 제기하였다[303]. 이에 대해 알라바마주 법원은 뉴욕타임즈 신문사의 책임을 인정하고 50만달러의 손해배상을 명하였고, 알라바마주 대법원도 이를 인용하였다. 이에 대해 미국 연방대법원은 "연방의 법리는 공직자들은 그 공적활동에 관한 비난이 현실적 악의(actual malice)로, 즉 그것이 허위임을 알거나 허위여부를 무모하게 무시하고 이루어진 것임을 증명하지 못하는 한 손해배상을 청구할 수 없다"는 취지로 하여 현실적 악의의 증명이 없다는 등의 이유로 알라바마주법원의 판결을 파기하였다.

이 뉴욕타임즈사건의 판결은 미국의 명예훼손책임에서의 코페르니쿠스적 전환을 가져 왔고, 이후 미국의 명예훼손법은 common law에 기초한 영국의 명예훼손법으로부터 이탈하였다. 뉴욕타임즈사건에서 현실적 악의라는 것은 문제된 표현이 허위임을 알거나 허위인지 여부를 무모하게 무시하는 것(with knowledge that was false or with reckless disregard whether it was false or not)이라고 한다. 이것은 행위자가 행위 당시에 가졌던 심리적 상태를 말하고, 행위자가 진실여부를 확인함에 있어서 주의를 다하였는가를 말하는 과실, 중과실문제와는 다르고[304], 미필적 고의라고 보아야 한다[305]. 미국 연방대법원은 제보 및 기사내용의 신뢰성, 명예훼손 내용의 신빙성, 언론기

303 이 당시 흑인운동가 King목사에 동정적인 미국 동북부의 뉴욕타임지와 CBS방송은 남부의 백인분리주의자들로부터 모두 16건, 730만달러의 명예훼손에 관련된 손해배상소송을 당하고 있었다.

304 표성수,《언론과 명예훼손》,서울:육법사,1997,106.

305 전원열,명예훼손불법행위에 있어서 위법성요건의 재구성,서울대 박사논문,2001,97;한위수,공인에 대한 명예훼손의 비교법적 일고찰,저스티스,2002.10,139.

관의 사실확인 관행의 준수여부, 뉴스의 긴급성, 언론기관의 보도경향, 표현의 동기 등을 현실적 악의의 판단요소로 보고 있다[306]. 또한 현실적 악의의 입증은 명예훼손의 피해자인 원고가 분명하고 확실한 정도(with convincing clarity)로 하여야 하고, 이러한 분명하고 확실한 정도라는 것은 민사소송에서의 입증과 형사소송에서의 입증의 중간에 해당하는 정도라고 한다[307].

뉴욕타임즈사건에서 우리나라의 상당한 이유와 관련이 있는 것은 허위임을 안 경우가 아니라 표현행위가 허위인지 여부를 무모하게 무시한 경우이다. 대법원은 원고가 공적인 인물로서 자신의 입장을 해명하고 방어할 수단을 가지고 있으므로 이 사건 드라마 방송과 관련하여 피고에게 명예훼손에 기한 불법행위책임을 묻기 위하여는 피고가 현실적인 악의에 기하여 이 사건 드라마를 방송하였음을 원고측에서 입증하여야 한다는 피고의 항변에 대하여, 다시 피해자가 공적인 인물이라 할지라도 언론기관에 그 사람의 명예를 훼손하려는 현실적인 악의가 있는 경우에만 제한적으로 명예훼손이 성립되는 것은 아니라는 이유로 미국의 현실적 악의론의 도입을 명시적으로 배척하고 있다[308]. 생각건대 미국의 현실적 악의론을 우리나라에 그대로 도입하는 것은 체면과 명예를 중시하는 법문화상의 차이, 입증책임의 분배 등 때문에 어렵겠지만, 언론의 자유를 최대한 보장한다는 제도적 취지는 도입하여야 할 것이다.

(2) 일본의 상당성 이론

일본의 명예훼손책임에서의 상당성이론은 1966년 민법상 불법행위로 인한 손해배상청구소송에서 먼저 나타났고, 뒤이어 1969년 형법상 명예훼손

---

306 표성수,전게서,112.

307 표성수,전게서,114.

308 대법원 1998.5.8,97다34563(공보 1998,1575).

죄에서 이를 인정하였다[309].

1) 민법상 명예훼손 판례

먼저 민사상 오신의 상당성과 관련된 판례가 나타난 계기가 된 1966년 6월 23일 일본 최고재판소의 판결[310]의 사실개요는 다음과 같다.

대한민국 충청남도 연기군 출신의 원고가 1965년 2월 일본 중의원선거에 출마하였는데, 1965년 3월 피고가 발행하는 신문의 조간사회 톱기사면에 1965년 총선거에 입후보한 3인의 후보자의 선거운동에 대하여 「2월 선거의 내막」이라는 제목하에 「서명광(署名狂)과 살인전과」라는 표제의 기사를 보도하였다. 피고는 그 보도에서 원고가 1965년 2월 중의원 총선거 입후보할 때에 전수대학 전문부 졸업생이 아니고 일본인의 호적에 입적한 한국출신인데도 불구하고 선거공보에는 전수대학 전문부 경제과졸업을 표시하는 전수대학 경전과졸 또한 히로시마현출신이라고 게재되어 경력사칭의 의심이 있고, 원고는 살인의 전과를 가지고 있고 1963년 선거시 겨우 피선거권을 얻었다는 내용의 기사를 게재하였다. 이에 원고는 이들 기사의 게재가 명예 및 신용을 훼손하였다고 하여 위자료 5백만엔 중 15만엔의 지급과 사죄문의 게재를 청구하였다.

제1심과 항소심은 민법상 불법행위로서의 명예훼손에 대하여는 "형법과 같은 명문의 면책사유의 규정은 없지만, 같은 법리는 민사상으로도 인정된다고 해석할 수 있기 때문에 적시된 사실의 진실성이 증명되는 한 면책되고, 또한 진실성의 증명이 없는 경우에도 그 사실을 진실이라고 믿은 데 대하여 상당한 이유가 있는 경우에는 면책된다"고 한다. 이러한 전제하에 제1심과 항

---

309 이 문제에 대하여 깊이있게 다루고 있는 한국문헌은 거의 없기 때문에(표성수,명예훼손면책사유로서의 상당성기준,《언론중재》통권 75호.언론중재위원회,2000,35), 일본의 판결 내용을 자세하게 인용하고자 한다.

310 일본 最高裁 1966.6.23민집 20권 5호,1118.

소심은 "보도기사가 공직선거에서의 공무원후보자에 관한 사실을 내용으로 하는 것이고, 게재기사의 표제나 기사게재의 방법에는 약간 타당성이 없는 점이 있지만, 경력사칭, 출신지사칭, 공직선거법위반에서의 경찰의 소추, 전과의 유무 등에 관한 기사는 진실이든가 혹은 진실하다고 믿은 데 상당한 이유가 있는 경우에 해당하기 때문에 피고에게 불법행위책임이 없다"고 하면서 원고의 청구를 기각하였다. 이에 대하여 원고는 첫째 신문기사의 표현형식이 오로지 흥미본위로 되어 있고, 상고인의 인신공격을 주목적으로 하는 악의에 가득찬 기사내용이기 때문에 형법상의 면책이 준용될 수 없고, 둘째 본건에서의 전과는 13년전의 것으로 국회의원으로서의 적부에 관한 판단자료로서는 무가치하고, 그 무가치한 자료를 공표하는 것은 실질적으로 상고인의 참정권을 박탈하는 것이어서 전과자라는 사회적신분에 의하여 차별하는 것이 되어 헌법상 평등권 이념에 위배된다고 하면서 상고하였다.

이에 대하여 일본 최고재판소는 "민사상 불법행위인 명예훼손에 관하여 그 행위가 공공의 이해에 관한 사실에 관한 것이고 오로지 공익을 도모할 목적으로 나온 경우에는 적시된 사실이 진실인 것이 증명된 때에는 위 행위에는 위법성이 없고 불법행위는 성립하지 않는 것이라고 해석하는 것이 상당하다. 만약 위 사실이 진실인 것이 증명되지 않더라도 그 행위자에게 그 사실을 진실이라고 믿은 것에 관한 상당한 이유가 있는 때에는 위 행위에는 고의 또는 과실이 없고, 결국 불법행위는 성립하지 않는 것이라고 해석함이 상당하다. 위 기사의 내용은 경력사칭의 면을 제외하고 모두 진실이고 또한 경력 사칭의 점도 진실은 아니지만 적어도 피상고인으로서는 그것을 진실이라고 믿은 데 상당한 이유가 있었다"고 하면서 원고의 상고를 기각하였다[311].

이 판결에 대하여 일본 학설은 실질적으로는 종래의 통설 및 하급심 판결의 입장을 대체적으로 채용한 것으로 보고 있고, 민사상 명예훼손의 경우

---

311 判例時報 453,29.

는 형법상 명예훼손과는 달리 그렇게 엄격성, 제한성은 요구되지 않는다는 것을 시인한 것이라고 한다[312].

2) 형법상 명예훼손죄 판례

1969년 6월 25일 일본 최고재판소는 형사판결에서도 민사상 명예훼손에서의 상당성 법리를 받아들여 동일한 논리를 전개하였는데 그 사실개요는 다음과 같다[313].

피고인 河内勝芳은 그가 발행하는 1963년 2월 18일자 「夕刊 和歌山 時事」에 「흡혈귀 사카꾸지 도꾸이찌로(坂口得一郎)의 罪業」이라는 제목하에 「사카꾸지 도꾸이찌로 본인 또는 그의 지시하에 운영하는 와카야마(和歌山)특종신문의 기자가 와카야마시청 토목부의 모과장에게 "낼 것을 내면 눈을 감아주겠지만, 째째하게 놀면 손을 보겠다"라고 들으란 듯이 말한 후에, 이번에는 상층의 모간부를 향하여 "그러나 상대방이 호의를 보이면 나도 응할 용의가 있다. 어때요. 당신도 탐관오리의 혐의가 있지만, 자리를 옮겨 한잔하면서 이야기를 해보지 않겠는가"라고 위협하였다」는 취지의 기사를 게재 배포하고 따라서 공연히 사실을 적시하여 위 사카꾸지의 명예를 훼손하였다고 하여 기소되었다.

제1심에서 유죄를 선고하였다. 이에 대해 항소심은 "피고인이 적시한 사실에 대하여 진실하다는 증명이 없는 이상, 피고인으로서는 진실하다고 오신하였다고 하더라도 고의를 조각시키지 않고 명예훼손죄의 죄책을 면할 수 없다는 것은 이미 최고재판소(1959년 5월 7일 판결)의 취지"라고 하면서 피고인의 주장을 배척하였다[314].

---

312 德本鎭,公共の利害に關する事實摘示と名譽毁損の成否.民商法雜誌 56권2호,1967,97면.

313 일본 最高裁 1969.6.25 형집 23권 7호,975면.

314 判例時報 466,62 이하.

이에 대하여 피고는 다음과 같은 이유로 상고하였다.

“헌법상 언론의 자유는 민주사회의 성립의 기반으로서 매우 중요한 기능을 하고 있다. 언론의 자유가 광범위하게 보장되고 있는 사회에서는 사실을 알리거나 자기의 의견을 개진하고, 다른 의견을 당당하게 비판하고 논의를 교환할 수 있게 된다. 그래서 보다 좋은 올바른 결론을 도출하여 우리사회에서 틀린 것을 시정하고 보다 좋은 사회를 건설할 수 있다. 물론 언론의 자유라고 하더라도 무제한적인 방종으로 하는 것은 아니다. 민주사회에서의 언론의 자유에 부과된 기능의 중요성에 비추어 민주주의 사회에서는 언론자유에 대한 제한은 필요 최소한에 그쳐야 한다. 그렇지 않으면 민주주의 그 자체가 근저로부터 위기를 맞게되는 결과가 된다. 언론의 자유를 제한하는 법의 제정 또는 법의 해석에는 매우 신중해야 한다. 진실하다는 증명의 여부는 후일 형사소송절차의 단계에서 비로소 밝혀지는 사안이고, 그 판단은 법관의 자유심증에 위임되어 있다. 즉 진실성의 증명은 매우 소송기술적인 사안이다. 자기가 공표한 사실에 관하여 그 진실성의 완전한 증명을 미리 전혀 틀리지 않고 예측하는 것은 신만이 할 수 있고, 누구도 할 수 없다. 형법 해석상 진실성의 증명이 없는 이상 피고인이 진실하다고 오신하더라도 고의를 조각하지 않고 명예훼손죄의 죄책을 면할 수 없다는 견해를 채용하면 어느 정도 공공의 이해에 관한 사실이고, 어느 정도 공표의 목적이 공익을 도모하기 위한 것이고, 또한 사실이 진실한 경우라도 사실을 공표한 자는 장래 어떤 사정하(강제수사권도 없고 증인확보의 곤란함이 현실적으로 겹쳐지는 경우)에서 그 사실의 진실성을 증명할 수 없는 경우가 있을 수 있다는 점에서 항상 명예훼손죄의 형사책임을 추궁당할 위험성이 있다. 타인이 좋아하지 않는 사실을 공표하는 자는 항상 명예훼손죄의 죄책을 부담할 위험성과 동거하고 있다는 결론을 도출하는 원판결의 형법해석은 국민의 진실을 알 자유, 보도의 자유를 부당하게 제약하고, 언론 자유를 필요이상으로 제한하여 헌법상 위반하는 것이 명백하다. 적어도 행위자가 사실의 진실성의 증명이 가능한 정도의 자료근거를 가지고, 사실을 진실하다고 믿는다면 예컨대 그것이 오신이라고 하여도 더욱이 고의를 결한다고 하여도 명예훼손죄는 성립하지 않는다고 해석하여야 한다. 민주주의사회에서 언론의 자유, 보도의 자유의 중요성에 대하여는 이미 상론한 바 있지만, 형법 제310조의 신설도 이러한 중요성에 착안한 것이다. 명예훼손죄의 규정을 적용함에 있어서 언론의 자유, 보도의 자유를 필요이상으로 제한하지 않도록 충분히 신중하게 해야 한다. 형식적으로 명예훼손죄에 해당된다고 하더라도 그 사안의 동기 목적, 수단방법, 행위의 태양, 피해자의 명예권의 구체적 내용 등을 엄밀하게 조사 검토하여 그것이 언론보도의 자유의 옹호와 존중이라는 높은 민주주의 이념하에 법질서 전체의 정신에 비추어 정당하다고 인정되는 경우에서는 가벌적 실질적 위법성이 없다고 하여 무죄로 하는 것이 법의 목적과 정의이다".

이에 대하여 일본최고재판소 전원합의체는 "형법 제230조의 2의 규정은 인격권으로서의 개인의 명예보호와 헌법 제21조의 정당한 언론의 보장과의 조화를 도모하여야 하고, 이들 양자간의 조화와 균형을 고려하면 형법 제230조의 2 제1항에서 말하는 사실이 진실이라는 증명이 없는 경우에도 행위자가 그 사실을 진실이라고 오신하고, 그 오신한 것에 관하여 확실한 자료, 근거에 비추어 상당한 이유가 있을 때에는 범죄의 고의가 없고, 명예훼손죄는 성립하지 아니하는 것으로 해석하는 것이 상당하다. 이와 달리 위와 같은 오신이 있더라도 그 사실이 진실하다는 증명이 없는 이상 명예훼손의 죄책을 면할 수 없다고 하는 당 재판소의 앞선 판례(1959년 5월 7일 판결, 형집 13권 5호, 641면)는 변경하기로 한다"고 하였다. 또한 "공소사실에 관하여 피고인측에서 신청한 증인 요시무라(길촌)가 위 공소사실의 기사내용에 관한 정보를 와카야마시청직원으로부터 얻어 들었는 것을 피고인에게 제공하였다는 취지로 증언한 것에 대하여 그것은 전문증거라는 검찰의 이의신청이 있었고, 제1심은 그것을 인정하여 이의가 있었던 부분 전부에 관하여 배제하기로 결정하여 피고인은 그 공소사실에 관하여 아직 위 기사의 내용이 진실하다는 증명이 없고, 또 피고인이 진실하다고 믿을 만한 상당한 이유가 있었다고 인정할 수 없다고 하여 유죄판결을 받기에 이르렀다고 하고, 원심도 위 결론을 지지하고 있는 것이 명백하다. 그러나 위 요시무라의 증언 중 제1심이 증거배제의 결정을 한 위 부분은 본건 기사내용이 진실인지 여부의 점에 대하여 전문증거이지만, 피고인이 본건 기사내용을 진실하다고 오신한 것에 관하여 상당한 이유가 있었는지 여부의 점에 대하여는 전문증거라고는 말할 수 없기 때문에 제1심은 전문증거의 의의에 관한 법령해석상의 오류가 있고, 배제하여서는 아니되는 증거를 배제한 위법이 있다"고 하면서 원심 및 제1심을 파기환송하였다.

학설은 이 판결을 미국의 뉴욕타임즈사건의 현실적 악의론에 상당하는 판결로 평가하고 있다[315]. 판례상으로는 1966년의 민사상 명예훼손에 대한 최고재판소의 판결과는 달리 "확실한 자료, 근거에 비추어"라고 설시하고 있어 차이를 보이고 있다.

(3) 우리나라의 상당성 이론

우리나라도 오신의 상당성에 관한 민사상 손해배상소송이 먼저 있었고, 뒤이어 형사판례에서도 이를 인정하였고, 나중에는 헌법재판소에서도 이를 긍정하고 있다.

1) 민법상 명예훼손 판례

1988년 10월 11일 우리 대법원은 명예훼손에 대한 민사상 손해배상청구소송에서 상당성 이론에 근거한 최초의 판례를 선언하였는데, 그 사실개요

---

315 浦部法穗,言論の自由と名譽毀損における眞實性の證明,別冊ジュリスト137,憲法判例百選1,1984,135면.

는 다음과 같다.

변호사인 원고는 월간잡지사인 피고를 상대로 피고발행의 잡지에 "한국 최초로 변호사를 상대로 승소한 중학중퇴 기능공의 법정투쟁기"라는 제목 아래 소외인의 수기를 게재하였는데 그 수기에서 중간 중간에 "변호사의 잘못이 드러나 나는 드디어 승소했다" 등의 소제목을 붙여 원고가 변호사로서의 윤리를 저버리고 본분을 망각한 행동을 하였다는 인신공격적인 표현으로서 원고의 인격을 비방한 사실에 대하여 명예훼손으로 인한 손해배상청구를 하였다.

이에 대하여 원심은 "일정한 입장에 있는 인물에 관한 행위가 공적 비판의 대상이 된다고 하더라도 신문에 비하여 신속성의 요청이 덜한 잡지에 인신공격의 표현으로 비난하는 내용의 기사를 게재함에 있어서는 기사내용의 진실여부에 대하여 미리 충분한 조사활동을 거쳐야 할 것인데 원심이 적법히 확정하고 있는 바와 같이 피고가 이 사건 수기를 잡지에 게재함에 있어 그 내용의 진실성에 대하여는 전혀 검토하지 아니하고 원문의 뜻이 왜곡되지 않는 범위내에서 문장의 일부만을 수정한 채 원고가 변호사로서의 본분을 망각한 악덕 변호사인 것처럼 비방하는 내용의 글을 그대로 잡지에 게재하였다면 피고로서는 위 수기의 내용이 진실한 것으로 믿는데 상당한 이유가 있었다고는 할 수 없다"고 하면서 1천만 원의 위자료액을 선고하였다.

대법원은 형사상이나 민사상으로 타인의 명예를 훼손하는 행위를 한 경우에도 그것이 공공의 이해에 관한 사항으로서 그 목적이 오로지 공공의 이익을 위한 것일 때에는 진실한 사실이라는 증명이 있으면 위 행위에 위법성이 없으며 또한 그 증명이 없더라도 행위자가 그것을 진실이라고 믿을 상당한 이유가 있는 경우에는 위법성이 없다고 보아야 할 것이라고 하면서 원심의 판단대로 상당성이 없다고 하면서 피고의 상고를 기각하고 있다[316].

---

316 대법원 1988.10.11,85다카29(공보 1988,1392).

2) 형법상 명예훼손죄 판례

1993년 6월 22일 우리 대법원은 위 민사상 손해배상청구소송에서 인정된 상당성이론을 형사사건에도 동일하게 적용하였는데, 그 사실개요는 다음과 같다.

시내버스 운전사로서 노동조합장인 피고인은 전임 노동조합장인 피해자의 재임중의 업무처리내용을 확인하는 과정에서 근거자료가 불명확한 부분을 다소 발견하고 그 사실을 노동조합원들에게 알려 향후 조합장 선거시 피해자를 경쟁대상에서 배제할 목적으로, "체육복관련벽보", "수재의연금관련벽보", "전별금 등 관련벽보" 관련 내용의 대자보를 작성 부착하여 다른 조합원들로 하여금 열람하게 함으로써 공연히 사실을 적시하여 피해자의 명예를 훼손하였다는 이유로 기소되었다.

제1심은 위 인정사실에 형법 제307조 제1항을 적용하여 피고인에게 유죄의 판결을 선고하였다. 이에 대하여 원심은 피고인이 이 사건 대자보를 부착하게 된 경위에 있어서는 조합을 위한다는 일면이 엿보인다고는 하더라도, 그 기재내용 및 수단 등에 비추어 보면 피고인의 이 사건 행위에 명예훼손의 범의가 없었다고는 볼 수 없고, 진실한 사실로서 오로지 조합원들의 이익에 관한 때에 해당한다거나 사회상규에 위배되지 아니하는 행위로서 위법성이 없다고 볼 수도 없다고 판시하여, 변호인의 주장을 배척하고 피고인의 항소를 기각하였다.

대법원은 "형법 제310조는 제307조 제1항의 행위가 진실한 사실로서 오로지 공공의 이익에 관한 때에는 처벌하지 아니한다고 규정하고 있으므로, 공연히 사실을 적시하여 사람의 명예를 훼손하였다고 하더라도, 그 사실이 공공의 이익에 관한 것으로서 공공의 이익을 위할 목적으로 그 사실을 적시한 경우에는, 그 사실이 진실한 것임이 증명되면 위법성이 조각되어 그 행위를 처벌하지 아니하는 것인바, 위와 같은 형법의 규정은 인격권으로서의 개인의 명예의 보호와 헌법 제21조에 의한 정당한 표현의 자유의 보장이라는 상충되는 두 법익의 조화를 꾀한 것이라고 보아야 할 것이므로, 이들 두 법익간의 조화와 균형을 고려한다면, 적시된 사실이 진실한 것이라는 증명이 없더라도 행위자가 그 사실을 진실한 것으로 믿었고 또 그렇게 믿을만한 상당한 이유가 있는 경우에는 위법성이 없다고 보아야 할 것이다(당원 1962.5.17. 선고 4294형상12판결, 1988.10.11. 선고 85다카29판결 등 참조). 피고인은 공개적인 회계감사의 결과 드러난 자료들을 근거로 위 대자보에 기재된 사실들이 진실한 것이라고 믿고 공개하게 된 사실을 인정할 수 있는 바, 그렇다면 위 대자보에 기재된 내용이 모두 진실한 사실임이 증명되었다고 볼 수는 없을지 모르지만, 위 피해자가 조합장으로 재임할 당시 조합의 운영을 공개하지 아니하여 오해의 소지가 있었던 터에, 공개적으로 회계감사를 한 결과 위 피해자가 조합장으로 처리한 업무중 조합의 자금을 지출한 증빙자료가 부족하거나 의심의 여지가 있는 부분들이 드러나게 되었고, 그 중의 일부 중요한 부분은 진실한 사실임이 증명될 수 있는 정도로 자료가 확보되어 있어, 피고인이 위 대자보에 기재된 내용을 진실이라고 믿게 되었던 것이므로, 피고인이 그와 같이 믿은 데에는 그럴만한 상당한 이유가 있었다고 볼 수도 있을 것"이라고 하면서 원심판결을 파기환송하였다[317].

형법 학설에는 상당성을 위법성조각사유의 전제사실에 대한 착오가 있는 것으로 보고, 이를 형법 제16조의 법률의 착오에 해당한다고 하여 그 착오에 정당한 이유가 있는 때에 한하여 처벌하지 않는다는 견해[318]와 법률상의 허용 여부 자체의 착오가 아니라 그 전제사실의 착오이므로 형법 제15조의 사실의 착오와 같이 취급하여야 한다는 견해[319]가 있다. 후자가 다수설이다.

---

317 대법원 1993.6.22,92도3160(공보 1993,2188).

318 유기천,형법학.서울:일조각,1982,145;정성근,형법각론.서울:법지사,1990,219.

319 김일수,한국형법3.서울:박영사,1994,437;박상기,형법총론.서울:박영사,1997,247;배종대,형법총론.서울:홍문사,1993,397;이재상,형법각론.서울:박영사,2000,189.

3) 헌법재판소의 결정

1999년 6월 24일 헌법재판소는 명예훼손죄의 형사처벌을 둘러싸고 상당성이론이 문제되었는 바, 그 사실개요는 다음과 같다.

강원도의회 의원이었던 청구인은, 의정활동의 일환으로 동료 도의원과 남북 강원도 교류추진위원회를 구성한 후 통일원으로부터 북한주민 접촉승인을 받아 중국 북경에서 남북 강원도 교류문제를 논의하면서 강원도 의회와 북강원인민위원회사이의 자매결연, 의원세미나 개최 등 남북 강원도 교류사업이 성사될 수 있도록 협조하여 달라는 내용으로 김정일에게 보내는 서신을 북한대사관 직원을 만나 전달하였다. 그런데 그 편지 앞머리에 "---서거 이후 애통한 마음으로 --- 삼가 위로와 격려 말씀드립니다"라는 인사말 내용을 담고 있었고, 통일원과 수사기관은 이 사건 편지의 내용과 전달 경위를 조사하게 되었다. OO일보는 "북 접촉 도의원 3명 내사"라는 제목과 "검·경 김정일에 '김일성 사망 애도' 편지"라는 부제목으로 된 기사를 게재한 이래 모두 17차례에 걸쳐 '김일성 애도 편지'라는 표현을 제목 또는 본문에 사용하면서 청구인이 김정일에게 이 사건 편지를 보낸 사실과 그 내용, 이에 대한 통일원의 조치, 경찰 및 검찰의 수사상황, 이북5도민회의 반응 등에 관한 기사와 독자투고를 게재하였다. 이에 대하여 청구인은 OO일보의 보도가 비방 목적에 의한 허위 내용으로서 자신의 명예를 훼손하였다는 이유로 춘천지방검찰청에 피고소인 OO일보사 발행인 겸 편집인 등 기자를 출판물에 의한 명예훼손죄로 각 고소하였다. 피청구인은 이에 대해 무혐의 불기소처분을 하였고, 청구인은 항고, 재항고를 거쳐 불기소처분이 헌법상 평등권 및 재판절차 진술권을 침해한 위법이 있다고 헌법소원심판을 청구하였다.

이에 대하여 헌법재판소는 "진실성의 증명과 공공의 이익이라는 위법성의 조각 요건을 엄격하게 요구하면 형사제재의 범위는 넓어지고 언론의 자유는 위축된다. 이와 같은 언론 자유의 위축이나 질식은 바로 다수결 원리의 형해화(형해화)로 이어지고 민주주의 또한 이름뿐인 존재로 전락하게 만드는 것이다. 따라서 명예훼손적 표현에 대한 형사법을 해석함에 있어서는 이러한 헌법적인 요청을 고려하여 그 표현이 진실한 사실이라는 입증이 없어도 행위자가 진실한 것으로 오인(오인)하고 행위를 한 경우, 그 오인에 정당한 이유가 있는 때에는 명예훼손죄는 성립되지 않는 것으로 해석하여야 한다. 또한 신속한 보도를 생명으로 하는 신문의 속성상 허위를 진실한 것으로 믿고서 한 명예훼손적 표현에 정당성을 인정할 수 있거나, 중요한 내용이 아닌 사소한 부분에 대한 허위보도는 모두 형사제재의 위협으로부터 자유로워야 한다(대법원 1996. 8. 23. 94도3191, 공 1996하, 2928 참조). 시간과 싸우는 신문보도에 오류(오류)를 수반하는 표현은, 사상과 의견에 대한 아무런 제한없는 자유로운 표현을 보장하는데 따른 불가피한 결과이고 이러한 표현도 자유토론과 진실확인에 필요한 것이므로 함께 보호되어야 하기 때문이다. 그러나 허위라는 것을 알거나 진실이라고 믿을 수 있는 정당한 이유가 없는데도 진위(진위)를 알아보지 않고 게재한 허위보도에 대하여는 면책을 주장할 수 없다. 청구인이 허위라고 주장하는 부분은 이 사건 편지의 주된 내용이 아닌 사소한 부분일 뿐만 아니라 그 동안 경찰과 검찰이 조사한 것은 이 사건 편지의 내용과 전달 경위로서 편지내용 중의 일부인 반정부 투쟁에 관한 부분도 조사대상이었던 점을 고려할 때 당일 조사를 하지 않았는데도 조사가 있었던 것처럼 보도했다고 해서 중요부분이 아닌 위 부분이 명예훼손적 표현이 되는 것으로 보기 어려울 뿐더러 진실한 사실로 믿고서 한 행위로서 그 오인에 정당한 사유가 있는 것이라고 보아야 한다"고 하면서 청구인의 위헌심판청구를 기각하였다[320].

이러한 헌법재판소의 결정은 그동안 상당성이론에 대하여 대법원에서 선고된 민사상 형사상 판결을 긍정하면서 이를 재확인하는 것으로써 상당성

320 헌재 1999.6.24,97헌마265(헌재 판례집 11-7,768).

이론이 우리나라 명예훼손법상 확고한 원칙으로 자리매김하게 되었다[321].

3. 명예훼손에서의 상당한 이유의 법적성질

상당한 이유의 법적 성질에 대하여 학설과 판례는 위법성조각사유로 보는 견해가 다수이지만, 고의 과실로 보는 판례도 3건이 있다[322]. 문제는 위법성조각사유로 보는 견해에서는 이 판례들이 예외적인 경우에 속하지만, 고의 과실의 책임조각사유로 보는 견해에서 이 판례들은 매우 의미가 있는 것이 된다.

(1) 위법성조각사유설

상당성을 위법성조각사유로 보아야 한다는 견해가 다수설로서 그 논거를 살펴보면 다음과 같다. 제1설은 "적시된 사실이 비록 진실일지라도 명예훼손이 성립할 수 있으므로 불법행위로서의 명예훼손의 고의는 행위자가 반드시 공표하는 사실이 허위인 점을 인식할 것까지 요구하는 것은 아니고 어떤 사실을 공표함으로써 피해자의 명예가 손상될 것이라는 인식만으로 충분하다고 봄이 타당하고, 따라서 자기가 공표하는 사실이 진실이라고 오신하였다 하여 이것이 곧 고의를 조각한다고 볼 수 없다. 또한 적시되는 사실이 진실이고 공공의 이익에 관한 것인 경우를 형법규정에 의한 위법성조각사유로 본다면 진실성의 오신에 상당한 이유가 있는 경우는 사회상규상 또는 언론자유 보장이라는 헌법상 요청에 의하여 위법성이 조각되는 경우를 확장한 것으로 봄이 상당하므로 이를 위법성조각사유로 보아야 한다" 고 주장한다[323]. 제2설은 "첫째 명예훼손에 대한 고의, 과실은 사회적 평가

---

321 표성수,전게논문,35.

322 대법원 1995.6.16. 선고 94다35718;1998.5.8. 선고 96다36395;1998.2.27.선고97다19038.

323 한위수,명예의 훼손과 민사상의 제문제.《사법논집》제24집.법원행정처.1993,425.

의 저하에 대한 것이지, 위법성조각사유에 대한 것은 아니다. 우리나라에서는 진실한 사실을 보도한 경우에도 명예훼손이 될 수 있는데, 허위의 사실을 진실이라고 믿고 이에 상당한 이유가 있다고 하더라도 명예훼손에 대한 고의, 과실은 있을 수 있는 것이다. 논리적으로 볼 때 공익성이 없으면 언론매체가 진실한 사실을 보도한 경우 뿐 아니라 허위의 사실을 진실이라고 믿고 이에 상당한 이유가 있는 경우에도 명예훼손에 대한 고의, 과실이 있을 수 있다. 공익성이 있으면 전자의 경우 즉 진실증명이 있는 경우에는 위법성이 없게 되고, 후자의 경우 즉 상당성 증명이 있는 경우에는 고의, 과실이 없게 된다고 보는 것은 납득하기 곤란하다. 둘째 대법원은 상당성이 있는지 여부를 판단하면서 역사적 사실인 경우 망인이나 유족의 명예보다 역사적 사실에 대한 탐구 또는 표현의 자유가 보호되어야 한다는 점을 고려하고 있는데, 이는 과실여부와는 아무런 관련이 없는 것으로 오히려 위법성 판단에 포섭하는 것이 나을 것이다. 셋째 언론에 의한 인격권침해문제를 고의, 과실문제로 해소하는 것은 결국 언론의 자유에 대한 제약으로 작용할 우려가 있다. 넷째 언론매체의 주의의무를 기준으로 책임의 성립여부를 가리는 것은 언론의 자기검열을 강화하게 함으로써 언론의 자유를 지나치게 위축시키는 결과를 초래할 것"이라고 한다[324]. 제3설은 "논리적으로 오신의 상당성은 헌법의 표현의 자유와의 조화에 관련된 위법성의 문제이므로 오신의 상당성을 위법성조각사유로 보는 것이 타당하다"고 한다[325]. 제4설은 "진실을 알아내기 위해 필요한 조사의무를 다한 경우에는 위법성이 조각된다고 하는 것이 대법원의 확립된 입장이다. 이것은 공공의 정보업무라고 하는 공적 과업을 행하는 언론의 보도활동을 활성화하기 위해 그로 인해 피해받는 개인적 법익과의 균형을 도모하려는 것이다. 대부분의 보도에 대한 불만이 입증

324 김재형,전게논문,650-651.

325 표성수,전게서,383.

불능의 보도사실 또는 오보에 기한 것임을 생각한다면 대법원판례는 언론을 위해 강력한 항변사유를 제공하는 셈"이라고 한다[326]. 제5설은 "사람의 사회적평가를 저하시키는 것을 회피할 의무와 그 회피가능성을 기초지우는 사실은 청구원인의 과실을 기초로 하지만, 사람의 사회적평가를 저하시키는 것을 회피할 의무와 그 회피가능성을 감쇄시킨다고 평가되는 사실은 항변이라고 할 수 있다. 민사상 상당성은 위법성을 조각하는 사유로서 항변으로서 위치지우는 것으로 해석하는 것이 타당하다. 판례가 상당성의 항변에 있어서도 고의 또는 과실이라는 말을 사용하는 것은 행위의 주관면을 서술하였기 때문이지만, 위법성의 판단은 주관면도 판단의 대상이 될 수 있기 때문에 위법성을 조각하는 항변으로 해석하여도 실질적인 차이가 없다. 진실성의 항변과 상당성의 항변은 병렬적으로 고찰할 수 있고, 실무상 '진실하다. 그러나 만약 그렇지 않더라도 상당성이 있다'라고 주장하는 경우가 대부분"이라고 한다[327].

(2) 책임조각사유설

이에 대하여 상당성을 고의 과실의 책임조각사유로 보는 견해는 소수설로서 그 근거를 살펴보면 다음과 같다. 제1설은 "위법성조각의 법리에서는 명예훼손과 언론 자유의 한계를 적절하게 설정할 수 없고, 행위불법론의 입장에서 과실과 위법성은 주의의무를 위반하였는가라는 문제로 통합되기 때문에 상당성문제를 과실판단의 문제로 볼수 있다"고 한다[328]. 제2설은 "상당성존부의 판단은 여러 사정들을 종합하여 그러한 사정들의 한계내에서 사실조사에서의 주의의무와 추론작업에서의 주의의무의 위반유무 즉 과실

---

326 박용상,《언론과 개인법익》.서울:조선일보사.1998,135.

327 眞田範行,名誉毀損訴訟の要件事實的整理.判例タイムズ 1071호.2001,50면.

328 이은영,명예훼손의 민사책임에서 위법성과 과실의 판단.판례실무연구 2.서울:박영사,1998.441.

유무의 판단이다. 명예훼손행위의 고의 과실은 주의의무 위반 즉 진실성에 대한 고의 과실만으로 구성되는 것이 아니다. 따라서 상당성이 없음이 확정된다고 해서 명예훼손행위의 고의 과실판단이 종료되는 것이 아니다. 상당성은 고의 과실의 문제이다[329]. 따라서 행위불법론의 입장에서 상당성이 과실의 문제라면 상당성이 인정되는 경우 명예훼손불법행위의 구성요건단계에서 성립이 부정된다"고 한다[330]. 제3설은 "사실을 적시함으로써 명예를 훼손하였다면 일단 위법성이 있는 것이고, 다만 적시된 사실을 행위자가 진실이라고 믿었다면, 그리고 그렇게 믿은 데에 상당한 이유가 있었다면 명예훼손의 고의 과실이 없었다고 보는 것이 합당하므로 책임조각사유로 보는 것이 옳다"고 한다[331]. 제4설은 "명예훼손을 사실적시와 의견표명으로 구별하여 전자는 진실이라고 믿은 데 대한 상당성, 후자는 논평의 전제가 되는 사실을 진실이라고 믿은 데 대한 상당성이라고 한 후 이를 고의 과실조각사유"로 보고 있다[332].

(3) 소결

생각건대 민사상 명예훼손에서의 공공성, 공익성, 진실성은 형법 제310조에서 이를 위법성조각사유로 보고 있기 때문에 민사적으로도 이를 위법성조각사유로 보는 것이 합리적이지만, 상당성은 위법성조각사유의 전제사실에 대한 착오로서 고의 문제는 아니고, 다만 과실이 있는 경우에는 과실 문제로서 책임조각사유로 보는 것이 타당하다. 상당성을 책임조각사유로서 과실의 문제로 본다면, 과실의 주요 내용인 주의의무의 내용이 문제된다.

---

329 전원열,명예훼손 불법행위에 있어서 위법성요건의 재구성.서울대 박사논문,2001,69.

330 전원열,전게논문,247.

331 박선영,언론에 의한 명예훼손에서의 '공익성'과 '진실성' 및 '현실적 악의',언론중재 69호,서울:언론중재위원회,1998.48;박선영,언론정보법연구 1,서울:법문사,2002,184.

332 矢田次男,のぞみ總合法律事務所編,名譽毀損,東京:商事法務委員會,1999,125면.

그렇다면 여기에서 위법성조각사유로서의 위법성에 대한 주의의무와 책임조각사유로서의 과실에 대한 주의의무가 어떤 차이가 있는지 문제된다. 주의의무 위반은 과실과 위법성판단과정에서 모두 동일하게 작용하는 이중적 기능을 가지고 있는데, 위법성판단의 주의의무는 최고도의 주의의무이고, 과실판단의 주의의무는 구체적상황을 전제로 하는 평균인에게 요구되는 주의의무라고 할 수 있다. 또한 위법성 판단의 행태의무와 그 위반판단은 모든 정황을 사후에 고려할 수 있지만, 과실은 평균인이 행위시에 고려할 수 있는 정황만을 기초로 하여야 할 것이라고 한다[333]. 이렇게 상당성을 과실문제로 책임조각사유로 본다면 평균인에게 요구되는 주의의무로서 행위자가 행위시에 고려할 수 있는 상황과 판정기준만을 기초로 하여 논의하여야 할 것이다.

4. 명예훼손에서의 상당한 이유의 대상 및 판정기준

명예훼손에서의 오신의 상당성에 관한 판례는 "공공의 이해에 관한 사항으로서 그 목적이 오로지 공공의 이익을 위한 것일 때에는 진실한 사실이라는 증명이 있으면 위 행위에 위법성이 없으며, 또한 그 증명이 없더라도 행위자가 그것을 진실이라고 믿을 상당한 이유가 있는 경우에는 위법성 내지 고의 과실이 없다[334]"고 한다.

여기에서 명예훼손의 적시대상인 사실은 타인에 관한 사실이고, 이 사실은 입증이 가능한 과거 또는 현재의 구체적인 사건이나 상태를 말한다. 또한 적시된 사실이 위법성조각사유인 공공성, 공익성이 없다면 진실성, 상당성 여부를 논할 필요가 없이 바로 위법성이 인정되어 명예훼손책임을 부담

---

333 박동진,불법행위법에서의 주의의무,《비교사법》,9권2호,2002,182.

334 대법원 1988.10.11,85다카29;동 1995.6.16.94다35718 참조.

하게 된다고 보아야 하고, 이는 하급심판례에서도 인정하고 있다[335]. 공공성, 공익성이 있다고 할 경우에는 진실성이 문제되고, 이 경우 진실성은 행위자가 적시한 사실로서 객관적으로 진실한 사실이고, 또한 행위자가 진실한 사실로 인식한 경우를 의미한다고 할 것이다. 또한 진실한 사실이란 그 내용 전체의 취지를 살펴볼 때 중요한 부분에 있어서 객관적 사실과 합치되는 사실이라는 의미로서 일부 자세한 부분이 진실과 약간 차이가 나거나 다소 과장된 표현이 있다고 하더라도 무방하다고 할 것이다. 상당성이 문제될 수 있는 것은 공공성, 공익성과는 직접적인 관계가 없고, 진실성이 증명되지 아니한 경우이다. 진실성이 증명되지 아니한 경우에는 허위성이 증명되는 경우와 진실성도 허위성도 모두 증명되지 아니한 경우가 있다[336]. 그 증명이 없다는 것은 허위임이 밝혀진 경우라는 의미가 아니라 가해자의 입증에도 불구하고 진실인지 여부를 알 수 없는 경우라는 의미라고 한다[337]. 허위성이 입증된 경우에는 진실성이 없는 경우로 보아 위법성이 조각되지 아니하여 손해배상책임을 부담한다고 보아야 한다. 따라서 상당성이론이 적용되는 것은 진실성도 허위성도 모두 증명되지 아니한 경우에 행위자가 진실이라고 믿은 즉 오신한 경우라고 할 것이다.

상당한 이유의 판정기준으로는 형사적으로는 "확실한 자료와 근거"를 요구하고 있지만, 민사적으로는 기사 작성자의 신뢰를 뒷받침할만한 "합리적인 자료나 근거"를 요구하고 있다. 그러나 두 표현에는 차이가 없다고 한다. 언론보도와는 달리 국가기관의 행정상 공표나 수사기관의 피의사실 공표에는 "의심의 여지없이 확실히 진실이라고 믿을 만한 객관적이고도 타당한 확

---

335 서울지방법원 2001.8.22,98가합107982.

336 소송상 증명이 없는 경우는 사실의 부존재가 적극적으로 증명되는 경우와 사실의 존부에 대하여 법관이 합리적인 의심의 여지가 없을 정도의 확신을 얻지 못하는 경우를 말한다.

337 양창수,민법판례 20선,《인권과 정의》,289호,2000,111.

증과 근거"[338]를 요구하고 있다.

상당성에 대한 구체적인 판정기준으로는 표현내용과 명예훼손의 정도, 보도매체와 신속성의 요구, 취재원의 신빙성, 표제의 선택과 표현의 방법을 제시하고 있는 견해[339]와 행위자가 누구인가(사인이 한 경우와 언론기관 또는 국가기관이 한 경우), 보도매체의 성격(신문인가 잡지인가 등), 기사의 성격(신속성을 요하는 신문기사와 기획기사), 사실의 진위 확인의 용이성, 사실발표의 목적, 표현방법 등 구체적 사안에서의 제반 사정에 따라 그 엄격성의 정도를 달리 하여 판단하여야 할 것이라는 견해[340]가 있다. 판례는 적시된 사실의 내용, 기사의 성격, 정보원의 신빙성, 진실이라고 믿게 된 근거나 자료의 확실성과 신빙성, 사실 확인의 용이성, 보도로 인한 피해자의 피해 정도 등 여러 사정을 종합하여 행위자가 보도 내용의 진위 여부를 확인하기 위하여 적절하고도 충분한 조사를 다하였는가, 그 진실성이 객관적이고도 합리적인 자료나 근거에 의하여 뒷받침되는가 하는 점에 비추어 판단하여야 한다고 한다[341]. 일본판례는 수사당국의 공식발표, 형사판결의 사실인정, 정보제공자의 지위, 정보의 내용 신용성, 다른 이면취재의 가능성, 사실적시의 필요성(시기, 방법)이라는 관점에서 개별적으로 판단하고 있다[342].

생각건대 오신의 상당성에서의 상당성을 과실로 본다면 언론기관은 주의의무로서 조사확인의무를 부담하게 되고, 그 강도는 언론매체의 종류, 프로그램 또는 기사의 종류, 취재원의 종류에 따라 다르다. 영상매체인 텔레비전이 높은 주의의무를 부담하고, 다음으로 음성매체인 라디오, 다음으로 활자 매체인 신문이 낮은 주의의무를 부담한다고 할 것이다. 많은 준비가 필요

338 대법원 1993.11.26. 선고 93다18389;동 1998.7.14. 선고 96다17257.

339 표성수,전게논문,39.

340 한위수,사법논집,426.

341 대법원 1998.10.27. 선고 98다24624;동 1998.5.8. 선고 96다36395.

342 판례タイムズ,1086호,115.

한 기획기사나 프로그램이 높은 주의의무를 부담하고, 다음으로 일반 보도기사가, 낮은 주의의무는 신속성이 요구되는 뉴스보도라고 할 수 있다. 그러나 낮은 주의의무가 요구된다고 하여 모든 보도가 면책된다는 의미는 아니고 다음의 구체적인 기준에 비추어 다시 논의되어야 할 것이다.

오신의 상당성에 대한 구체적인 기준으로는 ① 취재원의 신빙성 또는 자료· 근거의 확실성-권한있는 국가기관(법원, 검찰, 경찰, 행정기관), ② 반론기회의 부여 및 사실확인조사의 용이성-보도의 신속성, 추가 이면취재의 가능성, ③ 명예훼손사실의 심각성-피해자의 피해 정도, ④ 공익성이 없는 경우 등을 고려하여 개별적 유형적으로 판정하여야 한다. 따라서 축적된 판례를 조사·분석을 통한 기준의 유형화가 필요하다.

5. 명예훼손에서의 상당한 이유의 판정기준 시기

명예훼손에 해당하는 적시된 사실의 진실성에 관하여는 사실심 구두변론종결시에 있어서 객관적인 판단을 해야 하고, 그 경우 명예훼손행위의 시점에서는 존재하지 않았던 증거를 고려하는 것도 허용된다. 다만 적시된 사실이 객관적인 사실과 합치하고 진실이라면 행위자는 그 사실에 관하여 어떠한 인식을 가지고 있더라도 명예훼손행위 자체의 위법성은 부정된다고 할 것이다. 진실성의 입증이라는 것은 적시된 사실이 객관적인 사실에 합치하고 있는 것에 대한 입증이어서, 행위당시에 있어서의 진실성을 입증하기에 족한 증거가 존재하고 있었다는 것에 대한 입증이라고 해석할 수도 없고, 진실성의 입증을 위한 증거방법을 행위당시에 존재한 자료에 한정해야 할 이유도 없다. 따라서 행위이후의 자료나 근거를 증거로 할 수 있고, 행위자 뿐 아니라 제3자의 행위나 자료에 의해서도 입증하는 것이 허용된다. 이러한 진실성에 대한 입증과는 달리 오신의 상당성에 대한 입증은 어떻게 되는지 문제가 된다. 이에 대하여 대법원은 피의사실 공표로 인한 명예훼손의 경우, 공표한 피의사실의 진실성에 관한 오신에 상당성이 있는지 여부는 발표 당시의 시점에서 판단되어야 하지만 발표 당시의 시점에서 판단한다고 하더라도 그 전후의 수사과정과 밝혀진 사실들을 참고하여야 발표시점에서의 상당성 여부를 가릴 수 있는 것이므로, 발표 후에 수집된 증거자료도 상당성 인정의 증거로 사용할 수 있다[343]고 하고 있다.

그러나 생각건대 오신의 상당성이 행위자에게 인정되는지 여부에 대한 판정시기에 관하여는 명예훼손행위 당시에 있어서의 행위자의 인식내용이 문제로 되고, 고의 과실의 문제이기 때문에 행위자 즉 가해자의 당해 명예훼손행위 당시를 기준으로 하여 그 때에 존재한 자료와 기준에 기하여 검토하여야 하고 명예훼손이후의 사실을 추가하여 판단하는 것은 할 수 없다고 할 것이다. 이처럼 오신의 상당성 판단과 진실성의 입증은 다르다고 보아야 한다[344].

6. 명예훼손에서의 상당한 이유에 대한 입증책임

상당한 이유에 대한 입증책임은 피고인 언론기관에게 있다. 행위불법론의 입장에서 보든 결과불법론의 입장에서 보든 진실성과 상당성이 있음을 행위자가 입증하여야지 진실성과 상당성이 없음을 피해자가 입증하는 것은 거의 불가능하기 때문에 피고인 언론기관이 입증책임을 부담하는 것이 타당하다고 한다[345]. 또한 적시된 사실이 진실이라고 믿는 이유는 행위자에 관련된 것이어서 행위자가 입증하기는 쉬운 반면 행위자가 진실하다고 믿을 상당한 이유가 없음을 피해자가 입증하기는 사실상 불가능한 점을 감안하면 입증책임을 행위자에게 부과하더라도 행위자에게 가혹한 것은 아니라고 한다[346].

---

343 대법원 1996.8.20,94다29928 참조.

344 일본 最高裁 2002.1.29,판례タイムズ 1086호,104 참조.

345 박선영,전게서,188.

346 한위수,사법논집,431.

언론기관이 명예훼손책임 발생시 입증책임에 대한 두려움으로 인하여 언론보도가 위축되기 때문에 헌법상 언론의 자유를 침해할 가능성이 있을 수 있지만, 오신의 상당성은 행위자가 행위당시의 상황에 대하여 입증을 하는 것이기 때문에 이를 피해자에게 입증시킨다고 한다면 사실상 불가능하다. 따라서 오신의 상당성에 대한 입증책임은 가해자인 언론기관이 부담하여야 한다. 그러나 미국의 현실적 악의론에서는 입증책임을 원고가 부담한다.

III. 명예훼손에서의 상당한 이유의 유형화

위에서 본바와 같이 오신에 대한 상당성의 구체적인 판정기준은 언론매체의 종류, 프로그램 또는 기사의 종류, 취재원의 종류에 따라 개별적 유형적으로 판정하여야 하기 때문에 판례축적에 의한 유형화가 필요하다. 아래에서는 언론중재위원회에서 간행한 국내 언론관계 판결집 제1집(1990)부터 제9집(2002)까지의 손해배상청구사례 중 상당성이 문제된 판결만 연대순으로 추출한 것이다. 위에서 살펴본 바와 같이 구체적인 판정기준은 언론매체의 종류, 프로그램 또는 기사의 종류, 취재원의 종류에 따라 ① 취재원의 신빙성 또는 자료· 근거의 확실성-권한있는 국가기관(법원, 검찰, 경찰, 행정기관), ② 사실확인조사의 용이성-보도의 신속성, 추가적 이면취재의 가능성, ③ 공익성이 없는 경우로 구분하여 살펴보기로 한다.

1. 상당성이 없다고 하는 경우

1) 취재원의 신빙성 또는 자료·근거의 확실성-권한 있는 국가기관 여부

일반적으로 언론기관이 자료나 근거를 아예 제시하지 않거나 제시하더라도 풍문, 소문 등 신빙성없는 근거나 자료를 가지고 과장하거나 단정적인 결론으로 기사화하는 경우에는 상당성이 없다고 하고 있다. 이는 자본이 영세한 우리나라 언론기관들의 충분하지 못한 취재인력, 상당한 경력을 가진 전문화된 기자 인력의 부재, 자극적인 기사를 추구하는 연예계 관련 언론보도의 특유성 등 구조적인 언론풍토에 의한다. 또한 발표권한이 있는 국가기관(법원, 검찰, 경찰, 행정기관 등)에서 발표한 보도내용을 그대로 전재한 경우에는 문제가 되지 않지만, 비공식적인 수사관계자나 발표권한이 없는 관계자로부터 입수된 내용을 보도할 경우에는 상당성이 없다고 한다. 일반적으로 법원의 판결, 수사기관의 공식발표 등을 그대로 보도한 경우에는 상당성이 있지만, 발표내용을 각색하거나 첨삭하는 경우에는 상당성이 없다고 할 가능성이 있다. 이러한 사항을 근거로 판례상 문제가 된 것은 다음과 같다.

(1) 사건 책자가 그 전체적인 내용에 있어 이적성이 없음이 분명해 보임에도, 피고들은 이 사건 책자의 내용 중 위와 같이 이적성을 부인할 근거가 되는 부분은 소개하지 않은 채, 일부 내용만을 문제삼으면서 북한의 반인권적 폐해, 독재, 세습체제, 전쟁도발 등에 관한 구체적인 언급이 없다는 등의 이유로 사건 책자에 이적성이 있다는 단정적인 결론을 내리고, 이러한 잘못된 편견을 전제로 원고가 초등학생들의 글을 의도적으로 삭제하거나 수정하는 등 왜곡시켰다거나 원고들이 친공, 친북세력이라는 성급하고 극단적인 주장을 하는 경우(서울지법 2001.9.26.97가합68721 판결)

(2) 수사담당 검사로부터 입수한 정보도 수사결과에 의하여 뒷받침되는 것이 아닌 위 박00의 진술만을 근거한 것으로 그다지 신빙성이 높다고 할 수 없으므로 이 사건 기사의 진실성을 뒷받침할 만한 합리적인 근거 내지는 자료가 될 수 없고, 관련 연예인들이나 그 소개인들에 대한 사실확인 또는 위 광고탑 모델의 신원 확인 등을 통하여 비교적 용이하게 위 박00의 진술이 진실인지 검토할 수 있었고 또한 기사의 성격상 신속한 보도를 요하는 것이라고 할 수 없어 그러한 조사를 하기에 충분한 시간적 여유가 있었음에도 불구하고 이러한 조사절차를 거치지 아니한 경우(대법원 1998.5.8.96다36395 판결)

⑶ 기사가 진실이라고 믿을 만한 상당한 이유가 있다고 하기 위하여서는 이를 뒷받침할 합리적인 자료나 근거가 있어야 하고, 그러한 자료나 근거도 없이 행위자가 사실을 과장하여 보도하거나, 자기의 독단적인 견해나 평가를 부가하여 보도하는 경우 (서울고법 1998.4.23.97나57360 판결)

⑷ 서울지방검찰청 특수2부의 구두발표를 토대로 기사를 작성하면서 발표와는 달리 원고를 브로커라고 적시하는 등 단정적인 표현을 사용하고 원고에 대한 혐의사실이 검찰수사에서 확인된 듯한 보도함으로써 수사기관의 객관적인 발표범위를 초과하여 과장 또는 단정적인 기사를 보도한 경우 (서울고법 1996.9.11.96나7849 판결)

⑸ 별다른 조사활동은 하지 아니한 채 이미 원고의 명예를 훼손하였다는 이유로 문제가 된 잡지사 기자의 이야기만 듣고 이를 근거 있는 소문인 양 기사화한 경우 (서울고법 1990.5.89나36528 판결)

2) 사실확인조사의 용이성-보도의 신속성, 추가적 이면취재의 가능성

언론기관의 명예훼손소송에서는 보도의 신속성보다는 진실한 보도를 더 강조하고 있기 때문에 언론기관의 사실확인조사의무가 상당성 판단에 중요한 기준이 된다. 보도대상이 되는 인물 또한 사항에 대한 기사를 작성하는데 그 인물 또는 사항에 대한 직접적인 추가적인 취재나 접촉·확인을 하지 아니하고 기사화한 경우에는 일반적으로 조사확인의무 불이행으로 상당성이 없다고 한다. 또한 언론기관에서 스스로 허위성 또는 불충분한 취재 등을 자인하는 경우에는 상당성이 없다고 한다. 이러한 사항을 근거로 하여 상당성이 없다고 한 경우는 다음과 같다.

⑴ 피고들은 원고들이 실제 진OO와 강OO의 대화를 감청하였다고 판단할 만한 합리적인 근거를 가지고 있지 않으면서도 원고들에게 감청 여부에 대한 사실확인절차를 거치거나 원고들의 해명을 듣는 등의 다른 사실확인

절차를 거치지 아니한 채 조선일보의 관련보도나 다른 언론사들의 관련보도를 사실로 잘못 알고서, 원고들이 불법감청을 한 다음 그 감청내용을 일부 공개하면서 감청사실의 존재를 은폐하려는 여러 의심스러운 행동을 하였다는 사실을 암시하는 내용을 담은 위 사설을 작성하여 그대로 신문에 게재하여 배포한 경우(서울고법 2002.4.19.2000나9859 판결)

(2) 사건 기사내용이 신속한 보도를 필요로 하는 것이라고 볼 수 없는데도 피고가 이 사건 기사 보도 이전에 원고들이나 그 가족들에게 사실 여부를 확인하지 않은 채 단정적인 표현을 사용하여 기사를 작성, 보도한 경우(대법원 2002.1.22,2000다37524, 2000다37531 판결)

(3) 법률전문가인 법조인이나 선배 법조출입기자의 조언조차 얻지 아니한 채 조00의 일방적인 진술에 오로지 환송 전 원심의 제출과정에서 실수로 누락되었음을 자인한 원고의 진술을 보태어 원고의 불성실한 소송수행으로 조00에게 불리한 판결이 선고되었다고 단정짓고 기사를 작성한 경우(서울지법 2001.12.19,2001가합8399 판결)

(4) 사건 방송내용의 전체 흐름, 제목, 구성과 배치에 비추어 볼 때 방송의 일부 내용은 관계자의 진술을 내세워 피해자인 원고를 일정한 방향으로 몰고 가서 비방하려는데 방송의 중점이 있는 것으로 보이고, 사건 방송내용은 일부 허위인 점도 인정될 뿐만 아니라, 이 사건 방송이 긴급성을 요하는 내용이 아니고, 피고가 최소한 이미 확정된 위 관련 판결문 내용만이라도 정확히 확인하여 보았다면 그 허위성을 어렵지 않게 알 수 있었을 경우(서울고법 2001.11.29, 2001나11989 판결)

(5) 피고가 홈페이지와 PC통신에 오른 배00의 글을 보도함에 있어 위 '미주 통일 신문사'가 실제로 있는지, 배00은 어떤 사람인지, 어떤 성향의 글을 다루는지, 과연 그가 믿을 만한 근거를 가지고 위와 같은 글을 올린 것인지에 관하여 조사하지 아니한 채 원고에게 해명의 기회를 준다는 구실로 배00의 글을 보도한 것으로서 피고 스스로도 위 배00의 글이 사실이라고

는 믿지 않았음을 자인하는 경우 (서울고법 2001.5.31.2000나11081 판결)

(6) 학생인 망인에 대한 평가를 내용으로 한 보도를 함에 있어 담임선생님 및 같은 반 학생들을 상대로 직접 취재한 사실이 없을 뿐만 아니라 망인의 유족에 대하여는 기사화 하려는 망인에 대한 평가에 대한 아무런 설명도 없이 반론의 기회도 주지 아니한 채 단순히 망인의 사망에 대한 인터뷰 내용을 담아 구색만 갖춘 보도를 한 경우(서울지법 1999.7.6.98가단264437 판결)

(7) 검찰이 적법한 절차에 따라 객관적인 수사를 하여 결정한 혐의 없음 처분이 명백히 존재하는 마당에, 또 무죄가 추정되는 원고가 마치 명백한 살인교사범인 것처럼 주로 자신들의 심증에 터잡아 일련의 사실들을 적시한 경우 (서울지법 1998.9.2.98가합8290 판결)

(8) 수사담당 검사로부터 입수한 정보도 수사결과에 의하여 뒷받침되는 것이 아닌 위 박OO의 진술만을 근거한 것으로 그다지 신빙성이 높다고 할 수 없으므로 이 사건 기사의 진실성을 뒷받침할 만한 합리적인 근거 내지는 자료가 될 수 없고, 관련 연예인들이나 그 소개인들에 대한 사실확인 또는 위 광고탑 모델의 신원 확인 등을 통하여 비교적 용이하게 위 박OO의 진술이 진실인지 검토할 수 있었고 또한 기사의 성격상 신속한 보도를 요하는 것이라고 할 수 없어 그러한 조사를 하기에 충분한 시간적 여유가 있었음에도 불구하고 이러한 조사절차를 거치지 아니한 경우(대법원 1998.5.8.96다36395 판결)

(9) 사건 기사가 그 성격상 취재기자가 사실확인을 생략하고 기사를 작성하여야 할 만큼 신속을 요하는 것이라고는 보이지 않을 뿐만 아니라, 원고가 백OO에게 대면을 요청하였으므로 백OO이 원고의 사무실을 방문하고, 원고를 대면하여 사실을 확인하기가 용이하였음에도 이러한 절차를 취하지 아니한 채, 주로 클럽의 신문광고내용만을 토대로 하여 사건 기사를 작성한 경우(부산고법 1998.2.26.97나3873 판결)

(10) 피고 OO일보사의 기사의 요지는 위와 같은 내용 외에도 검찰의 수사

결과 원고의 혐의 내용이 사실로 밝혀진 것처럼 단정적으로 서술하는 내용을 포함하고 있고, 위 피고 소속기자인 위 홍00은 △△일보에 게재된 기사를 참조하고 구속영장사본을 열람함 외에는 원고나 그 밖의 관련 당사자들에게 접촉을 시도하여 그 진위 여부를 확인하려는 등의 노력도 하지 않은 채 단정적으로 위와 같은 기사를 작성한 경우(서울고법 1997.1.17.96나46591,96나4666 판결)

(11) 피고는 이 사건기사의 경우에는 연합통신으로부터 제공받은 기사를 그대로 보도하면서도 크레디트를 붙이거나 전재사실을 명시하지 아니한 채 피고 자신이 직접 취재한 것처럼 보도한 사실을 인정할 수 있고, 피고가 이 사건기사를 보도하기 전에 그 내용의 진위여부를 원고에게 확인하거나 원고의 전과 사실에 대하여 수사기관 등에 조회하는 등 이 사건기사의 진위에 관한 취재를 하지 아니한 사실은 피고가 이를 자인하고 있는 경우(서울고법 1996.9.18.95나41965 판결)

(12) 피고 소속기자들은 위 기사내용의 진위여부를 확인하기 위하여 원고와 코리아 아카데미측 관련자와 접촉하려고 시도하였으나 그 방법이 부적절하였거나 그 노력을 다하지 못하여 실패하자, 더 이상의 사실확인 노력도 하지 아니한 채 별다른 근거 없이 막연히 기사를 작성한 경우(대법원 1996.5.28.94다33828 판결)

(13) 대통령 비서실이나 공보처에 보관된 진정서 사본에 대한 확인이나 피고 이덕화에 대한 추가적인 사실확인절차도 취하지 아니하고 일간신문과는 달리 신속성의 요청이 덜한 주간신문인 피고 신문사발행의 위 일요신문에 마치 원고가 위 연기자협회에서 제출한 진정서를 변조한 듯한 일상을 주는 위와 같은 내용의 기사를 게재한 경우(서울지법 1996.2.15,95가합26099, 95가합97978 판결)

(14) 피고가 이 사건 기사를 게재함에 있어 담당기자가 미성년자의 보호자인 원고를 만나보는 등의 필요한 조사를 제대로 하지 아니하였고 그 때문

에 사실과 다른 기사가 보도된 것 경우 (대법원 1994.5.10.93다36622 판결)

(15) 금원들이 촌지로 수수되었다고 단정할 자료로는 되지 못하는 상태였으며, 더욱이 피고가 위 기사의 보도에 앞서 원고에게 그 내용의 확인을 구한 결과 위 금원들은 촌지로 받은 것이 아니라 광고비와 연합화보의 판매대금으로 받은 것이며, 영수증 등 증빙자료도 가지고 있으니 필요하면 확인해도 좋다는 답변을 들었음에도 더 이상 사실여부에 관한 확인조치를 취한 바 없이 위 보도에 이르게 된 경우(서울지법 1992.7.29, 91가합3033 판결)

(16) 피고가 직접 당사자인 원고에 대하여 아무런 사실확인 절차도 거치지 아니하고 위와 같은 내용의 기사를 게재하였음을 자인하는 경우(서울지법 1991.12.27.91가합 52649 판결)

(17) 피고가 소외인으로부터 위 암살사건 무렵에 원고가 대통령 경호과장으로 재직하고 있었다는 말을 듣고 이를 위 원고에게 확인하지도 아니한 채, 위 피고가 단편적으로 수집한 자료에 터잡아 사건 기사를 작성하였고, 피고회사도 이를 확인하지도 아니한 채 시사토픽에 위 기사를 게재하여 이를 배포한 경우(서울고법 1991.9.25,91나27329 판결)

(18) 피고가 신빙성이 있는 취재원으로부터 정보를 얻었다기 보다는 그 자신이 나름대로 수집한 여러 가지 확실치 않은 단편적 자료를 바탕으로 스스로의 독자적인 판단을 덧붙여 이 사건 기사를 작성하였는 데다가 스스로도 인정하고 있는 바와 같이 이러한 류의 기사를 작성함에 있어서 기본적으로 선행될 것이 요구되는 기사와 관련된 당사자 본인에 대한 확인 절차도 거친 사실이 없는 경우 (서울지법 서부지원 1991.5.7.90가합10957 판결)

3) 공익성이 없는 경우

명예훼손소송 실무상 먼저 공익성, 공공성, 진실성을 문제삼고 이 문제들에 대하여 피고인 언론기관이 입증에 실패할 경우에는 다음으로 상당성을 문제삼게 된다. 그래서 공익성, 공공성, 진실성 등에서 문제가 있다고 한다면 막바로 명예훼손사실을 인정할 수 있고, 상당성 문제를 논의할 필요가 없다. 그러나 경우에 따라서는 공익성, 공공성, 진실성, 상당성을 동시에 항변으로서 제출하기도 한다. 이 경우 공익성이 없다고 한다면 상당성이 없다고 할 수 있다.

(1) 사건 보도의 위법성이 없다는 피고들의 항변은, 이 사건 보도의 공익성이 인정되지 않는 이상 그 진실성 내지 상당성의 여부에 관하여 더 나아가 살필 필요없이 이유없다. (서울지법 2001.8.22.98가합107982 판결)

2. 상당성이 있다고 하는 경우

우리 판례상 상당성이 인정되는 경우는 많지 않다. 이는 강력한 권력을 가진 언론기관에 대항하는 사인의 명예보호를 강조하기 위하여 불가피한 면도 있지만, 언론의 자유는 오히려 개인의 기본권을 신장시키는 데 매우 중요한 기능을 한다는 점을 고려하여 신중하게 판단하여야 할 것이다.

(1) 원고가 구속되어 있어 원고에 대한 직접취재를 통하여 사실을 확인하기는 쉽지 아니하였던 점, 취재원이 이 사건 수사를 직접 담당한 부장검사로부터 취재한 피의사실을 기사화하는 경우 별도의 취재를 하지 아니하고 보도를 하더라도 그것이 종래의 취재 관행에 반하지 아니한 점 등의 여러 사정을 참작하여 보면, 사실을 보도한 이상(검찰의 보도자료와 이 사건 각 보도를 비교해 보면 위 각 보도가 보도자료의 내용을 과장하거나 윤색한 것으로 보이지는 않는다), 그 진위여부에 관하여 별도로 조사, 확인하지 아니한 채 이 사건 보도를 한 경우(서울지법 남부지원 2001.1.18,99가합19514 판결)

(2) 안기부의 추적대상이었을 것으로 추정되는 공소외 망인이 거문도에까지 와서 사망하게 된 경위와 그 사망원인에 의혹이 제기되고 있던 터에, 안기부 직원이 여수에서 거문도까지 가는 배에 망인과 동승하였던 것으로 밝

혀지고, 나아가 망인과 안기부 직원이 거문도에서 함께 동행하고 있는 것을 보았다는 목격자까지 나왔으나 그들이 석연치 않은 이유로 그 진술을 번복한 경우(대법원 1996.8.23,94도3191 판결)

(3) 피고들로서는 지방지인 관계로 보도의 신속성을 기하기 위하여는 비교적 공신력이 있는 위 연합통신이 제공한 기사에 의존할 수밖에 없었던 사정이 인정되므로 위 연합통신이 제공한 기사가 진실하다고 믿었고, 또 그와 같이 믿은 데 정당한 사유가 있었다고 보여지고, 위 피고로서는 경찰에 출입하는 기자가 없었던 관계로 위 사건을 경찰로부터 직접 취재한 것이 아니라 후에 입수한 경찰의 보도자료, 연합통신의 통신문, 다른 신문사의 보도기사, 방송매체의 방송내용 등을 참고로 하였으며 원고에 가능한 한 접촉을 시도하여 원고의 반론권을 보장하려 한 사실, 이러한 사정을 종합하여 위 피고가 위 기사를 작성, 배포한 경우 (서울고법1994.5.26.93나 39814 판결)

(4) 보도기관으로서 진실이라고 믿을 만한 합리적인 자료 또는 근거가 있으면 족하고, 수사기관으로부터 장애자들의 진술의 개략을 듣고, 실제 농성현장에 임하여 장애자들로부터 그 주장을 청취한 후 그에 대한 기사를 보도하는 경우(서울지법 1984.4.11,82가합4734 판결)

IV. 결론

민사상 명예훼손으로 인한 손해배상청구에서의 명예훼손행위가 공공의 이해에 관한 사항으로서 그 목적이 오로지 공공의 이익을 위한 것일 때에는 진실한 사실이라는 증명이 있으면 그 행위에 위법성이 조각된다고 한다. 그런데 판례는 이러한 위법성조각사유에서 더 나아가 그러한 진실한 사실에 대한 증명이 없더라도 행위자가 그것을 진실이라고 믿을 상당한 이유가 있는 경우에도 위법성 내지 고의 과실이 없다고 한다. 이를 상당성이론이라고 한다. 그러나 법적성질은 위법성조각사유보다는 책임조각사유 즉 고의 과실이 없다고 보아야 한다. 상당성의 판정의 대상은 객관적으로 허위인 사실은 제외하고 허위도 진실도 입증하지 못하는 경우라고 보아야 하며, 그 기준은 언론매체의 종류, 기사 또는 프로그램의 종류, 취재원의 종류에 따라 취재원의 신빙성 또는 자료나 근거의 확실성, 사실확인조사의 용이성, 피해자의 피해 정도, 공익성이 없는 경우 등을 고려하여 개별적 구체적 유형적으로 판정하여야 한다. 또한 상당성의 판정시기에 관하여는 명예훼손행위 당시에 있어서의 행위자의 인식내용이 문제로 되고, 고의 과실의 문제이기 때문에 행위자의 당해 명예훼손행위 당시를 기준으로 하여 그 때에 존재한 자료와 기준에 기하여 검토하여야 한다. 상당성의 입증책임은 가해자인 언론기관이 부담한다. 앞으로 상당성의 연구는 판례축적에 의한 유형화가 계속적으로 필요하다.

제6장 | 언론보도로 인한 명예훼손과 기사삭제청구권

Ⅰ. 문제의 제기

현대사회에서 언론은 사회적 공기로서 제4부이고, 여론형성에 필수적 소재로서 매우 큰 역할을 한다. 헌법에서도 언론의 자유를 명시하고 있고(헌법 제21조 제1항), 언론에 대한 허가나 검열을 금지하고 있다(헌법 제21조 제2항). 언론은 신문, 방송과 같은 전통적인 방법에 의할 뿐 아니라, 인터넷 등 최신 정보기술을 이용한 매체를 통해서 사실을 알리거나 여론을 형성한다. 이러한 과정에서 언론은 개인 등에게 치명적으로 명예를 훼손할 수 있고, 이 경우 피해자는 언론을 상대로 민사상, 형사상 책임을 물을 수 있다(헌법 제21조 제4항). 아날로그시대에는 명예훼손적 내용이 보도되면, 그에 따라 법적 책임을 부담시키고, 그 보도내용은 시간의 경과에 따라 사회적 관심 부족으로 사라지게 되어 별개의 법적평가는 필요하지 않았다. 그러나 디지털시대에는 데이터축적 및 검색기술 등 정보통신기술의 발달로 인하여 종전의 명예훼손적 내용이 현재에도 인터넷상 그대로 검색되어 공표되거나 유지될 수 있게 되었다. 종전 적법하게 게시된 기사나 정보라고 하더라도 이제는 잊혀졌으면 좋을 것이라고 판단되는데도 불구하고 계속하여 공개되는 것에 부담을 느낄 수 있다. 이것은 헌법적으로도 인간으로서의 존엄과 가치와 행복추구권(헌법 제10조), 사생활보호(헌법 제17조)이라는 측면에서도 보호되어야 필요성이 있다. 그러나 다른 한편으로는 언론보도로 인하여 명예훼손적 내용이 있었다고 하더라도 그 보도 자체가 역사적 기록물로서의 가치가 있기 때문에 보존될 필요가 있다는 반론도 있을 수 있다. 그럼에도 불구하고 언론보도로 인한 명예훼손적 내용에 대해서는 더 이상 그 데이터에 접근할 수 없거나 검색되지 않도록 하거나 아예 제거하기 위한 삭제를 청구할 수 있도록 하는 것이 필요하다. 최근 대법원 2013. 3. 28. 선고 2010다60950 판결에서 명예훼손으로 인한 기사삭제청구권을 인정하였다. 이 연구에서는 대법원판결에서 논의된 사후금지법리, 기사삭제청구권의 인정근거, 기사삭제청구의 저지사유로서의 상당성, 입증책임 등을 천착하면서, 삭제의 기준, 삭제비용의 부담, 삭제 범위 등에 대한 논의도 함께 하고자 한다.

Ⅱ. 언론보도로 인한 명예훼손

1. 명예훼손

명예는 사람의 품성, 덕행, 명성, 신용 등의 인격적 가치에 관하여 사회로부터 받는 객관적 평가로서 사람이나 법인, 기관의 사회적 평가인 외부적 명예를 말하고, 이는 본인이 자신에 대하여 주관적으로 가지는 명예감정과는 다르다. 명예훼손은 타인의 사회적 평가를 손상 또는 저하시키는 것을 말하고, 명예를 위법하게 침해하는 것을 말한다.

2. 명예훼손의 구제수단

(1) 법령상 구제수단

명예훼손에 대한 구제수단은 사전적 구제수단으로서 보도·게재·방영금지 등 방해예방금지청구가 있고, 사후적 구제수단으로는 불법행위에 의한 손해배상책임(민법 제750조), 정정보도나 사죄광고 등과 같은 명예회복에 적당한 처분(민법 제764조), 방해정지·방해제거로서의 침해금지청구가 있다. 이외에 특별법인 언론중재 및 피해구제 등에 관한 법률(이하 언론중재법)에 의한 구제수단으로서는 손해배상청구, 정정보도청구 등이 있고(제14조, 제15조, 제16조, 제17조, 제30조 제1항, 제30조 제3항, 제30조 제4항, 제31조), 정보통신망이용촉진 및 정보보호 등에 관한 법률(이하 정보통신망법)에 의한 구제수단으로서는 해당 정보에 대한 접근을 임시적으로 차단하는 임시조치 등이 있고(제32조, 제32조의 2, 제32조의 3, 제44조의 2 제1항, 제44조의 2 제4항. 제44조의 3, 제44조의 7), 저작권법에 의한 구제수단으로서는 침해의 정지청구 등이 있고(제123조 제1항, 제123조 제2항, 제123조 제3항, 제125조, 제125조의 2, 제127조), 개인정보보호법에 의한 구제수단으로서는 개인정보의 정정 또는 삭제 요구권 등이 있고(제36조 제1항, 제36조 제3항, 제37조, 제39조, 제39조의 2), 표시·광고의 공정화에 관한 법률에 의한 구제수단으로서는 손해배상청구 등이 있다(제10조).

(2) 민법상 구제수단

민법상 명예훼손에 대한 구제수단으로서 가장 중요한 것이 손해배상청구이고, 손해배상은 금전적 손해배상이다(민법 제763조, 제394조). 그 밖에 원상회복에 적당한 처분(민법 제764조)으로서 사죄광고, 정정보도청구 등이 있지만, 사죄광고에 대해서는 헌법재판소의 위헌결정이 있었다.[347] 헌법재판소는 법인인 방송사업자의 의사에 반한 사과행위를 강제함으로써 방송사업자의

347 헌법재판소 1991. 4. 1. 89헌마160 전원재판부

인격권을 제한한다고 하여 방송법 제100조 제1항 제1호의 시청자에 대한 사과는 위헌이라고 결정하였다.[348] [349] 한편 일본 최고재판소는 "위 방송 및 기사는 진상과 다르고, 귀하 명예를 해쳐 폐를 끼쳤다. 이에 진사의 뜻을 표한다"는 정도의 광고내용은 모욕적 또는 고역적 노고를 과하거나 윤리적 의사, 양심의 자유를 침해하는 것을 요구하는 것이라고 해석할 수 없다고 하면서 사죄광고는 일본 헌법 제19조에 위반하지 않는다고 하였다.[350] 또한 적당한 처분에는 방해예방 또는 방해제거로서의 금지청구가 있다.

3. 금지청구

(1) 사전적 금지청구

금지청구는 사전적 금지청구와 사후적 금지청구가 있다. 사전적 금지청구는 방해예방 금지청구이다. 명예는 침해되어 한번 훼손되면 완전한 회복이 거의 불가능하고, 따라서 명예훼손에 대한 손해배상청구나 적당한 처분과 같은 사후적 구제수단보다는 미리 장래에 생길 침해를 예방적으로 금지시키는 사전적 구제수단이 효과적일 수 있다. 그러나 신문과 방송 등 언론의 자유는 자유민주주의 사회에서 가장 중요한 헌법적 가치이고, 인터넷 등 현대적 문명이기의 발달로 인하여 언론 자유의 확대 필요성은 더욱 높아지고 있다. 따라서 언론에 대하여 사전적 구제수단을 인정하게 될 경우에는 표현의 자유에 대한 위축적 효과(chilling effect)를 발생시킬 수 있고, 이는 언론의 자유를 심각하게 훼손할 수 있게 된다.[351] 대법원도 표현행위에 대한 사전억제는 엄격하고 명확한 요건을 갖춘 경우에만 허용된다고 할 것인바, 표

---

348 헌법재판소 2012. 8. 23. 2009헌가27.

349 인간의 존엄과 가치에서 유래하는 인격권은 자연적 생명체로서 개인의 존재를 전제로 하는 기본권으로서 그 성질상 법인에게는 적용될 수 없다고 하는 반대 의견도 있다.

350 日本 最高裁判所 1956.7.4. 판례시보 80호, 3면.

351 Lois G. Forer, Chilling Effect, Norton &Company, New York, 1987.

현행위에 대한 사전금지는 원칙적으로 허용되어서는 안 될 것이지만, 다만 그 표현내용이 진실이 아니거나, 그것이 공공의 이해에 관한 사항으로서 그 목적이 오로지 공공의 이익을 위한 것이 아니며, 또한 피해자에게 중대하고 현저하게 회복하기 어려운 손해를 입힐 우려가 있는 경우에는 그와 같은 표현행위는 그 가치가 피해자의 명예에 우월하지 아니하는 것이 명백하고, 또 그에 대한 유효적절한 구제수단으로서 금지의 필요성도 인정되므로 이러한 실체적인 요건을 갖춘 때에 한하여 예외적으로 사전금지가 허용된다고 하였다.[352] 사전금지를 명하는 가처분은 임시의 지위를 정하기 위한 가처분(민사집행법 제300조)에 해당하므로 그 심리절차에서 원칙적으로 변론기일 또는 채무자가 참석할 수 있는 심문기일을 열어 표현내용의 진실성 등의 주장·입증의 기회를 주어야 하는 것이지만, 그와 같은 기일을 열어 심리하면 가처분을 신청한 목적을 달성할 수 없는 사정이 있는 경우에 한하여 예외적으로 그와 같은 절차를 거치지 아니하고 가처분 결정을 할 수 있다(민사집행법 제304조). 따라서 표현행위의 사전억제라고 하는 결과의 중대성에 비추어 일반적인 임시의 지위를 정하기 위한 가처분보다 더욱 신중하게 판단되어야 할 것이다.

(2) 사후적 금지청구

사후적 금지청구는 방해배제로서의 금지청구이다. 이것은 현재 이루어지고 있는 침해행위인 방해를 배제하는 것이고, 방해의 원인을 제거하는 것이다. 이미 피해가 발생하고 침해가 종결되어 가해자의 귀책사유 유무에 따라 방해결과의 제거하는 경우에는 손해배상청구의 문제만 남는다. 종전 신문과 방송 등 언론매체에는 명예훼손적 내용이 게재되거나 방송이 되면, 그것으로 명예훼손은 종료되고 손해배상만 문제되었다. 그러나 최근에는 신문, 방송 등의 전통적 언론매체라도 일회적 유통 및 전파에 그치지 않고 그 언

352 대법원 2005.01.17.자 2003마1477 결정.

론매체의 홈페이지를 통해서 계속적으로 인터넷 공간 속에서 존속하여 기사화나 방송된 내용이 계속 검색 가능한 상태로 남아있게 되고, 다른 매체를 통해서 동시에 계속적으로 확대 전파되고 있다. 심지어 인터넷매체가 매우 많아서, 피해자는 어느 매체, 어느 인터넷에서 자신에 관한 명예훼손적 내용이 유통하고 존재하는지 여부조차도 확인하기 어렵게 되었다. 이러한 상황에서는 명예훼손적 내용이 방해결과로서의 손해배상의 문제가 아니라 방해원인이 제거되지 않은 상태로 남아 있게 되었다. 이러한 방해원인을 사후적으로 제거하기 위한 금지청구로서 접근차단청구 및 검색차단 청구[353], 삭제청구 등이 있다. 사후적 금지청구는 엄격한 기준을 적용하는 사전적 금지청구보다는 완화된 기준을 적용할 수 있다고 보아야 한다.[354]

III. 기사삭제청구권

1. 의의

기사삭제청구권은 언론에 의한 명예훼손이 있는 경우에 그 명예훼손적 내용이 해당 언론매체의 홈페이지 등에 탑재되어 독자나 시청자들이 계속적 반복적으로 접근하여 검색할 수 있는 경우에, 피해자가 해당 언론매체를 상대로 당해 명예훼손적 내용을 삭제해달라고 청구하는 것을 말한다. 이것은 인격권이 물권적 성질을 가지는 것에 착안하여 민법 제214조의 유추적용으로 방해배제청구권으로서의 법적 성질을 가진다. 기사삭제청구권은 망각권[355](right to be forgotten)의 일종이다.

---

353 이것을 방송통신위원회는 2016.4. 인터넷 자기게시물 접근배제요청권이라고 하고 있다.

354 유제민, "인격권침해에 대한 방해배제청구권", 민사판례연구 37권, 박영사, 2015, 463면.

355 잊혀질 권리, 잊힐 권리라고도 번역된다. 여기서는 망각권으로 한다.

2. 발생 배경[356]

망각권이 최초로 인정된 사안은 다음과 같은 사건에서 유래하였다. 스페인 일간지인 방가르디아(La Vanguardia Ediciones SL)의 1998년 1월 19일자 및 1998년 3월 9일자 신문광고에 스페인의 곤잘레스(Costeja González)의 사회보험료 납부불이행으로 인한 본인 소유 부동산에 대한 경매에 관한 내용이 게재되었다. 이 내용은 방가르디아 웹페이지에도 탑재되었고, 그것이 링크되어 구글 검색을 통해서 나타나는 것을 곤잘레스(Costeja González)가 알고서 2010년 3월 5일에 스페인 개인정보보호기관(AEPD)에 해당 정보의 삭제를 요청하였다. 이 사건에서 AEPD는 방가르디아 신문에 대한 청구는 기각하고, 구글 스페인과 구글 본사에 대해서는 검색색인에서 해당 정보를 삭제하고 장래 접근금지조치 결정을 하였다. 구글은 스페인고등법원에 항소하였고, 소송 도중 스페인고등법원은 유럽사법재판소(CJEU)에 선결적 판단을 요청하였다. 이에 대하여 유럽사법재판소는 비록 처음에는 적법하게 처리된 정확한 정보라고 하더라도 시간의 경과에 따라 해당 정보가 수집 또는 처리된 목적에 비추어 더이상 필요하지 않을 경우 특히 시간 경과에 비추어 정보가 부정확하거나 부적절하거나 무관하거나 과도한 것으로 보일 경우에는 망각권으로서 삭제권(right to erase)[357]을 인정하였다.[358]

3. 인정근거

가. 일반적인 근거

사후적 금지청구권으로서의 기사삭제청구권의 근거는 민법상의 명문규정은 없지만, 학설과 판례가 인정하고 있다. 그 근거는 인격권으로서의 명예

---

356 문재완, “인터넷상 인격권침해와 시간의 경과”, 외법논집 제39권 제1호, 2015, 137면 이하.

357 right to delete, right to oblivion이라고도 한다.

358 Court of Justice of the European Union, Case C-131/12, Judgment of 13 May 2014.

권에 기하여 할 수 있다고 본다. 인격권은 절대권으로서 물권과 마찬가지로 배타적인 권리이고, 이는 민법 제214조를 유추적용하여 방해배제청구를 인정할 수 있다. 대법원은 방송사의 자회사인 인터넷회사에서 원고의 명예훼손적 내용을 계속하여 게재함으로써 원고의 명예를 훼손하고 있다고 주장하면서 그 기사의 삭제를 청구한 사안에서 명예는 생명, 신체와 함께 매우 중대한 보호법익이고 인격권으로서의 명예권은 물권의 경우와 마찬가지로 배타성을 가지는 권리라고 할 것이므로, 사람의 품성, 덕행, 명성, 신용 등의 인격적 가치에 관하여 사회로부터 받는 객관적인 평가인 명예를 위법하게 침해당한 자는 손해배상 또는 명예회복을 위한 처분을 구할 수 있는 이외에 인격권으로서 명예권에 기초하여 가해자에 대하여 현재 이루어지고 있는 침해행위를 배제하기 위하여 침해행위의 금지를 구할 수도 있다고 하면서,[359] 이 사건 각 기사 중 삭제를 명한 부분의 내용이 진실하지 아니하거나 공익을 위한 것이 아니라는 점이 밝혀진 이상 기사삭제청구는 인정된다고 하였다.

나. 법령상 인정근거

기사삭제청구권의 근거는 민법상의 명문규정은 없지만, 굳이 현행 법령상 기사삭제를 청구할 수 있는 근거를 찾는다면, 민법 제764조 적당한 처분이 있다. 이에 대해서는 민법 제764조는 '손해배상에 갈음하여' 또는 '손해배상과 함께' 명예회복에 적당한 처분을 구할 수 있는 것이어서 명예훼손으로 인한 손해배상책임이 인정되지 아니하면 명예회복에 적당한 처분으로서 기사삭제도 구할 수 없는 한계가 있다는 견해가 있다.[360] 그러나 대법원은 명예훼손으로 인한 피해자가 그로 인한 손해배상과 아울러 사죄광고

359 대법원 2013.03.28. 선고, 2010다60950 판결.

360 한경환, "기사삭제청구권의 인정근거 및 요건", 대법원판례해설 제95호, 법원도서관, 2013, 193면; 양철한,"인격권에 기한 기사삭제청구권에 대하여",언론중재 제132호, 2014, 41면.

를 함께 청구하고 있다면 법원은 그 명예훼손이 있는 것으로 인정될 때 그 청구범위내에서 명예회복 처분을 금전배상과 함께 명하거나 또는 전자만을 명하거나 아니면 전자를 인정함이 없이 후자만을 명할 수 있다고 하고 있기 때문에,[361] 민법 제764조에 근거하여 손해배상과 함께 기사삭제를 청구하거나 손해배상을 구하지 않고 단지 기사삭제만을 청구할 수 있다고 보아야 한다. 또한 적당한 처분은 명예훼손의 가해자에 대하여 제재를 가하거나 또는 가해자에게 사죄 등을 시킴으로서 피해자에게 주관적인 만족을 주기 위한 것이 아니고, 금전적인 손해배상만으로는 전보될 수 없는 훼손된 피해자의 인격적 가치에 대한 사회적, 객관적인 평가 자체를 회복시킬 수 있는 것이기 때문에[362] 삭제청구가 가능하다고 보아야 한다.

다음으로 특별법상 기사삭제청구의 근거는 언론중재법 등이 있다. 언론중재법상 명예훼손으로 인한 손해배상청구를 할 경우에 침해정지로서의 삭제청구나, 필요한 조치로서의 삭제청구를 할 수 있지만, 이 경우에는 불법행위책임을 전제로 하고 있기 때문에, 삭제청구에는 귀책사유나 위법성이 그 청구요건으로 필요하다. 이에 대하여 종래 인정되어 왔던 사법판단에 의한 사전금지로서의 보도·배포·방송금지가처분 등을 명문화한 것으로 이해하는 견해도 있다.[363] 그러나 이 견해에 대해서는 언론중재법 제30조 제3항의 후단에 관해서는 그러한 해석이 가능하지만, 제30조 제3항의 전단에서는 침해의 정지라는 사후적 금지청구를 명문화한 것으로 사후적 삭제청구의 근거가 될 수 있다고 보아야 할 것이다.

정보통신망법에서는 정보통신망을 통하여 일반에게 공개를 목적으로 제공된 정보로 사생활 침해나 명예훼손 등 타인의 권리가 침해된 경우 그 침

361 대법원 1988.06.14. 선고, 87다카1450 판결.

362 日本 最高裁判所 1970.12.18. 判例時報 제619호, 53면.

363 양경승, "디지털시대, 언론중재제도의 새로운 패러다임 모색", 언론중재 제136호, 2015, 50면.

해를 받은 자는 해당 정보를 취급한 정보통신서비스 제공자에게 침해사실을 소명하여 그 정보의 삭제 또는 반박내용의 게재(이하 "삭제 등"이라 한다)를 요청할 수 있고(제44조의 2 제1항), 정보통신서비스 제공자는 정보의 삭제요청에도 불구하고 권리의 침해 여부를 판단하기 어렵거나 이해당사자 간에 다툼이 예상되는 경우에는 해당 정보에 대한 접근을 30일이내의 범위내에서 임시적으로 차단하는 조치(이하 "임시조치"라 한다)를 할 수 있다(제44조의 2 제4항). 이 정보통신망법에 의한 삭제청구도 언론중재법과 마찬가지로 불법행위책임을 전제로 삭제청구를 할 수 있다고 보아야 한다. 다만, 제44조의 2 제2항에서의 임시조치는 통신서비스제공자가 임의로 스스로 하는 조치이고, 이것은 삭제가 아니고 접근차단조치이다. 그렇다면, 피해자는 통신서비스제공자를 상대로 임시조치를 청구할 수 있는지 여부가 문제된다. 피해자의 접근차단조치청구는 통신서비스제공자의 직권발동을 촉구하는 의미로 파악해야 할 것이고, 따라서 피해자에게 접근차단조치 청구권이 있다고는 할 수 없다고 보아야 한다.

4. 법적 성질

기사삭제청구권은 사전적 예방청구가 아니라 사후적 금지청구이다. 사전적 예방청구는 실체적인 요건을 갖춘 때에 한하여 예외적으로 허용되지만,[364] 사후적 금지청구는 그 요건이 완화되어, 손해배상청구와 함께 청구될 수도 있지만, 손해배상청구와 관계없이 독립적으로 청구될 수도 있다. 기사삭제청구권은 장래 발생할 가능성이 있는 방해의 원인을 미리 제거하는 방해예방청구권이 아니라 과거 발생하여 현재까지도 유지되고 있는 방해의 원인을 사후에 제거하는 방해배제청구권이다. 기사삭제청구권은 인격권으로서의 명예권에 기한 물권적청구권으로서 성질을 지니고 있다.

---

364 대법원 2005.01.17. 자 2003마1477 결정.

5. 기사삭제청구권의 요건

인격권 침해를 이유로 한 방해배제청구권으로서 기사삭제 청구의 당부를 판단할 때는 그 표현 내용이 진실이 아니거나 공공의 이해에 관한 사항이 아닌 기사로 인해 현재 원고의 명예가 중대하고 현저하게 침해받고 있는 상태에 있는지를 언론의 자유와 인격권이라는 두 가치를 비교·형량하면서 판단하면 된다.[365] 기사삭제청구가 인정되기 위해서는 그 해당 기사가 진실이 아니고, 공공성이 없어야 한다. 또한 현재 명예 등 사생활침해가 명백·중대하고 현저하게 계속되고 있어야 한다. 가해자의 고의나 과실은 문제되지 않는다. 심지어 진실성 상당성 여부도 문제되지 않는다. 이를 구체적으로 살펴보면, 다음과 같다.

(1) 허위성

① 허위성의 개념

명예훼손으로 인하여 피해를 입은 피해자가 기사삭제청구를 하기 위해서는 먼저 인격권으로서의 명예권를 훼손당하는 표현 내용이 진실이 아니어야 한다. 즉 허위성이 있어야 한다. 허위성은 진실이 아닌 것을 말하고, 허위는 거짓을 말한다. 허위는 본인을 제외한 타인에 관한 사항에서 거짓이 있는 것이다. 허위는 입증이 가능한 과거, 현재의 구체적인 사건이나 상태에서 거짓을 말한다. 본인이 본인에 관한 거짓을 말하더라도 이는 수치의 문제이지 명예훼손의 문제가 아니다. 대법원은 진실한 사실은 그 내용 전체의 취지를 살펴볼 때 중요한 부분이 객관적 사실과 합치되는 사실이라는 의미로서 세부에 있어 진실과 약간 차이가 나거나 다소 과장된 표현이 있더라도 무방하다[366]고 한다. 자유로운 견해의 개진과 공개된 토론과정에서 다소 잘못되

---

365 대법원 2013.03.28. 선고, 2010다60950 판결.

366 대법원 2006.3.23. 선고, 2003다52142 판결; 대법원 2007.9.6. 선고, 2007다2268 판결; 대법원 2009.10.29. 선고 2009다49766 판결.

거나 과장된 표현은 피할 수 없다. 표현의 자유에는 그것이 생존함에 필요한 숨쉴 공간이 있어야 하므로 진실에의 부합 여부는 표현의 전체적인 취지가 중시되어야 하는 것이고 세부적인 문제에 있어서까지 완전히 객관적 진실과 일치할 것이 요구되어서는 안된다. 허위의 증명의 대상이 되는 것은 사람의 사회적 평가 그 자체가 존재하는지 여부가 아니고, 평가의 내용인 사실의 진실성 여부이다. 범죄혐의 등 어떤 사실의 의혹을 보도한 경우에는 그 사실의 존재 자체를 증명하여야 한다.

② 허위성의 입증책임

민법상 불법행위에서의 소송상 인과관계의 입증은 한 점의 의혹도 허용되지 않는 자연과학적 증명이 아니라 경험칙에 비추어 모든 증거를 종합검토하고, 특정한 사실이 특정한 결과발생을 초래한 관계를 시인할 수 있는 고도의 개연성을 증명하면 된다. 그러나 명예보호와 표현의 자유와의 조정은 두 권리가 모두 헌법상 기본권으로서 비교형량할 필요가 있고, 자유민주주의 국가에서는 표현 자유의 중요성이 특별히 강조되고 있는 점을 고려하면, 언론보도에서의 진실성의 증명의 정도는 다소 완화되어야 한다. 허위성의 판단은 사실심 구두변론종결시가 판단기준시가 된다. 적시된 사실의 중요한 부분이 허위 인지 여부에 대해서는 사실심의 구두변론 종결시에 객관적인 판단을 해야 하고, 그 때에 명예훼손행위의 시점에는 존재하지 않았던 증거를 고려하는 것도 허용된다. 일본 판례는 진실성의 입증은 적시된 사실이 객관적인 사실에 합치하고 있다는 것을 입증하는 것이어서, 행위당시에서의 진실성을 입증하기에 족한 증거가 존재하고 있다는 것을 입증하는 것이 아니고, 또한 진실성의 입증을 위한 증거방법을 행위당시에 존재한 자료에 한정하여야 할 이유도 없다[367]고 한다.

---

367 日本 最高裁判所 2002.1.29. 判例時報 제1778호, 49면.

허위성에 대한 증명책임은 피해자이면서 기사삭제를 청구하는 원고에게 있다.[368] 그리고 허위성에 관한 입증방법과 정도에 대해서는 사실적 주장이 진실한지 아닌지를 판단함에 있어서 그것이 특정되지 아니한 기간과 공간에서의 구체화 되지 아니한 사실인 경우에 의혹을 받을 일을 한 사실이 없다고 주장하는 사람에 대하여 의혹을 받을 사실이 존재한다고 적극적으로 주장하는 사람은 그러한 사실의 존재를 수긍할 만한 소명자료를 제시할 부담을 지고, 피해자는 그 제시된 자료의 신빙성을 탄핵하는 방법으로 허위성을 증명할 수 있다고 보아야 한다.[369]

(2) 공공성

공공성은 일반 다수인의 공공의 이해에 관한 것이다. 공공성은 사실의 공공성이다. 표현된 사실 자체가 공공적 성격을 가지는지 여부가 아니고, 공공성있는 사실을 평가판단하는 자료로 될 수 있는지 여부에 의하여 판단되어야 한다. 공공성을 모든 사람들이 관심을 가지는 사항이라고 해석하면, 사람들이 알고 싶어 하는 사항은 모두 공공성이 있다고 보아야 하기 때문에 문제가 있다.[370] 일본 판례는 공공성은 국가 전반이나 사회 일반의 이해에 한정하지 않고, 개인의 사생활 행태에 관한 것이라도 사회적 활동의 성질 및 사회에 미치는 영향력의 정도 등에 의하여 그 사회적 활동에 대한 비판이나 평가의 자료가 공공성에 해당하는 것이 있을 수 있고, 공공의 이해에 관한 사실에 해당하는가 여부는 적시된 사실 자체의 내용, 성질에 비추어 객관적으로 판단되어야 한다고 한다.[371] 따라서 피해자의 직업이 정치가, 공무원 등이면

368 대법원 2013.3.28. 선고, 2010다60950 판결; 대법원 2014.6.12. 선고, 2012다4138 판결.

369 대법원 2013.3.28. 선고, 2010다60950 판결; 대법원 2014.6.12. 선고, 2012다4138 판결.

370 배병일, "방송보도로 인한 명예훼손에서의 상당성 판단의 기준", 동북아법연구 제9권 제3호, 2016, 249면.

371 日本 最高裁判所 1981. 4. 16.,判例時報 제1000호, 25면.

비교적 쉽게 공공성을 인정할 수 있다. 또한 이미 기소가 된 범죄혐의에 관한 것은, 아직 판결로 확정되지 아니한 것이라도 공공의 이해에 관한 사실에 해당한다. 다만, 공공성은 일반적으로 범죄혐의자의 사생활의 행태 중에서 범죄사실에 밀접하게 관련하는 경력이나 사생활에 관한 사실에 한한다. 따라서 범죄혐의와 관련이 없는 범죄혐의자의 개인적인 사생활에 관한 내용은 공공성이 없다고 보아야 한다. 대법원은 대중 매체의 범죄사건 보도는 공공성이 있는 것으로 취급할 수 있으나, 범죄 자체를 보도하기 위하여 반드시 범인이나 범죄혐의자의 신원을 명시할 필요는 없고, 범인이나 범죄혐의자에 관한 보도가 반드시 범죄 자체에 관한 보도와 같은 공공성을 가진다고 볼 수 없다[372]고 하였다. 공공성과 유사한 개념으로 공익성이 있다. 공익성은 목적이 오로지 공공의 이익을 위한 것이다. 공익목적은 오로지 존재하여야 한다. 그러나 '오로지'에 대하여 엄격하게 해석하지 않고, 공익성 흠결을 이유로 명예훼손을 인정하지 않는 사례는 거의 없거나, 공공성을 긍정하는 경우에는 대부분 목적의 공익성도 긍정함으로써 공익성 요건의 일부를 사문화시키고 있다. 진실성의 요건을 충족하기 위해서는 오로지 공익을 도모할 목적이 있어야 한다. 공익성은 표현자의 주관만에 의해서 판단해야 하는 것이 아니다. 대법원은 행위자의 주요한 목적이나 동기가 공공의 이익을 위한 것이라면 부수적으로 다른 사익적 동기가 내포되어 있었다고 하더라도 행위자의 주요한 목적이나 동기가 공공의 이익을 위한 것으로 보아야 한다[373]고 한다.

(3) 명백·중대한 현저성, 현재성, 계속성

① 의의

기사삭제청구는 현재 침해당하고 있는 방해상태의 원인을 제거하는 것

---

372 대법원 2007.7.12. 선고, 2006다65620 판결.

373 대법원 2008.1.24. 선고, 2005다58823 판결.

이다. 이미 언론에 보도되어 배포된 신문을 수거하여 달라거나 방송되어 전파된 것을 다시 회수하여 달라고 하는 것은 불가능한 것이다. 이것은 과거에 보도된 내용이 신문이나 방송의 홈페이지에 탑재되어 지금 현재에도 계속하여 홈페이지에 접근하여 볼 수 있거나 다시 듣기를 할 수 있는 경우에 그 탑재된 내용을 삭제하여 달라는 것이다. 이 경우 명예 등 침해가 명백하고 중대한 침해가 있어야 하고, 나아가 현저한 상태에 있어야 한다. 이는 개인의 인격권과 국민의 알권리와의 관계에서 비교형량하여야 할 것이다. 또한 명예훼손적 내용이 지금 현재 계속되어야 한다. 과거 명예훼손적 사실이 도중에 진실한 것으로 밝혀졌다고 하더라도 현재에 이르러 명예훼손적 내용이 될 경우에는 삭제청구의 대상이 될 수 있다.

② 비교형량

중대하고 현저하게 침해받고 있는지 여부는 언론의 자유 내지 국민의 알권리와 인격권이라는 두 가치를 비교형량하여야 한다. 망각권 차원의 기사삭제청구권은 언론매체와 언론기자의 취재와 보도활동을 위축시킬 가능이 있기 때문에 삭제의 요건과 범위, 기준 등에서 개인의 인격권으로서의 명예권보다 알 권리 측면에서의 고려가 신중하게 논의되어야 한다. 명예훼손은 일단 언론으로 보도되는 시점에서는 매우 심각하게 침해되었다고 하더라도 시간이 흐를수록 그 훼손의 정도나 충격이 다소 감소하거나 완화될 것이다. 검색이나 접근을 통해서 다시 거론되더라도 그 훼손의 정도는 최초 언론보도될 때보다는 그 강도가 다를 것이다. 그에 비례하여 역사적 사실에 대한 국민의 알권리나 언론 자유의 필요성은 점차 커질 가능성이 있다. 따라서 언론자유와 인격권 보호는 시간의 경과에 따라 반비례의 관계에 있다고 할 것이다. 그러므로 인격권보호에 기초한 삭제청구는 시간이 경과할수록 그 청구요건이 엄격하게 되어야 할 것이다.

(4) 상당성 여부

대법원은 타인의 명예훼손행위에 대하여 그것이 공공의 이해에 관한 사항으로서 그 목적이 오로지 공공의 이익을 위한 것인 때에는 적시된 사실이 진실임이 증명이 되지 않더라도 행위자에게 그것을 진실이라고 믿을 만한 상당한 이유가 있었던 경우에는 위법성이 없다[374]고 하여 진실성 오신의 상당성에 대해서도 명예훼손책임을 면책시켜 줌으로써 언론 자유를 활성화시켜 주고 있다. 이러한 오신의 상당성이 삭제청구에도 적용될 수 있는지 여부가 문제된다. 방송사의 자회사인 인터넷회사에서 원고의 명예훼손적 내용을 계속하여 게재함으로써 원고의 명예를 훼손하고 있다고 주장하면서 그 기사의 삭제를 청구한 사안에서 대법원은 이 사건 각 기사로 인하여 현재 이루어지고 있는 원고의 인격권으로서의 명예에 대한 침해행위를 배제하기 위하여 기사삭제를 청구하고 있는 이 사건에서, 원심은 그 내용이 진실하지 아니하거나 공익과 관련이 없는 기사 등으로 인해 인격권이 침해되고 있는 상태에 있으면 기사삭제 청구는 인정된다고 할 것인데, 이 사건 각 기사 중 삭제를 명한 부분의 내용이 진실하지 아니하거나 공익을 위한 것이 아니라는 점이 밝혀진 이상 가사 피고가 그 각 기사가 진실이라고 믿은 데 상당한 이유가 있다고 하여 그러한 사정만으로 위 각 기사의 삭제를 구하는 원고의 방해배제청구권을 저지할 수 없다고 하여[375] 오신의 상당성 문제는 삭제청구권의 인정 여부에 고려대상이 아니라고 하였다. 오신의 상당성은 손해배상에서의 위법성 조각사유로서 문제가 될 뿐이고, 물권적청구권으로서의 기사삭제청구에서는 문제시할 필요는 없다고 할 것이다.

---

374 대법원 2012.12.27. 선고, 2010다61793 판결; 대법원 2014.6.12. 선고, 2012다4138 판결.

375 대법원 2013.03.28. 선고, 2010다60950 판결.

(5) 고의·과실 여부

기사삭제청구권의 요건에 가해자의 고의, 과실이 필요한지 여부가 문제된다. 방해배제청구로서의 삭제청구는 물권적청구권으로서의 법적 성질을 지니고 있기 때문에, 가해자의 귀책사유, 즉 고의, 과실은 문제될 수 없다. 따라서 명예훼손적 내용이 현재 홈페이지나 서버에 탑재되어 있어서 누구라도 그에 접근하거나 검색할 수 있다고 하면, 삭제청구의 대상이 된다고 보아야 한다.

6. 삭제의 범위와 기준

기사삭제에서 문제가 되는 것은 범위와 기준이 문제될 수 있다. 삭제 범위에서 신문이나 방송 등 off-line매체를 통해서 전파되는 기사는 포함될 수 없다. 이러한 신문과 방송은 일단 한번 발간되거나 방송이 되면 1회적으로 종료되고 이를 삭제하거나 제거한다는 것은 불가능하다. 그러나 off-line매체를 통해서 발간되거나 방송된 것이라도 당해 언론매체의 on-line매체에 탑재되어 접근이 가능하거나 검색일 될 수 있다고 하면, 이를 접근 또는 검색차단하거나 삭제하는 것이 가능하다고 보아야 한다. 그러나 이 경우에 그 해당매체의 사이트에만 한정할 것인지, 아니면 다른 매체의 사이트까지도 삭제를 청구할 수 있는지 여부가 문제될 수 있다. 먼저 해당매체의 사이트에 대해서는 당연히 삭제를 청구할 수 있다고 보아야 한다. 그러나 해당 언론매체의 사이트 이외에 우리나라 검색 포털인 네이버나 다음, 외국 포털인 구글이나 빙의 한국 지사의 사이트에도 자체적으로 언론보도를 저장하거나 언론매체와 링크하여 서비스하고 있는데, 이 경우에 검색결과에서 링크를 삭제하거나 해당 콘텐츠를 삭제하도록 할 경우에 국제소송의 문제가 있지만, 2014년 유럽사법재판소의 판결의 취지와 현재 우리나라 뿐 아니라 전세계적으로 인터넷이 연결되어 있는 점 등을 고려하면, 해당 매체의 사이트 뿐 아니라 네이버 등 관련 검색포털 등 다른 사이트까지도 삭제를 청구할 수 있다고 보는 것이 타당하다고 할 것이다. 이 경우에 각 사이트별로 개별적으로 새로이 청구할 수 밖에 없을 것이다. 언론보도로 인한 명예훼손에서의 침해 정도가 시간이 경과할수록 완화되어 인격권보호의 가치는 작아지는 반면에 역사적 사실에 대한 국민의 알권리는 더 높아져서 언론자유의 가치는 점점 더 필요하게 됨으로써 삭제기준은 시간이 경과할 수록 좀 더 엄격하게 되어야 할 것이다. 그러나 이러한 삭제기준은 추상적으로 논의할 것이 아니라 구체적인 사례에서 유형화하는 작업이 필요하다. 그런 관점에서 삭제기준으로 고려될 수 있는 것은 개인정보의 민감성 여부, 합리적인 평균인에 대한 불쾌감정 자극여부, 기사작성의 목적, 해당기사의 기록물로서의 가치, 시간의 경과에 따라 알권리보다 프라이버시권리보호가 더 중요해졌는지 여부, 공적주체 인지 여부, 사실에 반하는 기사인지 여부 등이라고 하는 견해가 있다.[376]

7. 삭제청구권의 소멸시효

언론보도로 인한 명예훼손의 손해배상청구권은 불법행위로 인한 손해배상청구로서 피해자나 그 법정대리인이 그 손해 및 가해자를 안 날로부터 3년간 이를 행사하지 않으면 시효로 소멸하고(민법 제766조 제1항), 명예훼손이 있은 날로부터 10년이 경과한 때에도 시효로 소멸한다(민법 제766조 제2항). 또한 언론중재법상 정정보도청구권 등(제14조 제1항, 제16조, 제17조)은 해당 언론보도 등이 있음을 안 날부터 3개월 이내에, 해당 언론보도 등이 있은 후 6개월이내에 행사하여야 한다. 그러나 기사삭제청구권은 물권적청구권으로서의 방해배제청구권이고, 현재 침해하고 있는 방해의 원인을 제거하는 것으로 방해상태 여부만 판단하여 행사할 수 있기 때문에, 소멸시효에 걸리지

---

376 홍숙영, "기사삭제요구권과 잊혀질 권리", Journal of Digital Convergence 제12권 제12호, 2014, 13면 이하.

않는다고 보아야 한다. 따라서 기사삭제는 해당 언론보도가 있은 날이나 당사자가 언론보도 등이 있음을 안 날과 관계없이 그 언론보도 등이 검색되거나 접근할 수 있는 한 언제든지 청구할 수 있다.

8. 삭제청구의 비용 부담

대법원은 소유자가 침해자에 대하여 방해제거행위를 하는 데 드는 비용을 청구할 수 있는 권리는 민법 제214조 규정에 포함되어 있지 않으므로, 소유자가 민법 제214조에 기하여 방해배제비용을 청구할 수는 없다고 한다.[377] 따라서 방해배제청구로서의 삭제청구를 하는 데 필요한 비용은 삭제청구자가 스스로 부담하여야 한다.

Ⅳ. 결론

기사삭제청구권은 망각권의 일종으로서, 인격권으로서의 명예권에 기하여 방해배제청구로서의 사후적 구제수단이다. 삭제청구는 명예훼손으로 인한 손해배상청구와 함께 할 수도 있지만, 그 손해배상청구와는 독립적으로도 할 수도 있다. 종래 신문, 방송등과 같은 전통적인 언론매체에 의한 명예훼손 등 인격권의 침해는 일회적으로 발생하고, 독자나 시청자의 기억속에 존재하기 때문에 시간이 지날수록 그 피해가 감소하거나 소멸한다. 그러나 인터넷 공간에서의 명예훼손 등 인격권 침해는 그 침해상태가 그대로 존속하여 언제 어느 때나 이를 재생하거나 접근 검색할 수 있고, 다른 공간으로의 전파도 쉬워서 침해의 원인을 근본적으로 제거하거나 차단하지 않고는

---

377 대법원 2014.11.27. 선고, 2014다52612 판결.

원상회복이 불가능하다.[378] 이 경우는 손해배상이나 정정보도 등으로는 권리구제가 불가능하고, 당해 정보의 삭제나 제거, 접근차단이나 검색차단에 의해서만 제대로 된 권리구제가 가능하다. 그런 의미에서 기사삭제청구권은 언론보도로 인한 명예훼손의 권리구제에서는 손해배상이나 정정보도 등과는 전혀 다른 차원의 구제로서 그 중요성이 더욱 높아질 것이다. 삭제청구권은 언론보도로 인한 명예훼손에서 그 언론보도가 허위성이 있어야 하고, 공공성이 없어야 하고, 현재까지도 인터넷 등의 검색엔진에 접근하거나 검색될 수 있어야 한다. 아울러 그 침해가 명백·중대하고 현저해야 한다. 한편 명예훼손은 일단 언론으로 보도되는 시점에서는 매우 심각하게 침해되었다고 하더라도 시간이 흐를수록 그 훼손의 정도나 충격이 다소 감소하거나 완화될 것이다. 검색이나 접근을 통해서 다시 거론되더라도 그 훼손의 정도는 최초 언론보도될 때보다는 그 강도가 다를 것이다. 그에 비례하여 역사적 사실에 대한 국민의 알권리나 언론자유의 필요성은 점차 커질 가능성이 있다. 따라서 언론자유와 인격권 보호는 시간의 경과에 따라 반비례의 관계에 있다고 할 것이다.

---

378 양경승, 전게논문, 50면.

제7장 | 언론기관의 범죄보도와 명예훼손

I. 문제의 제기

언론은 제4부라고 할 만큼 현대사회에서의 그 역할과 기능이 중요시되고 있고, 언론의 자유는 민주시민사회를 유지하는데 필수적인 만큼 신문·방송 등 언론기관의 역할은 중요하다. 범죄와 관련되어 사회적으로 크게 물의를 일으키거나 대형사건이 된 경우 일반적으로 언론기관이 대서특필하거나 집중취재를 통하여 방영하는 수가 많다. 그 경우 그러한 사실이 진실로 밝혀져 법원에서 형사적 처벌을 받는 경우가 대부분이지만 그렇지 아니하고 전혀 사실이 아니거나 과장보도인 경우도 있다. 이 경우 범죄와 관련된 인물이 언론기관의 범죄보도로 인하여 치명적인 명예훼손의 피해를 입는 사례가 발생하여 "범죄보도의 범죄"라는 말까지 생겼다. 명예훼손과 관련하여 형사법문제는 주로 형법 제307조 내지 제312조상의 명예에 관한 죄를 둘러싼 해석이 중심이 되고, 민사법분야는 민법 제750조, 제751조, 제764조의 해석 뿐 아니라 형법 제310조상의 위법성조각사유에 관한 해석이 영향을 미치고 있는 손해배상책임의 문제가 중심이 된다. 그러나 이러한 법적 규제에도 불구하고 언론보도로 인한 명예훼손문제는 날이 갈수록 증가하고, 특히 언론기관의 보도의 상품성과 독자들의 호기심이 어우러져 빚어진 속보경쟁, 수사기관의 조사단계에서 이미 유죄가 확정된 것처럼 발표를 한다거나 검찰의 기소장이 사실상 유죄확정의 판결문처럼 발표되는 우리나라의 보도관행이 범죄보도로 인한 명예훼손의 문제를 더욱 부채질하고 있는 실정이다. 그래서 범죄보도무용론도 제기되고 있다.

우리나라에서 언론에 의한 명예훼손이 사회적으로 크게 문제되기 시작한 것은 1980년 언론기본법이 제정되고 언론중재위원회가 창설되면서 언론의 책임이 강조되면서라고 할 수 있지만, 그 근본원인은 사회가 발달함에 따라 시민들의 인권 내지 권리의식에 대한 구체적 자각에 있다고 사료된다. 이를 구체적으로 살펴보면 1981년에서 1994년 사이에 언론중재위원회에 중재신청된 총 건수는 2,274건인데, 이중 명예 및 사생활침해가 1,760건으로 약 77.4%를 차지하고 있다. 또한 대법원 1964. 9. 22. 선고 64다261 판결을 기준으로 2000년 12월까지 대법원의 법고을 Lx(Ver.7.8)에 나타난 명예훼손에 관한 민사판례수는 31건에 지나지 않지만, 그 빈도가 최근에 집중되어 있다는 것을 볼 때 앞으로도 매우 늘어날 것으로 생각된다. 이러한 대법원의 판례는 최근에는 명예훼손의 면책사유와 관련한 신문사의 주의의무까지 직접 거론되고 있고, 범죄사건보도와 관련하여 익명보도의 원칙[379]을 천명하고 있는 실정이다.

범죄보도와 명예훼손의 문제와 관련하여 그 동안 거의 문제되지 않았던 주요한 원인이 거대한 언론기관과 보도로 인하여 피해를 입은 개인간의 법적인 분쟁은 대부분 소취하 등 일방적으로 끝나는 경우가 많았고, 특히 범죄보도와 관련하여서는 범죄행위자는 범죄행위를 했다는 자책감에서, 범죄행위의 피해자는 범죄행위의 정신적 물질적 피해로 인한 혼란과 두려움으로 인하여 언론기관의 범죄보도로 인한 명예훼손문제에 대하여는 거의

379 대법원 1998.7.14,96다17257 참조.

무방비상태였다고 할 수 있었다. 그러나 최근들어 미국이나 일본등 선진국에서는 소비자보호측면에서의 법학의 역할문제가 크게 부각되면서 언론기관의 범죄보도와 관련한 명예훼손의 문제가 범죄의 피해자측면에서 뿐 아니라 범죄자측면에서의 전과의 공표 등과 같은 문제에 대하여 논의가 되고 있는 실정이다.

명예훼손과 관련하여 프라이버시와의 구별이 문제된다. 구별설은 명예훼손과 프라이버시가 보호법익, 침해행위, 진실성, 공공성, 회복가능성 등에 있어서 차이가 있다고 하고[380], 또는 법익, 사실의 진실성과 면책 여부, 범죄의 성립여부, 사자의 경우, 법인의 경우에 있어서 차이가 있다고 한다[381]. 생각건대 구별설이 타당하지만, 실제로 언론의 범죄보도로 인하여 명예훼손과 프라이버시침해가 동시에 일어나는 경우가 많다. 그리고 최근에는 프라이버시와 초상권, 성명권, 음성권 등 퍼블릭시티권과의 구별도 문제되고 있다.

본고에서는 이러한 언론기관의 범죄보도로 인한 명예훼손에 대하여 그 당사자와 요건을 중심으로 살펴보고자 한다.

II. 언론기관의 범죄보도로 인한 명예훼손의 당사자

언론기관의 범죄보도로 인한 명예훼손과 관련하여 먼저 논의해야 할 것은 당사자 문제로서 이는 피해자와 가해자로 구분할 수 있다. 언론기관의 범죄보도와 관련한 명예훼손이기 때문에 당연히 가해자는 언론기관이고 언론기관은 모두 법인으로서 그 직접적인 행위주체는 기자들이다. 언론기관 내부

---

380 이은영, 채권각론, 박영사, 1999, 989면.

381 김상용, 채권각론(하), 법문사, 1998, 209-211면.

적으로는 언론기관의 대표이사를 비롯하여 보도국장, 논설위원, 데스크, 편집기자와 아나운서, 취재기자 등이 있고, 외부적으로는 시사평론가등이 있을 수 있다. 피해자는 크게 자연인과 법인으로 구분할 수 있고, 자연인의 경우에는 사자, 소년, 피고인 등의 특수한 경우도 있고, 그 외에도 피의자·피고인의 실명보도, 주변인물에 대한 보도, 전과의 보도, 범죄피해자에 관한 보도 등이 있다. 그 외에도 종교단체와 다른 언론기관도 피해자가 될 수 있다.

1. 명예훼손의 피해자

(1) 법인, 사자

자연인은 당연히 명예권을 가지지만, 법인도 역시 명예권을 가진다. 권리능력없는 사단법인 뿐 아니라 권리능력 없는 재단도 피해자가 될 수 있다. 판례는 법인이 법인의 목적사업 수행에 영향을 미칠 정도로 법인의 사회적 명성, 신용을 훼손하여 법인의 사회적 평가가 침해된 경우에는 그 법인에 대하여 불법행위를 구성한다고 하면서 보험회사의 보상담당 직원이 병원사무장 등과의 공모하에 허위진단서를 이용하여 보험사고를 가장하고 보험금을 편취한 경우, 그 사기 피해 사실이 언론기관 등의 보도를 통해 일반인들에게 알려졌다고 하여 곧바로 그 보험회사가 목적사업을 수행하는 데 영향이 미칠 정도로 사회적 명성, 신용이 훼손되어 보험회사의 사회적 평가가 침해되었다고 볼 수는 없다고 한다[382].

언론기관의 범죄보도와 관련하여 가장 문제가 되는 것은 범죄의 피해자가 사망한 경우이다. 사자(死者)에 대하여는 형법에서는 명문규정을 두고 있으나(형법 제308조 참조), 민법에서는 아무런 규정을 두고 있지 않다. 이에 대하여는 사자 자신의 인격권을 침해한다는 직접보호설[383]과 유족의 사자에 대

382 대법원 1999.10.22,98다6381.

383 이은영, 채권각론, 박영사, 1999, 975면.

한 경모·추모의 감정을 침해한다는 간접보호설[384]이 있다. 생각건대 사자는 권리능력이 없기 때문에(민법 제3조 참조), 사자 자신에 대하여는 명예훼손이 성립하지 않는다고 할 것이므로 직접보호설은 그 타당성이 없고, 유족이 사자에 대하여 가지는 경모·추모의 감정을 침해한다고 하는 간접보호설이 타당하다고 할 것이다. 이외에도 명예훼손의 피해자로서 문제가 되는 것을 살펴보면 다음과 같다.

① 피의자·피고인의 실명보도

종래 언론기관이 수사기관의 내사단계에 있는 범죄용의자나 구체적인 범죄사실의 혐의가 있어 수사가 개시된 피의자 등 범죄사실의 혐의자에 대하여 보도하는 때에 그 혐의자의 실명을 보도하는 경우가 많았으나, 최근에는 이를 둘러싸고 소송화되는 경우가 많아 언론기관에서 스스로 자제하고 있는 실정이다. 그러나 언론기관이 나름대로의 취재를 통하여 확실하다는 판단이 있는 경우 또는 다른 언론기관에서 다루지 아니한 특종기사의 경우, 체포되지 아니하였으나 범죄혐의자의 범행이나 그 수법이 일반인들에게 매우 심각한 위험을 끼칠 우려가 있는 경우 등에 있어서는 일반적으로 범죄혐의자의 실명으로 보도를 하고 있다. 또한 형사사건의 피고인이 되어 재판을 받고 있는 경우에는 실명으로 보도하는 경우가 대부분이다. 이러한 실명보도의 폐해를 지적하여 이를 "범죄보도의 범죄"라고 비판하면서 익명보도를 주장하는 견해[385]가 주류를 이루고 있다. 최근 판례도 공적인물이 아닌 사인(사인)의 경우 가급적 익명을 사용하는 등 피의자의 신원이 노출되지 않도

---

384 지홍원, 인격권의 침해, 사법논집 10집, 1979, 226면;한위수,명예의 훼손과 민사상 제문제, 사법논집 24집,1993, 401면.

385 淺野健一, 犯罪報道の 犯罪, 學陽書房, 1984; 淺野健一·山口正紀, 匿名報道, 學陽書房, 1995 참조.

록 주의해야한다[386]고 하면서 익명보도의 원칙을 선언하였다.

② 피의자·피고인의 사진보도

언론기관이 범죄보도를 하면서 범죄혐의로 수사기관에 소환되는 피의자나 기소가 되어 형사재판을 받기 위해 법정으로 출정하는 피고인의 사진을 보도하는 경우가 많다. 함부로 타인의 사진을 촬영하여 이를 보도하는 경우 초상권침해의 문제가 생긴다.

③ 피의자·피고인의 주변인물에 관한 보도

언론기관이 범죄보도를 하면서 범죄혐의자의 주변 인물, 즉 부모형제, 배우자와 자식, 친인척, 친구, 직장동료 등을 상대로 취재를 하여 이를 근거로 무분별한 보도를 하는 경우가 있다. 특히 사회적으로 주목을 받는 범죄의 경우는 신문, 방송이나 잡지 등 각종 언론매체들의 집중적인 조명을 받게되고, 이 경우 범죄혐의자 본인뿐 아니라 주변인물에 대한 심층보도 내지 관련보도를 하는 중에 그 주변인물의 명예를 훼손하는 수가 많다. 피의자나 피고인 그 본인에 대한 범죄보도와는 달리 범죄혐의자 주변인물이나 사적인 사실에 대한 보도는 공공성이 없다고 할 수 있고[387], 따라서 이 경우 그 주변인물에 대하여 범죄와 관련된 보도를 하는 것은 명예훼손의 대상이 된다고 할 것이다.

④ 전과(前科)의 보도

언론기관이 범죄보도를 하면서 범죄혐의자나 형확정자의 전과를 보도하는 수가 있고 또는 전혀 범죄와 관련이 없는 보도를 하면서 개인의 전과를

386 대법원 1999.1.26,97다10215,10222.

387 표성수, 언론과 명예훼손, 육법사, 1997, 233면.

보도하는 수가 있다. 행정기관이 본래 공개할 예정이 없이 선거자격 등의 확인을 위해 보관하고 있던 범죄인명부의 정보 중에서 변호사회의 요청에 따라 함부로 개인의 전과 정보를 공개한 경우에는 불법행위가 되고[388], 개인이 12년전의 전과를 논픽션 소설 작품에서 공표한 경우 전과의 공표여부가 이익형량에 따라 일정한 범위를 넘는 경우에는 불법행위가 된다[389]고 하였다. 언론기관이 범죄보도와 관련이 있는 피의자·피고인의 전과를 공개하는 것은 국민의 알 권리와 개인의 전과가 공개되지 아니할 권리와의 비교형량하여 결정되어야 된다. 재판이 확정된 이후, 형의 집행이 종료된 후의 범죄사실의 적시는 해당인의 사회복귀를 저해할 뿐 공공성이 없다고 이해되며, 전과의 적시도 특별한 사정이 없으면 공공성이 없다는 견해[390]가 있다. 이에 대하여 전과의 공표를 오직 형을 종료한 자의 사회복귀라는 관점에서만 생각하는 것은 타당하지 않고, 전과는 공적 기록에 기재된 정보이기 때문에 원칙적으로 그 공표는 위법하지 않다. 일정한 시간의 경과에 따라 사람의 기억이 희미해졌을 때에만 프라이버시로서 인정될 수 있다. 이 경우 공표의 필요성과 침해되는 프라이버시권리를 비교형량하여 위법성을 판단하여야 한다는 견해[391]도 있다. 후자의 견해가 타당하다.

미국의 메간법(Megan's Law)은 어린이에 대한 성범죄로서 유죄를 받은 자는 가석방이나 출소 후 주소를 등록하도록 하고 있다. 이 법은 자기 집 근처에 어린이에 대한 성범죄로서 유죄를 받은 자가 살고 있다는 사실을 모른채 살다가 또다시 재범에 희생된 메간양을 기리기 위해 제정된 것이다. 이 법이 범죄자의 프라이버시권을 침해하는지 여부에 대하여 논란이 있으나 법원은 유죄판결의 사실 등은 공적 기록상의 정보이지 프라이버시권은 아니고, 프

388 일본 최고재 1981.4.14,민집 35권3호,620면.

389 일본 최고재 1994.2.8,민집 84권 2호,149면.

390 표성수, 전게서, 233면.

391 松井茂記,犯罪報道と表現の自由, ジュリスト 1136호, 36면.

라이버시권은 인정할 수 있지만 범죄자로부터 어린이를 보호할 이익이 더 크다고 하여 프라이버시의 침해를 부정하였다[392]. 우리나라도 2000년 2월에 청소년의 성보호에 관한 법률을 제정하고, 동법 제20조 및 동 시행령 제3조에 의하여 청소년의 성과 관련한 범죄를 범한 자의 성명, 연령 및 생년월일, 직업, 주소, 범죄사실의 요지 등을 청소년보호위원회의 인터넷 홈페이지에 6개월간 게재하거나 정부 중앙청사 및 특별시·광역시·도의 본청의 게시판에 1개월간 게시하도록 하고 있다. 그러나 이를 공개 결정하는 기관이 사법부인 법원이 아니고, 국무총리 산하 청소년보호위원회라는 행정부 기관이라는 점 때문에 향후 위헌문제가 제기될 수 있다.

⑤ 범죄 피해자에 관한 보도

언론기관이 범죄보도를 하면서 피해자에 관한 사실을 자극적·선정적으로 보도하는 수가 많다. 살인사건의 피해자가 여성인 경우 그 여성의 사생활을 폭로하는 경우도 있고, 피해자의 이름이나 사진, 장애자라는 사실이 공표되는 경우도 있다. 특히 문제가 되는 것은 성범죄의 피해자이다.

미국의 일부 주에는 강간죄 등 성범죄 피해자의 이름이 언론기관에 의하여 공표되는것을 금지하고 성범죄사건의 기록을 비공개로 하여 공표를 금지하는 피해자보호법이 있다[393]. 미국 연방대법원은 주법이 강간의 피해자인 여성의 이름의 공표를 금지하고 있음에도 불구하고, 기자가 재판 휴정 중에 기소장을 보는 것을 허락받아 피해자의 이름을 알아 언론기관이 공표한 사례에서 재판기록으로부터 합법적으로 입수된 정확한 정보의 공표에 대하

392 Robin L.Deems, Comment:California's Sex Offender Notification Statute,33 San Diego L. Rev. 1195(1996).

393 Deborah W. Denno, Perspectives on Disclosing Rape Victims' Names,61 Fordham L. Rev. 1113(1993) 참조.

여 제재를 가하는 것은 허용되지 않는다고 하였다[394]. 또한 주법이 금지하고 있음에도 불구하고 기자가 기자실에 게시된 경찰의 사건보고서를 보고 피해자의 이름이 포함된 기사를 게재한 사례에서 합법적으로 입수된 정보의 공표에 제재를 가하는 것은 허용되지 않는다고 하였다[395].

우리나라는 최근 1994년 1월에 성폭력범죄의 처벌 및 피해자보호 등에 관한 법률을 제정하였고, 동법 제21조는 피해자의 신원과 사생활비밀누설금지를 규정하고 있는데, 제 1항은 성폭력범죄의 수사 또는 재판을 담당하거나 이에 관여하는 공무원은 피해자의 주소·성명·연령·직업·용모 기타 피해자를 특정하여 파악할 수 있게 하는 인적사항과 사진 등을 공개하거나 타인에게 누설하여서는 아니된다고 규정하고, 제2항은 제1항에 규정된 자는 성폭력범죄의 소추에 필요한 범죄구성사실을 제외한 피해자의 사생활에 관한 비밀을 공개하거나 타인에게 누설하여서는 아니된다고 규정하고 있다. 또한 1997년 12월에 가정폭력범죄의 처벌 등에 관한 특례법을 제정하고, 동법 제2조 제6호 "가정보호사건"이라 함은 가정폭력범죄로 인하여 이 법에 의한 보호처분의 대상이 되는 사건을 말한다고 한 후, 제18조에서 비밀엄수 등의 의무에 관하여 규정하고 제 1항에서 가정폭력범죄의 수사 또는 가정보호사건의 조사·심리 및 그 집행을 담당하거나 이에 관여하는 공무원, 보조인 또는 상담소등에 근무하는 상담원과 그 장 및 제4조 제2항 제1호에 규정된 자(그 직에 있었던 자를 포함)는 그 직무상 알게된 비밀을 누설하여서는 아니된다고 하고, 제2항에서 이 법에 의한 가정보호사건에 대하여는 행위자, 피해자, 고소인·고발인 또는 신고인의 주소·성명·연령·직업·용모 기타 이들을 특정하여 파악할 수 있는 인적사항이나 사진 등을 신문등 출판물에 게재하거나 방송매체를 통하여 방송할 수 없다고 규정하고 있다. 성폭력의 경

---

394 Cox Broadcasting Corp. v. Cohn, 420 U.S. 469(1975).

395 Florida Star v. B.J.F., 491 U.S. 524(1989).

우 여성이, 가정폭력의 경우는 여성 뿐 아니라 남성(직계 존비속, 배우자의 부모)도 그 보호대상이 된다.

또한 청소년의 성보호에 관한 법률 제18조 제1항은 청소년의 성과 관련된 범죄의 수사 또는 재판을 담당하거나 이에 관여하는 공무원은 대상 청소년 및 피해 청소년의 주소·성명·연령·학교 또는 직업·용모 기타 이들을 특정하여 파악할 수 있게 하는 인적사항과 사진 등을 공개하거나 타인에게 누설하여서는 아니된다고 하고, 동법 제18조 제4항에서는 청소년의 성과 관련된 범죄에 대하여는 대상 청소년 및 피해 청소년의 주소·성명·연령·학교 또는 직업·용모 기타 이들을 특정하여 파악할 수 있는 인적사항이나 사진 등을 신문 등 출판물에 게재하거나 방송매체를 통하여 방송하여서는 아니된다고 규정하고 있다.

이와 같이 언론기관이 범죄보도와 관련하여 성폭력이나 가정폭력, 청소년의 성관련 범죄사건의 피해자의 인적사항이나 사진이 게재되거나 방송된 경우 그 피해자는 언론기관을 상대로 명예훼손으로 인한 손해배상책임을 추궁할 수 있다.

⑥ 소년사건의 보도

소년법상 소년은 20세 미만인 자를 말하고(제2조), 동법 제68조는 보도금지를 규정하고 있는데, 제1항은 이 법에 의하여 조사 또는 심리 중에 있는 보호사건 또는 형사사건에 대하여는 성명, 연령, 직업, 용모 등에 의하여 그 자가 당해 본인으로 추지할 수 있는 정도의 사실이나 사진을 신문지 기타 출판물에 게재 또는 방송할 수 없다고 하고, 제2항은 제1항의 규정에 위반한 때에는 신문지에 있어서는 편집인과 발행인, 기타 출판물에 있어서는 저작자와 발행자, 방송에 있어서는 방송편집인과 방송인을 1년 이하의 징역이나 금고 또는 300만원이하의 벌금에 처한다고 규정하고 있다.

일본의 "가정법원의 심판에 부쳐진 소년 또는 소년 때 범한 죄에 의해 공소가 제기된 자"(일본 소년법 제61조)와 우리나라의 "조사 또는 심리 중에 있는 보호사건 또는 형사사건"(소년법 제68조)를 비교하면 보도금지에 해당하는 사항의 범위가 일본보다는 우리나라가 훨씬 넓다. 그러나 일본도 소년법의 취지를 고려하여 소년사건에 대하여 언론기관이 당초부터 용의자의 이름 등을 공표하지 않는다고 한다[396]. 이 문제는 헌법상 언론의 자유와 문제가 될 수 있다. 언론의 자유는 신문의 자유와 방송의 자유를 의미하고 이는 취재의 자유와 보도의 자유를 의미한다. 따라서 소년사건의 경우 일률적으로 모두 공표를 금지한다는 것은 국민의 알권리의 차원에서도 문제가 될 수 있다.

(2) 종교단체

언론기관이 특정한 종교단체의 포교활동과 관련하여 그 문제점을 지적하는 보도를 하고, 이러한 보도에 대하여 종교단체나 그 신자 개인이 언론기관을 상대로 손해배상청구를 하는 경우가 있다. 이 경우 피침해이익으로 종교에 대하여 신앙에 의한 마음의 평안을 방해당하지 않을 종교상의 인격권을 주장하고, 신자 개인이나 종교단체의 명예권을 주장한다. 신앙의 자유가 본래 내심의 자유에 속하는 것으로 본다면 종교비판은 그에 따른 절도가 필요하고, 그에 대한 반비판의 자유를 충분히 보장할 필요가 있다. 특히 광범위한 사회적 영향력을 가지는 언론기관이 스스로 특정 종교를 비판하거나 비판자에게 지면을 제공하는 것은 그 광범위하고 심각한 영향력에 비추어 신중한 배려가 필요하다. 종교단체의 생성발전을 사회현상의 하나로서 파악하여 보도하는 경우에는 방송매체가 견지해야 할 일정한 비판적 시각을 잃지 아니하도록 하는 것은 당연하고, 기본적으로 될 수 있는 한 객관적으로 보도해야 하고, 경우에 따라서는 보도내용의 비판적 색채가 강하면 강

396 松井茂記,前揭論文,37면.

할수록 당해 종교단체에 대하여 반론의 기회를 보장해주는 등 배려가 필요하다[397].

종교단체의 명예훼손과 관련하여 신자 개인의 명예훼손 문제가 있다. 특정한 종교의 신자로서는 일반적으로 자기 개인의 명예가 훼손당하는 것보다는 자기가 믿는 종교의 교리가 부당하게 비판받거나 그 종교의 교주가 부당하게 비판당하게 되면 정신적 고통이 훨씬 클 수 있다. 이 경우 신자의 정신적 고통을 배려하더라도 그 고통은 종교법인이나 교주의 명예가 회복되면 그와 함께 치유되는 것이고 그 기사로 인하여 명예훼손당할 가능성이 있는 것은 종교법인이나 교주이고, 신자는 자신의 명예가 훼손되지 않는다고 한다[398].

판례도 종교의 자유에는 자기가 신봉하는 종교를 선전하고 새로운 신자를 규합하기 위한 선교의 자유가 포함되고 선교의 자유에는 다른 종교를 비판하거나 다른 종교의 신자에 대하여 개종을 권고하는 자유도 포함되는 바, 종교적 선전, 타 종교에 대한 비판 등은 동시에 표현의 자유의 보호대상이 되는 것이나, 그 경우 종교의 자유에 관한 헌법 제20조 제1항은 표현의 자유에 관한 헌법 제21조 제1항에 대하여 특별 규정의 성격을 갖는다 할 것이므로 종교적 목적을 위한 언론·출판의 경우에는 그 밖의 일반적인 언론·출판에 비하여 보다 고도의 보장을 받게 된다. 따라서 다른 종교나 종교집단을 비판할 권리는 최대한 보장받아야 할 것인데, 그로 인하여 타인의 명예 등 인격권을 침해하는 경우에 종교의 자유 보장과 개인의 명예보호라는 두 법익을 어떻게 조정할 것인지는, 그 비판행위로 얻어지는 이익, 가치와 공표가 이루어진 범위의 광협, 그 표현 방법 등 그 비판행위 자체에 관한 제반 사정을 감안함과 동시에 그 비판에 의하여 훼손되거나 훼손될 수 있는 타인

---

397 일본 福岡高裁,1994.9.16.

398 일본 福岡高裁,1994. 9.16.

의 명예 침해의 정도를 비교·고려하여 결정하여야 한다[399]고 한다.

(3) 언론기관

언론기관의 범죄보도와 관련하여 또다른 언론기관의 명예를 훼손하는 경우도 있다. 원고 ○○일보사는 피고 △△신보사가 원고의 대표이사가 관련된 세금문제로 인한 형사사건에 대하여 허위의 기사를 보도하여 원고의 명예를 훼손하였다고 주장하면서 10억원의 손해배상과 정정보도를 청구한 사례에서 서울지법은 다음과 같은 이유로 피고에게 3천만의 손해배상을 명하였다.

"언론기관은 전체를 하나로 보아 공적인 목적을 수행하기는 하나, 기실 수많은 언론사에 의해 이루어진 집단으로 그것이 하나의 통일적 단체로서의 성격을 띤 것이라기보다는 개개 언론사의 단순한 집합체로 보여지고, 그 구성원인 개개 언론사는 영리를 추구하는 회사라는 속성을 함께 띠고 있다. 통상 이러한 영리추구가 공익적인 목적보다 우선되었을 때 언론사의 책임문제가 발생하고 이러한 책임은 언론사에게 책임을 묻는 상대방이 누구인가에 따라 그 존부 및 범위가 달라지게 되는 바, 일반적으로 개인에서 공적인 단체로 대상이 옮아감에 따라 책임의 존부 및 범위가 좁아지게 될 것이다. 언론사가 타인에 대한 비판자로서의 언론의 자유를 누리는 범위가 넓은 만큼, 자신에 대한 비판의 수인범위도 그만큼 넓어져야 할 것이다. 이는 결국 비판 언론사의 언론의 자유를 넓게 인정하여 주는 것과 동전의 양면관계에 있다. 이러한 언론사 간의 광범위한 상호비판은 언론의 부패를 막는 내재적인 안전판의 역할을 하기도 한다. 따라서 의견의 공급자인 언론사가 각자 독자적인 태도와 입장이 있어야 함은 당연한 도리이고, 또한 언론사 사이에 있어, 상대방의 태도나 입장이 자신과 다를 때 올바른 여론형성의 틀을 깨뜨리지 않는 한 이를 비판하여 견제할 자유가 있어야 하며, 또 이

---

399 대법원 1996.9.6,96다19246,19253.

러한 비판은 폭넓게 수인되어야 하는 것이다. 국민들은 자신들의 의사결정을 위하여 개개의 언론사가 공급하는 다양한 의견을 타 언론사에 의한 비판과 함께 접할 권리가 있는 것이다. 언론사 상호간의 법적인 책임은 이러한 언론사 고유의 속성을 일탈한 경우에 한하여 제한적으로 발생한다고 볼 것이다.--- 그러므로 원고와 같은 대형 언론사의 횡포의 구체적 사례로 이와 같은 허위의 사실을 적시한 것은 그 기자들의 명예를 훼손하였을 뿐만 아니라 더 나아가 원고가 마치 위와 같이 비이성적인 기자들로 구성되고 조직된 언론사임을 암시함으로써 그 소속사인 원고의 명예를 훼손하였다고 할 것이다. 피고는 마치 원고가 탈세혐의를 인정하는 입장에서 그 혐의를 부인하며 입장을 바꾼 것처럼 사실을 왜곡하여 기사를 게재함으로써 원고의 명예를 훼손하였다고 할 것이다"[400].

헌법상 언론의 자유에는 신문과 방송의 자유, 취재 및 보도의 자유 뿐 아니라 비판의 자유 및 반비판의 자유도 포함한다. 언론사간의 상호매체비평은 이러한 비판의 자유 및 반비판의 자유영역에 속하는 것이고, 진정한 의미에 있어서의 언론의 자유를 위해서는 언론사간의 상호비판이 보장되어야 한다. 이러한 비판으로 인하여 피해를 입었다고 할 경우에는 조정, 언론중재, 정정보도, 반론청구 등을 통하여 자율적으로 해결되는 것이 가장 바람직하다고 할 수 있다. 그러나 언론사간의 비판이라도 그 정도가 사회통념상 수인한도를 넘는 경우, 비방의 목적이 뚜렷한 경우 등에 있어서는 위법성이 있다고 보아 손해배상책임을 부담하여야 한다. 그러나 언론사간의 명예훼손소송에서는 전략소송(strategic lawsuit)의 측면도 있음을 간과해서는 안된다. 또한 언론사간 상호 매체비평으로 인한 논란을 소송에 의존하는 것은 억제(냉각)효과(chilling effect)를 발생시켜 헌법상 언론 자유에 대한 심각한 도전 내지 침해가 될 수 있다는 점을 명심해야 한다.

---

400 서울지법 2001.4.11,99가합96928.

2. 명예훼손의 가해자

언론기관의 범죄보도로 인하여 명예훼손된 자는 언론기관인 신문사나 방송국을 상대로 불법행위로 인한 민사상 손해배상책임을 추궁할 수 있다. 언론기관이라 함은 신문·잡지·방송 등을 간행 또는 방송하는 기관을 말하고, 구체적으로는 정기간행물의 등록 등에 관한 법률 제 2조 제 1호상의 동일한 제호로 연 2회이상 계속적으로 발행하는 신문·통신·잡지·기타 간행물 등의 정기간행물을 발행하거나 방송법 제2조 제1호상의 방송프로그램을 기획·편성 또는 제작하여 이를 공중(개별계약에 의한 수신자를 포함)에게 전기통신설비에 의하여 송신하는 지상파방송 및 종합유선방송, 위성방송을 말한다. 특히 요즘 문제가 되고 있는 인터넷신문은 정기간행물의 등록 등에 관한 법률 시행령 제1조의2 제 2호에서 컴퓨터 등의 전자장치에 의하여 문자 등의 정보를 보거나 듣거나 읽을 수 있도록 제작된 전자적 기록매체로서 동일한 제호로 계속 제작되는 간행물이라고 규정하고 있다. 이외에도 다음과 같은 자에게도 책임을 추궁할 수 있는지 여부가 문제된다.

(1) 취재기자

언론기관에는 사건 내용을 취재하여 기사를 작성하는 기자가 있다. 이들 취재기자가 각자의 출입처를 정하여 이를 중심으로 취재를 하고, 이를 기사작성·편집하여 보도국으로 송고하여 보도한다. 취재기자의 취재상의 과실과 기사 작성시에 있어서의 과실이 문제된다. 특히 판례는 취재기자에게 사실보도에 대하여 상당한 정도의 진실확인의무를 부과하고 있다. 이러한 주의의무는 신속성을 주 특징으로 하는 방송매체의 특성상 인쇄매체의 취재기자보다는 주의의무가 약하다고 보아야 할 것이다. 인쇄매체의 경우도 신문기자가 월간지 기자보다는 주의의무가 약하다고 보아야 할 것이다. 방송매체의 경우 프로그램의 성격에 따라 주의의무가 달라진다고 보아야 할 것이고, 예컨대 다큐멘터리 보도특집프로그램의 경우보다는 뉴스보도 프로그램의 경우가 그 신속성 때문에 주의의무가 상대적으로 약하다고 보아야 할 것이고, 사실적 요소가 적은 픽션인 연속극 프로그램보다는 사실보도적인 성격을 지닌 논픽션보도특집프로그램은 주의의무가 상대적으로 높다고 하여야 할 것이다. 특히 생방송에 의한 뉴스보도프로그램은 그 주의의무가 신속성 때문에 가장 낮다고 할 수 있다. 그러나 범죄보도를 한 언론기관이 불법행위책임을 부담하는 경우에는 민법상 사용자책임(민법 제756조)을 부담하게 된다. 특히 사용자책임에 관한 판례는 사용자의 면책을 엄격하게 해석하고[401], 사용자의 피용자에 대한 구상권도 신의칙을 근거로 제한하거나 부정하기도 한다[402]. 따라서 피해자의 입장에서는 사용자책임을 추궁할 경우에는 행위를 한 취재기자는 손해배상책임을 부담하지 아니할 가능성이 많다. 그 경우 피해자의 입장에서는 직접 가해자인 취재기자에 대하여 형사적인 책임을 추궁할 수도 있고, 나아가 응징으로서 손해배상책임을 추궁할 방법을 모색하게 될 수도 있다. 이 경우 언론기관을 상대로 사용자책임을 추궁하는 것이 아니라 민법 제760조상의 공동불법행위책임으로서 언론기관이 보도내용에 있어서 취재기자를 방조하였다는 것으로 추궁할 수 있다.

(2) 방송기자(아나운서) 또는 편집기자

취재기자가 취재한 내용을 기사로 작성·편집한 후, 이를 보도국으로 보내면 이 기사를 그대로 보도하게 된 경우 아나운서나 편집기자에게 보도책임이 있는가. 취재기자가 직접 방송이나 편집을 하게 되면 책임을 물을 수 있지만, 취재기자가 취재해 온 보도내용을 읽는 경우에는 책임이 취재기자에게 돌아가고 아나운서는 책임이 없다고 할 것이다. 최근 신문기자의 경우 노트북을 가지고 취재한 후 막바로 편집한 후 신문기사화하는 경우도 있다.

---

401 대법원 1998.5.15,97다58538.

402 대법원 1994.12.13,94다17246.

(3) 편집자(데스크)

편집부장 등 데스크 등의 편집자는 당해 보도에 관하여 기자가 작성한 기사등을 편집하는 입장에 있고, 정보의 진위확인을 할 가능성도 있는 이상 그것을 태만히 하면 책임이 있다. 편집데스크에 있어서의 불필요한 윤색(제목, 평론가 코멘트 등)이 가해진 경우에는 과실이 인정될 수 있다. 방송국에서 편성국이 과도한 과장을 추가한 경우에 명예훼손이 되면 편성국에서 책임을 부담한다. 신문 역시 표제를 과장되게 한 경우에는 데스크가 책임진다.

(4) 보도국장, 프로그램 제작책임자

방송국의 피용자로서 텔레비젼이나 라디오프로그램에 있어서 보도국장이나 프로그램 제작책임자의 책임이 문제된다. 일본의 경우 보도국장이나 프로그램 제작자는 방송내용으로 인하여 타인의 명예를 훼손하지 아니할 주의의무를 부담하고, 방송된 발언내용을 사전에 알고 있는 경우에는 그로 인하여 타인의 사회적 평가를 저하시킬 우려가 있는지 여부를 조사하고 그 조사결과 허위 또는 불확실한 정보에 기한 것이라고 판단한 경우에는 방송을 금지시킬 의무가 있다[403]고 하여 100만 엔의 손해배상을 명했다.

(5) 평론자

텔레비젼이나 라디오에서 시사평론을 하는 경우에 그 논평내용이 타인의 명예를 훼손하는 경우 그것을 방송한 데스크나 방송국이 책임을 지는 것은 당연하지만, 직접 논평을 한 자 자신이 책임을 부담하는지 여부가 문제된다. 이 문제는 사실과 의견의 구별문제가 있고, 순수한 의견개진의 경우에는 명예훼손이 문제되지 아니하지만, 의견개진의 전제가 되는 사실의 적시가 있게되면 명예훼손 문제가 있다. 논평자의 책임이 인정되기 위해서는

---

403 일본 東京地裁,1990.8.27.

1. 편집단계에서 내용이 변경되었는지 여부, 2. 내용이 변경되지 아니한 경우에는 진실이라고 믿은 데 대한 상당한 이유가 있는지 여부, 3. 변경된 경우에는 변경후의 내용에 대하여 실질적으로 보아 논평자 자신의 표현이라고 인정할 수 있는지 여부를 확인할 필요는 있다.

(6) 정보제공자

언론기관에 정보를 제공한 사인이나 범죄보도와 관련한 수사기관 등 국가기관 등의 명예훼손책임이 문제된다. 그런데 이들에 대한 명예훼손책임의 추궁은 2차적인 것이고, 1차적으로는 보도를 한 언론기관이 불법행위책임을 부담해야 한다. 언론기관의 취재기자가 제보를 받고 스스로 판단하여 취재여부를 결정하여 그 진위를 조사·취재한 후에 이를 언론기관에 송고하고 데스크가 그 편집권에 기하여 다시 그 진위여부를 확인한 후 그 기사가 완성되기 때문에 정보제공자에게 당연히 기사제공과의 인과관계를 인정하기 어렵다고 한다면 수사기관에 대한 손해배상책임은 인정하기 어렵다.

그러나 판례는 피의사실 공표로 인한 명예훼손의 경우, 공표한 피의사실의 진실성에 관한 오신에 상당성이 있는지 여부는 발표 당시의 시점에서 판단되어야 하지만 발표 당시의 시점에서 판단한다고 하더라도 그 전후의 수사과정과 밝혀진 사실들을 참고하여야 발표시점에서의 상당성 여부를 가릴 수 있는 것이므로, 발표 후에 수집된 증거자료도 상당성 인정의 증거로 사용할 수 있다고 하면서[404], 수사기관이 피의자의 자백을 받아 기자들에게 보도자료를 배포하는 방법으로 피의사실을 공표함으로써 피의자의 명예가 훼손된 사안에서, 피의사실이 진실이라고 믿은 데에 상당한 이유가 없다는 이유로, 보도자료의 작성·배포에 관여한 경찰서장과 수사경찰관 및 국가의 연대배상책임을 인정하였다. 사인의 경우는 제보를 한 자가 당초부터 고의

---

404 대법원 1996.8.20,94다29928.

로 당해 사실이 사실에 반하고 허위라는 것을 알거나 과실에 의하여 알 수 없는 때에는 자기의 제보에 의하여 그 내용에 따른 기사가 게재될 개연성이 높다고 예측하고 그것을 용인하면서 정보제공을 하고, 위 사실이 게재 배포되면 기사의 내용으로 당연히 어느 사람의 명예가 훼손된다는 것을 인식할 수 있는 경우에는 정보제공행위와 기사게재간에 직접적인 인과관계가 있다고 보아 정보제공자는 불법행위책임을 부담한다[405]고 한다.

일반적으로 보도기관이 타인의 발언 또는 타인의 정보제공에 기하여 기사화하는 경우 다른 취재선의 선택과 실시, 취재내용의 정리 및 표현은 보도기관의 전권사항이고 정보제공자나 취재를 당하는 자는 편집에 관여할 수 없다. 다만 정보제공자에게 고의·과실이 있거나 비밀준수의무 위반이 있는 경우에는 사정이 달라질 수 있다.

Ⅲ. 언론기관의 범죄보도로 인한 명예훼손의 요건

명예가 훼손된다는 것이 무엇을 의미하는가, 당해 표현행위가 명예훼손의 내용을 포함하고 있는가를 어떠한 기준으로 평가해야 하는가. 누가 어떠한 경우에 어떻게 생각할 경우에 피해자의 사회적 평가가 저하된다고 하는가. 정보 송신인의 의도, 정보 수신인의 인상, 피해자의 피해감정 등을 어떻게 고려하는지 여부가 문제이지만, 명예훼손이 사회적 평가를 저하시키는 행위라고 해석하는 한 정보송신인의 의도나 피해자의 피해감정은 배제하고 정보수신인이 피해자의 사회적 평가를 저하시키는 인상을 가지는 행위인지 여부로 판단해야 한다. 행위자가 한 발언이 피해자의 명예를 해하는 내용인지 여부는 그 상대방 즉 그 말을 받아들이는 사람을 기준으로 판단해야 한

405 일본 福岡地裁,1993.9.16.

다는 견해[406]가 있다. 신문기사의 경우 정독을 하면 다른 의미로 해석되더라도, 일반 독자의 보통의 주의와 읽는 방법을 기준으로 하여 해석한 의미내용에 따를 경우 그 기사가 명예를 훼손한 경우에는 명예훼손책임이 있다[407]고 한다. 실제로 사회적 평가를 저하시키는 것이 필요한지 여부가 문제된다. 현실적으로 사람의 사회적 평가를 저하시킬 것까지는 필요가 없고, 사회적 평가의 저하를 받을 위험성이 생기는 것으로 족하다. 타인의 사회적 평가를 저하시키는 내용의 기사를 게재한 신문이 발행되어 당해 기사의 대상이 된 자가 그 기사내용에 따라 평가를 받을 위험성이 생김으로써 불법행위가 성립한다[408]고 한다. 그런데 명예훼손으로 인한 민사상 손해배상책임이 인정되기 위해서는 민법 제750조상의 불법행위책임의 구성요건을 만족하여야 한다. 민법 제750조는 ① 방송매체의 행위로 인하여 피해자가 손해를 입었을 것, ② 방송매체의 고의 또는 과실이 있을 것, ③ 가해행위가 위법한 것일 것, ④ 가해행위와 손해사이에 인과관계가 있을 것 등의 요건을 거론하고 있다. 민법 제751조는 명예훼손의 경우 위자료를 청구할 수 있다는 것이고, 민법 제764조는 명예훼손의 경우 명예회복에 적당한 처분을 할 수 있다고 하여 ①의 손해론 문제를 규정하고 있다. 여기에서 논의할 문제는 ②의 고의 또는 과실의 문제와 ③의 위법성 문제를 여기에서 보기로 한다. 특히 과실, 즉 주의의무의 문제는 최근 판례에서 언론기관의 주의의무와 관련하여 자주 등장하고 있는 문제이다. 위법성문제는 적극적인 요건으로서가 아니고 소극적인 요건으로서의 위법성 조각사유로서 논하여 진다.

---

406 한위수,전게논문, 415면.

407 일본 最高裁,1956.7.20;대법원 1999.1.26,97다10215,10222.

408 일본 最高裁,1997.5.27.

1. 특정성· 공연성

특정성은 명예훼손이 성립하기 위해서는 어느 정도 피해자가 특정될 필요가 있다는 것이다. 따라서 판례는 명예훼손에 의한 불법행위가 성립하기 위한 요건으로서의 피해자의 특정과 관련하여 명예훼손에 의한 불법행위가 성립하려면 피해자가 특정되어 있어야 하지만, 그 특정을 함에 있어서 반드시 사람의 성명을 명시하여야만 하는 것은 아니고 사람의 성명을 명시하지 않은 경우라도 그 표현의 내용을 주위사정과 종합해 볼 때 그 표시가 누구를 지목하는가를 알아차릴 수 있을 정도이면 피해자가 특정되었다[409]고 하여 구체적이고 명시적으로 특정하지 아니하더라도 주위사정을 종합하여 알 수 있을 정도면 특정되었다고 한다. 다음으로 형법상 명예훼손죄가 성립하기 위해서는 공연성이 있어야 하고, 여기에서의 공연성이란 사회 일반의 불특정 다수인이 인식할 수 있는 상태를 말한다. 민법상 불법행위로서의 명예훼손에도 이러한 공연성이 필요한지 여부가 문제된다.

학설은 일정한 범위에 유포될 것이 필요하다는 견해[410]와 피해자 이외의 제 3자에게 진술함으로써 족하다는 견해[411]가 있지만, 판례는 불법행위로 인한 손해배상청구에 있어서의 명예훼손은 형법상 명예훼손죄의 구성요건인 불특정인 또는 다수인이 들을 수 있는 상태가 필요하지 아니함은 소론과 같으나[412]라고 하여 공연성을 부정하고 있다.

어떤 사실에 의하여 피해자의 사회적 지위가 저하되었다고 하기 위해서는 원칙적으로 명예훼손사실이 일정한 범위에 유포될 것이 필요하고, 이 범위는 사실을 공표하는 상대방의 범위와 관련하여 상대적으로 정해진다. 기자가 아닌 보통 사람에게 사실을 적시할 경우에는 그 자체로서 적시된 사실

---

409 대법원 1994.5.10,93다36622.

410 박철우,주석민법 채권각칙(4),한국사법행정학회,1987.131면.

411 한위수,전게논문,413면;이재훈,판례 불법행위법,한국사법행정학회,1995,177면.

412 대법원 1964.9.22,64다261.

이 외부에 공표되는 것이므로 그때부터 곧 전파가능성을 따져 공연성 여부를 판단하여야 할 것이지만, 그와는 달리 기자를 통해 사실을 적시하는 경우에는 기사화되어 보도되어야만 적시된 사실이 외부에 공표된다고 보아야 할 것이므로 기자가 취재를 한 상태에서 아직 기사화하여 보도하지 아니한 경우에는 전파가능성이 없다고 할 것이어서 공연성이 없다고 봄이 상당하다[413]고 한다. 실제로 언론기관 특히 방송매체에 있어서는 매체의 특성상 파급성이나 광범위성으로 인하여 공연성이 문제되지 않는다.

2. 사실의 적시

명예훼손이 성립되기 위해서는 사실의 적시가 있어야 하고, 단순히 의견을 개진한 경우에는 그것만으로 상대방의 사회적 평가가 저하되었다고 볼 수 없기 때문에 명예훼손은 성립되지 않는다면 사실과 의견의 구별이 문제된다.

(1) 사실과 의견

사실이란 어느 특정한 자에 관한 현실의 사실 또는 행위를 서술한 표현이어서 위 사실 또는 행위의 진위를 객관적으로 증거에 의하여 확정할 수 있는 성질을 가진 것이고, 논평이란 전제가 되는 사실에 대한 사람의 평가를 말한다. 또한 사실의 적시란 시간과 공간적으로 구체적인 과거 또는 현재의 사실관계에 관한 보고 내지 진술을 의미하고 그 표현내용이 증거에 의한 입증이 가능한 것을 말한다. 이와 대치되는 개념은 의견표현이고 이는 가치판단이나 평가를 내용으로 하는 것을 말한다[414].

사실의 적시라는 것은 반드시 사실을 직접적으로 표현한 경우에 한정할

413 대법원 2000.5.16,99도5622.

414 대법원 1998.3.24,97도2956 참조.

것이 아니고, 간접적이고 우회적인 표현에 의하더라도 그 표현의 전 취지에 비추어 그와 같은 사실의 존재를 암시하고, 또 이로써 특정인의 사회적 가치 내지 평가가 침해될 가능성이 있을 정도의 구체성이 있으면 족하다[415]고 한다.

사실과 의견의 구분은 언론기관에서의 반론청구를 하기 위해서는 그 보도가 사실적 주장일 것이어야 하므로(정기간행물의 등록에 관한 법률 제 16조 제1항, 방송법 제 91조 제1항 참조), 진술이 사실적 주장인지 의견표명인지를 구별하여야 한다. 또한 민법상 불법행위로서의 명예훼손에 있어서도 구별필요성이 있다. 따라서 사실적시에 의한 명예훼손과 의견표명이나 논평에 의한 명예훼손은 불법행위책임의 성부에 관한 요건이 다르고, 사실적시에 대해서는 진실성이나 상당성이 위법성조각사유가 되지만, 의견표명이나 평론에 대해서는 그 전제가 되는 사실적시에 진실성이나 상당성이 요구될 뿐이고 순수한 의견표명이나 논평부분에는 진실성이나 상당성이 필요하지 않다.

일본은 문제가 된 표현이 사람의 품성, 덕행, 명성, 신용 등 인격적 가치에 관하여 사회로부터 받는 객관적 평가를 저하시키는 것이라면 그것이 사실을 적시한 것인가 또는 의견이나 논평을 표명한 것인가를 묻지 아니하고 성립할 수 있고, 의견표명이 인신공격에 이르는 등 의견 내지 논평으로서의 범위를 일탈한 것이 아닌 한 위법성이 없다고 하였다[416].

종래 우리나라 판례는 의견 또는 논평을 표명하는 표현행위로 인한 명예훼손에 있어서는 그 의견 또는 논평 자체가 진실인가 혹은 객관적으로 정당한 것인가 하는 것은 위법성 판단의 기준이 될 수 없고, 그 의견 또는 논평의 전제가 되는 사실이 중요한 부분에 있어서 진실이라는 증명이 있는가, 혹은 그러한 증명이 없다면 표현행위를 한 사람이 그 전제가 되는 사실이 중

415 대법원 2000.7.28,99다6203.

416 일본 最高裁,1997.9.9.

요한 부분에 있어서 진실이라고 믿을 만한 상당한 이유가 있는가 하는 것이 위법성 판단의 기준이 되는 것이므로, 어떠한 표현행위가 명예훼손과 관련하여 문제가 되는 경우 그 표현이 사실을 적시하는 것인가 아니면 의견 또는 논평을 표명하는 것인가, 또 의견 또는 논평을 표명하는 것이라면 그와 동시에 묵시적으로라도 그 전제가 되는 사실을 적시하고 있는 것인가 그렇지 아니한가를 구별할 필요가 있고, --- 아울러 사실 적시와 의견 또는 논평 표명의 구별, 의견 또는 논평 표명의 경우에 전제되는 사실을 적시하고 있는 것인지 여부의 판별에 있어서는 당해 기사가 게재된 보다 넓은 문맥이나 배경이 되는 사회적 흐름 등도 함께 고려하여야 할 것이므로, 신문기사 가운데 그로 인한 명예훼손의 불법행위책임 인정 여부가 문제로 된 부분에 대하여 거기서 사용된 어휘만을 통상의 의미에 좇아 이해하는 경우에는 그것이 증거에 의하여 그 진위를 결정하는 것이 가능한 타인에 관한 특정의 사항을 주장하고 있는 것이라고 바로 해석되지 아니하는 경우라도 당해 부분 전후의 문맥과 기사가 게재될 당시에 일반의 독자가 가지고 있는 지식 내지 경험 등을 고려하여 볼 때에 그 부분이 간접적으로 증거에 의하여 그 진위를 결정하는 것이 가능한 타인에 관한 특정의 사항을 주장하는 것이라고 이해된다면 그 부분은 사실을 적시하는 것으로 보아야 할 것이고, 이를 묵시적으로 주장하는 것이라고 이해된다면 의견 또는 논평의 표명과 함께 그 전제되는 사실을 적시하는 것으로 보아야 한다[417]고 하여 사실의 적시와 의견을 포함한 혼합 의견에 대하여는 명예훼손이 성립할 수 있다고 하였으나, 사실 적시를 제외한 순수한 의견에 의한 명예훼손 가능성에 대하여는 견해표시를 유보하였다[418]. 이러한 판례의 입장은 사실을 적시하는 표현행위뿐만 아니라 의견 또는 논평을 표명하는 표현행위도 그와 동시에 묵시적으로라도

---

417 대법원 1999.2.9,98다31356.

418 한기택,광의의 의견 또는 논평에 의한 명예훼손,대법원판례해설 32호,1999,299면 참조.

그 전제가 되는 사실을 적시하고 있다면 그에 의하여 민사상의 명예훼손이 성립할 수 있다[419]고 하여 재확인하고 있다.

그러나 최근 판례는 민법상 불법행위가 되는 명예훼손은 --- 의견 또는 논평을 표명하는 표현행위에 의하여도 성립할 수 있는바, 다만 단순한 의견 개진만으로는 상대방의 사회적 평가가 저해된다고 할 수 없으므로, 의견 또는 논평의 표명이 사실의 적시를 전제로 하지 않은 순수한 의견 또는 논평일 경우에는 명예훼손으로 인한 손해배상책임은 성립되지 아니하나, 한편 여기에서 말하는 사실의 적시란 반드시 사실을 직접적으로 표현한 경우에 한정할 것은 아니고, 간접적이고 우회적인 표현에 의하더라도 그 표현의 전 취지에 비추어 그와 같은 사실의 존재를 암시하고, 또 이로써 특정인의 사회적 가치 내지 평가가 침해될 가능성이 있을 정도의 구체성이 있으면 족하다[420]고 하여 사실적시를 전제로 하지 않은 순수한 의견 또는 논평일 경우에는 명예훼손으로 인한 손해배상책임이 성립하지 아니한다고 처음으로 선언하였다.

학설은 형법과는 달리 민법상으로는 사실의 적시없이도 명예훼손이 성립한다는 견해[421]와 사실의 적시가 아닌 단순한 의견 개진은 명예훼손이 성립하지 아니한다는 견해[422]가 있다.

생각건대 명예훼손적 표현에 있어서 사실적시 부분, 사실적시가 아닌 의견표명 부분을 확실히 구분하는 것이 곤란한 경우가 많고, 이에 대한 구별기준을 유형화하는 작업이 필요하다. 그러나 순수한 의견에 대하여 명예훼손책임을 부정하는 것은 민주시민사회에서의 표현의 자유·언론의 자유와 관련하여 매우 중요한 의미를 가진다. 따라서 순수한 의견개진이나 표현의

419 대법원 2001.1.19,2000다10208.

420 대법원 2000.7.28,99다6203.

421 박용상,언론과 개인법익,조선일보사,1997,105면.

422 이성룡,언론의 명예훼손에 대한 구제방법과 손해배상소송실무의 개관,인권과 정의,271호,1999,83면;한위수,전게논문,407면.

경우에는 민사상 명예훼손책임이 없다고 하여야 할 것이다.

(2) 사실의 구체성

민사상 명예훼손에서의 사실의 적시는 구체적이어야 하는가. 형법상 명예훼손죄는 구체적 사실의 적시가 필요하고, 이에 이르지 아니한 경우에는 모욕죄에 해당한다고 하는 것이 판례[423]이다. 민사상으로는 명예훼손과 모욕을 구별할 것이 아니고, 구체적 사실의 적시가 아닌 모욕적 언사나 추상적 사실의 언사를 농하는 경우는 명예훼손에 해당한다는 견해[424]가 있다. 민법상 불법행위로서의 명예훼손이 성립하기 위해서는 구체적인 사실의 적시가 없더라도 사실을 직접 표현하지 아니하더라도 간접적이고 우회적인 표현을 사용하여 그러한 사실의 존재를 암시함으로써 시청자로 하여금 그 사실의 존재를 인식할 수 있게 하는 경우도 사실의 적시가 있다고 보아야 한다[425]. 특히 영상매체의 방영내용은 진행자를 비롯한 출연자들의 발언내용 이외에도 일반 시청자가 프로그램을 시청하는 통상의 방법을 전제로 프로그램의 제목, 배경화면과 자막, 내용의 전체 흐름, 구성과 배치 및 진행자의 태도 그 밖에 그 프로그램을 시청하는 사람들의 지식수준을 종합하여 그 프로그램이 시청자들에게 어떤 인상을 주는지 여부를 기준으로 판단한다[426]고 하면 민사상 불법행위에 의한 명예훼손의 경우는 구체적으로 사실을 적시할 필요는 없다고 할 것이다.

(3) 사실의 허위성

적시된 사실이 허위의 사실이라야 민사상 명예훼손이 되는지 여부가 문

---

423 대법원 1989.3.14,88도1397.

424 한위수,전게논문,411면.

425 대법원 1994.5.10,93다36622 참조.

426 이성룡,전게논문.86면.

제된다. 형법상으로는 적시된 사실의 진위에 관계없이 명예훼손죄가 성립되며, 적시된 사실이 허위인 경우나 비방할 목적으로 라디오 등 방송에 의한 명예훼손의 경우에는 그 형이 가중된다(형법 제 307조 제 2항, 제 309조 참조). 사실의 적시가 허위인 경우 뿐 아니라 진실인 경우라도 사람의 사회적 평가가 저하될 수 있기 때문에 민사상 명예훼손에는 허위성이 필요하지 않다. 또한 민사상 명예훼손에 있어서 사실의 적시가 허위인 경우에는 손해배상액 산정에 있어 증액 요인이 될 수 있다. 다만 적시된 사실이 진실한 경우 그것이 오로지 공공의 이익에 관한 것이면 위법성이 조각된다. 판례도 허위사실 아닌 사실관계를 유포하여 명예를 훼손한 경우로서 장성한 자식들과 같이 사는 과부와 정교관계를 가진 자가 이 사실을 부락민에게 유포시킨 경우에는 명예훼손으로 인한 손해배상 책임이 있다[427]고 한다.

적시된 사실이 진실인 경우에는 가해자에게 비방의 목적이 있는 경우에만 명예훼손의 성립을 인정하여야 한다는 견해[428]가 있다. 생각건대 적시된 사실이 진실인 경우에는 헌법상 언론의 자유와 관련하여 명예훼손의 성립에 신중을 기해야 하지만, 진실인 사실의 적시라도 공공성이 없으면 명예훼손이 될 수 있고, 나아가 비방의 목적이 있거나 심지어 허위인 사실의 적시가 있으면 명예훼손의 성립을 인정할 수 있고, 후자의 경우에는 손해배상액 산정에 있어 증액을 고려하여야 할 것이다.

Ⅳ. 언론기관의 범죄보도로 인한 명예훼손의 위법성 조각사유

민법상 명예훼손으로 인한 손해배상책임의 성립요건에 있어서는 가해행

427 대법원 1967.7.25,67다1000.

428 한위수,전게논문,411면.

위의 위법성이 필요하지만, 명예훼손 그 자체가 위법성을 띠고 있다. 오히려 명예훼손의 경우에는 형법 제310조에서 위법성조각사유에 관하여 사실의 적시에 의한 명예훼손이 진실한 사실로서 오로지 공공의 이익에 관한 때에는 처벌하지 아니한다고 규정하고 있고, 이러한 형법상 규정에 비하여 민법상으로는 명예훼손에 관하여 이러한 규정이 없다. 명예훼손에 관한 위법성조각사유는 민법상 적극적으로 규정되어 있는 것이 아니지만 형법상 위법성조각사유로 규정되어 있는 것을 해석상 민사상 불법행위로 인한 손해배상책임에 유추적용할 수 있는지 여부에 대하여 논의가 있다.

1. 진실한 사실로서 오로지 공공의 이익에 관한 경우

형법 제310조는 위법성 조각사유를 규정하고 있지만, 민법에는 이러한 규정을 두고 있지 않다. 따라서 민사상 불법행위로서의 명예훼손에 위와 같은 형법상 위법성 조각사유가 적용될 수 있는지 여부가 문제된다. 적용된다고 하는 견해[429]가 주류를 이루고, 판례도 형사상이나 민사상으로 타인의 명예를 훼손하는 행위를 한 경우에도 그것이 공공의 이해에 관한 사항으로서 그 목적이 오로지 공공의 이익을 위한 것일 때에는 진실한 사실이라는 증명이 있으면 위 행위에 위법성이 없다[430]고 하고 있다.

(1)사실의 진실성

사실이란 어느 특정한 자에 관한 현실의 사실 또는 행위를 서술한 표현이어서 위 사실 또는 행위의 진위를 객관적으로 증거에 의하여 확정할 수 있는 성질을 가진 것이고[431], 진실이라는 것은 절대적인 진실을 의미하는 것이

429 지홍원,전게논문,225면;한위수,전게논문,419면.

430 대법원 1988.10.11,85다카29.

431 일본 東京高裁,1996.10.2.

아니라 객관적 증거에 의한 실체적 진실을 말한다고 할 것이다. 진실성의 입증범위와 관련하여 진실의 증명은 신문에 의한 보도의 신속성의 요구와 객관적 진실의 파악 곤란성 때문에 세부적인 사항까지도 진실증명을 요구하는 것이 아니고, 중요부분에 관한 진실성의 증명이 있으면 된다고 하였다[432]. 진실성의 입증대상 사실은 일반독자의 보통 주의와 읽는 방법을 기준으로 하여 진실이라고 해석되는 사실이다. 보도에 의한 명예훼손의 경우에는 '경찰발표에 따르면', '전 종업원의 말에 의하면' 이라는 표현이 가끔 사용된다. 이 경우 이러한 전문이나 풍문이 있었다는 사실이 진실성의 입증대상이 되는가, 전문이나 풍문의 내용이 진실성의 입증대상이 되는가가 문제된다. 이 경우 정보수신인의 입장에서는 전문이나 풍문이라고 하더라도 일반인은 아니 땐 굴뚝에 연기가 나겠느냐고 생각하는 것이 보통이기 때문에 풍문의 내용인 사실에 있어서도 진실성 또는 진실이라고 믿은 데 상당한 이유가 요구된다.

(2) 사실의 공공성

사실의 공공성이라 함은 사실이 일반 다수인의 이해에 관한 것이라는 의미이다. 국가나 사회 일반에 있어서의 이해에 한정하는 것이 아니고, 전파된 정보를 받는 측에 있어서의 이해에 관한 것이라고 한다면 공공성이 있다고 보아야 한다. 또한 표현된 사실 자체가 공공적인 성격을 가지는지 여부가 아니라 공공성이 있는 사실을 평가판단하는 자료가 될 수 있다. 일본 형법 제230조의 2 제 2항의 아직 공소가 제기되지 아니한 자의 범죄에 관한 사실과 동조 제 3항의 공무원 또는 공선에 의한 공무원의 후보자에 관한 사실은 공공의 이익에 관한 사실로서 공공성을 지닌다고 규정하고 있고, 이것은 우리에게도 시사하는 바가 많다고 할 것이다.

---

432 일본 最高裁,1983.10.20.

판례는 공공의 이익에 관한 것에는 널리 국가·사회 기타 일반 다수인의 이익에 관한 것뿐만 아니라 특정한 사회집단이나 그 구성원 전체의 관심과 이익에 관한 것도 포함되고[433], 심지어 사인의 사생활상의 행상도 관련된 사회적 활동의 성질 및 그를 통하여 사회에 미치는 영향력의 정도에 따라 그 사회적 활동에 대한 비판이나 평가의 한 자료로서 공공의 이해에 관한 사실에 해당하는 경우가 있다. 또한 공공의 이해에 관한 사실에 해당하는가 여부는 적시된 사실 자체의 내용, 성질에 비추어 객관적으로 판단되어야 하고, 그것을 적시할 때의 표현방법이나 사실조사의 정도 등은 동조에서 말하는 이른바 공익목적의 인정함에 있어 고려되어야 할 사항이고, 적시된 사실이 공공의 이해에 관한 사실에 해당하는가 여부의 판단을 좌우하는 것은 아니다[434].

사실의 공공성 판단은 당해 적시 사실의 내용과 성질, 당해 사실의 공표가 이루어진 상대방의 범위, 그 표현의 방법 등 그 표현 자체에 관한 제반 사정, 그 표현에 의하여 훼손되거나 훼손될 수 있는 명예의 침해 정도 등을 기준으로 비교·고려하여 결정하여야 한다. 그러나 행위자의 주요한 동기 내지 목적이 공공의 이익을 위한 것이라면 부수적으로 다른 사익적 목적이나 동기가 내포되어 있더라도 공공성이 있다[435]고 보아야 한다.

(3) 목적의 공익성

공익성이란 표현행위가 공공의 이익을 도모하기 위한 것을 주목적으로 하지 않으면 안된다는 것이다. 민사상 명예훼손행위가 위법성을 조각하기 위해서는 사실의 공익성에서 나아가 주관적으로 그 사실적시의 동기나 목

---

433 대법원 1999.6.8,99도1543.

434 일본 最高裁,1981.4.16 참조.

435 대법원 1999.6.8,99도1543.

적이 오로지 공익을 위한 것이어야 하는지 여부가 문제된다. 학설은 부정설이 다수로서 사실의 공공성 이외에 목적의 공익성을 요구하는 일본형법과는 달리 우리형법에는 이를 명시하지 아니하므로 이를 고려할 필요가 없다는 견해[436]와 행위자의 주관적 요건이 문제될 경우 나중에 이를 입증하지 못하여 불이익을 받을지도 모른다는 두려움에서 공익에 관한 사실발표를 스스로 삼가는 냉각효과(chilling effect)를 유발하기 때문에 이를 요건으로 하지 아니한다는 견해[437]가 있다.

판례는 형사상이나 민사상으로 타인의 명예를 훼손하는 행위를 한 경우에도 ----그 목적이 오로지 공공의 이익을 위한 것(밑줄 졸자 첨가)일 때에는 진실한 사실이라는 증명이 있으면 위 행위에 위법성이 없다[438]고 하여 긍정하고 있고, 또한 형사 판례이지만 적시된 사실이 객관적으로 볼 때 공공의 이익에 관한 것으로서 행위자도 주관적으로 공공의 이익을 위하여 그 사실을 적시한 것이어야 하는 것인데, --- 행위자의 주요한 동기 내지 목적이 공공의 이익을 위한 것이라면 부수적으로 다른 사익적 목적이나 동기가 내포되어 있더라도 형법 제310조의 적용을 배제할 수 없다[439]고 하여 역시 긍정하고 있다.

생각건대 '오로지 공공의 이익에 관한 때'라 함은 적시된 사실이 객관적으로 볼 때 공공의 이익에 관한 것으로서 행위자도 주관적으로 공공의 이익을 위하여 그 사실을 적시한 것으로 보아야 하지만, '오로지'라는 엄격성을 확대 해석하게되면 명예훼손책임을 폭넓게 인정하게 되고 그렇게 되면 언론의 자유를 심각하게 훼손할 수도 있기 때문에 완화할 필요는 있다. 따라서 사실적시의 주요한 목적에 공익성이 필요하지만 부수적으로 사적인

---

436 지홍원,전게논문,229면.

437 한위수,전게논문,423면.

438 대법원 1999.6.8,99도1543.

439 대법원 1999.6.8,99도1543.

목적이 있더라도 면책될 수 있다고 할 것이다.

2. 진실이라고 믿은 데 대한 상당성 - 주의의무로서의 조사확인의무 -

언론기관이 범죄보도와 관련하여 진실한 사실만을 보도하여야 한다고 하면 언론실무상으로는 수사기관이 수사중인 범죄혐의나 재판중인 범죄사실에 대하여는 전혀 보도할 수 없게 될 것이다. 이 경우 언론의 자유는 매우 심각하게 침해를 받을 것이고, 또한 수사기관이나 법원이 아닌 언론기관에게 범죄보도에 있어서의 범죄사실에 대한 진실증명을 요구하는 것은 연목구어나 마찬가지이다. 판례도 진실성 여부에 대한 판단보다는 오신의 상당성이 문제된 경우가 대부분이다. 따라서 언론기관이 범죄보도를 함에 있어서는 진실한 사실만을 보도해야 하지만 허위의 사실을 진실한 것이라고 오신하고서 공공의 이익을 위하여 보도한 경우에 위법성이 조각된다고 한다. 이를 "오신의 상당성"이라고 한다. 판례는 형사상이나 민사상으로 타인의 명예를 훼손하는 행위를 한 경우에도 그것이 공공의 이해에 관한 사항으로서 그 목적이 오로지 공공의 이익을 위한 것일 때에는 진실한 사실이라는 증명이 없더라도 행위자가 그것을 진실이라고 믿을 상당한 이유가 있는 경우에는 위법성이 없다[440]고 하고 있다. 그러나 이러한 상당성을 위법성 조각사유로 보는지 아니면 고의 과실의 문제로 보는지에 대하여는 견해가 갈린다. 판례도 전자의 흐름이 주류이지만, 후자로 보는 것[441]도 있다. 후자로 보면 주의의무의 문제가 생긴다.

언론매체의 보도를 통한 명예훼손에 있어서 행위자가 보도 내용이 진실이라고 믿을 만한 상당한 이유가 있는지의 여부는 적시된 사실의 내용, 진실이라고 믿게 된 근거나 자료의 확실성과 신빙성, 사실 확인의 용이성, 보도

440 대법원 1988.10.11,85다카29.

441 대법원 1998.5.8,96다36395;동 1998.2.27,97다19038.

로 인한 피해자의 피해 정도 등 여러 사정을 종합하여 행위자가 보도 내용의 진위 여부를 확인하기 위하여 적절하고도 충분한 조사를 다하였는가, 그 진실성이 객관적이고도 합리적인 자료나 근거에 의하여 뒷받침되는가 하는 점에 비추어 판단하여야 한다[442]. 오신의 상당성 문제는 주의의무로서의 조사확인의무로 볼 수 있기 때문에 판례의 집적에 기초한 유형화가 필요하다. 그간의 판례를 정리하면 행위자별(일간 신문사, 주간지, 월간지, 방송국), 프로그램의 성격별(뉴스 보도, 일반 보도, 기획기사), 취재원별(개인 제보자, 경찰 수사기관, 검찰 수사기관, 정보기관, 행정기관, 법원)로 달리할 수 있다. 일반적으로 오신의 상당성은 다음과 같은 기준을 바탕으로 하여 정할 수 있다.

(1) 증거자료의 확실성과 신뢰성

오신의 상당성에는 진실하다고 판단한 증거자료가 어떤 것이 있는지 여부가 상당성 판단에 매우 중요하다. 형법상으로는 확실한 자료, 근거에 비추어 상당한 이유가 있을 때[443]에는 명예훼손죄가 위법성조각된다. 여러 언론매체가 보도하였다고 하더라도 그 보도사실을 진실이라고 평가할 수는 없다. 명예훼손의 진실성 증명을 위해 다른 신문, 잡지 등을 진실성이나 상당성의 증명자료로서 이용할 수 있지만, 보도된 사실 그 자체를 증명하는 것은 가능할지 몰라도 진실성이나 상당성의 증명으로서는 무의미하다. 판례도 어느 사람의 범죄 혐의에 대하여 신문 등이 반복하여 보도하였기 때문에 사회적으로 널리 알려졌다 하더라도, 그 사실로부터 막바로 위 혐의에 관한 범죄사실이 실제로 존재한 것이라고 공표한 자가 위 사실을 진실한 것으로 믿은 데 상당한 이유가 있다고는 할 수 없다[444]고 하였다. 근거자료는

---

442 대법원 2001. 1. 19.2000다10208.

443 일본 最高裁,1969.6.25.

444 일본 最高裁,1997.9.9.

원칙적으로 확실한 것이 필요하지만, 당해 표현행위의 중요성, 표현자의 조사능력, 조사의 난이, 주어진 조사시간, 자료 및 정보의 입수경로나 취재원의 신뢰성 등을 고려하여야 한다. 그러나 판례는 미국판례상의 통신의 항변(wire service defense)은 인정하지 않는다[445]. 따라서 다른 언론기관의 보도를 전재하더라도 면책되는 것이 아니고, 이를 근거로 다시 확인하고 심층취재할 필요가 있다.

(2) 반론기회의 부여 및 사실확인의 용이성

언론기관의 범죄보도와 관련하여 진실발견을 위한 최대의 증거방법은 범죄자 자신이다. 언론기관이 범죄보도를 함에 있어서는 취재기자는 범죄자 또는 범죄혐의자 본인에게 접근하여 수사기관의 발표나 수사방향에 근거하여 취재하는 것이 가장 확실하다. 명예훼손의 피해자는 범죄혐의자 또는 범죄자 본인이기 때문에 명예훼손의 피해자에게 사정을 듣거나 진위를 올바르게 하는 것이 가장 중요하다. 또한 사실확인을 위한 표현자의 조사능력의 한계는 행위자, 프로그램별, 취재원에 따라 달라진다. 판례는 일간신문사가 다른 언론매체의 보도내용을 마치 직접 취재한 것처럼 기사를 작성하면서, 그 기사내용의 진위 여부를 확인하기 위하여 피해자 및 관련자와 접촉하려고 시도하였으나 그 방법이 부적절하였거나 그 노력을 다하지 못하여 실패하자, 더 이상의 사실확인 노력도 하지 아니한 채 별다른 근거 없이 되는대로 기사를 작성한 경우, 일간신문이 신속성을 요구한다는 점을 감안하더라도 그 언론매체에게 그 기사의 취재 과정에서 그 기사의 내용이 진실이라고 믿은 데에 상당한 이유가 있었다고 보기 어렵다[446]고 보아 불법행위를 인정하였다. 또한 판례는 일정한 입장에 있는 인물에 관한 행위가 공적 비판의

445 대법원 1996.5.28,94다33828 참조.

446 대법원 1996.5.28,94다33828.

대상이 된다고 하더라도 신문에 비하여 신속성의 요청이 덜한 잡지에 인신공격의 표현으로 비난하는 내용의 기사를 게재함에 있어서는 기사내용의 진실여부에 대하여 미리 충분한 조사활동을 거쳐야 할 것인바, 잡지발행인이 수기를 잡지에 게재함에 있어 그 내용의 진실성에 대하여는 전혀 검토하지 아니한 채 원문의 뜻이 왜곡되지 않는 범위 내에서 문장의 일부만을 수정하여 피해자가 변호사로서의 본분을 망각한 악덕변호사인 것처럼 비방하는 내용의 글을 그대로 잡지에 게재하였다면 잡지발행인으로서는 위 수기의 내용이 진실한 것으로 믿는데 상당한 이유가 있었다고 할 수 없고, 위 잡지발행인은 위 피해자에 대한 명예훼손의 책임을 면할 수 없다[447]고 하여 잡지는 주의의무로서 매우 높은 조사확인의무를 부담한다고 하였다.

그러나 언론 매체의 명예훼손행위와 관련하여 적시된 사실이 역사적 사실인 경우 시간이 경과함에 따라 점차 망인이나 그 유족의 명예보다는 역사적 사실에 대한 탐구 또는 표현의 자유가 보호되어야 하고 또 진실 여부를 확인할 수 있는 객관적 자료에도 한계가 있어 진실 여부를 확인하는 것이 용이하지 아니한 점도 고려되어야 한다[448]고 하면서 백범 김구 선생 암살사건의 논픽션드라마에서 배후로 묘사된 자의 명예훼손에 대하여, 방송사가 그 방송 내용이 진실하다고 믿었고 또 그렇게 믿을 상당한 이유가 있어 고의·과실이 없다는 이유로 불법행위책임이 성립되지 않는다고 하였다. 역사적 사실에 대한 논픽션드라마에서는 주의의무로서의 조사확인의무가 상당히 완화된다고 보고 있다. 그런데 실명에 의한 논픽션 라디오 드라마에 있어서는 일반의 청취자 등이 그 내용을 사실이라고 받아들이기가 쉬운 반면에 신속성의 요청은 일반 보도에 비하여 그다지 크다고 할 수가 없으므로, 그 방송에 있어서는 단순히 풍문이나 억측이 아닌 신빙성 있는 자료에 의거하

---

447 대법원 1988.10.11,85다카29.

448 대법원 1998.2.27,97다19038.

여야 할 필요성이 보다 크다고 할 것이므로 다른 특별한 사정이 없는 이상 방송의 기초가 되는 그 자료 내용의 진위를 당사자 본인이나 그 주변 인물을 통하여 확인하는 등의 충분한 조사 활동을 사전에 거침이 마땅하다 할 것이어서, 이러한 확인 내지 조사 활동을 거치지 아니한 채 명예훼손의 내용이 담긴 논픽션 라디오 드라마를 그대로 방송하였다면 방송사 측에서 그 내용이 진실이라고 믿었다 하더라도 그에 상당한 이유가 있다고 할 수는 없다[449]고 하여 실명에 의한 논픽션 드라마의 경우에는 주의의무로서의 조사 확인의무가 높다고 하였다.

(3) 명예훼손사실의 심각성 및 보도의 신속성

민법상 명예훼손책임에 있어서의 상당성은 표현의 자유와 개인의 명예권의 조정하에 생겨난 법리이므로, 명예훼손사실이 심각하면 심각할수록 상당성의 판단이 엄격해진다. 특히 언론기관이 범죄보도를 함에 있어서는 법원에서 범죄사실이 확정적으로 인정되어 판결문을 근거로 보도하는 경우는 드물고, 대부분 경찰, 검찰 등 수사기관에서 범죄혐의를 받고 있는 상태에서 공식 또는 비공식적으로 언론기관의 취재기자가 그 사실을 알게되어 이를 근거로 하여 범죄혐의자에 관한 보도를 하는 경우가 많다. 이 경우 범죄 보도는 대부분 공공성을 띄고 있다고 보아야 하고, 결국 문제가 되는 것은 오신에 대한 상당성이 문제된다. 이 경우 범죄혐의자로 보도되면 그 당사자로서는 치명적인 명예훼손이 오는 것은 분명하지만, 아울러 언론기관으로서는 보도에서의 공공성과 뉴스로서의 신속성을 무시할 수 없게 된다. 명예훼손사실의 심각성을 강조하게 되면 오신의 상당성을 인정하는 범위는 매우 좁아지게 될 것이고, 보도의 공공성, 신속성을 강조하게 되면 오신의 상당성을 인정하는 범위는 넓어질 것이다.

---

449 대법원 1998.5.8,97다34563.

일본의 판례는 구성요건이 하나라도 없으면 범죄행위는 성립하지 않고, 범죄행위에 관한 기사를 게재하면 그 기사가 사람의 명예를 크게 해칠 우려가 있기 때문에 범죄행위의 구성요건을 법률규정에 비추어 하나하나 검토하고 모든 요건을 만족할만한 사실에 관한 정보를 수집할 필요가 있다[450]고 하여 상당성을 판단함에 있어 명예훼손사실의 심각성을 강조하고 있다. 이에 비하여 우리 판례는 보도 내용이 수사가 진행중인 피의사실에 관한 것일 경우, 일반 독자들로서는 보도된 피의사실의 진실 여부를 확인할 수 있는 별다른 방도가 없을 뿐만 아니라 언론기관이 가지는 권위와 그에 대한 신뢰에 기하여 보도 내용을 그대로 진실로 받아들이는 경향이 있고, 신문 보도가 가지는 광범위하고도 신속한 전파력으로 인하여 사후 정정보도나 반박보도 등의 조치에 의한 피해구제만으로는 사실상 충분한 명예회복을 기대할 수 없는 것이 보통이므로, 보도 내용의 진실 여하를 불문하고 그러한 보도 자체만으로도 피의자나 피해자 또는 그 주변 인물들이 입게 되는 피해의 심각성을 고려할 때, 이러한 피의사실을 보도함에 있어 언론기관으로서는 보도에 앞서 피의사실의 진실성을 뒷받침할 적절하고도 충분한 취재를 하여야 한다. 보도기관은 수사기관과는 달리 사실의 진위 여부를 확인함에 있어 현실적으로 상당한 제약을 받을 수밖에 없고, 신속한 보도의 필요성이 있을 때에는 그 조사에도 어느 정도 한계가 있을 수밖에 없는 점도 있다[451]고 하면서 신문기자가 담당 검사로부터 취재한 피의사실을 그 진위 여부에 관한 별도의 조사 및 확인 없이 보도했으나 위 기사가 검사가 소정의 절차에 의하여 행한 발표 및 배포 자료를 기초로 객관적으로 작성되어 있는 경우, 그 기사 내용이 진실이 아니라고 하여도 위법성이 조각된다고 하여 불법행위가 되지 않는다고 보았다. 이 경우는 명예훼손사실의 심각성보

450 일본 東京地裁,1995.3.14.

451 대법원 1999.1.26,97다10215,10222.

다는 보도의 신속성을 강조하였다. 그러나 일간신문사 기자가 타 신문사의 기사 내용과 피의자에 대한 구속영장 사본만을 열람한 것만으로는 위 기자가 기사 내용의 진실성을 담보하기 위하여 필요한 취재를 다한 것이라고 할 수 없고, 더욱이 피의자가 범행혐의를 받고 있을 뿐임에도 불구하고 마치 자신의 직접 취재에 의하여 그 범행이 확인된 것처럼 단정적으로 기사를 게재한 경우는 일간신문에 있어서의 보도의 신속성이란 공익적인 요소를 고려한다고 하더라도 명예훼손행위의 위법성을 조각할 수 없다[452]고 하는 판례도 있다.

(4) 공공기관의 발표 및 자료

오신의 상당성과 관련하여 증거자료의 확실성과 신뢰성에 관한 문제로서 자료, 정보의 입수경로나 취재원의 신뢰성에 상당한 정도의 의심이 없는 상황이 필요하다. 즉 자료 자체가 확실한 내용이 있다는 추측을 할 수 있도록 하는 객관적인 상황이 필요하다. 일반적으로 정부 공공기관 특히 범죄보도와 관련하여 경찰, 검찰 등의 수사기관의 공식적인 발표나 자료는 신뢰성이 높다고 할 수 있다. 범죄보도와 관련하여 수사기관의 공식발표를 그대로 보도하는 경우에는 진위확인을 위한 뒷받침 취재를 하지 않더라도 상당한 이유가 있고, 수사기관의 공식발표가 없더라도 취재기자가 심층취재를 하여 진실확인작업을 한 뒤 기사화한 경우에는 상당한 이유가 있다[453]고 한다. 그러나 수사기관의 공식발표 전에 비공식취재와 더불어 뒷받침조사를 하지 않은 경우, 소문 등 의혹에 대하여 비공식으로 독자취재하고 뒷받침조사도 하지 아니한 경우, 수사기관의 공식발표를 발표내용 자체를 오해하여 사실과 다른 보도를 한 경우, 언론기관이 과장 또는 윤색하여 보도한 경우 등에

452 대법원 1999.1.26,97다10215,10222.

453 한위수,전게논문,429면.

는 상당성이 없다고 한다[454].

행정기관의 정보에 취재원을 두는 경우와 일반사인으로부터의 정보에 취재원을 두는 경우를 구별하여 범죄보도에 있어서는 강력한 정보수집능력, 전문적 수사능력을 구사할 수 있는 경찰발표에 일정한 신뢰도를 둘 수 있기 때문에 보도기관이 경찰의 발표내용을 자세하게 뒷받침 취재를 하지 아니한 채로 그대로 보도하는 경우에는 상당성이 있지만 발표 내용을 변경하거나 추가한 경우에는 상당성이 없다고 한다. 반면에 일반사인의 정보를 취재원으로 하는 경우에는 정보제공자가 개인적인 원한을 풀 목적으로 허위정보를 제공할 수 있기 때문에 보도기관은 신중한 뒷받침 취재와 독자적인 판단 아래 보도하지 않으면 상당성이 부정될 수 있다고 한다[455]. 이러한 정부 공공기관의 발표나 자료에 근거하여 언론기관이 범죄보도를 하는 경우에는 아래와 같이 구분할 수 있다.

① 검찰에서의 진술

범죄혐의자가 경찰, 검찰 등 수사기관에서의 조사과정에서 진술한 사실을 당해 수사기관의 담당자로부터 취재한 사실을 근거로 하여 언론기관이 범죄보도를 하는 경우가 많다. 이 경우 수사기관의 공식적인 발표나 자료는 아니지만 언론기관으로서는 이를 뉴스로서의 가치를 고려하여 특종 보도하지 않을 수 없다.

기소된 자가 검찰에서 한 진술내용을 담당자로부터 취재하여 보도한 사례에서 검찰진술을 보도하더라도 일반 시청자는 진술내용이 사실이라는 인상을 가지기 쉽고, 진실성 증명의 대상은 진술내용 그 자체가 아니라 진술내용이 표시하는 사실의 존부에 있음에도 불구하고 취재할 때에 진술내용보

454 한위수,전게논문,430면.

455 일본 大阪地裁,1998.3.31.참조.

다 진술의 존부에 중점을 두었다고 하고, 검찰관계자를 포함한 여러 사람에게 뒷받침 취재를 하면서도 수사당국으로부터 진술에 관한 공식발표가 없었기 때문에 텔레비젼 방송국이 진술내용을 진실이라고 믿고 뉴스방송을 하더라도 상당한 이유가 없다고 하면서 명예훼손을 인정하였다[456].

그렇다면 언론기관이 수사기관의 담당자로부터 비공식적으로 취재한 사실을 근거로 하여 범죄보도를 함에 있어서는 진술 그 자체에 중점을 두고 보도할 것이 아니라 그 진술 내용의 구체적인 사실의 진실성에 중점을 두고 그에 대한 뒷받침 취재나 심층 취재를 하여 이를 확인한 후 보도하여야 할 것이다.

② 수사자료

언론기관의 취재기자는 일반적으로 해당 출입처가 있고 이를 취재하던 도중에 수사기관의 심문조서나 구속영장청구서, 공소장, 진술서 등 기타 수사기관의 수사자료를 접하게 되어 이 근거로 하여 범죄보도를 하는 경우가 많다. 이 경우 이러한 수사자료들이 수사기관의 자료이기는 하지만 내부적인 자료에 머물 가능성이 많고, 공식적으로 발표한 자료가 아니기 때문에 신뢰성이 없을 수도 있다.

일본에서는 심문조서 및 공판조서의 신뢰성, 증언의 신빙성, 다른 증인의 증언의 신빙성, 정부부처 국장의 사실부정 증언 등을 둘러싸고 다투었으나 심문조서와 공판조서에 기하여 기사화한 경우 진실상당성이 인정되지 않는다[457]고 한다.

실제로 대부분의 범죄보도와 관련한 특종기사의 경우는 이러한 수사자료에 근거한 경우가 많지만 이를 근거로 하여 보도할 경우에는 심층취재나

456 일본 東京地裁,1996.7.30.

457 일본 東京高裁,1999.6.30.

뒷받침 취재를 거쳐야 할 것이다[458].

③ 공식발표

수사기관의 공식발표에는 수사기관이 적극적으로 스스로 기자회견이나 보도자료의 배포를 통하여 범죄사실을 발표하는 경우도 있고, 언론기관의 취재기자로부터 범죄사실에 대한 진위확인을 요청받고 이를 확인해주는 경우도 있다. 수사기관이 공식적으로 범죄사실을 발표하고 언론기관이 이를 그대로 보도하는 경우에는 특히 의심할만한 다른 사정이 없는 한 오신의 상당성이 인정된다.

수사기관의 범죄에 관한 공식발표를 언론기관이 그 발표내용을 변경하거나 각색하는 경우에는 오신의 상당성이 부정된다. 언론기관으로서는 독자들의 흥미를 끌기 위하여 발표내용에 덧칠을 하거나 제목이나 내용을 자극적인 것으로 변경 또는 추가하는 경우가 많고 이를 이유로 명예훼손소송이 많이 나타난다[459].

따라서 기록송치된 사건은 반드시 증거에 의하여 충분하게 뒷받침되지 아니한 경우도 있고, 송치후 혐의가 없어 불기소되는 사건도 있기 때문에 기록송치를 보도하는 경우는 표현에 신중한 배려가 요청된다. 판례는 서류송치된 것만에 그치지 아니하고 뒷받침 취재를 하여 마치 혐의사실이 농후한 인상을 독자들에게 주었다고 판단되는 경우에는 기사에 진실에 대한 상당성이 없다고 하였다[460].

---

458 실제 언론기관에서는 이렇게 되면 낙종기사가 될 가능성이 많기 때문에 취재기자로서는 갈등이 있고, 결국 기자로서는 명예훼손보다는 특종을 택할 수 밖에 없을 것이다.

459 표성수,명예훼손 면책사유로서의 상당성 기준,언론중재 2000년 여름호,43면.

460 일본 仙台高裁,1998.6.26.

④ 판결내용

법원의 판결을 언론기관이 그대로 보도하는 경우에는 상당성이 있다고 할 수 있다. 제1심 형사판결에서 표시된 죄책사실, 양형의 이유로서 표시된 사실, 그 외 판결이유 중에 인정된 사실은 의심이 있는 특단의 사정이 없는 한 후에 항소심에서 다른 판단이 내려지더라도 적시된 사실을 진실이라고 믿은 데 대하여 상당한 이유가 있다고 한다[461].

3. 위법성 조각사유에 대한 입증책임

명예훼손에 대한 입증책임은 위법성 조각사유에 대한 입증책임이 문제되고, 이는 진실성, 공공성에 대한 입증책임과 오신의 상당성에 대한 입증책임으로 구분하여 설명할 수 있다. 전자의 경우는 견해가 갈라지는데, 언론기관은 스스로 보도기사의 진위가 문제될 때에 대비하여 그 보도기사의 진실성을 뒷받침할 자료를 갖추어 그 보도기사로 인하여 타인이 피해를 입지 않도록 진위조사의 주의의무를 부담하기 때문에 진실성에 대한 입증책임은 가해자인 피고에게 있다는 견해[462]와 부진실의 증명은 주장된 사실과 모순되는 증거를 하나라도 들면 족하기 때문에 사실의 부진실의 증명이 훨씬 쉽고, 피해자는 자신에 관한 일이어서 증거수집도 용이한 반면 발표자 특히 언론기관은 그 증거수집이 어렵고, 언론자유의 보장이라는 측면에서 피고에게 진실의 입증책임을 부과하는 것은 지나치기 때문에 입증책임이 원고에게 있다는 견해[463]가 있다. 또한 명예훼손에 의한 불법행위에 있어서 피고가 입증책임을 부담하는 것을 입증책임의 전환으로서 보는 견해[464]도 있다.

---

461 일본 最高裁,1999.10.26.

462 이은영,명예훼손책임에서 언론보도의 진실성과 공공성,민사판례연구(12),155면.

463 한위수,전게논문,424면.

464 방석호,명예훼손면책사유로서의 진실성과 신문사의 주의의무,민사판례연구(19),262면; 임병국, 언론법제와 보도,나남출판,1999,165면.

생각건대 명예훼손에 있어서의 진실성, 공공성은 취재과정에서 요구되는 확인의무에 관한 것으로 언론기관의 영역에 속하는 것이기 때문에 언론기관이 입증책임을 부담하는 것이 타당하다. 그러나 이러한 언론기관의 진실성에 대한 입증책임을 엄격하게 요구할 경우에는 헌법상 언론자유에 대한 중대한 침해가 될 수 있다. 따라서 진실성의 증명의 범위는 신문보도의 신속성의 요구와 객관적 진실파악의 곤란성을 근거로 언론기관에 대하여 사소한 부분까지 요구할 수는 없고, 보도기사의 중요부분에 대한 진실성의 증명이 있으면 족하다고 할 것이다. 또한 증명의 정도도 엄격한 증명을 요구할 것이 아니다.

후자의 경우 즉 오신의 상당성에 대한 입증책임도 역시 전자와 마찬가지로 가해자인 언론기관에 있다고 하는 견해[465]와 진실이라고 믿는 이유가 행위자에 관련된 것이어서 행위자가 입증하기는 쉬운 반면 행위자가 진실하다고 믿을 상당한 이유가 없음을 피해자가 입증하기는 사실상 불가능한 점을 감안하여 그 입증책임을 행위자가에게 부과하더라도 행위자에게 가혹한 것이 아니라고 하는 견해[466]가 있다. 결론적으로 오신의 상당성에 대한 입증책임은 가해자인 언론기관에게 있다는 견해로 통일되어 있다. 생각건대 오신의 상당성은 언론기관의 보도상의 주의의무에 해당한다고 보아 언론기관이 입증책임을 부담한다고 보아야 한다.

판례는 도서·잡지에 의하여 사실을 적시하여 개인의 명예를 훼손하는 행위를 한 경우에도 그 목적이 오로지 공공의 이익을 위한 것일 때에는 적시된 사실이 진실이라는 증명이 있거나 그 증명이 없다 하더라도 행위자가 그것을 진실이라고 믿었고 또 그렇게 믿을 상당한 이유가 있으면 위법성이 없다고 보아야 할 것이나, 그에 대한 입증책임은 어디까지나 명예훼손 행위를

465 표성수, 전게논문, 38면.

466 한위수, 전게논문, 431면.

한 도서·잡지의 집필자 또는 발행인에게 있고, 피해자가 종교단체라 하여 입증책임이 바뀌는 것은 아니라고 하여[467], 언론기관에 의한 명예훼손의 입증책임은 피고인 언론기관에게 있다고 한다.

IV. 잠정적 결론

언론보도와 관련하여 가장 명예훼손이 많이 일어나는 부분이 바로 범죄보도와 관련된 부분이다. 최근 대법원 판례는 언론기관의 범죄보도와 관련하여 익명보도의 원칙을 밝히고 있다. 언론기관의 범죄보도로 인한 명예훼손에서 가해자는 언론기관이지만 내부적으로는 보도국장, 편집국장을 비롯한 거의 모든 기자들이 관련되어 있다. 피해자는 피의자, 피고인을 비롯한 자연인 뿐 아니라 종교단체, 언론기관과 같은 법인도 포함된다. 범죄보도와 관련된 명예훼손에서의 손해배상책임의 요건은 민법 제750조의 불법행위책임의 구성요건을 만족시켜야 한다. 실무상 언론보도와 관련하여 공연성이 문제가 되는 경우는 거의 없다. 사실의 적시와 관련하여 순수한 의견에 대해서는 명예훼손책임이 없다고 보아야 한다.

언론기관의 범죄보도에는 우선 언론기관 내부적으로 윤리강령에 준수하여 보도하여야 하고, 범죄자에게도 명예가 있다는 사실을 염두에 두고 보도하여야 한다. 그러나 언론기관의 범죄보도는 국민의 알 권리차원에서 공공성이 있고, 그 명예훼손책임의 추궁에는 오신의 상당성에 대한 해석이 대단히 중요한 문제가 된다. 오신의 상당성과 관련하여 언론기관의 조사확인의무는 언론기관간, 프로그램간의 특성을 고려하여 논의되어야 한다. 또한 언론기관의 보도로 인하여 명예훼손의 피해를 입은 시민이 언론기관을 상대

467 대법원 1999.4.27,98다16203.

로 소송을 하는 것과 언론기관간의 소송은 구별되어야 할 것이다. 약자인 시민의 입장에서는 거대한 신문사를 상대로 하여 권리구제를 받는다는 것은 힘들지만, 거대한 언론기업인 신문사·방송사로서는 상대 언론사에 대하여 대항 할 수 있는 지면과 방송이 있다. 앞으로 언론의 명예훼손으로 인한 법적구제 수단에 대한 추가적인 연구가 필요하다.

제8장 | 방송보도로 인한 명예훼손소송에서의 진실성 오신의 상당성 판단의 기준 - 방송의 입장에서-

Ⅰ. 문제의 제기

1. 연구의 방법과 범위

언론매체에는 방송과 신문, 잡지, 뉴스통신 및 인터넷신문 등이 있다. 그 중 방송은 신문과 함께 언론기관의 한 축으로써 정치와 경제, 문화 등 각 분야에 미치는 영향이 엄청난 매체이다. 방송은 시청을 할 수 있는 텔레비전 방송과 청취를 할 수 있는 라디오로 대별되고, 그 속보성이나 영향력은 다른 매체의 추종을 불허할 정도다. 신문은 조간과 석간으로 구별되고 1일 1회에 걸쳐 정보발신을 할 수 밖에 없지만, 방송은 하루 종일 정보를 발신할 수 있어서 발신성 측면에서 압도적인 우위성을 가지고 있다. 특히 컬러 텔레비전과 고해상도(HD) 텔레비전, 인터넷 멀티미디어의 등장으로 텔레비전 방송은 현실감 있게 생생하게 전달하는 속보성이나 현장성, 전달력, 파급력은 상상을 초월할 정도이다. 생방송의 경우는 시청자는 현장의 이야기를 동시에 실제 상황으로 들을 수 있게 되고, 그러한 속보성은 텔레비전 방송의 장점인 반면에, 정보를 충분히 이해하기 이전에 방송이 끝나버리는 단점도 있다. 텔레비전 방송은 음성으로만 전달하는 매체인 라디오 방송과는 달리 영상을 동반하므로, 박진감이 라디오를 능가한다. '百聞이 不如一見'처럼 영상의 전달능력이 가져오는 시청자에 대한 영향력은 매우 크다. 이러한 박진감과 영향력은 시청자의 흥미를 유발시킬 수 있는 반면에, 취재대상자의 명예를 훼손시킬 위험이 있다. 나아가 오보 등이 있는 경우에는 상당한 피해를 일으키는 원인이 되기도 한다. 텔레비전 방송의 경우에는 특히 문제가 되는 것 중에 하나가 시청률이다. 시청률은 분단위로 측정되고, 시청률에 따라 광고료 수입에 큰 영향이 있기 때문에, 텔레비전방송이 시청률을 올리기 위해서 자극적인 오락성 프로그램을 제작하는데 온 힘을 기울이는 것을 나무랄 수는 없다. 시청률에 의존하는 프로그램은 명예훼손 문제를 소홀히 할 수밖에 없고, 이로 인하여 방송 오락 프로그램에서의 명예훼손 문제는 심각한 수준에 이르고 있다.

종래 법학이나 방송학에서 언론보도에 의한 명예훼손으로 논의된 것은 주로 언론의 취재과정이나 보도에 의해서 명예를 훼손당한 피해자의 입장에서의 권리구제에 관한 언론중재나 형사상 처벌 또는 민사상 손해배상 등이다. 이는 언론의 자유라는 측면보다 국민의 기본적 인권으로서의 자유권적인 성질을 지닌 명예권, 프라이버시권의 존중에 중점을 둠으로써 나타난 것이었다. 방송에서의 명예훼손으로 피해를 입은 자의 권리주장을 적극적으로 인정할 경우에, 그로 인한 방송관계자의 언론자유를 위한 노력은 매몰되기 싶다. 반면 방송으로 인한 명예훼손에서 방송관계자의 모든 책임을 언론자유의 커튼 뒤로 돌려버린다면, 명예훼손의 법적 책임을 추궁할 수 없게 된다. 따라서 이 연구에서는 방송의 입장에서 취재와 보도를 하는 과정에서 나타날 수 있는 언론의 자유와 명예의 보호와의 충돌문제를 언론 자유의 수호라는 측면에서 부득이 제한될 수밖에 없는 개인의 명예보호의 문제와 이 때문에 상대적으로 보호받을 수밖에 없는 방송의 언론 자유 문제를 다루고자 한다. 이러한 논의의 중심이 되는 법리가 바로 진실성 오신의 상당성이다. 대법원은 타인의 명예를 훼손하는 행위를 한 경우에 적시된 사실이 진실임이 증명이 되지 않더라도 행위자가 그것을 진실이라고 믿을 만한 상당한 이유가 있었던 경우에는 위법성이 없다고 보아 손해배상책임에서 면제하고 있다.[468] 이 진실성 오신의 상당성은 명예훼손의 피해자를 위한 명예회복과 가해자의 언론자유를 비교형량적으로 고려하여 언론에게 숨쉴 공간(breathing space)을 주는 언론의 자유를 위한 표지석으로 매우 의미가 있는 법리이다. 이 연구에서는 방송으로 인한 명예훼손소송에서의 진실성 오신의 상당성 법리를 통해서 개인의 명예보호가 제한되고, 나아가 방송이 언론의 자유아래 어느 정도 보호받을 수 있는지 여부에 대하여 살펴보고자 먼저 개괄적으로 방송으로 인한 명예훼손의 위법성 조각사유로서의 몇 가지 문제를 살펴보고(Ⅱ.,Ⅲ.), 나아가 위법성조각사유 중 추상적인 백지개념으로 있는 "상당한 이유"에 대하여 방송의 입장에서 고찰해보고자 한다(Ⅳ.,Ⅴ.). 이를 통해서 새로운 소식과 정보를 전하는 방송이 어떻게 손해배상의 위축효과(chilling effect) 공포에서 벗어날 수 있는지를 확인하고자 한다.

2. 언론소송의 현황

언론보도로 인한 명예훼손에 대한 연구는 무척 많다. 그러나 방송보도에 한정하여 논의된 연구는 그리 많지 않다. 특히 방송보도로 인한 명예훼손에 대한 법학적 측면에서의 연구는 더욱 희소하다. 더구나 그 희소한 연구의 대부분은 방송보도로 인한 피해를 입은 피해자의 입장에서 고찰된 연구이다. 이 연구에서는 방송이라는 좁은 범위에서 문제될 수 있는 명예훼손에 관한 문제를 피해자가 아닌 방송사의 입장에서 논의하고자 한다. 언론의 자유를

---

468 대법원 1988. 10. 11. 선고 85다카29 판결이 오신의 상당성에 관하여 처음으로 나온 리딩 케이스이다.

위해서 방송이 얼마나 많은 희생을 치르고 기여를 했는지 여부는 별론으로 하더라도, 이제 언론의 자유와 위축효과의 제거라는 측면에서 방송에서의 명예훼손을 새로운 시각에서 논의할 필요가 있다.

언론중재위원회가 발표한 통계에서 언론관련 민사판결은 2008년에 116건, 2009년에 108건, 2010년에 108건, 2011년에 126건, 2012년에 118건, 2013년에 141건, 2014년에 159건이다.[469] 이처럼 해마다 언론관련 판결이 점차 증가하고 있고, 이는 시민들의 권리의식의 향상과 더불어 언론기관의 속보경쟁이나 시청률 경쟁으로 말미암아 시민에 대한 권리침해가 빈번하다는 것을 의미한다. 한편 매체유형별 중 방송을 상대로 한 소송사건은 2008년에 38건이고, 그 중에서도 라디오를 상대로 한 사건은 단 1건이다. 2009년에는 35건이고, 라디오는 건수가 없다. 2010년에는 35건이고, 라디오는 1건이다. 2011년에는 21건이고, 라디오는 없다. 2012년에는 28건이고, 라디오는 1건이다. 2013년에는 41건이고, 라디오는 3건이다. 2014년에는 44건이고, 라디오는 1건이다. 수치상으로 보면, 특징적인 것은 라디오방송으로 인한 소송은 거의 없다는 점이고, 이는 라디오방송의 지역적 한계성과 방송의 일과성이라는 특징에 연유하는 것이라고 볼 수 있다. 나아가 2008년에 언론관련 민사손해배상청구사건 중 기각(원고패소)된 사례가 46건이고, 그중 상당성을 이유로 기각된 사례가 25건이다. 또한 2009년에는 61건에 24건, 2010년에는 90건에 37건, 2011년에는 84건에 26건, 2012년에는 96건에 39건, 2013년에는 141건에 91건, 2014년에는 167건에 95건에 이른다. 이를 통해서 언론보도로 인한 명예훼손소송에서 상당성을 이유로 기각된 사례가 매우 많고, 그 비율이 점차 증가하고 있음을 알 수 있다. 이 때문에 상당성에 대한 체계적인 연구가 필요하다.

---

469 이하 인용한 자료는 언론중재위원회,2014년도 언론관련판결 분석보고서,2015.를 비롯하여 2008년부터 2014년까지의 분석보고서를 바탕으로 한 것이다.

II. 방송보도와 명예훼손

방송법에는 방송을 텔레비전방송, 라디오방송, 데이터방송, 이동멀티미디어방송의 4종류를 두고 있다(제2조 제1호). 종전까지 텔레비전방송과 라디오방송이 주류를 이루었지만, 최근 IT기술의 발달에 따라 데이터방송, 이동멀티미디어방송까지 유행하고 있다. 방송으로 인한 명예훼손이 성립되기 위해서는 사람의 품성, 명성, 신용 등의 인격적 가치에 관하여 사회로부터 받는 사회적 평가인 외부적 명예를 고의 또는 과실로 위법하게 침해하여 손해가 발생하여야 한다(민법 제750조 참조). 형법상 명예훼손죄는 고의범이지만(제307조 내지 제310조), 민법상 손해배상은 고의뿐 아니라 과실에 의해서도 성립한다는 점에서 차이가 있다.

1. 라디오 방송과 명예훼손

라디오 방송은 음성을 통하여 전달하는 매체로서, 그 전파력이나 수신범위가 매우 넓다. 텔레비전 방송처럼 속보성이라는 측면에서는 동일하다. 라디오 방송으로 인한 명예훼손이 문제된 것은 위 통계에서 보는 바와 같이 많지 않다. 이는 텔레비전 방송과 같이 기록으로 남겨지지 않기 때문으로, 이로 인하여 책임추궁을 하기 어렵다. 또한 텔레비전 방송에 필적할 만큼 청취자가 많지 않기 때문에 피해자가 스스로의 피해를 눈치채지 못한다는 면도 있다. 라디오방송에서의 명예훼손의 판단기준도 텔레비전 방송에서의 기준과 동일하다고 보아야 한다. 라디오방송은 청취자에 있어서는 일과적이고 일회성인 것이고, 다시 들을 수 없다는 점이 특징이다.[470] 일본 판례에서는 라디오방송 좌담회에서 출연자가 어떤 사람에 관한 명예훼손적 발언을 한 경우에, 금요일에 녹취하고 편집하여 일요일에 방송한 때에는 발언의 진

470 물론 최근에는 라디오방송의 홈페이지에서 다시 듣기를 통해서 반복해서 청취할 수는 있다.

위와 근거에 대하여, 조사 확인할 시간적 여유가 있었기 때문에 조사의무를 다하지 않은 것으로 하여 방송국의 책임을 인정한 것이 있다.[471]

2. 텔레비전 방송과 명예훼손

텔레비전방송 프로그램은 신문기사와는 달리, 시청자는 음성 및 영상에 의하여 제공되는 정보를 순식간에 이해하지만, 녹화 등의 특별한 방법을 강구하지 않는 한, 제공된 정보의 의미내용을 충분하게 검토하거나 재확인할 수 없다. 텔레비전 방송에서 프로그램의 내용이 사람의 사회적 평가를 저하시키는지 여부는 일반 시청자의 보통의 주의와 시청방법을 기준으로 하여 판단하여야 한다. 일본 판례는 텔레비전 보도프로그램의 적시된 사실 여부는 프로그램의 전체적인 구성, 등장인물의 발언 내용, 화면에 표시된 플립차트(flip chart)나 텔롭(telop)등의 문자정보의 내용을 중시해야 하는 것은 물론 영상의 내용, 효과음, 해설 등의 영상 및 음성에 관한 정보내용 및 방송내용 전체로부터 받는 인상 등을 종합적으로 고려하여 판단하여야 한다[472]고 한다. 텔레비전 생방송의 경우에 방송국의 피용자인 아나운서가 명예훼손적 발언을 하는 경우에는 방송국은 사용자책임(민법 제756조)을 부담할 수 있다. 방송국의 피용자가 아닌 외부 출연자의 발언으로 인한 경우에는 방송국이 명예훼손을 발생시키지 않기 위해서 얼마나 주의의무를 게을리 하지 않았는가라고 하는 개별문제로 귀결된다. 예컨대 주제에 비추어 위험한 발언을 할 인물을 만연히 출연시켜 발언을 하게 한 경우에는 방송국은 면책될 수 없다. 사전에 최선의 주의의무를 게을리 하지 않았음에도 불구하고 명예훼손적 발언이 있었던 경우에 방송국에게 손해배상책임을 부담시키는 것은 무과실책임을 부과하는 것과 같은 것이 되므로 부당하다. 현장에서 행사 실

---

471 日本 東京地方裁判所 1990. 8. 27.,判例タイムズ 751호,168면.

472 日本 最高裁判所 2003. 10. 16., 判例時報 1845호,78면

황중계를 하고 있던 중에 아나운서의 배후 군중 속에서 갑자기 명예훼손적 언사로 규탄하는 경우와 같이, 전혀 예기치 못한 제3자의 경우는 방송국의 책임이 없다고 보아야 한다.

Ⅲ. 방송으로 인한 명예훼손소송에서의 위법성 조각사유

불법행위로 인한 손해배상책임의 성립요건에는 고의 또는 과실, 책임능력, 위법성, 손해발생과 인과관계 등이 있다(민법 제750조 참조). 민법상 손해배상에서는 고의는 물론이고 과실까지 요구하기 때문에, 고의 또는 과실이라는 요건이 방송으로 인한 명예훼손 소송에서 특별한 문제가 되지 않는다. 또한 책임능력이나 손해 발생과 인과관계에 대해서도 특별히 논의할 것이 없고, 오히려 금전배상 이외의 다른 구제수단으로서 사죄광고 기타 회복수단, 반론보도청구권, 추후보도청구권, 정정보도청구권 등이 문제되고 있다. 위법성과 관련해서, 舊민법에서는 권리침해를 요건으로 하였지만(舊민법 제709조), 현행 민법에서는 위법행위가(민법 제750조) 방송으로 인한 명예훼손소송에서 중요한 요건으로 자리 잡고 있다. 실무상 방송으로 인한 명예훼손에서는 위법성이 적극적으로 문제되는 것이 아니라 소극적인 요건으로서 방송국이 소송상 항변사유로 주장하는 위법성 조각사유가 문제되고 있다. 판례도 타인의 명예를 훼손하는 행위를 한 경우에 그것이 공공의 이해에 관한 사항으로서 그 목적이 오로지 공공의 이익을 위한 것인 때에는 적시된 사실이 진실임이 증명된 경우는 물론 그 증명이 되지 않더라도 행위자가 그것을 진실이라고 믿을 만한 상당한 이유가 있었던 경우에는 위법성이 없다고 한다.[473] 명예훼손소송에서의 위법성 조각사유로서는 공인, 배신의 항변,

---

473 대법원 2014. 6. 12. 선고 2012다4138 판결.

공정한 논평, 현실적 악의, 언론의 응수, 정당업무행위, 피해자 승낙 등 많은 사유가 있지만, 이하에서는 공공성, 공익성에 대하여 간단히 살펴보고, 오신의 상당성과 관련이 있는 진실성에 대하여 상세히 살펴보기로 한다.

1. 공공성

공공성은 일반 다수인의 이해에 관한 것이다. 공공성은 사실의 공공성이다. 표현된 사실 자체가 공공적 성격을 가지는지 여부가 아니고, 공공성있는 사실을 평가판단하는 자료로 될 수 있는지 여부에 의하여 판단되어야 한다. 공공성을 모든 사람들이 관심을 가지는 사항이라고 해석하면, 사람들이 알고 싶어 하는 사항은 모두 공공성이 있다고 보아야 하기 때문에 문제가 있다. 일본 판례는 공공성은 국가 전반이나 사회 일반의 이해에 한정하지 않고, 개인의 사생활 행태에 관한 것이라도 사회적 활동의 성질 및 사회에 미치는 영향력의 정도 등에 의하여 그 사회적 활동에 대한 비판이나 평가의 하나의 자료로서 공공성에 해당하는 것이 있을 수 있고, 공공의 이해에 관한 사실에 해당하는가 여부는 적시된 사실 자체의 내용, 성질에 비추어 객관적으로 판단되어야 한다고 한다.[474] 공공성 여부는 적시된 사실 자체의 내용, 성질에 비추어 객관적으로 판단되어야 하고, 적시할 때의 표현방법이나 사실조사의 정도 등은 공익성에서 고려되어야 하고 공공성 여부의 판단을 좌우하는 것은 아니다. 따라서 피해자의 직업이 정치가, 공무원 등이면 비교적 간단하게 공공성을 인정할 수 있다. 또한 이미 기소가 된 범죄혐의에 관한 것은, 아직 확정되지 아니한 것이라도 재판의 공개 등의 요청에 비추어 공공의 이해에 관한 사실에 해당한다. 다만, 공공성은 일반적으로 범죄혐의자의 사생활의 행태 중에서 범죄사실에 밀접하게 관련하는 경력이나 사생활에 관한 사실에 한하여 해당된다고 보아야 한다. 따라서 범죄혐의와 관련

---

474 日本 最高裁判所 1981. 4. 16.,判例時報 1000호, 25면.

이 없는 범죄혐의자의 개인적인 사생활에 관한 내용은 공공성이 없다고 보아야 한다.

2. 공익성

공익성은 목적이 오로지 공공의 이익을 위한 것이다. 공공의 이익은 국가, 사회 등 일반 다수인의 이익에 관한 것만이 아니라 특정한 사회집단이나 그 구성원 전체의 이익에 관한 것도 포함된다.[475] 공익목적은 오로지 존재하여야 한다. 그러나 '오로지'에 대하여 엄격하게 해석하지 않고, 공익성 흠결을 이유로 명예훼손을 인정하지 않는 사례는 거의 없거나, 공공성을 긍정하는 경우에는 대부분 목적의 공익성도 긍정함으로써 공익성 요건의 일부를 사문화시키고 있다. 진실성, 진실성 오신의 상당성의 요건을 충족하기 위해서는 오로지 공익을 도모할 목적이 있어야 한다. 공익성은 표현자의 주관 만에 의해서 판단해야 하는 것이 아니다. 적시된 사실이 객관적으로 볼 때 공공의 이익에 관한 것으로서 행위자도 공공의 이익을 위하여 그 사실을 적시하여야 한다.[476] 연구논문과 인터뷰를 통해서 생산한 의약품에 하자가 있는 것으로 인식되어 명예 내지 신용이 훼손되었다고 주장한 사안에서 대법원은 공익성은 적시된 사실의 구체적 내용, 사실의 공표가 이루어진 상대방의 범위, 표현의 방법 등 그 표현 자체에 관한 제반 사정을 고려함과 동시에 그 표현에 의하여 훼손되거나 훼손될 수 있는 명예의 침해 정도 등을 비교·고려하여 결정하여야 한다. 행위자의 주요한 목적이나 동기가 공공의 이익을 위한 것이라면 부수적으로 다른 사익적 동기가 내포되어 있었다고 하더라도 행위자의 주요한 목적이나 동기가 공공의 이익을 위한 것으로 보아야 한다[477]고 한다.

---

475 대법원 1993. 6. 22. 선고 93도1035 판결.

476 대법원 1996. 10. 11. 선고 95다36329 판결.

477 대법원 2008. 1. 24. 선고 2005다58823 판결.

개인의 사적인 신상에 관한 사실이라도 그 사실적시의 주요한 동기가 공공의 이익이라면 공익성이 있다고 보아야 한다. 마약류취급에 관한 범죄를 보도함에 있어서 신원에 관한 사항을 명시한 사안에서 대법원은 대중 매체의 범죄사건 보도는 공공성이 있는 것으로 취급할 수 있으나, 범죄 자체를 보도하기 위하여 반드시 범인이나 범죄혐의자의 신원을 명시할 필요는 없고, 범인이나 범죄혐의자에 관한 보도가 반드시 범죄 자체에 관한 보도와 같은 공공성을 가진다고 볼 수 없다[478]고 하였다. 일본 판례는 사실의 공표가 저작에 의해 이루어진 경우에, 목적의 공익성의 유무는 당해 저작 전체의 목적만에 의해서 결정할 것은 아니고, 당해 사실 자체의 공표가 공익을 도모하기 위하여 필요한 것인지 여부에 의해서 하여야 한다[479]고 한다.

3. 진실성

타인의 명예를 훼손하는 행위를 한 경우에 그것이 공공의 이해에 관한 사항으로서 그 목적이 오로지 공공의 이익을 위한 것인 때에는 적시된 사실이 진실임이 증명된 경우는 위법성이 없다. 진실성은 진실한 사실을 말하고, 진실은 거짓이 없는 사실을 말한다. 사실은 본인을 제외한 타인에 관한 사항이다. 본인이 본인에 관한 사실을 말하더라도 이는 자랑이거나 수치의 문제이지 명예훼손의 문제가 아니다. 사실은 입증이 가능한 과거, 현재의 구체적인 사건이나 상태를 말한다.

(1) 진실성 증명의 범위

진실성 증명의 범위에 대하여 대법원은 진실한 사실은 그 내용 전체의 취지를 살펴볼 때 중요한 부분이 객관적 사실과 합치되는 사실이라는 의미로

---

478 대법원 2007. 7. 12. 선고 2006다65620 판결.

479 日本 東京高等裁判所 1989. 9. 5., 判例時報 1323호, 37면.

서 세부에 있어 진실과 약간 차이가 나거나 다소 과장된 표현이 있더라도 무방하다[480]고 한다. 표현의 자유에는 어느 정도 숨쉴 공간이 있어야 하므로 다소 잘못되거나 과장된 표현은 있을 수 있다. 진실에의 부합 여부는 중요 부분에서의 합치와 표현의 전체적인 취지가 중시되어야 하는 것이고, 세부적인 문제까지 완전하게 객관적 진실과 일치할 것을 요구해서는 안된다. 일본 판례는 중요한 부분을 판단하기 위해서는 전문, 본문의 내용 이외에 제목의 배치와 그 내용, 사진의 취급 등을 종합적으로 감안하고, 그것을 일반 독자가 보통의 주의로서 읽는 방법으로 읽는 경우의 인상을 기준으로 한다[481]고 한다.

(2) 진실성 증명의 대상

사람에 대한 사회적인 평판인 세평을 적시한 경우에는, 진실성 증명의 대상은 세평의 내용인 사실인가 아니면 세평의 존재인가? 사실의 증명의 대상이 되는 것은 세평 그 자체가 존재하는지 여부가 아니고, 세평의 내용인 사실의 진실성 여부이다. 범죄혐의 등 어떤 사실의 의혹을 보도한 경우에는 그 사실의 존재 자체를 증명하여야 한다. 그런데 이는 언론보도의 표현방법에 관한 것이지만, 어떤 사실의 존재 자체를 증명할 필요는 없고, 의혹의 존재를 합리적으로 증명하면 된다. 일본 판례는 범죄혐의사실에 밀접하게 관련한 상황증거가 되는 사실에 관하여 단정적인 것이 아니고, 단지 의혹이 있다는 한도에서 보도하는 것에 그친 경우에, 명예훼손의 위법성조각과의 관계에서는 위 사실의 존재 그 자체를 증명하지 않고, 보도시점을 기준으로 위 사실에 관한 합리적인 의혹의 존재를 증명하면 진실성의 증명이 있었던

---

480 대법원 2006. 3. 23. 선고 2003다52142 판결;대법원 2007. 9. 6. 선고 2007다2268 판결;대법원 2009. 10. 29. 선고 2009다49766 판결.

481 日本 大阪高等裁判所 1986. 11. 14., 判例時報 1223호,57면.

것이 된다[482]고 한다.

(3) 진실성 증명의 정도

민법상 불법행위에서의 소송상 인과관계의 입증은 한 점의 의혹도 허용되지 않는 자연과학적 증명이 아니라 경험칙에 비추어 모든 증거를 종합검토하고, 특정한 사실이 특정한 결과발생을 초래한 관계를 시인할 수 있는 고도의 개연성을 증명하면 된다. 그러나 명예보호와 표현의 자유와의 조정은 두 권리가 모두 헌법상 기본권으로서 비교형량할 필요가 있고, 자유민주주의 국가에서는 표현 자유의 중요성이 특별히 강조되고 있는 점을 고려하면, 방송보도에서의 진실성의 증명의 정도는 어느 정도 완화될 필요가 있다.

(4) 진실성의 판단기준시

진실성의 판단은 사실심 구두변론 종결시가 판단기준시가 된다. 적시된 사실의 중요한 부분이 진실인지 여부에 대해서는 사실심의 구두변론 종결시에 객관적인 판단을 해야 하고, 그 때에 명예훼손행위의 시점에는 존재하지 않았던 증거를 고려하는 것도 당연히 허용된다. 다만, 적시된 사실이 객관적인 사실에 합치하고 진실이라면, 행위자가 그 사실에 관하여 어떠한 인식을 가지고 있더라도 명예훼손행위 자체의 위법성이 부정된다. 일본 판례는 진실성의 입증은 적시된 사실이 객관적인 사실에 합치하고 있다는 것을 입증하는 것이어서, 행위당시에 진실성을 입증하기에 족한 증거가 존재하고 있다는 것을 입증하는 것이 아니고, 또한 진실성의 입증을 위한 증거방법을 행위당시에 존재한 자료에 한정하여야 할 이유도 없다[483]고 한다.

---

482 日本 東京地方裁判所 1993. 12. 20.,判例時報 1511호,105면

483 日本 最高裁判所 2002. 1. 29.,判例時報 1778호,49면.

(5) 진실성의 입증책임

사실을 적시함으로써 타인의 명예를 훼손하는 경우, 원고가 청구원인으로 그 적시된 사실이 허위사실이거나 허위평가라고 주장하며 손해배상을 구하는 때에는 그 허위성에 대한 증명책임은 원고(피해자)가 부담한다. 다만 피고가 그 적시된 사실이 진실한 사실로서 오로지 공공의 이익에 관한 것이므로 위법성이 없다고 항변할 경우에는 그 위법성조각사유에 대한 증명책임은 피고(방송국)가 부담한다.[484] 그리고 사실적 주장이 진실한지 아닌지를 판단함에 있어서, 특정 기간과 특정 장소에서 특정한 행위가 존재하거나 존재하지 아니한다는 점에 관한 어떠한 사실의 존재 또는 부존재의 증명은 피해자가 그 존재 또는 부존재에 관하여 충분한 증거를 제출함으로써 이를 증명할 수 있다. 그러나 특정되지 아니한 기간과 공간에서의 구체화되지 아니한 사실의 부존재의 증명은 사회통념상 불가능에 가깝다. 그런데 특정되지 아니한 기간과 공간에서의 구체화되지 아니한 사실이 존재한다고 주장·증명하는 것은 용이하다. 따라서 의혹을 받을 일을 한 사실이 없다고 주장하는 사람에 대하여 의혹을 받을 사실이 존재한다고 적극적으로 주장하는 방송국은 그러한 사실의 존재를 수긍할 만한 소명자료를 제시할 부담을 진다. 이에 대하여 피해자는 제시된 자료의 신빙성을 탄핵하는 방법으로 허위성의 입증을 할 수 있다.[485]

Ⅳ. 방송으로 인한 명예훼손소송에서의 진실성 오신의 상당성

방송이 진실한 사실만을 적시하여 보도하도록 한다면, 부족한 인력과 경

---

484 대법원 2008. 1. 24. 선고 2005다58823 판결;대법원 2014. 6. 12. 선고 2012다4138 판결

485 대법원 2011. 9. 2. 선고 2009다52649 전원합의체 판결;2013. 3. 28. 선고 2010다60950 판결;대법원 2014. 6. 12. 선고 2012다4138 판결

비의 문제 때문에 도저히 이룩할 수 없는 과제이다. 사실적 주장은 가치판단이나 평가를 내용으로 하는 의견표명에 대치되는 개념으로서 증거에 의하여 그 존재 여부를 판단할 수 있는 사실관계에 관한 주장이다. 방송에서 완전한 진실이나 있었던 사실만을 그대로 보도하도록 요구하는 것은 있을 수 없는 일이고, 명예훼손소송에서 진실성에 대하여 방송국에게 이를 입증하도록 요구하는 것은 악마의 증명(probatio diabolica, devil's proof)이다. 대법원은 방송보도에서 공공성과 공익성이 있는 경우에 진실성 오신의 상당성이 있으면 명예훼손책임을 면책시켜 줌으로써 언론 자유의 기치에 더욱 기세를 올려주고 있다.

1. 오신의 상당성의 법적성질

오신의 상당성의 법적 성질에 대하여 학설과 판례는 위법성조각사유로 보는 견해가 다수이다. 그러나 책임조각사유로 보는 견해도 있고, 이를 따르는 판례도 3건이나 있다.[486]

(1) 위법성조각사유설

오신의 상당성의 법적 성질에 대하여 위법성조각사유를 주장하는 견해는 다음과 같다. 적시되는 사실이 진실이고 공공의 이익에 관한 것인 경우를 형법규정에 의한 위법성조각사유로 본다면 진실성의 오신에 상당한 이유가 있는 경우는 사회상규상 또는 언론자유 보장이라는 헌법상 요청에 의하여 위법성이 조각되는 경우를 확장한 것으로 봄이 상당하므로 이를 위법성조각사유로 보아야 한다.[487] 대법원은 상당성이 있는지 여부를 판단하면서 역

---

486 대법원 1995. 6. 16. 선고 94다35718 판결;대법원 1998. 2. 27. 선고 97다19038 판결;대법원 1998. 5. 8. 선고 96다36395 판결. 3건 모두 주심이 김형선대법관이고, 3건 이외에는 고의과실로 이론구성하는 대법원판결은 없다. 위 판결의 원심은 위법성조각사유로 이론구성하고 있지만, 대법원은 고의 과실로 이론구성하였다.

487 한위수,명예의 훼손과 민사상의 제문제,사법논집 24집,법원행정처,199 3,425면.

사적 사실인 경우 망인이나 유족의 명예보다 역사적 사실에 대한 탐구 또는 표현의 자유가 보호되어야 한다는 점을 고려하고 있는데, 이는 과실여부와는 아무런 관련이 없는 것으로 오히려 위법성 판단에 포섭하는 것이 나을 것이다.[488] 대부분의 보도에 대한 불만이 입증불능의 보도사실 또는 오보에 기한 것임을 생각한다면 대법원판례는 언론을 위해 강력한 항변사유를 제공하는 것이다.[489] 사람의 사회적평가를 저하시키는 것을 회피할 의무와 그 회피가능성을 기초 지우는 사실은 청구원인의 과실을 기초로 하지만, 사람의 사회적평가를 저하시키는 것을 회피할 의무와 그 회피가능성을 감쇄시킨다고 평가되는 사실은 항변이라고 할 수 있다. 민사상 상당성은 위법성을 조각하는 사유로써 항변으로서 위치 지우는 것으로 해석하는 것이 타당하다.[490] 이들 견해는 오신의 상당성을 위법성조각사유라고 한다.

(2) 책임조각사유설

오신의 상당성의 법적 성질에 대하여 고의 과실의 책임조각사유로 보는 견해는 다음과 같다. 위법성조각의 법리에서는 명예훼손과 언론 자유의 한계를 적절하게 설정할 수 없고, 행위불법론의 입장에서 과실과 위법성은 주의의무를 위반하였는가라는 문제로 통합되기 때문에 상당성 문제를 과실 판단의 문제로 볼 수 있다.[491] 상당성존부의 판단은 여러 사정들을 종합하여 그러한 사정들의 한계내에서 사실조사에서의 주의의무와 추론작업에서의 주의의무의 위반유무 즉 과실유무의 판단이다. 명예훼손행위의 고의 과실은 주의의무 위반 즉 진실성에 대한 고의 과실만으로 구성되는 것이 아니다. 따라서 상당성이 없음이 확정된다고 해서 명예훼손행위의 고의 과실판

---

488 김재형,인격권 일반,민사판례연구 21권,박영사,1999,650-651면.

489 박용상,언론과 개인법익,서울:조선일보사,1998,135면.

490 眞田範行,名誉毀損訴訟の要件事實的整理,判例タイムズ 1071호,2001, 50면.

491 이은영,명예훼손의 민사책임에서 위법성과 과실의 판단,판례실무연구 2,박영사,1998.441면.

단이 종료되는 것이 아니기 때문에 상당성은 고의 과실의 문제이다.[492] 사실을 적시함으로써 명예를 훼손하였다면 일단 위법성이 있는 것이고, 다만 적시된 사실을 행위자가 진실이라고 믿었다면, 그리고 그렇게 믿은 데에 상당한 이유가 있었다면 명예훼손의 고의 과실이 없었다고 보는 것이 합당하므로 책임조각사유로 보는 것이 옳다.[493] 명예훼손을 사실적시와 의견표명으로 구별하여 전자는 진실이라고 믿은 데 대한 상당성, 후자는 논평의 전제가 되는 사실을 진실이라고 믿은 데 대한 상당성이라고 한 후 이를 고의 과실조각사유라고 한다.[494] 이들 견해는 오신의 상당성을 책임조각사유라고 한다.

(3) 졸견

생각건대 민사상 명예훼손에서의 공공성, 공익성, 진실성은 형법 제310조에서 이를 위법성조각사유로 보고 있기 때문에 민사적으로도 이를 위법성조각사유로 보는 것이 합리적이다. 오신의 상당성은 위법성조각사유의 전제사실에 대한 착오로서 역시 위법성조각사유로 보아야 한다. 여기에서 위법성조각사유로서의 위법성에 대한 주의의무와 책임조각사유로서의 과실에 대한 주의의무의 위반은 과실과 위법성 판단과정에서 모두 동일하게 작용하는 이중적 기능을 가지고 있는데, 위법성판단의 주의의무는 최고도의 주의의무이고, 과실판단의 주의의무는 구체적 상황을 전제로 하는 평균인에게 요구되는 주의의무라고 할 수 있다. 또한 위법성 판단의 행태의무와 그 위반판단은 모든 정황을 사후에 고려할 수 있지만, 과실은 평균인이 행위시에 고려할 수 있는 정황만을 기초로 하여야 한다.[495] 결국 오신의 상당성을

492 전원열,명예훼손 불법행위에 있어서 위법성요건의 재구성.서울대 박사논문,2001,69면.

493 박선영,언론에 의한 명예훼손에서의 '공익성'과 '진실성' 및 '현실적 악의',언론중재 69호,언론중재위원회,1998.48면;박선영,언론정보법연구 1,법문사,2002,184면.

494 矢田次男,のぞみ總合法律事務所編,名譽毁損,東京:商事法務委員會,1999, 125면.

495 박동진,불법행위법에서의 주의의무,비교사법 9권2호,2002,182면.

위법성조각사유로 본다면 명예훼손의 여부는 일반 시청자의 입장에서 보통의 주의의무로서 행위자가 행위시에 고려할 수 있는 상황과 판정기준 뿐 아니라 사후에 일어난 사실관계까지도 고려하여 판단하여야 할 것이다.

2. 오신의 상당성의 증명의 범위와 대상

타인의 명예를 훼손하는 행위를 한 경우에 그것이 공공의 이해에 관한 사항으로서 그 목적이 오로지 공공의 이익을 위한 것인 때에는 적시된 사실이 진실임이 증명이 되지 않더라도 행위자가 그것을 진실이라고 믿을 만한 상당한 이유가 있었던 경우에는 위법성이 없다. 따라서 적시된 사실이 위법성조각사유인 공공성이나 공익성이 없다면, 진실성이나 오신의 상당성을 논의할 필요도 없이 위법성이 인정될 수 있다고 보아야 한다. 또한 적시된 사실이 공공성이나 공익성이 있으면서 진실임이 증명된 경우는 위법성이 없다고 보아야 한다. 결국 오신의 상당성이 문제될 수 있는 경우는 공공성이나 공익성이 있으면서 진실성이 증명되지 아니한 경우에 한한다. 진실성이 증명되지 아니한 경우에는 허위성이 증명되는 경우와 진실성도 허위성도 모두 증명되지 아니하거나 증명이 부족한 경우가 있다. 여기에서 증명이 없다는 것은 허위임이 밝혀진 경우라는 의미가 아니라 가해자의 입증에도 불구하고 진실인지 여부를 알 수 없는 경우라는 의미라고 할 것이다[496]. 허위성이 입증된 경우에는 진실성이 없는 경우로 보아 위법성이 조각되지 아니하여 손해배상책임을 부담한다고 보아야 한다. 따라서 오신의 상당성이론이 적용되는 것은 진실성을 증명하지 못하거나 허위성을 증명하지 못한 경우, 또는 진실성에 대한 입증이 부족하거나 허위성에 대한 입증이 부족한 경우에 행위자가 진실이라고 믿을만한 상당한 이유가 있는, 다시 말해서 오신한 경우라고 할 것이다.

---

496 양창수,민법판례 20선,인권과 정의 289호,2000,111면.

3. 오신의 상당성의 증명 정도

소송상 오신의 상당성의 증명은 엄격한 증명을 요구하는 것이 아니라 고도의 개연성이 있으면 된다. 명예보호와 표현의 자유와의 충돌이 문제되는 경우에는 두 법익을 비교형량하여야 하고, 표현 자유의 중요성이 강조되는 경우에는 증명의 정도는 완화될 필요가 있다. 일본 판례도 진실하다고 믿은 데 대하여 상당한 이유가 있는 것에 관한 완전한 증명이 없더라도, 의혹으로서 합리적인 근거가 있고, 국민 등에 의하여 향후 진실규명을 할 필요가 있는 것을 사회적으로 호소하기 위해서 의견이나 논평으로서 표명하는 것은 민주적 정치의 유지를 위해서 허용되어야 하고, 이를 보도하는 것은 위법성이 없다고 보아야 한다[497]고 한다. 한편 대법원은 공적인 존재인 특정인의 정치적 이념에 관한 사실적시에 대한 의혹의 제기나 주장이 진실하다고 믿을 만한 상당한 이유가 있는지를 따짐에 있어서는 엄격하게 입증해 낼 것을 요구해서는 안 되고 그러한 의혹의 제기나 주장을 할 수도 있는 구체적 정황의 제시로 족하다고 한다.[498]

4. 오신의 상당성의 판단시기

오신의 상당성의 판단을 하는 시기는 명예훼손의 표현행위가 행하여진 최초의 방송 당시를 기준으로 하여야 한다. 그러나 오신의 상당성은 행위 당시에 있어서 진실이라고 믿을 상당한 이유를 입증하는데 족한 증거가 존재하고 있다는 것만에 대한 입증은 아니기 때문에 오신의 상당성 입증을 위한 증거방법을 행위 당시에 존재한 자료에 한정할 이유는 없다. 따라서 오신의 상당성에 대한 판단은 명예훼손적 말이나 행태 등이 방송된 그 당시를 기준으로 하여야 하지만, 명예훼손소송이 제기되어 사실심변론 종결시까지 일어난 모

497 日本 東京高等裁判所 2002. 5. 23.,判例時報 1798호,81면.

498 대법원 2002.12.24. 선고 2000다14613 판결.

든 언행이나 행태까지도, 나아가 행위 당시에 상황에 기초하여 장래에 예측될 수 있는 합리적인 범위내의 증거까지도 고려하여 명예훼손 여부를 판단하여야 할 것이다. 판례도 타인의 명예를 훼손하는 표현이 진실한 사실인지, 행위자가 그것을 진실이라고 믿을 만한 상당한 이유가 있는지 여부는 표현 당시의 시점에서 판단되어야 하지만, 그렇더라도 그 전후에 밝혀진 사실들을 참고하여 표현 시점에서의 진실성 및 상당성 유무를 가릴 수 있으므로, 표현 행위 후에 수집된 증거자료도 그 판단의 증거로 삼을 수 있다[499]고 하고 있다.

5. 오신의 상당성의 입증책임

일반적으로 방송으로 명예훼손을 당한 자는 명예훼손으로 인한 손해배상청구소송을 제기하면서 청구원인으로 그 적시된 사실이 허위이거나 명예훼손임을 주장하고, 그에 대한 증명책임은 원고(피해자)가 부담한다. 이러한 명예훼손 피해자의 주장에 대하여 가해자로 된 방송국은 그 적시된 사실이 진실이라고 믿을 수밖에 없었던 정황이나 사실, 진실이라고 믿을 상당한 이유를 근거로 명예훼손에 대한 위법성이 없다고 항변하면서 오신의 상당성에 대한 입증책임을 부담한다. 학설도 진실이라고 믿은 이유가 행위자에 관련된 것이어서 행위자가 입증하기 쉬운 반면 행위자가 진실하다고 믿을 상당한 이유가 없음을 피해자가 입증하기는 사실상 불가능한 점을 감안해서 그 입증책임을 행위자에게 부과하더라도 가혹한 것은 아니라고 한다.[500] 판례도 피고가 그 적시된 사실이 진실한 사실로서 오로지 공공의 이익에 관한 것이므로 위법성이 없다고 항변할 경우 그 위법성을 조각시키는 사유에 대한 증명책임은 방송국(피고, 가해자)에게 있다[501]고 한다.

---

499 대법원 2008. 1. 24. 선고 2005다58823 판결;대법원 2011. 1. 13. 선고 2008다60971 판결.

500 한위수,전게논문,431면.

501 대법원 1998. 5. 8. 선고 97다34563 판결

6. 오신의 상당성과 삭제청구권

최근 방송도 인터넷을 통한 쌍방향 소통을 하면서 홈페이지 등에서 다시 듣기, 다시 보기를 할 수 있게 되어 언제 어디서나 방송을 재생할 수 있게 되었다. 이로 인하여 방송에서의 일회성이라는 특징이 희미해지고 있다. 이 경우에 방송보도로 인한 명예훼손 피해자는 방송국을 상대로 홈페이지상의 다시 듣기나 다시 보기 프로그램을 삭제해달라고 하는 청구를 할 수 있는지 여부가 문제된다. 삭제청구는 언론중재 및 피해구제 등에 관한 법률 제30조 제3항과 제4항, 정보통신망이용촉진 및 정보보호에 관한 법률 제44조의 2 제1항과 제4항에 의해서도 할 수 있다. 그런데 이러한 개별 규정에 의한 삭제청구가 아니라 일반적으로 삭제청구를 할 수 있는지 여부가 문제된다. 삭제청구권은 명예권에 기한 방해배제청구권으로서 명예가 현재 침해를 받고 있는 객관적 상태에 있으면 가능하고, 가해자의 주관적인 요소인 고의나 과실에 따라 발생하는 것은 아니다.

또한 사전적으로 보도나 방송 등의 금지청구의 경우에는 언론자유에 대한 사전검열로 남용될 여지가 있기 때문에, 엄격하고 명확한 요건하에 사전금지청구는 매우 신중하게 허용되어야 한다.[502] 그러나 방해배제로서의 사후적 금지청구는 헌법상 언론자유에 제한이 다소 약하기 때문에 고의, 과실이나 위법성까지도 그 요건으로 요구되지 않는다.

뉴스전문 인터넷 포털사이트에 게재된 허위기사로 명예를 훼손당하였다고 주장하며 기사삭제를 청구한 사안에서 기사삭제에 관한 판단에서도 위법성조각사유로서의 상당성이론이 적용되어야 한다는 주장에 대하여 대법원은 인격권 침해를 이유로 한 방해배제청구권으로서 기사삭제 청구의 당부를 판단할 때는 그 표현내용이 진실이 아니거나 공공의 이해에 관한 사항이 아닌 기사로 인해 현재 원고의 명예가 중대하고 현저하게 침해받고 있는

502 대법원 2005. 1. 7. 자 2003마1477 결정 참조.

상태에 있는지를 언론의 자유와 인격권이라는 두 가치를 비교·형량하면서 판단하면 되고, 피고가 그 기사가 진실이라고 믿은 데 상당한 이유가 있었다는 등의 사정은 기사삭제를 구하는 방해배제청구권을 저지하는 사유로는 될 수 없다고 하여, 기사삭제청구권은 오신의 상당성과는 관련이 없다[503]고 하였다.

따라서 방송내용으로 명예훼손을 당했다고 주장하는 자는 방송국 홈페이지상의 다시 듣기나 다시 보기 프로그램을 삭제해달라는 청구를 할 수 있고, 이 경우에 방송국은 진실성 오신의 상당성의 법리를 이유로 거부할 수 없다고 한다.

7. 오신의 상당성과 공적 존재에 대한 의혹제기

방송보도의 피해자가 공적 존재인 경우에도 오신의 상당성 문제가 있다. 공적 인물 또는 공적 존재와 공직자의 구별 등에 대하여 논의가 있고, 일반적으로 공적 존재라고 포괄적으로 말할 수 있지만, 공적 존재와 공직자는 구별할 수 있다. 공적 존재로서의 정부 또는 국가기관은 형법상 명예훼손죄의 피해자가 될 수 없다. 그러나 공무원, 정치인, 국회의원을 비롯한 공직자 뿐 아니라 비영리법인과 같은 공적 단체는 피해자가 될 수 있다. 어떤 단체에 관계한 개인에 대한 명예훼손은 특별한 사정이 없는 한 곧바로 그 단체에 대한 명예훼손으로 되는 것이 아니다. 판례상 공적 존재로서는 민노총(전국민주노동조합총연맹)[504], 대기업 노동조합(현대자동차 노동조합, 대우조선 노동조합, 기아자동차 노동조합)[505], 유명 언론인[506], 시민단체(민주사회를 위한 변호사모임, 참여

---

503 대법원 2013. 3. 28. 선고 2010다60950 판결.

504 대법원 2002. 1. 22. 선고 2000다37524,37531 판결.

505 대법원 2002. 1. 22. 선고 2000다37524,37531 판결.

506 대법원 1998. 5. 8. 선고 97다34563 판결.

민주사회시민연대)[507], 언론사[508], 텔레비전 뉴스앵커[509] 등이 있다. 공적 존재와 공적 사안은 구별되어야 한다. 공적 존재는 신분상 주체의 문제이고, 공적 사안은 표현의 내용에 관한 문제이다.

월간지 발간 언론사가 민노총 등 단체의 총파업 투쟁과 관련하여 참여한 민변 등 단체 등을 공격하는 기사를 게재한 사안에서 대법원은 당해 표현으로 인한 피해자가 공적인 존재인지 사적인 존재인지, 그 표현이 공적인 관심사안에 관한 것인지 순수한 사적인 영역에 속하는 사안에 관한 것인지, 그 표현이 객관적으로 국민이 알아야 할 공공성, 사회성을 갖춘 사안에 관한 것으로 여론형성이나 공개토론에 기여하는 것인지 아닌지 등을 따져보아 공적 존재에 대한 공적 관심사안과 사적인 영역에 속하는 사안 간에는 심사기준에 차이를 두어야 하며, 당해 표현이 사적인 영역에 속하는 사안에 관한 것인 경우에는 언론의 자유보다 명예의 보호라는 인격권이 우선할 수 있으나, 공공적·사회적인 의미를 가진 사안에 관한 것인 경우에는 그 평가를 달리하여야 하고 언론의 자유에 대한 제한이 완화되어야 하며, 피해자가 당해 명예훼손적 표현의 위험을 자초한 것인지의 여부도 또한 고려되어야 한다[510]고 하였다. 이 사안에서 대법원은 공적 존재와 공적 사안을 구별하고 있다.

또한 월간지 발간 언론사가 민노총 등 단체의 총파업 투쟁과 관련하여 참여한 민변 등 단체 등을 공격하는 기사를 게재한 사안에서 대법원은 당해 표현이 공적인 존재의 정치적 이념에 관한 것인 경우, 이에 대한 의혹의 제기나 주관적인 평가가 진실에 부합하는지 혹은 진실하다고 믿을 만한 상당한 이유가 있는지를 따짐에 있어서는 일반의 경우에 있어서와 같이 엄격

---

507 대법원 2002. 1. 22. 선고 2000다37524,37531 판결.

508 대법원 2006. 3. 23. 선고 2003다52142 판결.

509 서울중앙지법 1997. 9. 3. 선고 96가합82966 판결.

510 대법원 2002. 1. 22. 선고 2000다37524,37531 판결.

하게 입증해 낼 것을 요구해서는 아니되고, 그러한 의혹의 제기나 주관적인 평가를 내릴 수도 있는 구체적 정황의 제시로 입증의 부담을 완화해 주어야 한다[511]고 하였다.

따라서 공적 존재의 이념성에 대한 의혹제기나 문제제기에서는 사실의 적시보다는 그에 대한 논평이나 주관적 판단이 중요한 방송보도의 내용이 될 경우가 많고, 이에 이러한 의혹제기는 오신의 상당성 판단에서의 입증부담이 완화되어 조사확인의무가 비교적 낮다고 보아야 한다.

8. 오신의 상당성과 모멸적인 언사를 사용한 경우

방송보도에서 당해 표현이 공적인 존재의 정치적 이념에 관한 구체적 정황을 입증하는 방법으로는 그들이 주장해온 정치적 입장과 활동 등을 입증함으로써 그들이 가진 정치적 이념을 미루어 판단하도록 할 수 있다. 이러한 정치적 주장과 활동을 인정함에 있어서는 공인된 언론의 보도내용이 중요한 자료가 될 수 있으며, 여기에 공지의 사실이나 법원에 현저한 사실도 활용할 수 있다.

그러나 공적인 존재의 공적인 관심사에 관한 문제의 제기가 널리 허용되더라도 구체적 정황의 뒷받침도 없이 악의적으로 모함하는 일이 허용되지 않는다. 더욱이 구체적 정황에 근거한 것이라 하더라도 그 표현방법에 있어서는 상대방의 인격을 존중하는 바탕 위에서 어휘를 선택하여야 하고, 아무리 비판을 받아야 할 사항이 있다고 하더라도 모멸적인 표현으로 모욕을 가하는 일은 허용될 수 없다. 따라서 방송보도에서 보도내용에 있어서 모멸적인 표현을 사용하는 경우에는 오신의 상당성의 입증에서 불리한 판단을 받을 수 있다.[512]

---

511 대법원 2002. 1. 22. 선고 2000다37524 판결.

512 대법원 2002. 1. 22. 선고 2000다37524 판결.

그러나 교회 목사 겸 시민단체 부위원장이 피해 단체를 대상으로 하는 세미나를 개최하면서, 공연히 허위의 사실을 적시하여 피해 단체의 명예를 훼손한 사안에서 대법원은 종교적 목적을 위한 언론·출판의 자유를 행사하는 과정에서 타 종교의 신앙의 대상을 우스꽝스럽게 묘사하거나 다소 모욕적이고 불쾌하게 느껴지는 표현을 사용하였더라도 그것이 그 종교를 신봉하는 신도들에 대한 증오의 감정을 드러내는 것이거나 그 자체로 폭행·협박 등을 유발할 우려가 있는 정도가 아닌 이상 허용된다고 보아야 한다[513]고 하였다.

헌법상 기본권인 종교의 자유를 보장받는 것은 종교 자체나 종교가 신봉하는 신앙의 대상이 아니라, 종교를 신봉하는 국민, 즉 신앙인이다. 따라서 종교에 대한 비판은 성질상 어느 정도의 편견과 자극적인 표현을 수반하게 되는 경우가 많으므로, 타 종교의 신앙의 대상에 대한 모욕이 곧바로 그 신앙의 대상을 신봉하는 종교단체나 신도들에 대한 명예훼손이 되는 것은 아니다. 그래서 종교적 비판에서 일부 모욕적인 표현을 사용하더라도, 특히 상대방 종교에 대한 비판은 완화되어 오신의 상당성에 큰 영향을 주지 않는다고 할 것이다.

V. 진실성 오신의 상당성 판단에 관한 구체적 기준

방송으로 인한 명예훼손에서 오신의 상당성의 판정기준으로는 형사적 책임을 묻기 위해서는 “확실한 자료와 근거”를 요구하고 있지만, 민사적 책임을 부담시키기 위해서는 기사 작성자의 신뢰를 뒷받침할만한 “합리적인 자료나 근거”를 요구하고 있다. 방송보도와는 달리 국가기관의 행정상 공표나

513 대법원 2014. 9. 4. 선고 2012도13718 판결.

수사기관의 피의사실 공표에는 "의심의 여지없이 확실히 진실이라고 믿을 만한 객관적이고도 타당한 확증과 근거"[514]를 요구하고 있다.

상당성에 대한 구체적인 판정기준에 대해서는 표현내용과 명예훼손의 정도, 보도매체와 신속성의 요구, 취재원의 신빙성, 표제의 선택과 표현의 방법을 제시하고 있는 견해[515]와 행위자가 누구인가(사인이 한 경우와 언론기관 또는 국가기관이 한 경우), 보도매체의 성격(신문인가 잡지인가 등), 기사의 성격(신속성을 요하는 신문기사와 기획기사), 사실의 진위 확인의 용이성, 사실발표의 목적, 표현방법 등 구체적 사안에서의 제반 사정에 따라 그 엄격성의 정도를 달리하여 판단하여야 할 것이라는 견해[516]가 있다.

일본 판례는 수사당국의 공식발표, 형사판결의 사실인정, 정보제공자의 지위, 정보의 내용 신용성, 다른 이면취재의 가능성, 사실적시의 필요성(시기, 방법)이라는 관점에서 개별적으로 판단하고 있다.[517] 대법원은 적시한 사실의 내용, 진실이라고 믿게 된 근거나 자료의 확실성과 신빙성, 사실 확인의 용이성, 적시로 인한 피해자의 피해 정도 등 여러 사정을 종합하여 행위자가 그 내용의 진위 여부를 확인하기 위하여 적절하고도 충분한 조사를 다하였는가, 그 진실성이 객관적이고도 합리적인 자료나 근거에 의하여 뒷받침되는가 하는 점에 비추어 판단하여야 한다[518]고 한다.

생각건대 진실성 오신의 상당성을 판단하기 위해서는 언론기관은 보도나 취재에 있어서 조사확인의무를 부담하게 되고, 그 정도는 언론매체의 종류, 프로그램 또는 기사의 종류, 취재원의 종류에 따라 다르다고 생각된다. 파급력을 기준으로 할 경우, 방송 중 영상매체인 텔레비전이 가장 높은 주의

514 대법원 1993. 11. 26. 선고 93다18389 판결;대법원 1998. 7. 14. 선고 96다17257 판결.

515 표성수,명예훼손면책사유로서의 상당성기준,언론중재 75호,2000,39면.

516 한위수,전게논문,426면.

517 判例タイムズ,1086호,115면.

518 대법원 2014. 6. 12. 선고 2012다4138 판결;대법원 2012. 12. 27. 선고 2010다61793 판결.

의무를 부담하고, 다음으로 음성매체인 라디오가 텔레비전보다는 낮은 주의의무를 부담한다고 보아야 한다. 신문과 잡지는 방송보다 그 파급력이 낮기 때문에 낮은 주의의무를 부담한다고 보아야 한다. 신속성을 기준으로 할 경우, 방송뉴스 보도는 기획프로그램보다는 주의의무가 완화된다고 할 수 있다.

생방송 프로그램은 편집된 프로그램보다는 주의의무가 완화된다고 보아야 할 것이다. 방송을 위해서는 많은 시간적 준비와 자료수집이 필요한 기획 프로그램이나 편집된 프로그램은 높은 주의의무를 부담하고, 다음으로 좌담 등 일반 보도는 낮은 주의의무를 부담한다고 생각된다. 그러나 관련된 방송프로그램에게 아무리 낮은 주의의무가 요구된다고 하더라도 면책된다는 의미는 아니다.

진실성 오신의 상당성에 대한 구체적인 기준으로는 ① 적시된 사실의 내용, ② 근거나 자료의 확실성과 신빙성, ③ 사실확인 조사의 용이성, ④ 적시된 사실로 인한 피해 정도 등이 있고, 이 기준은 다음과 같이 개별적 유형적으로 판정할 수 있다. 구체적인 기준 정립은 판례를 조사·분석함으로써 유형화할 수 있다.

1. 적시된 사실의 내용

방송에서 적시된 사실이 공공성과 공익성이 있으면서 진실이라고 하면 위법성이 조각된다. 따라서 오신의 상당성에서의 적시된 사실의 내용이라는 것은 진실성이 증명되지 아니한 경우를 말한다. 또한 방송된 내용에서 허위성이 입증된 경우에는 명예훼손이 성립한다. 그래서 오신의 상당성에서의 적시된 사실의 내용이라는 것은 진실성이 증명되지 않은 경우이거나 허위성이 입증되지 아니한 경우를 말한다.

문화방송이 "PD수첩" 프로그램에서 "미국산 쇠고기, 광우병에서 안전한가."라는 제목으로 '한국인 중 약 94%가 MM형 유전자를 가지고 있어 한국인이 광우병에 걸린 쇠고기를 섭취할 경우 인간광우병이 발병할 확률이 약 94%에 이른다.'는 취지의 보도를 한 사안에서 대법원은 의혹을 받을 일을 한 사실이 없다고 주장하는 사람에 대하여 의혹을 받을 사실이 존재한다고 적극적으로 주장하는 자(방송국)는 그러한 사실의 존재를 수긍할 만한 소명자료를 제시할 부담을 지고 피해자는 제시된 자료의 신빙성을 탄핵하는 방법으로 허위성의 입증을 할 수 있다[519]고 하였다.

따라서 진실성 의혹을 제기하는 방송국은 의혹에 대한 증명책임을 부담하고, 피해자는 방송국이 제시한 자료의 신빙성을 탄핵하여야 한다. 결국 위 사안에서 보도의 근거로 내세우는 과학적 증거만으로 인간광우병과 유전자 사이에는 일반적인 상관관계가 있다고 단정할 수 없고, 오히려 과학적 사실의 진위는 아직 밝혀지지 않은 상태라고 보아야 함에도 불구하고 방송국이 위와 같은 내용을 단정적으로 보도한 것은 허위임이 증명된 것이라고 하였다.

(1) 과학적 사실

방송보도에 의하여 주장된 사실관계가 과학적 사실인 경우에 진실성 증명은 쉽지 않다. 다음 사례는 정정보도에 대한 대법원의 설시이지만, 이는 손해배상의 경우에도 유효하다고 본다.

문화방송이 "PD수첩" 프로그램에서 "미국산 쇠고기, 광우병에서 안전한가"라는 제목으로 한 방송에 대하여 농림수산식품부가 정정보도청구를 한 사안에서, 대법원은 아래와 같이 판시하였다.

과학적 이론은 언제나 정당한 것이거나 증명이 가능한 것이 아니고, 과학은 진실을 찾아가는 과정이므로 불확실성은 과학의 정상적이고 필수적인 특성이다. 이렇듯 불확실성을 내포할 수밖에 없는 과학적 연구를 다루

---

519 대법원 2011. 9. 2. 선고 2009다52649 전원합의체 판결.

는 언론으로서는 과학의 불확실성을 확신하고 그 과학적 연구의 가정과 전제를 잘 살펴서 신중한 자세로 보도하여야 한다. 그리고 과학적 불확실성은 그 과학적 연구가 첨단과학이나 논쟁적인 과학적 주제에 관한 것일수록 높아지는 것이므로, 언론은 보도과정에서 과학적 연구의 한계를 언급하지 아니하거나 근거 없이 그 의미를 확대하여 보도하는 것을 경계하여야 한다. 따라서 현재까지의 과학수준이나 연구 성과에 의하여 논쟁적인 과학적 사실의 진위가 어느 쪽으로든 증명되지 아니한 상태에 있음이 분명하고, 아직 그러한 상태에 있다는 것이 학계에서 일반적·보편적으로 받아들여지고 있는 경우, 언론이 논쟁적인 주제에 관한 과학적 연구에 근거하여 그 과학적 연구의 한계나 아직 진위가 밝혀지지 아니한 상태라는 점에 관한 언급 없이 그 과학적 연구에서 주장된 바를 과학적 사실로서 단정적으로 보도하였다면 그 과학적 사실에 관한 언론보도는 진실하지 아니한 것이라고 할 것이다. 따라서 그 언론보도의 내용에 관하여 …[520] 청구하는 피해자로서는 그 과학적 사실이 틀렸다는 점을 적극적으로 증명할 필요 없이 위와 같이 그 과학적 사실의 진위가 아직 밝혀지지 않은 상태에 있다는 점을 증명함으로써 언론보도가 진실하지 아니하다는 데에 대한 증명을 다하였다고 보아야 한다[521]고 한다.

따라서 이와 같이 과학적 사실의 진위가 아직 밝혀지지 않은 상태에서, 방송사가 한국인 중 약 94%가 MM형 유전자를 가지고 있어 한국인이 광우병에 걸린 쇠고기를 섭취할 경우 인간광우병이 발병할 확률이 약 94%에 이른다고 단정적으로 보도한 것은 허위임이 증명되었다고 하였다.

---

520 대법원에서는 "정정보도"라고 하고 있는 것을 졸자가 … 으로 표시한 것이다.

521 대법원 2011. 9. 2. 선고 2009다52649 전원합의체 판결.

(2) 언론사간 명예훼손

텔레비전 방송사의 보도 해설에 대하여 신문사가 논평을 한 사안에서, 대법원은 언론사에 대한 것인 경우에는 언론사가 타인에 대한 비판자로서 언론의 자유를 누리는 범위가 넓은 만큼 그에 대한 비판의 수인 범위 역시 넓어야 하고, 언론사는 스스로 반박할 수 있는 매체를 가지고 있어서 이를 통하여 잘못된 정보로 인한 왜곡된 여론의 형성을 막을 수 있으며, 일방 언론사의 인격권 보장은 다른 한편 타방 언론사의 언론 자유를 제약하는 결과가 된다는 점을 감안하면, 언론사에 대한 감시와 비판 기능은 그것이 악의적이거나 현저히 상당성을 잃은 공격이 아닌 한 쉽게 제한되어서는 아니 된다[522]고 하였다.

언론사간의 비판으로 인한 경우에는 악의적이거나 현저한 상당성을 잃은 공격이 아닌 한, 오신의 상당성의 판단기준이 다소 완화된다고 할 것이다. 따라서 위 사안에서 대법원은 신문사 기사의 내용에 허위사실의 적시가 있다고 볼 수 없고, 설령 적시된 전제사실이 허위라고 하더라도 신문사 기사는 공직후보자들에 대한 도덕성 검증을 강조하기 위한 것으로 공공성과 공익성이 있고, 신문사들이 위 전제사실이 중요한 부분에 있어 진실이라고 믿을 만한상당한 이유가 있는 경우에 해당하여 위법성이 없다고 한 원심의 판단이 정당하다고 하였다.

2. 근거나 자료의 확실성과 신빙성

방송국에서 뉴스나 보도 등 방송프로그램을 제작해서 방송하기 위해서는 기자들이 나름대로 근거나 자료를 통해서 취재하거나 편집을 하게 된다. 방송에서 적시된 사실에 대하여 방송국이 뒷받침할 합리적인 근거나 자료를 제시하지 못하거나, 소문이나 풍문 등 신빙성이 없는 근거에 터잡아 과장

---

522 대법원 2012. 11. 15. 선고 2011다86782 판결.

하여 보도하거나, 독단적인 견해나 평가를 부가하여 단정적으로 보도한 경우에는 오신의 상당성이 없다고 보아야 한다.

종편, 케이블 채널 등은 자본이 영세하거나 취재 기법이 미숙하고, 방송프로그램의 예산 부족, 전문화된 취재인력의 미비 등에 의하여 시청률을 의식한 연예계 중심의 프로그램이나 좌담성 뉴스보도 등이 주요 방송 내용이 되고 있다. 이러한 근원적인 방송풍토로 인하여 근거나 자료의 확실성이나 신뢰성을 충족하지 못하는 경우가 많다. 그렇더라도 방송국의 내부적인 사정이나 방송의 풍토 때문에 오신의 상당성이 완화될 수는 없다. 특정한 사회문제가 핫 이슈로 떠오를 경우에 모든 방송이 그 문제를 다루면서 다른 방송에서 보도한 내용을 그대로 전재하거나 다른 방송이 보도한 사실관계를 근거로 하여 추가적인 취재도 없이 방송하는 경우가 있다. 이 경우에도 오신의 상당성이 부정될 수 있다. 이와 문제되는 것은 다음과 같다.

(1) 법원의 판결을 자료로 한 경우

법원의 판결을 근거로 하여 취재하여 방송된 경우에는 판결 자체가 매우 높은 신뢰성이 있기 때문에, 오신의 상당성이 있다고 보아야 한다.

일본 판례는 형사 제1심 판결에서 죄가 되는 사실로서 나타난 범죄사실, 양형의 이유로서 나타난 양형에 관한 사실, 그 밖에 판결이유 중에서 인정된 사실에 관하여는 행위자가 위 판결을 자료로 하여 위 인정사실과 동일성이 있는 사실을 진실하다고 믿고서 적시한 경우에, 위 판결의 인정에 의심이 되는 특단의 사정이 없는 한, 후에 항소심에서 그것과 다른 인정판단이 있다고 하더라도, 적시된 사실을 진실하다고 믿은 데 대하여 상당한 이유가 있다고 할 수 있다. 형사판결의 이유 중에 인정된 사실은 형사재판에서 신중한 절차에 기하여 법관이 증거에 의하여 심증을 얻은 사실이기 때문에, 행위자가 위 사실에는 확실한 자료, 증거가 있는 것이라고 받아들여 적시한 사실을 진실이라고 믿었다고 하더라도 무리가 없다[523]고 하였다.

법원이 때때로 재심을 통해서 과거의 억울한 형사판결을 번복하고 있는 점, 2014년도 우리나라 형사보상금 집행 예산액이 약 800억 원이 넘는 점을 고려할 때, 형사판결에 전폭적인 신뢰를 두고 형사판결의 가치판단에 무조건 찬동하는 것은 다소 문제가 있을 수 있다. 그렇다고 하여 법원이 선고한 형사판결에 근거하여 그를 믿고서 방송이 보도하거나 취재한 경우에 오신의 상당성을 부정하는 것은 더 큰 문제가 있다고 할 수 있다.

민사소송의 경우에도, 처분권주의나 증거수집의 한계 등의 제약이 있기 때문에 형사판결과 전적으로 동등한 신뢰를 두는 것은 곤란하다고 할 수는 있다. 그러나 무죄율 1%를 기록하고 있는 형사재판보다도, 당사자간의 다툼에 대한 결론을 내려주는 민사재판은 형사판결보다도 더욱 신뢰할 수 있다고 보아야 한다.

(2) 수사기관이나 행정기관의 발표를 근거나 자료로 한 경우

일반적으로 수사기관은 검찰, 경찰, 국정원, 기무부대, 헌병대 등이 있지만, 환경범죄나 보건범죄는 환경부와 보건복지부나 그 산하기관에서 조사할 수도 있다. 수사기관은 조사결과를 발표하기도 한다. 식품관련 범죄는 식품의약품안전처나 지방자치단체가 조사하여 공표하기도 한다. 이들 수사기관이나 행정기관의 발표를 근거로 방송한 경우에 오신의 상당성은 높다고 할 수 있지만, 그 발표주체, 발표과정, 입수 경위 등에 따라 오신의 상당성을 인정하는데 다양한 변수가 있을 수 있다.

① 검찰의 발표에 근거한 경우

검찰청이 공식적인 기자회견을 통해서 발표한 범죄사실에 대하여 발표한

---

523 日本 最高裁判所 1999. 10. 26.,判例時報 1692호,59면.

내용을 그대로 방송한 경우에는 오신의 상당성이 있다고 할 수 있다. 그러나 공식적인 발표가 아닌 수사검사로부터 들은 내용을 근거로 하여 방송하거나, 공식발표가 아닌 사실관계에 대하여 공식창구가 아닌 일부 수사관계자로부터 취재한 사실을 방송한 경우에는 오신의 상당성이 없다고 보아야 한다.

수사의 초점이 되지 아니하여 보강수사가 이루어지지 않은 유명 연예인의 접대행위에 관하여 수사기록 및 담당 검사로부터 입수한 정보만을 근거로 사실 확인을 하지 아니한 채 일간신문에 허위기사를 게재한 사안에서 대법원은 피고가 열람한 수사기록은 위 소외인의 일방적 진술을 기재한 것에 불과한 것이고, 그 수사담당 검사로부터 입수한 정보 역시 관련 연예인들이나 그 소개인들에 대한 수사 결과에 의하여 뒷받침되는 것이 아닌 위 소외인의 진술만을 근거한 것으로 그다지 신빙성이 높다고 할 수 없으므로 이 사건 기사의 진실성을 뒷받침할 만한 합리적인 근거 내지는 자료가 될 수는 없고, 신문사 기자들이 위 기사 내용을 진실한 것으로 믿었다고 하더라도 이를 진실한 것으로 믿을 만한 상당한 이유가 있었다고 할 수 없다[524]고 하여 오신의 상당성을 부정하였다.

다른 한편 수사 중인 사건에 대하여 수사관계자가 언론취재를 요청하여 피의사실을 공표하였지만, 추후 관련 공소사실이 대법원에서 무죄로 확정된 사안에서 대법원은 형법상 피의사실공표죄(제126조)를 규정하고 있는 점, 헌법상 무죄추정 원칙(제27조 제4항)을 규정하고 있는 점과 아울러 직접 수사를 담당한 수사기관이나 수사담당 공무원의 발표에 대하여는 국민들이 그 공표된 사실이 진실할 것으로 강하게 신뢰하리라는 점 등을 고려한다면 직접 수사를 담당한 수사기관이나 수사담당 공무원이 피의사실을 공표하는 경우에는 공표하는 사실이 의심의 여지없이 확실히 진실이라고 믿을만한 객

524 대법원 1998. 5. 8. 선고 96다36395 판결.

관적이고 타당한 확증과 근거가 있는 경우가 아니라면 그러한 상당한 이유가 있다고 할 수 없다[525]고 하였다.

② 경찰의 발표에 근거한 경우

경찰청이나 경찰서가 수사 결과를 공식적인 기자회견을 통해서 발표한 경우에, 방송국이 그 결과발표를 근거로 하여 발표한 내용을 그대로 방송한 경우에는 오신의 상당성이 인정된다고 보아야 한다. 범죄수사를 한 경찰서의 수사관이 수사결과에 기하여 판명한 피의사실을 기자발표의 장소에서 공개한 경우에는, 그 발표내용에 의문을 생기게 하는 특별한 사정이 있는 경우는 제외하고는, 당해 사실을 진실이라고 믿었다고 하여도 상당한 이유가 있다고 할 수 있다. 공식적 발표가 있었던 경우, 취재를 한 보도기관으로서는 수사기관이 광범한 권한을 구사하여 수사활동을 하였고, 증거자료 등 충분한 근거에 기하여 당해 피의사실에 관한 상응한 확신을 얻어서 발표한 것이라고 생각하고, 이를 그대로 받아들여 그것이 진실한 것으로 보도한다고 하더라도 무리가 없다. 방송사가 항상 사실의 진위에 관하여 독자적으로 조사 확인할 의무가 있다는 것은 문제가 있다.

그러나 발표내용을 왜곡하거나 각색하든지, 발표내용에 근거 없는 사실을 추가로 첨삭하거나 취재기자의 주관적인 의견을 내용에 포함시켜 방송한 경우에는 오신의 상당성이 없다고 보아야 한다. 또한 발표권한이 있는 공식적인 행정기관이 아닌 비공식적인 수사관계자나 발표권한이 없는 관계자로부터 받거나 입수한 내용을 발표내용에 추가하거나 독자적인 내용으로 방송보도할 경우에는 오신의 상당성이 없다고 할 수 있다.

일본 판례는 경찰이 수사결과를 발표하였다고 하더라도 경찰발표의 범위를 넘어서 적시한 사례에서 언론이 자신의 추측 등을 부가한 경우에는 그

---

525 대법원 1998. 7. 14. 선고 96다17257 판결.

부가한 부분에 관한 상당성이 인정되지 않는다고 하였다.[526] 이에 대하여 수사당국이 공식적으로 발표하지 않는 경우는 공식적으로 발표하고 있는 경우와는 다르다. 공식발표는 없으면서, 담당 기자는 홍보담당인 수사관에게 기사의 내용에 대하여 확인하고, 기사에 하는 것을 양해를 얻은 사례에서 일본 판례는 생후 3개월의 영아변사사건에서 입을 막아서 살해하였다는 제목을 달고, 가족의 누군가가 상해한 의혹을 보도한 신문기사에 대하여 상당성을 부정하였다.[527] 여기에서는 수사당국이 살인의 의심을 강하게 가지고 있더라도 사실관계가 유동적이고, 가족으로부터 해명을 듣지도 하지 않은 단계에서는 만일 예상이 잘못된 경우에는 결백한 가족을 살인범으로 만들어 버린다는 점을 고려하면, 언론 보도는 신중한 태도가 요구된다고 하였다. 또한 일본 판례는 수사책임자를 취재하더라도 수사당국으로부터 공식적인 발표가 없는 경우에는 오신의 상당성이 없다고 한다.[528]

③ 행정기관의 발표에 근거한 경우

최근 행정기관이 대국민 서비스의 일환으로서 사실이나 정보를 시민들에게 발표함으로써 생기는 명예훼손 문제가 있다. 행정기관은 표현의 자유를 누리는 주체가 아니기 때문에 표현자유의 보호라는 관점에서의 고찰은 불필요하지만, 국민의 알권리에 봉사하는 자로서 그 발표행위에는 일정한 면책법리를 인정할 필요가 있다.

일본에서는 행정기관의 발표행위에 근거하여 보도한 경우에 오신의 상당성의 법리를 적용하지 않고, 개별적 비교형량의 접근방법을 채택하고 있다. 일본 판례는 공표가 명예 신용을 훼손하여 위법한지 여부를 판단하기 위해

526 日本 神戶地方裁判所 1996. 7. 18.,判例時報 1599호,120면.

527 日本 最高裁判所 1972. 11. 16.,判例時報 687호,48면.

528 日本 最高裁判所 1980. 10. 30.,判例時報 986호,41면.

서는 공표목적의 정당성을 먼저 검토하고, 다음으로 공표내용의 성질, 그 진실성, 공표방법 및 태양, 공표의 필요성과 긴급성 등을 검토하여, 보고를 공표하는 것이 정말 필요하였는지를 검토하여야 한다. 그 때 공표하는 것에 의한 이익과 공표하는 것에 의한 불이익을 비교형량하고, 그 공표가 정당한 목적을 위한 상당한 수단이었는지 여부를 판단하여야 한다. 그 비교형량의 결과 공표행위에 정당한 목적이 있고, 상당한 방법과 태양으로 이루어진 경우에는 그로 인하여 원고의 사회적 평가가 저하되었다고 하더라도 위법한 명예 신용훼손행위가 아니고, 공표행위가 위법 부당한 목적으로 이루어지거나 그 방법 및 태양이 목적 달성을 위한 수단으로서 상당성이 없는 경우에는 위법한 명예신용훼손행위로서 피고의 국가배상책임이 발생한다고 하였다.[529]

또한 사인의 표현의 자유와 명예권과의 조정을 도모하기 위한 기준을 언론의 자유를 가지지 않은 행정당국에 의한 사실의 공표행위에 그대로 채용할 수는 없다. 행정당국이 사인의 사회적 평가를 저하시키는 사실의 공표를 한 경우에 ① 공적 목적의 정당성, ② 공표의 필요성, ③ 공표내용의 진실성 내지 진실이라고 믿을만한 상당한 이유의 존재, ④ 공표태양 내지 수단의 정당성이 긍정된 경우에는 당해 공표행위는 공무원의 적절한 직무행위의 일환으로서 평가되어, 위법성이 조각된다고 하였다.[530]

국세청장이 지방국세청 소속 공무원들이 통상적인 조사를 다하여 의심스러운 점을 밝혀 보지 아니한 채 막연한 의구심에 근거하여 원고가 위장증여자로서 국토이용관리법을 위반하였다는 요지의 조사결과를 보고받고 이를 보도 자료로 하여 각 언론사에 공표한 사안에서 대법원은 상당한 이유의 존부의 판단에 있어서는, 실명공표 자체가 매우 신중하게 이루어져야

---

529 日本 大阪地方裁判所 2002. 3. 15.,判例時報 1783호,97면.

530 日本 東京地方裁判所 2006. 6. 6.,判例時報 1948호,100면.

한다는 요청에서 비롯되는 무거운 주의의무와 공권력의 광범한 사실조사능력, 공표된 사실이 진실하리라는 점에 대한 국민의 강한 기대와 신뢰, 공무원의 비밀엄수의무와 법령준수의무 등에 비추어, 사인의 행위에 의한 경우보다는 훨씬 더 엄격한 기준이 요구된다 할 것이므로, 그 사실이 의심의 여지없이 확실히 진실이라고 믿을만한 객관적이고도 타당한 확증과 근거가 있는 경우가 아니라면 그러한 상당한 이유가 있다고 할 수 없다[531]고 하였다.

이 사안에서는 위장증여사실의 여부를 조사한 지방국세청 소속 공무원들은 무엇보다 매도인이나 그의 가족들을 대상으로 실제의 매매일자와 소유권이전등기의 경위 등을 조사함과 아울러 이미 원고에게 이전된 다른 토지의 등기부를 열람하는 등의 통상적인 조사를 다하여 의심스러운 점을 밝혀 보아야 함에도 불구하고 이를 다하지 아니한 채, 막연한 의구심에 근거하여 원고가 위장증여자로서 국토이용관리법을 위반하였다는 요지의 조사결과를 보고한 것이어서, 국세청장이 이에 근거한 위 보도자료의 내용이 진실하다고 믿은 데에는 상당한 이유가 없다고 하였다.

다른 한편 한국소비자보호원이 제품의 유통경로에 대한 조사 없이 제조자의 직접 공급지역 외에서 단지 외관만을 보고 구입한 시료를 바탕으로 '이동 쌀막걸리'에서 유해물질이 검출되었다는 검사 결과를 공표한 사안에서 대법원은 상당한 이유가 있는지 여부의 판단에 있어서는 실명공표 자체가 매우 신중하게 이루어져야 한다는 요청에서 비롯되는 무거운 주의의무와 공권력을 행사하는 공표 주체의 광범한 사실조사 능력, 그리고 공표된 사실이 진실하리라는 점에 대한 국민의 강한 기대와 신뢰 등에 비추어 볼 때 사인의 행위에 의한 경우보다는 훨씬 더 엄격한 기준이 요구되므로, 그 공표사실이 의심의 여지없이 확실히 진실이라고 믿을만한 객관적이고도 타당한 확증과 근거가 있는 경우가 아니라면 그러한 상당한 이유가 있다고 할

531 대법원 1993. 11. 26. 선고 93다18389 판결.

수 없다[532]고 하였다.

이 사안에서 대법원은 사건 시료의 구입 당시 원고의 상표를 도용한 가짜 '이동 쌀막걸리'가 시중에 유통되었고, 그 구입장소가 원고의 직접 공급구역이 아닌 지역이었으며, 또 당시 그 구입을 담당한 직원이 사건 시료가 원고 또는 원고의 지정소매상들로부터 구입한 원고의 제품인지 여부를 전혀 확인하지 아니한 채 공급구역 외에서의 일반적인 거래가격보다 저렴한 가격에 구입한 것이라면, 이 사건 공표의 기초가 된 사건 시료가 원고 제품이라는 점에 관하여 객관적이고도 타당한 확증과 근거가 있다고 할 수 없다고 하였다. 또한 피고는 당초 원고의 실제 공급구역이 위와 같이 2개 면으로 제한되어 있는지 여부를 알지 못한 상태에서 원고 제품의 유통경로 등에 대한 조사를 전혀 시행하지 아니한 채 단지 외관만에 의하여 사건 시료를 원고의 제품으로 보고 구입하였음이 분명한 이상, 피고가 그러한 타당한 확증과 근거를 갖추기 위한 조사활동을 다하였다고 보기가 어렵다고 할 것이므로, 그래서 피고가 사건 시료의 진정성 내지 사건 공표 내용의 진실성을 오신하였더라도 그에 상당한 이유가 있다고 할 수 없다고 하였다.

(3) 다른 방송국의 보도에 근거한 경우와 통신기사 전재의 항변

이미 다른 언론기관이 보도하고 있는 경우에 그 보도를 믿고서 기사화한 것은 오신의 상당성이 있는가? 어떤 자가 범죄를 범하였다는 혐의에 관하여 그것이 신문 등에 의하여 반복적으로 보도되었기 때문에 사회적으로 널리 알려졌다고 하더라도, 그것으로부터 바로 위 혐의에 관한 범죄의 사실이 실제로 존재하였다고 공표한 자에 대하여 위 사실을 진실하다고 믿은 것에 관하여 상당한 이유가 있다고 할 수 없다. 다만 어떤 자가 실제로 범죄를 하였다는 것과 그 자에 대하여 다른 사람으로부터 범죄의 혐의에 관계되고 있다

532 대법원 1998. 5. 22. 선고 97다57689 판결.

고 하는 것과는 사실로서 전혀 다른 것이고, 혐의에 관하여 다수의 보도가 있어 그 존재가 주지의 것이 되었다고 하는 일을 가지고 바로 그 혐의에 관한 범죄의 사실까지 증명된 것은 아니라는 것은 당연하다.

또한 어떤 자가 범죄의 혐의가 관련되어 있더라도 그 자가 실제로 범죄행위를 한 것은 아니기 때문에, 어떤 자에 대하여 범죄 혐의가 신문 등에 의해서 반복적으로 보도되어 사회적으로 널리 알려졌더라도 그에 의해서 그 자가 진실 그 범죄행위를 하였다고 하는 것이 증명되었다는 것은 아닌 것은 물론 그것이 진실하다고 믿었더라도 상당한 이유가 있다고 할 수 없다.[533]

신문사에 경찰 출입기자가 없었기 때문에 사건을 경찰로부터 직접 취재한 것이 아니라 후에 입수한 경찰의 보도자료, 연합통신의 통신문, 다른 신문의 기사, 방송매체의 방송내용 등을 참고로 하여 보도한 사안에서 대법원은 언론매체가 다른 언론매체의 보도내용을 참작하여 보도하였다 하더라도 자신의 보도로 인한 책임은 면할 수 없으므로(더구나 이 사건과 같이, 다른 언론매체의 보도내용을 명시적으로 인용하는 것이 아니라 직접 취재한 양 작성하는 경우에는 더욱 더 그러하다.), 자기 책임하에 그 내용의 진위 여부를 직접 확인하려는 노력을 다하여야 하며, 특히 일간신문이나 방송의 보도내용은 취재시간이 제한된 탓에 보도내용의 진위 여부가 불확실하거나 과장 보도되는 경우가 적지 않아 그 진실성이 객관적으로 담보되어 있다고 보기도 어려우므로 이를 진실로 믿기 위하여는 더욱 더 진위 여부의 확인에 노력을 기울여야 한다고 하였다.[534]

현재 우리나라 지방지 등은 전국적인 뉴스에 대하여 연합뉴스 등 전국적인 취재망을 가지고 있는 언론사로부터 기사의 배신에 의존하고 있는 경우가 대부분이다. 이렇게 함으로써 인적 물적 설비를 전국적으로 배치할 수

533 日本 最高裁判所 1998. 1. 30.,判例時報 1631호,68면.

534 대법원 1996. 5. 28. 선고 94다33828 판결.

없는 언론사도 전국적인 뉴스를 게재할 수 있다. 그런데 이러한 배신기사에 명예훼손이 발생한 경우, 그 배신기사를 게재한 방송이나 지방 언론사도 기사에 대하여 책임을 부담하는지 여부가 문제된다.

살인미수사건으로 체포된 피의자가 대마를 남용하고 있다는 등의 배신기사에 관하여, 그것을 게재한 스포츠신문의 책임을 물은 사안에서 일본 판례는 일반적으로 보도내용에 관하여 일정한 신뢰성을 가지고 있는 통신사로부터의 배신기사라도, 당해 배신기사에 적시된 사실의 진실성에 대하여 높은 신뢰성을 확립하고 있다고는 할 수 없다. 따라서 신문사가 통신사로부터 배신을 받아 자기가 발행하는 신문지에 게재한 기사가 타인의 명예를 훼손하는 내용을 가지고 있는 경우에는 당해 게재기사가 통신사로부터 배신된 기사에 근거한 것이라는 1개만으로는, 기사를 게재한 신문사가 당해 배신기사에 적시된 사실에 확실한 자료나 근거가 없고, 위 사실을 진실하다고 믿더라도 무리가 있다[535]고 하였다.

(4) 상품평가에 의한 명예훼손

방송국이나 소비자 정보지 등이 상품의 평가를 실시한 후에 방송으로 보도하거나 공표하는 경우가 많다. 이같은 상품 평가에 의해서 자기 기업의 제품에 부정적인 평가를 받게 된 기업이 방송국이나 평가공개를 한 기관을 상대로 명예훼손책임을 묻을 수 있는지 여부가 문제된다.

국민생활센터가 실시한 정수기 테스트에 관하여 정수기 판매업자가 센터를 상대로 소송을 제기한 사례에서 일본 판례는 실험결과가 진실한지 여부를 육안으로 검증하는 것은 불가능하기 때문에, 실험 목적에 비추어 실험방법이 상당하다면, 결과에 관해서도 진실하다고 해야 한다[536]고 하였다.

---

535 日本 最高裁判所 2002. 1. 29.,判例時報 제1608호,107면.

536 日本 東京地方裁判所 1997. 8. 29.,判例タイムズ 985호,225면.

상품 실험의 기사는 실험의 결과보고와 실험결과의 분석으로 구성되어 있고, 전자는 사실의 적시이고, 후자는 논평의 문제이다. 실험결과를 왜곡하지 않고 기사화한 것이라면, 사실적시에 관하여 진실성이 있다고 보아야 한다. 실험결과의 분석은 논평의 문제이기 때문에 어느 정도 재량이 인정된다. 따라서 실험방법이 상당성을 결한 것이 명백하지 아니하고, 그 실험결과가 정확하게 기술되어 있다면, 사실적시로서 진실성을 인정할 수 있다. 실험결과의 분석은 논평의 문제로서 어느 정도 재량을 허용할 수 있어서 오신의 상당성문제에서 자유롭다. 따라서 상품평가에서는 실험방법의 오류가 없다고 하면, 상품평가 결과도 진실하다고 보아야 하고, 이 평가결과의 발표를 그대로 방송한 경우에는 오신의 상당성이 있다고 보아야 한다.

(5) 사이버 가상 공동체에서의 명예훼손

인터넷상 가상공동체의 자료실이나 게시판 등에 게시·저장된 자료에 기하여 사실관계의 조사나 확인 없이 다른 사람의 명예를 훼손하는 기고문을 게재한 사안에서 대법원은 인터넷에서 무료로 취득한 공개 정보는 누구나 손쉽게 복사·가공하여 게시·전송할 수 있는 것으로서, 그 내용의 진위가 불명확함은 물론 궁극적 출처도 특정하기 어려우므로, 특정한 사안에 관하여 관심이 있는 사람들이 접속하는 인터넷상 가상공동체(cyber community)의 자료실이나 게시판 등에 게시·저장된 자료를 보고 그에 터잡아 달리 사실관계의 조사나 확인을 하지 않고 다른 사람의 사회적 평판을 저하할 만한 사실을 적시한 기고문을 게재하였다면, 설령 행위자가 그 내용이 진실이라 믿었다 한들, 그렇게 믿을만한 상당한 이유가 있다고 보기 어렵다[537]고 하였다.

이 사안에서 대법원은 피고가 제시한 근거들은 이 사건의 진위 여부를

537 대법원 2013. 2. 14. 선고 2010다108579 판결.

확인하기 위한 실제적인 조사 활동이 아닌 정황적 근거에 불과하거나 그 진실성 여부와 직접적인 관련이 있다고 보기 어렵고, 나아가 인터넷상에서 여러 사람이 동일한 대화명을 사용하는 것이 가능하고, 원고가 댓글 사건 직후부터 자신은 무관함을 여러 경로를 통해 해명하였을 뿐만 아니라, 이 사건 계간지의 배포 직전에도 피고에 연락하여 현재 수사가 진행 중이므로 담당 경찰관을 통해 사실관계를 확인하여 줄 것을 요청하면서 담당 경찰관의 전화번호까지 알려 주었다는 사정만으로 피고가 이 사건의 진위 여부를 확인하기 위하여 적절하고도 충분한 조사를 다하였다거나 그 진실성이 객관적이고도 합리적인 자료나 근거에 의하여 뒷받침되어 이를 진실이라고 믿을 만한 상당한 이유가 있었다고 보기에 부족하다고 판단하였다.

따라서 사이버상의 포털이나 홈페이지를 통해서 얻은 자료를 근거로 하여 방송한 경우에는 오신의 상당성이 없다고 보아야 한다.

(6) 취재원의 비익으로 인한 제한

방송국이 공권력에 대하여 예리한 추궁을 하면 할수록, 취재 정보의 입수는 어려워진다. 따라서 방송기자가 취재 정보를 손에 넣기 위해서는 정보제공자와의 사이에 신뢰관계를 쌓아야 한다. 그 신뢰관계를 유지하기 위해서는 방송국은 정보제공자를 보호하여야 한다. 그래서 방송에서는 정보제공자와 차단하여 뉴스 취재원을 밝히지 않는 취재원의 비익이 직업윤리가 되었다. 취재원의 비익은 방송이 힘을 발휘하기 위한 생명선이다.

취재원 비익에 관한 대법원 판례나 이에 대하여 규정하고 있는 현행 언론관계법령은 없다. 다만 연혁적으로 1980년에 제정된 언론기본법 제8조 제1항에서 언론인은 그 공표사항의 필자, 제보자 또는 그 자료의 보유자의 신원이나 공표내용의 기초가 된 사실에 관하여 진술을 거부할 수 있다[538]고 규정하였고, 제2항에서 진술거부권이 있는 자가 보관하는 자료는 공표사항의 필자, 제보자 또는 그 자료의 보유자를 수사하거나 공표내용에 기초가 된 사실을 확인·증명 또는 수사할 목적으로 압수 또는 수색할 수 없다고 규정한 적이 있었다.[539]

그렇다면, 현행 법령상 방송국 기자가 취재원 비익을 위해서 증언거부권을 행사할 수 있는지 여부가 문제된다. 형사소송법 제149조[540]에서는 일정한 직위에 있는 자에게 법원에서의 증언을 거부할 수 있도록 하고 있다. 또한 형사소송법 제112조[541]에서도 일정한 직위에 있는 자에게 압수를 거부할 수 있도록 규정하고 있다. 민사소송법 제315조에서도 증인은 변호사·변리사·공증인·공인회계사·세무사·의료인·약사, 그 밖에 법령에 따라 비밀을 지킬 의무가 있는 직책 또는 종교의 직책에 있거나 이러한 직책에 있었던 사람이 직무상 비밀에 속하는 사항에 대하여 신문을 받을 때와 기술 또는 직업의 비밀에 속하는 사항에 대하여 신문을 받을 때 가운데 어느 하나에 해당하면 증언을 거부할 수 있다고 규정하고 있다.

여기에서는 방송국을 비롯한 언론사의 기자는 제외되고 있다. 오히려 기자가 취재원을 보호하기 위해서 법정에서 증언을 거부하는 경우에는 형사

---

538 다만, 다음 각 호의 1에 해당하는 경우에는 그러하지 아니하다. 1. 범죄를 구성하는 내용이 공표된 때. 다만, 기자등 언론인이 그 공표를 이유로 처벌된 때에는 이를 예외로 한다. 2. 장기 1년이상의 징역이나 금고에 처하는 범죄로 공표의 기초가 된 자료 또는 정보를 입수한 때 3. 필자, 제보자 또는 그 자료의 보유자가 공표내용에 비추어 사회안전법 제2조 각호가 규정하는 죄를 범하였음이 명백한 때

539 이 규정은 1987.11.28.에 언론기본법의 폐지와 함께 없어졌다. 언론기본법은 정기간행물법으로 대체되었다.

540 변호사, 변리사, 공증인, 공인회계사, 세무사, 대서업자, 의사, 한의사, 치과의사, 약사, 약종상, 조산사, 간호사, 종교의 직에 있는 자 또는 이러한 직에 있던 자가 그 업무상 위탁을 받은 관계로 알게 된 사실로서 타인의 비밀에 관한 것은 증언을 거부할 수 있다.

541 변호사, 변리사, 공증인, 공인회계사, 세무사, 대서업자, 의사, 한의사, 치과의사, 약사, 약종상, 조산사, 간호사, 종교의 직에 있는 자 또는 이러한 직에 있던 자가 그 업무상 위탁을 받아 소지 또는 보관하는 물건으로 타인의 비밀에 관한 것은 압수를 거부할 수 있다.

소송법 제161조[542]의 제재를 받을 수 있다.

미국 건강식품회사의 일본 법인에 대한 과세처분을 보도한 NHK기자가 취재원에 관한 법정증언을 거부한 사안에서 일본 판례는 취재원을 함부로 밝힐 경우에 취재원과의 신뢰관계가 깨져 자유로운 취재활동이 불가능해질 수 있기 때문에 취재원의 보호는 원칙적으로 증언거부를 인정하는 민사소송법상의 직업의 비밀에 해당하고, 따라서 취재방법이 일반 형법에 저촉되는 등의 사정이 없는 한 취재기자는 원칙적으로 취재원에 대한 법정증언을 거부할 수 있다[543]고 하였다. 이는 취재원의 비익의 중요성을 어느 정도 인정한 것으로, 기자가 법정에 증인으로서 출두되었다고 하여도 보호할 가치가 있는 비밀에 관해서만은 취재원에 대한 증언을 거부할 수 있다고 하는 것이다.

기자는 취재원에 관한 증언을 거절할 수는 있지만, 형사소송법 제161조에서와 같이 증언을 거절함으로써 생기는 사실상의 불이익으로부터는 보호되지 않는다. 언론기관이 오신의 상당성을 입증하기 위해서는 취재원이 어느 정도로 신뢰할 수 있었던 자이었던가를 입증할 수는 있지만, 언론기관은 취재원 비익의 직업윤리에 기하여 그 중요한 취재원은 분명하게 밝히지 않는다. 그 때문에 법원은 취재원의 신뢰성에 대한 판단은 할 수 없고, 그 결과로서 상당성을 부정할 수도 있다.

일본 판례는 피고 및 그 증인들이 취재원을 구체적으로 밝히지 않은 것은 보도기관으로서 취재원 비익의 요청이 있었던 것에 의한 것이고, 그 자체는 민사소송에서도 존중되어야 한다. 그러나 그것은 취재원에 대한 석명이나 증언의 거절 등이 허용되는 범위가 아니어서, 상대방 당사자 특히 기사에 의하여 명예훼손을 당한 자의 불이익에서의 주장, 입증의 정도를 완화하

---

542 증인이 정당한 이유없이 선서나 증언을 거부한 때에는 결정으로 50만원이하의 과태료에 처할 수 있다.

543 日本 最高裁判所 2006. 10. 3.,判例時報 1954호,34면.

는 것은 할 수 없다[544]고 하였다. 이는 오신의 상당성의 입증책임을 언론기관측에 부담시키고 있는 한, 이렇게 해석할 수밖에 없을 것이다.

그러나 방송에게 취재원의 비익이 인정된다고 하여도 그로 인하여 생기는 불이익까지 방송에게 부담시키는 것이라면, 취재원의 비익은 충분하게 보장되지 않는 것이 된다. 나아가 그것은 방송보도의 자유를 위축시켜 국민의 알권리에도 악영향이 미치게 될 가능성이 많다. 그런 점에서 방송보도의 자유와 취재원의 비익을 진정하게 보장하기 위해서는 취재원의 비익에 의한 불이익을 방송국 측에 부담시켜서는 안된다. 舊언론기본법 제8조 제1항과 제2항의 입법취지를 고려하여, 형사소송법 제149조 및 제112조에 기자를 포함시켜야 하고, 민사소송법 제315조의 직무상 비밀에 언론사의 취재 및 보도업무를 추가시키고, 형사소송법 제161조 제1항에서의 정당한 이유에 의해서 법적 제재를 부과하지 않도록 할 필요가 있다.

3. 사실확인조사의 용이성

방송으로 인한 명예훼손소송에서는 방송보도의 신속성보다는 진실한 보도가 더 중요하기 때문에 방송국의 사실에 대한 확인조사의 주의의무가 오신의 상당성 판단에 중요한 지표가 된다. 방송의 사실 확인조사의 주의의무는 신속성을 기준으로 할 경우, 방송뉴스 프로그램은 기획프로그램보다는 오신의 상당성을 판단하는 기준으로서의 주의의무가 완화된다고 할 수 있다. 생방송 프로그램은 편집된 프로그램보다는 오신의 상당성을 판단하는 기준으로서의 주의의무가 완화된다고 보아야 한다.

방송을 하기 위해서는 사전에 많은 시간적 준비와 자료수집이 필요한 기획 프로그램은 좀더 명예훼손을 하지 않도록 편집을 합리적으로 하여야 하는 등 오신의 상당성을 판단하는 기준으로서의 높은 주의의무를 부담하고,

544 日本 東京地方裁判所 1994. 7. 27.,判例時報 1533호,71면.

다음으로 특정 사안이 발생한 경우에 갑작스럽게 방송되는 긴급 좌담 등 프로그램은 오신의 상당성을 판단하는 기준으로서 낮은 주의의무를 부담한다고 생각된다.

방송보도를 위한 취재과정에서 기사와 관련된 인물이나 사실관계에 대한 추가적인 취재를 하지 않거나 관련 당사자를 직접 접촉하거나 확인하지 않은 채 보도하는 경우에는 오신의 상당성이 없다고 보아야 한다. 방송국이 방송된 보도내용에서 허위성이나 불충분한 취재를 스스로 자인하는 경우에도 당연히 오신의 상당성이 없다고 할 것이다.

수사의 초점이 되지 아니하여 보강수사가 이루어지지 않은 유명 연예인의 접대행위에 관하여 수사기록 및 담당 검사로부터 입수한 정보만을 근거로 사실 확인을 하지 아니한 채 일간신문에 허위기사를 게재한 사안에서 대법원은 기사의 성격상 신속한 보도를 요하는 것이라고도 할 수 없어 그러한 조사를 하기에 충분한 시간적 여유가 있었음에도 불구하고 이러한 조사절차를 거치지 아니한 이상 기사 내용의 진위 확인을 위한 충분한 조사를 한 것이라고도 할 수 없으므로, 피고들이 위 기사 내용을 진실한 것으로 믿었다고 하더라도 이를 진실한 것으로 믿을만한 상당한 이유가 있었다고 할 수 없다[545]고 하였다. 이 사안은 ① 기자가 상습사기로 구속 기소된 소외인의 일방적 진술을 기재한 수사기록, 수사결과에 뒷받침되지 않은 소외인의 일방적 진술만에 근거하여 보강수사도 하지 않은 수사검사의 정보를 근거로 기사를 작성하였고, ② 기자가 관련자들의 사실 확인이나 신원확인을 통해서 용이하게 소외인의 진술의 진실성 여부를 검토할 수 있었고, ③ 기사가 신속한 보도를 요구하는 것이 아니라는 점에 착안하여 기자 스스로 소외인의 진술의 진위확인 조사를 손쉽게 할 수 있었고, ④ 기사내용의 진실을 조사확인하기 위한 충분한 시간적 여유가 있었는데도 불구하고 그렇게 하지

545 대법원 1998. 5. 8. 선고 96다36395 판결.

않은 것은 기자가 수사기록이나 검사의 정보를 믿었더라도 진실성 오신의 상당성이 없다고 한 것이다.

또한 일간신문사가 다른 언론매체의 보도내용을 마치 직접 취재한 것처럼 기사를 작성하면서, 그 기사내용의 진위 여부를 확인하기 위하여 피해자 및 관련자와 접촉하려고 시도하였으나 그 방법이 부적절하였거나 그 노력을 다하지 못하여 실패하자, 더 이상의 사실확인 노력도 하지 아니한 채 별다른 근거 없이 만연히 기사를 작성한 경우, 대법원은 언론매체가 다른 언론매체의 보도내용을 참작하여 보도하였다 하더라도, 자기 책임하에 그 내용의 진위 여부를 직접 확인하려는 노력을 다하여야 하며, 특히 일간신문이나 방송의 보도내용은 취재시간이 제한된 탓에 보도내용의 진위 여부가 불확실하거나 과장 보도되는 경우가 적지 않아 그 진실성이 객관적으로 담보되어 있다고 보기도 어려우므로 이를 진실로 믿기 위하여는 더욱 더 진위 여부의 확인에 노력을 기울여야 할 것이다. 그럼에도 불구하고 기사내용의 진위 여부를 확인하기 위하여 피해자 측 관련자와 접촉하려고 시도하였으나 그 방법이 부적절하였거나 그 노력을 다하지 못하여 실패하자, 더 이상의 사실 확인 노력도 하지 아니한 채 별다른 근거 없이 만연히 기사를 작성하였으므로, 일간신문이 신속성을 요구한다는 점을 감안하더라도 일간신문사가 사건 기사의 취재 과정에서 그 기사의 내용이 진실이라고 믿은 데에 상당한 이유가 있었다고 보기 어렵다[546]고 하였다.

이 사안에서는 기자가 기사내용의 진위 확인을 위하여 한 노력이 원고의 반론권 보장차원에서도 중요한 사실이라고 한다. 구체적인 사실관계로서, 사건을 보도한 다른 신문을 보고 원고 집에 전화하여 원고와 통화한 사실이나 텔레비전 방송 뉴스를 보고 난 후에도 원고에게 전화하여 원고와 통화한 사실은 피고 소속 기자들의 원고에 대한 접촉 시도가 부적절하였거나, 그 노력

546 대법원 1996. 5. 28. 선고 94다33828 판결.

을 다하지 않은 것으로 보았다. 또한 사무실에 전화하니 성명 미상의 여자가 "나는 아무것도 모른다. 지금 아무도 없다."라고 말하였다는 사실은 관련자와 접촉을 시도하였다가 실패한 것에 불과할 뿐이고, 이를 들어 원고측에서 그 진위를 확인하여 주지 아니하였다고 인정할 수는 없다고 하였다.

4. 적시된 사실로 인한 피해의 정도

(1) 취재과정에서의 피해

방송국의 취재로 인하여 취재당사자나 그 주변인물이 피해를 입을 수 있다. 취재하면서 폭언이나 폭력을 행사할 수도 있지만, 집단적 과잉취재로 인한 사생활침해가 가장 많다.

최근 종편의 등장으로 민방이나 종편 등이 모두 시청률을 의식한 취재경쟁을 하지 않을 수 없고, 이 때문에 신변잡기를 소재로 한 폭로위주의 프로그램에서 자극적인 보도를 위해서 취재대상자를 몰아가거나 몰래카메라를 동원하기도 하는데, 이로 인하여 많은 방송 프로그램이 명예훼손의 위험성에 노출되어 있다.

취재과정에서의 피해는 취재기자의 고의나 중대한 과실이 아닌 한, 일부 허용될 수 있다고 보아야 한다. 그러나 경과실이라고 하더라도 피해자에게 피해가 발생한 경우에는 방송국은 손해배상책임을 부담한다. 그렇지만, 취재과정에서 피해(손해)가 발생하였다고 하더라도 오신의 상당성의 판단에는 영향을 미치지는 않는다고 보아야 한다.

(2) 보도과정에서의 피해

방송보도로 인한 명예훼손소송에서 방송보도과정에서 피해자가 입는 피해 중에는 범죄혐의가 있다는 것을 근거로 하여 아예 범죄행위가 있었다고 단정적으로 보도하는 경우가 있다. 또한 범죄관련자를 무조건 나쁘다고 하면서 범죄자를 악인시하여 방송함으로써 피해자에게 돌이킬 수 없는 상처를 남기거나 명예를 훼손하는 경우가 있다.

방송보도과정에서의 피해 중에는 추문(스캔들)보도가 있는데, 이는 범죄 피해자의 입장에 있는 자를 호기심을 가지고 과잉보도하는 경우이다. 범죄 피해자인 여성의 사생활을 보도하거나 범죄와 관련 없는 범죄피해자의 질병 등을 흥미본위로 잘못 보도하는 경우, 범죄피해자에 대하여 범죄와는 관련없는 추문을 보도하는 경우 등이다. 이 경우 피해자의 대부분이 여성이라는 점이 특징적이다. 여성에 대한 고정관념으로 여성이 관련된 사건보도가 되면 항상 거론되는 취재의 현상이다.

가벼운 범죄를 말하는 미죄(微罪)를 보도함으로써 발생하는 명예훼손도 있다. 방송 뉴스에서 경미한 절도나 도로교통법 위반 등을 보도하는 전형적인 미죄보도는 감소하고 있지만, 다른 형태로서 미죄보도하는 경우가 있다. 군용물품 수집가가 군용 물품을 해외에서 직구 수입한 경우와 같이, 일반인이 위법한 줄 모르고 수입한 물건이 금지제품에 해당하여 적발된 경우이다. 이런 사건은 실제 본인으로서는 위법성의 인식이나 악질성은 전혀 없이, 단지 알지 못하였거나 순간적인 실수라고 하는 경우가 많다. 이 경우 수사당국의 발표를 통해서 대대적으로 보도하면, 총포·도검·화약류 등의 안전관리에 관한 법률이나 마약류관리에 관한 법률의 위반 등으로 매우 죄질이 나쁜 범인으로 외관이 표현되는 경우가 있다. 이러한 사건에서는 필요한 정보는 이러한 행위도 총포·도검·화약류 등의 안전관리에 관한 법률에 위반된다고 하는 것이나 그 물건이 마약류관리에 관한 법률의 금지약물이라고 하는 정보이지, 범인이 누구라는 것은 아니다.

이와 같은 방송보도과정에서의 범죄시 보도, 범죄자 악인시 보도, 추문보도, 미죄 보도 등의 경우에는 방송국에서 보도과정에서의 편집 등을 통해서 삭제하거나 제외할 시간적 여유와 가능성이 많기 때문에, 오신의 상당성의 판단 기준에서의 주의의무가 높다고 할 수 있고, 이를 위반할 경우에 오신의 상당성이 부정될 가능성이 있다고 할 수 있다.

VI. 결론

방송국이 방송보도를 하면서 타인의 명예를 훼손하는 행위를 한 경우에 적시된 사실이 진실임이 증명이 되지 않더라도 행위자가 그것을 진실이라고 믿을 만한 상당한 이유가 있었던 경우에는 위법성이 없다고 보아 손해배상 책임에서 면제하고 있는 법리가 진실성 오신의 상당성 법리이다. 이 오신의 상당성법리는 명예훼손의 피해자를 위한 명예회복과 가해자인 방송의 언론 자유를 비교형량적으로 고려하여, 방송에게 손해배상으로부터의 위축효과(chilling effect)의 공포에서 벗어날 수 있도록 한다. 이로 인하여 방송에게 숨쉴 공간(breathing space)을 마련해줌으로써 방송의 언론자유를 위한 표지석으로 기능하고 있는 법리이다.

이 연구에서는 먼저 개괄적으로 방송으로 인한 명예훼손의 위법성 조각사유로서의 공공성, 공익성, 진실성을 살펴보았고, 다음으로 포괄적이고 추상적인 백지개념으로 남아 있는 진실성 오신의 상당성에 대하여 방송의 입장에서 고찰해보았다. 오신의 상당성의 법적 성질은 고의과실로서의 책임 조각사유라기 보다는 위법성 조각사유로 볼 수 있다. 진실성 오신의 상당성을 판단하기 위해서는 적시된 사실의 내용, 근거나 자료의 확실성과 신빙성, 사실확인조사의 용이성, 적시된 사실로 인한 피해의 정도 등을 근거로 하여 판단하여야 한다.

방송보도로 인한 명예훼손소송에서 진실성 오신의 상당성을 판단함에 있어서는 다소 완화된 기준을 제시함으로써 방송이 명예훼손의 위축효과로부터 해방되어 다소 숨쉴 수 있도록 하여야 할 것이고, 이는 당초 진실성 오신의 상당성의 법리가 창출될 당시의 취지에도 부합하는 것이라고 생각된다. 이를 통해서 진실성 오신의 상당성 법리는 방송보도의 자유를 위한 새로운 좌표가 될 것이다.

제9장 | 결론

언론은 인적 요소와 물적 요소로 구성되어 있다. 언론의 물적 요소는 언론사의 건물과 인쇄기계나 방송기자재 등인데, 언론사가 권리주체로서 존속·운영되기 위해서는 필요한 일정한 물적 시설을 갖추어야 한다. 언론사는 공공의 이익과 사회질서 유지를 위하여 필요한 범위 내에서 법률에 따라 등록하게 함으로써 언론사는 법률의 규제를 받게 된다. 그러나 언론사의 물적 요소는 반드시 소유를 해야만 하는 것은 아니고, 다른 사람의 것을 임대하더라도 무방하다. 언론의 인적요소는 기자이고, 기자는 언론사와 함께 언론 자유의 주체로서의 중요한 역할을 하고 있다. 기자는 소속사도 있고 최소한의 고용인원도 필요하지만, 반드시 특정 언론사에 소속해야만 하는 것은 아닐 것이다. 기자는 취재나 보도에 관한 전문적인 지식을 가지기도 하지만, 시민기자처럼 반드시 그렇지 않은 경우도 있다. 다만 그 경우에 그 기자가 취재보도한 사안에 대해서는 언론사는 명예훼손 등 법적책임을 부담하지 않으면 안될 것이다. 그래서 그동안 우리나라 명예훼손의 법리는 주로 명예훼손의 피해자를 중심으로 전개되어왔다.

최근 우리나라 언론은 여러 가지 면에서 주목을 받고 있다. 제4부로서의 엄청난 권력을 가진 권부로서의 위세, 스마트폰 사회에 걸맞는 YouTube와 인터넷방송 등 각종 다양한 언론매체의 등장, 강력한 언론 경영주에 대항하는 편집권독립, 권력과 밀착하여 진실을 가리는 권언유착, 가짜뉴스가 횡행하는 사회에서 참언론의 위치, 보수와 진보로 극명하게 갈려서 끊임없는 자기주장을 일삼고 있는 편향된 여론, 기레기와 찌라시로 취급받는 편파언론의 등장 등으로 말미암아 한국 언론의 지형도는 매우 복잡하고 혼란스러운 상황이다.

그럼에도 불구하고 언론은 사회의 공기(公器)로서의 위치는 예나 다름없이 변함이 없고, 언론이 없는 사회는 산소가 없는 사회와 같이 죽음의 사회로 이를 수 있다. 도대체 이렇게 복잡하고 넓은 사회를 관통하기 위해서는 언론이 없으면 도저히 사태를 파악할 수 없다.

한편 언론사 기자가 명예훼손으로 인한 손해배상청구소송을 당할 경우에 기자로서는 당장 난감할 수밖에 없다. 언론이 명예훼손의 공격자가 될 수 있다고 하여 또는 명예훼손소송에서 피고가 될 수 있다고 하여 언론을 배척할 수는 없다. 오히려 언론은 우리가 살아가고 있는 사회생활의 형평수로서 역할을 한다. 언론이 제 역할을 하지 못할 때 사회는 혼란에 빠질 수 있다. 언론의 필요성은 사회를 이끌어나가는 정치 권력뿐 아니라 일상적인 사회생활을 하고 있는 일반 시민들에게도 마찬가지로 긴요하다.

언론은 헌법상 언론출판 자유의 주체로서의 지위를 충분히 보장받아야 하고, 특히 언론사 기자들은 언론출판 자유의 주체인 동시에 행사자로서의 그 역할과 기능은 매우 중요하기 때문에 법적으로 보호를 받지 않으면 안된다고 할 것이다. 따라서 언론사 기자가 취재하거나 보도를 하는 과정에서 비록 타인의 명예를 훼손하는 행위를 한 경우라도 그것이 공공의 이해에 관한 사항으로서 그 목적이 오로지 공공의 이익을 위한 것일 때는 적시된 사실이 진실임이 증명이 되지 않더라도 행위자가 그것을 진실이라고 믿을 만한 상당한 이유가 있었던 경우에는 위법성이 없다고 보아야 한다. 이 같은 오신의 상당성 법리는 종전의 명예훼손법에 있어서의 피해자 중심의 구제 법리를 피고 중심의 구제 법리로 전환시키는 역할을 하고 있다. 나아가 오신의 상당성법리는 언론에게 위축효과를 저감시킬 뿐 아니라 숨 쉴 공간을 마련해주는 중요한 역할을 하고 있다.

배병일

- 경북고등학교 졸업(1975년)
- 영남대학교 법과대학 졸업(1980년)
- 법학박사(1988년)
- 국립 강릉원주대학교 부교수(1985년-1992년)
- 영남대학교 법과대학장(2002년-2004년,2008년-2012년)
- 영남대학교 법학전문대학원장(2009년-2012년)
- 한국법학교수회장(2013년-2014년)
- 영남대학교 법학전문대학원 교수(현재)

명예훼손소송과 오신의 상당성

초판 발행 2019년 10월 30일
지은이 배병일
펴낸이 서길수
펴낸곳 영남대학교출판부
출판등록 1975년 9월 5일 경산 제16-1호
주소 경북 경산시 대학로 280
전화 053-810-1801~3
팩스 053-810-4722
홈페이지 book.yu.ac.kr

ISBN 978-89-7581-810-3 93360

이 도서의 국립중앙도서관 출판예정도서목록(CIP)은
서지정보유통지원시스템 홈페이지(http://seoji.nl.go.kr)와 국가자료종합목록
구축시스템(http://kolis-net.nl.go.kr)에서 이용하실 수 있습니다.
(CIP제어번호 : CIP2019050275)